定成本设计

Design to cost

[美] 杰克·V. 迈克尔斯 (Jack V. Michaels)
威廉·P. 伍德 (William P. Wood) 著

陈祖奎 王建喜 陈红霞
邓宇娟 郑 旸 黄乐萍 译

中国宇航出版社

·北京·

图书在版编目（CIP）数据

定成本设计 /（美）杰克·V.迈克尔斯（Jack V. Michaels），（美）威廉·P.伍德（William P. Wood）著；陈祖奎等译. -- 北京：中国宇航出版社，2023.2

书名原文：Design to cost

ISBN 978-7-5159-2174-7

Ⅰ.①定… Ⅱ.①杰… ②威… ③陈… Ⅲ.①企业管理－成本管理 Ⅳ.①F275.3

中国版本图书馆 CIP 数据核字(2022)第 248899 号

责任编辑 赵宏颖　　**封面设计** 王晓武

出版发行 中国宇航出版社

社 址 北京市阜成路 8 号　**邮 编** 100830
(010)68768548

网 址 www.caphbook.com

经 销 新华书店

发行部 (010)68767386　(010)68371900
(010)68767382　(010)88100613 (传真)

零售店 读者服务部　(010)68371105

承 印 北京中科印刷有限公司

版 次 2023 年 2 月第 1 版
2023 年 2 月第 1 次印刷

规 格 787×1092

开 本 1/16

印 张 20.5

字 数 487 千字

书 号 ISBN 978-7-5159-2174-7

定 价 128.00 元

本书如有印装质量问题，可与发行部联系调换

译者序

任何物品，消费者买不起或者用不起，那么物品本身就没有任何意义。20世纪80年代，社会主义阵营与资本主义阵营冷战正酣，世界主要军事强国在经济上付出了极大的代价。战争的形态已经从原始时代的“砍人”，逐步过渡到第二次世界大战时期战争装备的互相摧毁，再到现代信息化时期“砍断”对方的“信息链”，进而摧毁对方的硬装备，确保战场的主动。归根到底，战争就是装备、后勤能力的比拼，而这些都恰恰建立在经济基础之上。长达40多年的冷战，敌对双方在经济上都疲惫不堪。更糟糕的是，美国人发现，无论在机械行业还是在电子行业，在质量和成本控制方面，美国与日本相比有很大的差距，各行各业的商业竞争力一落千丈。很多人开始关注这个问题，许多论坛和文章对造成这种局面诸多方面的原因进行了广泛的讨论。中心主题是，美国要重新夺回其作为世界领袖的霸主地位，必须恢复其失去的生产力，重视质量和竞争力。在这种态势下，美国为了保持武器装备上的优势，摒弃过去优先考虑功能和性能的做法，逐步在传统军工企业实践“定成本设计”的理念。

系统或者产品的质量，是成本管控的前提。美国国防部强调，质量在防务业中是绝对重要的事项，必须持续改进。质量的重点，必须从依靠检验转变到依靠设计，并将质量建造到过程和产品里。美国制定了许多军用标准、规范以及法规，对武器装备的研发、制造、部署和使用等全生命周期成本进行规范化管控。

定成本设计本质上是一个管理概念，只有得到管理层的持续承诺和支持才能实现。另外，管理层迫切需要消除质量和负担能力相互排斥的观念，并采取两者结合的姿态，借助价值分析的工具和技术，可以节约成本。定成本设计的中心主题是使设计收敛于成本，而不是成本收敛于设计。系统或产品的全生命周期包括概念阶段、研制阶段、生产阶段、使用维护阶段（含报废处置）四个阶段。美国国防部认为，概念阶段（相当于我国的模样阶段，包括方案论证、方案验证和关键技术验证）一旦结束，系统或产品全生命周期成本的70%就已经确定了，这就凸显了概念阶段的重要性。定成本设计主张，在概念阶段多方案并举，以数据和事实遴选出具有本质可靠性高、固有成本低的方案，以免过早发生“技术锁定”。定成本设计主张，为了降低成本，团队作用非常重要，每个团队成员必须发表自己的意见，并质疑他人的观点，在激烈的思想碰撞中，产生火花，粹炼出最好的解决方案。定成本设计主张，管理层只管提出要去做什么，以及如何测评工作绩效，怎么去做，留给专业人士。

《定成本设计》一书以当时防务业巨头马丁·玛丽埃塔公司的实践为蓝本，系统描述了产品全生命周期下质量和成本的管控，也就是“定成本设计”的实践。译者认为，本书对大型企业产品研发和制造过程的质量管理、成本控制和风险管控有借鉴作用。2015 年启动本书的翻译工作，由于本书的知识与我们研究所从事的主流专业有很大的差异，加之译者时间和水平有限，一些专业词汇，或者标准说法不准确或者理解错的情况不能排除，欢迎读者批评指正。

本书的翻译工作得到了北京东方慧实科技有限公司的鼓励和支持，西安航天动力研究所为本书的顺利出版提供了各种支持，西安动力研究所的张波涛博士、王凯博士对本书的插图和公式进行了精心处理，中国宇航出版社对本书进行了细致的审查和修改，在此表示衷心的感谢！

第 1 章、第 2 章和附录由陈祖奎翻译，第 3 章由王建喜翻译，第 4 章由陈红霞翻译，第 5 章由邓宇娟翻译，第 6 章由郑旸翻译，第 7 章由黄乐萍翻译，陈祖奎对全书进行了审校。

译　者

2022 年 8 月 8 日

致　谢

这本书得益于许多同事的开创性工作，作者认可他们对最先进技术的贡献，并感谢他们对这项工作的鼓励、指导和建议，特别感谢马丁·玛丽埃塔公司慷慨地为本书提供了大量第一手材料。

Jack V. Michaels

William P. Wood

序

在最广泛的背景下，定成本设计是一种工具，用于提高产品、系统或服务在其使用寿命内或者生命周期内的负担能力。生命周期成本的概念，通常与军事相关，包括产品或系统的采购、使用和支持费用，被设想为在武器系统的生命周期内，预期要花费数百万甚至数十亿美元。

事实上，生命周期成本是各行各业的主要经济因素，也是负担能力的最终衡量标准，因为它是用户为希望从他们购买的产品、系统或服务中获得的功能所支付的总费用。如果生命周期成本等于或小于其对用户的功能价值，并且在用户的支付能力范围内，则该项目在经济意义上是负担得起的。

定成本设计作为一项多学科工作的正式实践，源于军事工业综合体深厚的生产基础。积极性高、训练有素的部队，在这种生产基础和充足的物资支持下，赢得了第一次世界大战和第二次世界大战的胜利。在一个国家的生存受到威胁的情况下，相对于胜利，成本是次要的。

随后，优先事项的变化和预算的限制，导致了军事市场的激烈竞争，并在政府和工业界产生了一种对成本敏感的文化，使业界对定成本设计产生了浓厚的兴趣。本书的初版涵盖了航空航天领域一家主要承包商多年来发展的实践。

在类似的经济压力下，私营经济部门已经意识到，卓越的竞争力对于生存和增长都至关重要。定成本设计的本质是，确保负担得起的质量，并使设计收敛于成本，而不是让成本收敛于设计。

国防机构对负担能力的需求仍然存在。本书最初的大部分重点都得到了保留。然而，它已经适应了广泛的工业和商业企业的需求，这些企业越来越依赖高科技，并面临来自国内外日益激烈的竞争。

这本书也可以作为研究生或本科生高度激励课程的教科书。通过案例研究和从定成本设计的实际经验中提炼出的练习强化了本书的知识点。因此，兴趣广泛的学生，通过将他们以前的学习经验整合到对负担能力至关重要的多学科方法（称为定成本设计）中，使用这本书是十分有益的。

杰克·V. 迈克尔斯

威廉·P. 伍德

佛罗里达州奥兰多市，1989 年 5 月

前　言

本书是《工程新维度》系列丛书的第一本，该系列丛书将在未来几年由约翰·威利父子公司出版，以识别、记录和指导重要的新兴工程学科。这些学科诞生于大型、多学科的高科技项目或者诞生于这些项目的流程、产品和服务。第一本书探讨定成本设计的主题是恰当的，因为它为后续涉及广泛的工程学科的书籍定下基调。这些学科包括物流、新的质量控制技术、影响可靠性的因素、系统安全性、可维护性、自动化配置工程、测试、分布式仿真、工程中的高级决策系统和分形，以及预算缩减和成本增加时代的计算机辅助工程。定成本设计包括基于有限可用资金去实现能力的新兴实践，这种做法将遍及工程新维度。

Michaels 和 Wood 在捕捉规划、设计和执行活动或在给定财务限制内获得产品的基础方面做得非常出色。他们在本书中赋予了成功设定和坚持成本目标所需的所有必要工具、技术和信息。它们展示出如何使用价值工程、成本测算和成本控制等学科来建立现实的成本目标，然后在不超出这些预定目标的情况下执行项目。它们涉及在预算范围内所需的管理方法、采购技术和工程方法，并描述如何根据可用资源设置基本要求和规范。最重要的是，它们提供了真实的项目和服务示例，这些示例通过应用系统方法而变得负担得起，并且它们提供了专门用于执行定成本设计任务的工具和方法的示例。

我们预测，随着对工程实践了解得越来越多，工程实践中的这一新维度将在未来几年发展壮大，并且工程专业人士将发现自己会越来越多地使用定成本设计。在这个时代，日益复杂和要求越来越高的工程项目比比皆是，当你阅读和应用这些原则时，你将找到有效利用稀缺资源的新途径，并能够将你的公司、事业或项目带入新的盈利领域。认真遵守本书的建议是以合理成本实现卓越工程的重要环节。

罗德尼·D. 斯图尔特
丛书出版商

目 录

第1章 引　言

美国正蹚进新的经济水域。美国在世界市场的份额从40%下降到不足20%，也就是30年的事。可以想象的是，国家可能会进入另外一个阶段，由于国防预算的萎缩，加之与美国公司做生意的成本很高，国防硬件可能依赖于海外的资源。

到了2000年，重要的高科技企业将以那些懂得负担能力和实践定成本设计的组织为主。在新的市场上取得成功的关键要素将是顶层技术、商业敏锐度、诚信和负担能力，所有这些加起来可以形成卓越的竞争力。

定成本设计的本质，是使设计收敛于成本，而不是使成本收敛于设计。定成本设计是一个管理概念，从客户的角度出发，以客户负担得起的成本组织生产产品或系统，强调成功控制成本。这类似于从军事及其供应商的角度考察任务成功。

在定成本设计中，从新产品或服务构思的那刻起到其使用寿命结束这段时间，成本的关注度被提高到与性能和进度同等重要的位置上。现行的成本目标是基于性能与进度的早期平衡研究建立的，但不以牺牲产品或服务需要提供的基本功能为代价，也不以牺牲产品或服务的质量为代价。

定成本设计的早期尝试，仅限于在硬件的经常性成本的具体目标内制造系统。现在认为这是定成本设计的要素之一，并称为“定单元生产成本设计”（design to unit production cost，DTUPC）。这些尝试以重新设计的多次迭代为特征，直到单元成本目标实现为止。大量的非经常性支出，在确保承包商的竞争优势，并减少客户在硬件采购方面的经常性年度支出方面是合理的。

此外，早期并没有对设备拥有者的使用成本有太多关注，这主要发生在用户一方。现在，人们普遍认识到，使用成本占整个生命周期成本的最大份额，而使用成本的目标，通常用“定使用和支持成本设计”（design to operation and support cost，DTOSC）表达，出现的频度与定单元生产成本设计的目标一样。综合来看，研发成本、定单元生产成本设计和定使用和支持成本设计构成“生命周期设计成本”（design to life - cycle cost，DTLCC）。术语“生命周期设计成本”和“定成本设计”是同义的。

现在，从概念阶段直到退役的成本所有元素，定成本设计关注产品、系统或者服务，并试图求取采购成本和使用成本的最佳平衡点。这本书的关键理念是“做这项工作，在第一时间就做对，并继续把它做好”。因此，最终的经济目标是可以实现的，此理念是写给设计师、商人、工人、管理人员、生产商和客户的。

1.1 卓越的竞争力

近年来，美国在国际市场上表现出的竞争无力现象已经成为人们认真思考和讨论的主题。许多文章和论坛一直关注这个问题，如果美国要重新夺回其作为世界领袖的霸主地位，就必须恢复其失去的生产力，重视质量和竞争力[1]。

由于这个问题涉及多个维度，因而提出的解决方案在本质上通常是全方位的。包括修订联邦税收政策，以激励技术投资；变更国家优先事项，以减少预算赤字；帮助债务国，以增加全球需求。

但是，已经有提高生产率的更具体的建议，譬如，在制造业的创新和决策过程中提高工人的参与度，并更加强调生产和工艺技术的重要性，一般来说都是得益于诸如自动化和即时制（JIT）生产方式等创新带来的好处。

已经出现了与这些建议相协调的几个制造方法，尤其是在著名的柔性制造和制造资源规划方面。总体上讲，从各种方法寻求的益处是获得卓越竞争力必不可少的手段。卓越的竞争力也是定成本设计的产物。但是，在通过从客户需求的角度来考虑产品的功能、负担能力和优先级方面，定成本设计再向前迈出了一步。

负担能力是产品的特征，其销售价格不超过其功能价值，并且在客户的支付能力之内。功能价值是提供产品所需要的基本功能的最低成本。举个简单的例子，在墙上挂照片要求的功能价值是一个钉子的成本，加上完成这项工作的劳动力成本。

定成本设计还考察了这样的负担能力问题，那就是，从客户的角度考虑其对相关和不相关相对优先级需求的支付能力。典型的例子是早期的福特汽车，其基本功能是提供全天候的个人交通工具。这个功能是一个比较高的优先级，正如当时马匹和马车的现存数量所示。马和马车建立了其生命周期内基本功能的阈值，其中，考虑到老式汽车的营销成功，显然福特汽车当时并未超越这个阈值。

1.2 客户的角度

在许多公共部门和私营部门的组织中存在着一种倾向，这就是人们更关心初始投资的多少，而不关心整个生命周期的成本，特别是涉及大额支出时。然而，明智的买家一般会认识到真正的所有权成本，包括生产、部署、使用和支持等阶段的成本，如图 1－1 所示。

在图 1－1 中，政府提供的设备和管理成本都添加到硬件成本中，称为“飞离成本”(flyaway cost)。尽管“飞离成本”有暗示美国空军的意思，但它起源于美国陆军。具有相同含义的替代表述是“滚动成本”和“启航成本”（编辑注：飞离成本指飞机的离厂成本，滚动成本指军车等设备的出厂成本，启航成本指军舰的出厂成本）。

在飞离成本上添加初始备件和训练装备成本，称为“武器系统的成本”。采购成本包括前面提到的飞离成本，还有为项目使用和支持阶段供应备件的成本。图 1－2 强调了硬

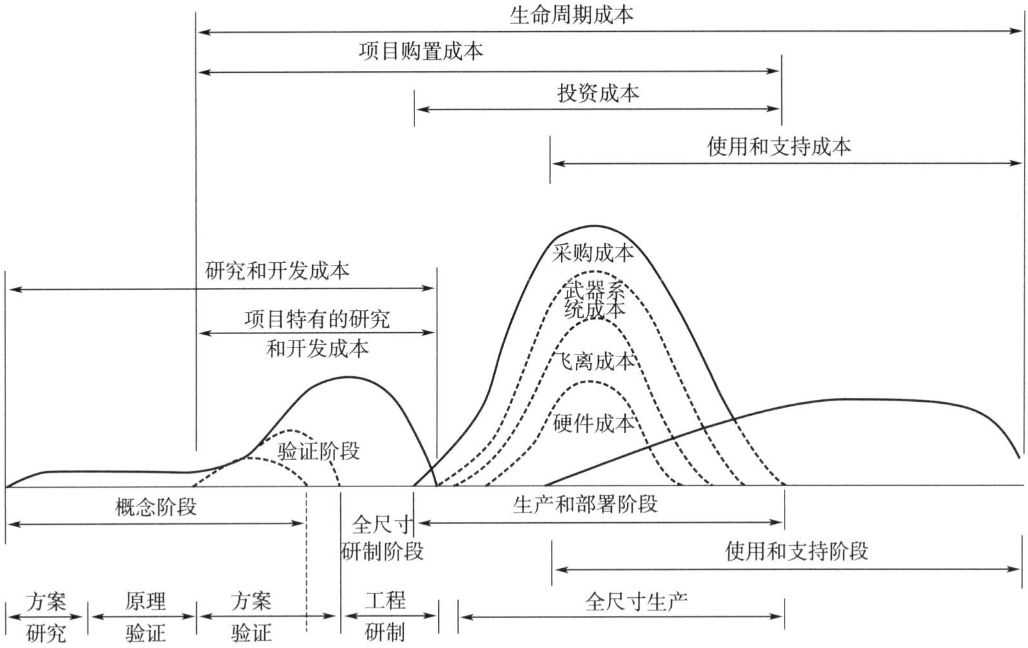

图1-1 武器系统生命周期[2]

（来源：美国陆军部小册子 NO. 11-3《美国陆军器材系统投资指南》，1976）

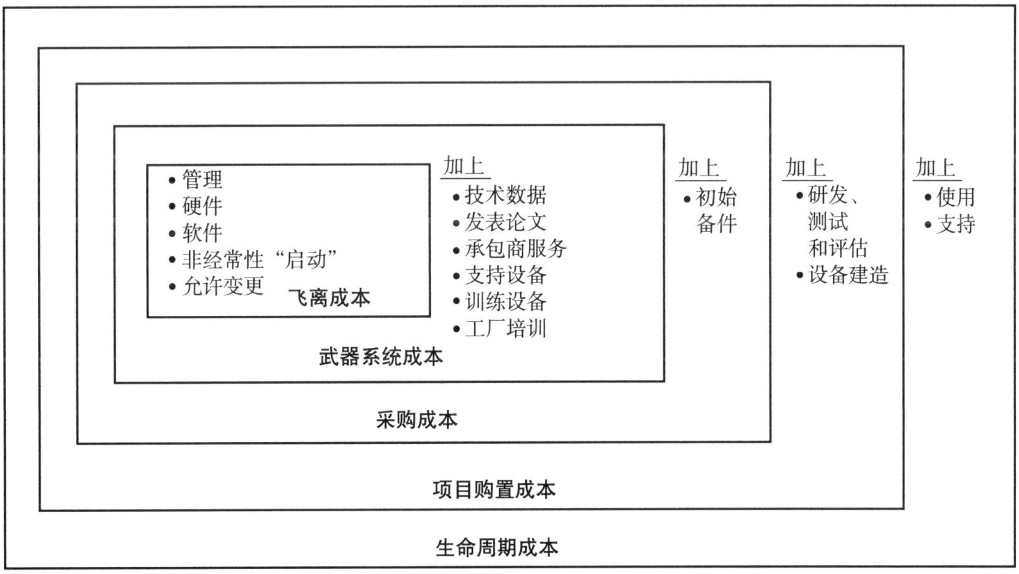

图1-2 武器系统生命周期[3]（来源：防务系统管理学院，《系统工程管理指南》，1982）

件和采购项目之间的关系，以另一种方式来审视生命周期内成本的构成。

生命周期成本本质上是项目特有的研究和开发成本、采购成本、使用成本和支持成本的总和。取决于产品或系统的复杂性和遵循的维护理念。使用和支持成本可以等于或者是三倍于采购成本。维护理念范围很广，能够从“失效时报废”到在组织层面上（中间仓库或主要车间）进行修复。

私营部门的高科技产品倾向于在专门的维修厂维护，这就导致在有限的产品生命周期里，使用和支持成本大概为采购价格的两倍。此外，私营部门的军品与此相似，这也勾起人们的兴趣。

根据军事领域的“木弹”（wooden round）概念，智能武器的实弹被储存在一个容器中，这个容器也充当发射平台。因此，武器系统从交货到投送这段时间都是零维护。木弹的使用策略，取决于其成本，要么定期更换，要么发射一定数量的实弹去衡量其健康程度。

木弹概念在某种程度上盛行于拥有价格适中的采用固态器件和其他密封部件产品的私营部门。通常，替换比修复这些产品更符合成本效益。在这种情况下，一个关键的生命周期成本动因是厂家的保修。

在私营部门中，对高科技企业还有许多其他重要的类似因素，譬如如何定位研发，以支持长期的组织目标，以及如何平衡研制和生产成本，以优化制造商盈利能力和客户的负担能力。

制造商对于它们的供应商来说是客户，反过来，这些供应商也是别人的客户。在自由市场中客户影响价格。因此，客户对负担能力和设计功能的视角贯穿于本书中，并以客户对初始投资的一端和使用成本的一端所做的平衡为内容，介绍主题“为什么要定成本设计”。

术语“客户”和“消费者”在私营部门可能是同义词，但在公共部门差异很大，值得注意。在政府中，许多情况下客户不是消费者。例如，在美国国防部中，一个军事单位可以被指定为开发产品或系统的执行机构，该产品或系统将得到其他军种的部分资助和使用。执行机构通常是根据具体军事单位的一些命令或实验室的技术能力来选择的。

行政机构和用户机构存在明显的动机差异。行政机构更感兴趣的是短期投资，而用户机构更感兴趣的是功能、长期的使用成本和支持成本。

产品和生产决策往往偏向于短期的政治和金融利益的成本低端，而不是基于总体性能和成本。在执行机构、用户和承包商三者之间经常会出现敌对关系，因此不可避免地会出现进度和资金问题。

一个常见的结果是，用户的要求受到损害，并且从这种关系上，用户看淡制造商对卓越和负担能力的承诺。在某种程度上，这种情况存在于地方政府，尤其是接受联邦援助的地方政府。

这种态度也存在于私营部门，其中，一些策略，比如延长保修期有时被视为对不良设计和制造的补偿。然而，其深层次的差异是，私营部门不受公法或国防政策购买至少50%“美国货”的限制，因此它们更愿意去国外购买高科技产品。

在过去的10年中，在这个方向上出现了明显的趋势。这已经阻碍了美国制造商在国内实施定成本设计和负担能力的发展，并促使它们加入购买公众产品并在海外寻找竞争手段的行列。

1.3 定成本设计的本质

定成本设计可谓既是深思熟虑又是迭代的逐步过程。图1-3和图1-4抓住了定成本设计的本质。这两张图说明，分析研究和平衡的连续性，首先需要绑定可接受的成本、进度和性能的界限，然后在项目的研制、生产和最终产品交付的进程中，在负担能力内确保功能优良。

图1-3所示的步骤主要是关注功能和产能问题。在图1-4的步骤中，主要是关注功能价值和负担能力的问题。但是，不应当假定，任何一组的步骤优先于另一组的步骤，而是它们应在交互式的基础上进行。功能应该始终在负担能力上进行权衡，而负担能力应该总是根据功能来判断。

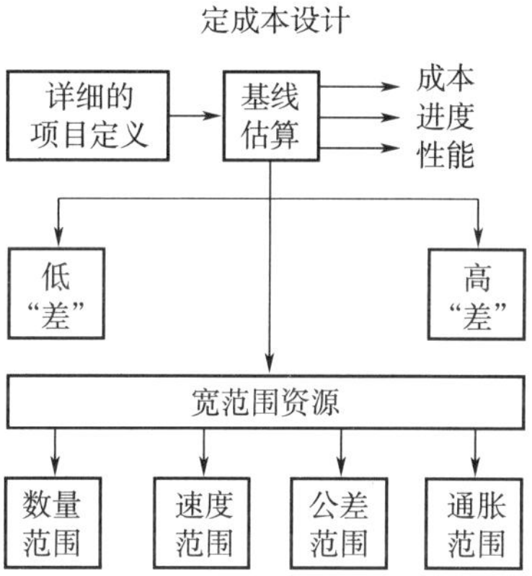

图1-3 功能和产能问题[4]（移动数据服务公司许可转载）

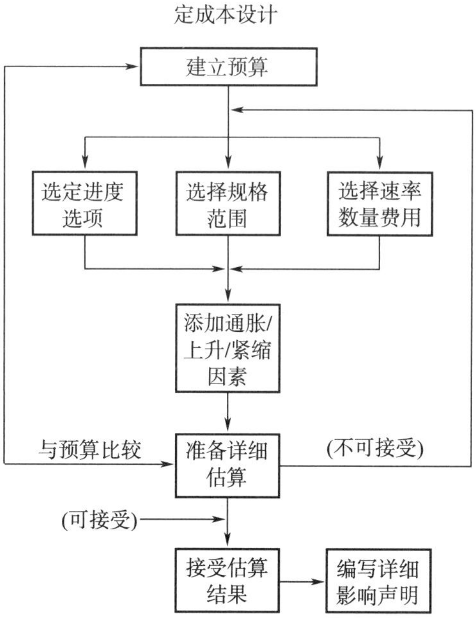

图1-4 功能价值和负担能力问题[5]（移动数据服务公司许可转载）

应该不存在定成本设计会带来额外前端成本的问题。追求多设计方案，会增加约20%的设计成本。定成本设计是精明的管理行动，现在投资，在未来得到显著的丰厚回报。定成本设计是管理层通过负担能力分析实现盈利能力的唯一的、最大的杠杆投资。但是，说服管理层接受定成本设计和调整固有的经商方式，需要付出极大的努力。

从根本上说，只有在组织的各个层级都坚信它不仅会继续存在，而且还会继续得到管理层的关注和支持的情况下，才能实行定成本设计。最重要的是，应该有（定成本设计）必然导致成本成功的普遍信念。此外，定成本设计只能在对配置、责任和行动坚定不移控制下的系统中进行，以确保对成本过程的无误审计跟踪以及将其作为奖励成本绩效的手段。

定成本设计也被称为“迭代”，因为它是在项目的整个生命周期内进行的闭环过程。从前期分析开始，这对于建立有意义的成本目标至关重要。该过程坚定不移地采用交互式方法处理手头的任务，仅随着项目的成熟而改变重点。

定成本设计影响每一个传统生意习惯。产品和过程设计的全部本质，在于寻求一种具有将成本作为永恒主题的方法。设计收敛于成本，而不是别的，只有这样，才能使成本成功变成组织和个人绩效的主要指标。

1.4 定成本设计的规划

定成本设计的规划是定成本设计项目的核心文件。在政府合同的项目上，所有重大采购项目和小项目都要求提交招标书（request for proposal，RFP）。定成本设计的规划应该作为承包商招标书的一部分一并提交，或者在签订合同后不久提交。如果招标书中没有这样的规划，则被视为对需求建议反应迟钝。签订合同后未提交这类规划，则被视为没有控制成本的诚意。

因此，从客户的角度来看，定成本设计规划的目的是双重的。首先，它为资源评估和选择过程服务。定成本设计规划是潜在承包商关于如何建立定成本设计目标的一份声明（客户最初无目标），是实现这些目标并确保最终产品经济承受能力的步骤。招标书提供的项目建议书的评价标准给这样的目标置信度（如果要求它们含在招标书中与项目建议书一起提交）、承包方对负担能力的途径和做法设置了很高的分数。其次，定成本设计规划可以作为客户和承包商双方之间的一种管理工具。在这方面，该规划被置于总体的控制下，以使它不能被单方面变更。

该规划应该能够洞察承包商的定成本设计组织，并令该规划成为其义务、权力和责任的代表性文件。该规划也应该能够提供有关成本平衡研究，以及对高效定成本设计至关重要的其他因素的前期分析过程的详细信息。该规划还应该能够阐明从把成本目标分配给具体个人开始，到后续跟踪、报告和审查过程所保留的审计线索。

这样看来，美国国防部的每个部门都应该有如何组织自己的定成本设计规划的概念，但该规划整体内容在协议上只是原则性的。招标书要求提供资料清单（contract data requirements，CDRL）附件。资料清单载明了定成本设计规划的最初提交时间，合同数据的更新时间，需要提供清单资料的副本数量等信息。

该合同资料要求清单一直被美国国防部使用，其格式名为“DD 表格格式 1423”。然而，定成本设计规划的要求都用数据项描述（date item descriptions，DID）来表述，各个单位、各个机构之间不尽相同。但是，在合同资料要求清单中，数据项描述能够被以适当的“DD 表格格式 1423”编写的代码识别，因而可以查询。

这些数据项描述的主要事项就是本书的小部分精华内容。这样的组织架构，就是期望客户准备招标书要求的文件资料中包括编制定成本设计规划。

1.5 本书的编排

当代文献对制造业进步、即时制策略、交互管理以及成本测算技术[6-8]起到了许多很好的指导作用。本书用大量篇幅介绍了定成本设计的规则和实践，这增加了有效定成本设计的维度。但是，这些内容仍处在设计和生产过程的整体框架内。

第 2 章，开始介绍定成本设计，建立将管理负担能力行为作为盈利手段的概念，详细介绍优化公司产品的负担能力和盈利能力的前期分析方法。本章阐述设置定成本设计目标的基本步骤。虽然重点放在公共部门上，但这些步骤也完全适用于那些与客户要求、重点事项和预算相关的工商企业。使设计收敛于成本而不是成本收敛于设计，作为定成本设计的基本原则，从第 2 章开始介绍。

前期分析的目的是建立有意义的成本目标、优化实现方法，并量化其经营的固有风险。第 3 章定义了实现成本目标和降低风险的活动、组织角色和个人的责任。强调明确跨学科项目的义务、权力和责任的必要性。当人们应用定成本设计时，在规范的做法、资源配置和数据管理、进度控制、评估、技术性能评估和工件计量等方面，本章特别做了介绍，给出建立审计跟踪和控制进度的指南。

第 4 章，从定成本设计的角度考虑新技术，然后介绍应采用的低成本设计的应用实践。产品简化和工作流程简化的概念作为产品的一致性和可生产性的关键要素来探讨。铸件和电源受到特别重视，因为它们出现在几乎所有的高科技项目以及生产的消费品中，电源似乎不可避免地成为进度和成本两者的驱动因素。产品成熟度的概念也包含在第 4 章，因为它是设计过程的自然演化。

第 5 章，介绍支持低成本生产而不牺牲功能和质量的各种商业策略的类似见解。重点再次针对公共部门的项目，介绍培育竞争力、降低成本的策略，如实现最佳和最终报价以及工业现代化激励的做法。对于工业和商业企业而言，这些策略的适用性得到澄清，尤其是多源采购和即时制采购的成本优势突出。此外，有利于降低成本的调度策略、能力规划和库存策略，在人员激励一节中一起讨论。

成本测算的便利性对于获取有意义的成本目标和评估候选的设计方案、生产流程和商业策略至关重要。第 6 章阐述了生命周期定成本设计和获得初始设备支持情况下的定成本设计的成本测算技术，不但未脱离定成本设计的理念，而且把该理念延伸到可能成本（could - cost）、应当成本（should - cost）、将要成本（would - cost）以及系统、产品或服务的功能价值测算当中。成本测算置信因子和测算置信度使用的统计技术，将和测算货币时间价值的公式一起讨论。成本控制的要素都在第 6 章中讲述，着重阐述了采用价格指数做成本预测。

现在的问题是："下面要介绍什么内容?"前面几章已经描述了市场中卓越竞争力需要的工具。像大多数工具一样，实践中用得多了，就熟能生巧。很多人曾尝试过实践定成本设计，都获得了不同程度的成功。每章的总结之后，都提供了许多基于这些尝试的案例研究和练习。

第 7 章是对本书的总结，涉及定成本设计规则，以及实践中使用这些规则得到的经验教训，分别列举了一个明显的失败案例和一个令人愉悦的成功案例。呼吁读者牢记历史，并受益于他人的经验，否则注定要重蹈覆辙。在从别人的经验中获益之后，第 7 章用人们看待从研制到生产过程中遇到的问题的观点客观总结了本书。

定成本设计的语言包含与主题相关的具有特定含义的术语、首字母缩略词和缩写词。它们的定义在正文中有所描述，为了读者方便，在附录 A 和附录 B 又做了收录。附录 C 为那些对政府合同感兴趣的读者列出了大量的需求文档。

这些读者会在政府根据项目阶段推进定成本设计的话题中找到兴趣点，尤其是近期称为"采购简单化"与"可能成本"的举措，为大幅减少武器系统采购成本和使用成本保留了预期。此外，附录 C 包含总统管理和预算办公室最近发布的文件，目的是在整个联邦政府内运用价值工程。能够看到什么样的成本节约可在未来 10 年归因于该文件，是一件有趣的事。

如前所述，第 2 章至第 6 章包含的案例研究和练习，意在强化重点内容，让读者将个人的观点引入案例中。许多练习需要一个数值解，而这些在附录 D 中给出。

参考文献

[1] Can America Compete [J]. Business Week. April 20, 1987.

[2] Department of Army Pamphlet No. 11－3. Investment Cost Guide for Anny Materiel Systems. 1976.

[3] Defense Systems Management College. System Engineering Management Guide. 1982.

[4-5] ALS. Design to Cost, Mobile Data Services. Huntsville, AL. 1988.

[6] ROBERT H. Hayes and Steven C. Wheelright. Restoring Our Competitive Edge, Competing through Manufacturing [M]. John Wiley & Sons. 1984.

[7] THOMAS G, GUNN. Manufacturing for Competitive Advantage: Becoming a World Class Manufacturer [M]. Ballinger Publishing Company. 1987.

[8] RODNEY D, STEWART, RICHARD M. Wyska. Cost Estimator's Reference Manual [M]. John Wiley & Sons. 1987.

第2章　开　始

套用孔子的话："千里之行，始于足下"。任何企业要想取得成功都需要一个恰当的开始。定成本设计的恰当开始需要管理部门的一些基本承诺，使某些行动在适当的时间开始。

最重要的是，需要消除质量与负担能力是相互排斥的观念。上述观念是高技术对质量态度的长期反映，尤其在涉及测试、分析和改进并进行大量迭代的航空航天和国防工业。质量是可以负担得起的观点是本章讨论的第一个主题。

从管理的层面上承诺负担得起的质量是必要的，可以通过理解质量控制不是成本必然增加的一个重要动因而得到帮助。通过调整功能满足用户的需求，把负担得起的质量和价值密切结合进行分析（在本章的后续部分讨论），产生一个负担能力和质量相协调的关系，这一点也是要做到的。

这种对负担得起质量的承诺，是确保定成本设计事业成功而进行的许多公开行动的第一步，然而这些行动源于一系列管理决策。下一节介绍支撑定成本设计所需的管理决策剖面框架内的这些决策。

本章的其余部分讲述适当强调确保产品负担能力和制造商竞争态势的管理活动所需的支持。这些活动既是经济上和技术上合理的管理决策的基础，也是定成本设计项目成功的基石。管理工作应从系统工程的过程开始，本质上也是它们应该被完成的顺序。本书提供的资料详细且充足，可以很好地进行关于上述问题的讨论。

系统工程过程是实现成功的定成本设计的基础。因此，负担能力分析是通往建立现实的成本目标或目标之路的垫脚石。分析的关键是负担能力的概念。这里要多说几句，将对其含义的基本理解作为讨论所涉及的分析过程的背景。

首先是成本效益分析。这个附有大量细节的方法在高科技应用上已经取得了满意的结果。接下来的是一些剥离成本动因的深入分析。剥离分析将几个至关重要的问题从许多琐碎的因素中分离出来，以便更有效地利用资源。

然后是新技术的应用。应用新技术旨在尽量减少资本投资，并实现投资回报最大化。针对如何安排获取新技术，介绍一些应用指导方针和见解。这一节还阐明了一些"制造资源规划Ⅱ"（MRP Ⅱ）的承诺及其实施的一些要求。

接下来是价值分析的章节，价值分析被视为成本节约的一门有效学科之一，正如前文所述，价值分析与负担得起的质量一起应用时，可以提供一个协同的结果。价值工程技术和政府合同遇到的条款都涵盖于其中。

随后是关于风险管理的内容。风险管理旨在确保定成本设计的劳动力成果不被不可预见的问题消耗掉。该部分还讨论对风险项的影响保持正确观点的重要性，以及在风险成为现实的情况下评估风险和测算潜在成本的方法。

在这个节点上，很适合介绍设置定成本设计目标的主题。强调通过平衡研究过程，理解重要项目范围和类似范围的重要性。强调需要分配目标到个人而不是组织实体的必要性。

管理层对商业机会和投资回报的认知提供了前期分析的框架，该分析把优化负担能力和盈利能力的成本目标推向极致。成本目标可能是有挑战性的，但在给定支持力度、及时管理决策和适当优先级的前提下，应该可以实现。

总结其内容后，本章也有大量的案例研究和练习，旨在强化本章的重点。这些练习可使读者把自己的经历和观点与在案例研究中展开的事件关联。

2.1 负担得起的质量

菲利浦·克劳士比在他的经典作品《质量是免费的》中声称，质量是可以管理的，使质量管理成为额外商业利润的机制。实际上他说的是“质量成本”，就是工作第一次没做好，若重复第二次甚至第三次，会把 15％～20％的销售价格消耗掉。消除返工、报废和重做，使真实质量成本只有售价的 2.5％是可能的[1]。

本节主要阐述核查上述假设基础的内容。然而，在国防部强调质量的背景下，只要为国防部集中体现的高科技工作，都适合这样做。

表 2－1 给出的是罗纳德·里根政府时期美国国防部长弗兰克·卡卢奇发表的关于国防部对质量态度的声明。注意“质量”一词与“生产力”“竞争”和“成本”的关联，还要注意重点从依赖于检验，到将质量设计、制造结合到过程和产品的转变。

表 2－1 国防部对质量的态度

质量对我们的防务是绝对重要的，并要求所有防务从业人员承诺持续改进
一个具有其根本工业基础、面向质量和生产效率的防务工业对我们保持出众战备水平的能力是至关重要的
国防部持续对高质量和生产效率的强调和广泛关注，必须成为我们日常活动的一个组成部分
质量改进是提高生产力的关键，为了产生实际的利益，必须与必要的资源一起去追求
技术是我们最大的资产之一，必须广泛用于持续提高防务系统、装备和服务的质量
质量的重点，必须从依靠检验转变到依靠设计，并将质量建造到过程和产品里
质量必须是竞争的一个关键要素
采购策略必须包括有助于降低所有权成本，持续改进质量的措施
各级管理人员和工作人员必须承担责任，或者对他们的工作品质负责
对质量和生产效率做出最大贡献的能力强、专注于工作的员工，必须给予相应的表彰和奖励
质量理念必须根植于每一个组织，从高层管理开始，对各级必须进行适当的培训
质量改进的原则必须涉及所有人员和产品，包括纸面和数据形式产生的产品

国防部的态度，特别是必须扎根于每个组织的从最高管理层开始适当培训的质量理念，也是质量管理成熟度网格的推动力。表 2－2 中给出了网格管理成熟度的五个阶段，涉及六个关键衡量类别，其中包括质量成本占售价的份额。

表 2-2　质量管理成熟度网格[2]

管理分类	阶段Ⅰ 不确定性	阶段Ⅱ 觉醒	阶段Ⅲ 启蒙	阶段Ⅳ 智慧	阶段Ⅴ 确定性
对管理的理解和态度	不全面理解质量作为管理的一种工具，倾向于因“质量问题”指责质量部门	认识到质量管理可能有些价值，但不愿意花钱和时间去实施	在执行质量改进计划的同时，学习更多与质量管理相关的东西，变得更有支持和帮助的作用	参与、理解质量管理的绝对重要性，认识他们个人在持续强调中的作用	认为质量管理是公司系统不可或缺的部分
质量组织状态	质量隐藏于生产或工程部门，恰当的检验不是组织的一部分，倾向于表扬和批评	任命更强有力的质量部门领导人，但重点还是放在评价和改动产品上，仍然认为是生产或其他的一部分	质量部门向最高管理层汇报，所有评价都是合作完成的，质量经理在公司管理层拥有位置	质量经理是公司的官员，对公司决策有影响力并能报告和采取预防性措施，参与涉及客户的事情	质量经理进入公司管理层，预防是其主要工作，质量是一个最重要的要素
问题处理	出现问题解决问题，没有答案；不合适的定义，更多抱怨和指责	建立团队去解决主要问题，但没有去探究长远的解决方案	建立了改进活动的交流平台，公开面对问题，并有序得到解决	问题在早期研制阶段就被识别，所有功能对建议和改进开放	除了最不寻常的情况，问题得以预防
质量成本占售价的百分比	报告的：未知 真实的：20%	报告的：3% 真实的：18%	报告的：8% 真实的：12%	报告的：6.5% 真实的：8%	报告的：2.5% 真实的：2.5%
质量改进活动	不存在有组织的活动，对这种活动不理解	尝试明显的短期“动机性”的工作	在完全理解和建立每个步骤下实施 14 个步骤的计划	继续 14 个步骤的计划，并开始变得确定这项工作	质量管理是一个常规和持续的活动
公司质量态度概括	我们不理解为什么有这类质量问题	总有质量问题是不可避免的吗？	通过管理承诺和质量改进，我们正在识别问题并予以解决	预防瑕疵是我们工作的一部分	我们知道为什么没有质量问题

经麦格劳-希尔图书公司许可引自菲利浦·克劳士比，麦格劳-希尔公司，1979 年出版的《质量是免费的》。

管理层对自己的质量成熟度的坦率评估，应在定成本设计开始的适当步骤中进行。参考文献［1］对从不确定性、觉醒、启蒙、智慧到确定性的阶段转型提供了详细指导，回报是，质量成本从20％减少到2.5％。

在基本相同的业务基础上，利润本身增长17.5％的回报是非常值得去努力的。当然，一些额外的节约也可以用于降低销售价格来取得竞争优势。然而，价值分析（见第2.8节）将提供只能被描述为协同作用的成本节约。

面向性能的设计对于设计师是很自然的，他们的主要目标是设计一款具有使用功能的终端产品。这样一来，聚焦于性能，加之进度紧迫，往往导致忽视成本。只强调质量，就会忽略掉经济性。

然而，单单强调削减成本又将导致排除其他因素，如对基本功能认识不全。价值分析是一种更强大和完全不同的方法，提供一种严格、合理的方式来减少不必要的产品成本，而不牺牲功能价值和质量。价值分析遵循规定的进程，一个工作计划是一个过程重要和强制的元素，当与完整的管理支持的杠杆一起应用时，复杂产品能节约高达30％的总成本。

紧跟承诺负担得起质量的下一个公开管理行动，是同时发生的对价值分析实践的承诺，也称为“价值工程”。从项目的初始行动开始，员工就感知管理收益，是确保价值工程和质量计划成功的最有效手段。

2.2　管理决策剖面

在合同领域，“管理”包括客户方管理和制造商方管理，而在初创的企业中，管理负担完全是制造商的。管理层在项目早期做出的决策，以及那些没有做出的决策，左右产品或系统的生命周期成本。在优化成本负担能力和盈利能力的目标下，管理决策的优化剖面是定成本设计的一个重要的元素。

就生命周期成本而言，在项目前期运用成本意识所付出的精力越多，生产上的投资回报就越高，对客户负担能力也越有利，这是一条公理。生命周期成本定义为产品或系统的采购成本，以及使用和支持成本。

随着项目的成熟，优化负担能力和盈利能力的机会之窗呈指数萎缩。“项目”一词意味着，从客户的角度来看，是获得新产品、新系统或服务的一项工程。从制造商的角度来看，这是一个开发、制造、营销和支持新产品、新系统的有组织的活动，以及它们进入市场并被客户使用后的服务。

图2-1说明，管理层以相对较小的资本或其他资源投资，对生命周期成本节约的大幅影响的机会之窗逐步递减，在插图中是指数关系。通常情况下，高科技产品或系统的生命周期成本的40％～70％在概念阶段结束就注定了。在那个点之外，生命周期成本节约的机会迅速减少。

生命周期成本和节约的机会被描绘为数值的范围或带。带的宽度反映在辨别和解决成本动因上的不确定性。随着项目成熟到所有权阶段，该带收窄。

如图 2－1 所示，存在一个“最佳时期”，在这个时期内，及时的管理行动能使生命周期成本节约至少 20%。这个概率，是在制造商对产品和过程设计适当的前期投资，以及客户对保证产品需求所做平衡的基础上预测的。

管理所面临的是，需要以最有效的方式影响这种平衡的一系列连续的决策。表 2－3 中的决策流程应被视为目的保持不变的管理决策的迭代过程，只是随着项目成熟，其重点有所变化。

管理决策的基本顺序如表 2－3 所示。决策过程的最终完成有待于产品决策的完成，项目决策的完成有待于产品决策和过程决策的完成。这些决策之间的相互作用通常需要大量的判断和行动的同时性。

但是，除非从项目开始就进行管理干预，并从项目开始就做这些，否则，某些问题是不可避免的。如果让它们利用自己的资源，工程将在实质上以设计之前的产品相同的方式去设计未来的产品，制造业将继续设计工装，而且制造过程也将和之前一样。

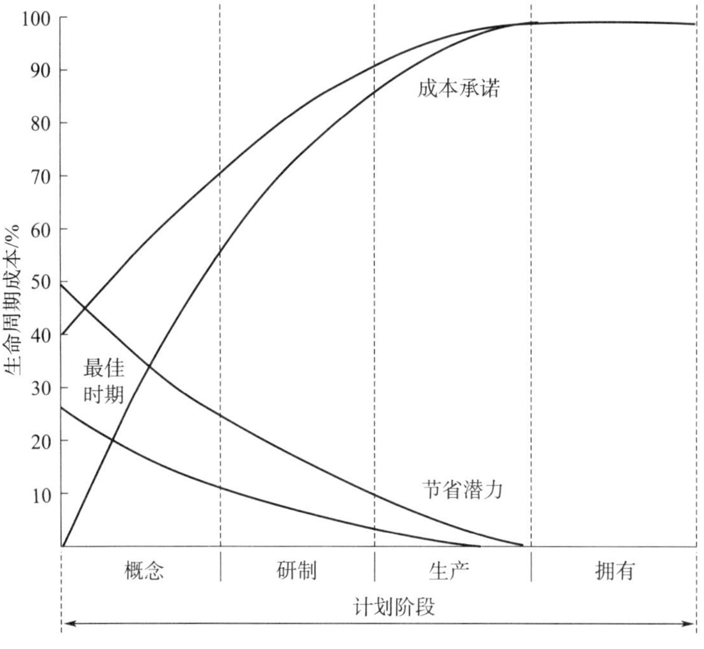

图 2－1　成本节约的机会之窗

管理不应当指导具体的产品和过程的设计方法。然而，管理层应该从一开始就完全清楚，违反成本目标的哪些方法是不可接受的，并将被拒绝，因此在这方面的绩效会得到相应的回报。本质上，管理指导的是，要去做什么而不是如何去做。

表 2－3　系列决策

产品决策
系统构型
零部件技术

续表

材料选择
集成
成本目标
过程决策
造或买
制造流程
工装理念
质量保证理念
简易化
成本目标
计划决策
采购策略
支持理念
保证
产品改进
成本和进度控制

国防部对于影响生命周期成本的决策时间段持有的观点如图 2－2 所示，这是更加悲观的，或许，关于高科技企业发生的事情更现实。据报道，国防部认为武器系统生命周期成本的 70％在概念阶段结束时就注定了，因为在这段时间里，系统定义得到了批准。

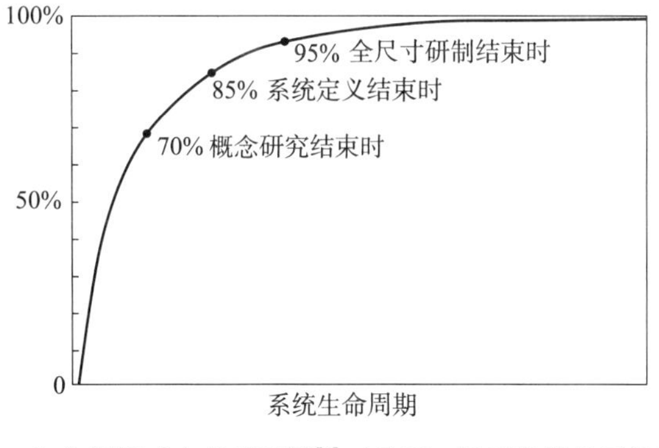

图 2－2　生命周期成本的时间段[3]（马丁 · 玛丽埃塔公司许可转载）

这一观点强调，在上述的机会窗口里，需要果断地做出对定成本设计的管理承诺。与此同时，对价值工程的承诺同样值得去做。正如第 2.8.3 节中提到的，承包商采用价值工程法节约部分的分成可以高达 50％。

国防部所使用的项目，采取从一个阶段过渡到下一个阶段关键点的决策里程碑或管理，详见表2-4所示。虽然重点侧重于军事应用，但决策标准和导致的行动，为各高科技项目的研发者在项目的不同阶段树立了良好的榜样。

在国防部，在其部门和承包商之间，决策过程比在私营部门遇到的更正式。但是，它们是相似的，在决策的过程中，它们是连续统一体，其交互作用通常需要同时进行大量的工作。举一个典型的例子，在进行首件产品测试和接收之前，就应规划备件供应计划。

表 2-4 武器系统的决策里程碑

项目启动
决策标准
任务要素需求和优先事项
负担能力的限制
产生的行动
确定(多个)候选系统
制定候选系统生命周期成本测算
演示验证
决策标准
候选系统的生命周期成本测算
候选系统作战效能
候选系统进度
产生的行动
演示候选系统的硬件
优化方案生命周期成本测算
确定影响生命周期成本的具体要求
全尺寸工程研制
决策标准
确定选项
选择定成本设计的目标
决定负担能力
生产和部署的暂定决策
产生的行动
原型开发

续表

系统内流程平衡研究
优化生命周期成本测算
生产和部署
决策标准
精细化生命周期成本测算
生产和部署的最后决策
产生的行动
系统生产
系统部署

2.2.1　概念阶段

“概念阶段”这个词在探索性和预先研究领域与预先提案和提案阶段的词义有点相同。在其他商业企业，与市场和产品开发是同义词。概念阶段决策的重点在表 2-5 中给出。

表 2-5　概念阶段决策要点

界定功能和负担能力
选择产品和过程方案
确定产品支持方式
创建定成本设计组织
建立审计跟踪线索

概念阶段管理决策的目的及其随后的行动，在于确保前期分析使负担能力和盈利能力在产品和流程决策中得到优化；如果关注度不高的话，至少将成本提高到与性能和进度相同的关注度；将目标成本任务分配给具体的个人；建立审计跟踪、报告媒体、问责和识别制度。

将产品规划作为组织远程总体战略的一部分是同样重要的。例如，获得新技术的决策应支持组织的总体目标，而不仅是那些具体的产品线。

远程战略必须以政策和程序的明确叙述在组织中连惯起来。应将各种职能学科的具体角色、职责和实践作为管理任务进行详细说明。

在进入研制阶段之前，管理必须解决每一个可能会影响负担能力和盈利能力的生产决策问题，必须面对资源的投资、投资回收期和投资回报率（ROI）决策。此外，管理层必须理解对整个所有权阶段的产品支持承诺的含义。

关于所有权，私营部门的担保和公共部门可靠性提高的担保问题，会给客户增加成本，增幅达基本产品成本的2%～10%，也应该在进入项目研制阶段之前解决。这些问题通过可靠性和可维护性之间的权衡来解决，这些参数必须是研制基准的一部分。

2.2.2 研制阶段

管理层首要的责任是，确保资本化和便利化的长期过程正常进行。除此之外，管理层必须确保“造或买”的决策，而且生产计划不仅要支持生产阶段和后续阶段的计划，还要与初始产品和生产决策、所有权阶段的产品支持相协调。研制阶段决策要点在表2-6中给出。

表2-6 研制阶段决策要点

批准投资和设施建设
提高“造或买”的决策效能
建立制造和质量控制方法
分配定成本设计的目标
执行绩效激励

研制阶段最重要的管理责任是，确保设计收敛于成本目标而不是使成本收敛于研制过程中的设计。这意味着基本功能成为设计目标，并且必须在项目范围允许的程度内使用计算机辅助设计（CAD）等现代工具，使设计效率最大化。

这也意味着在概念阶段启动的审计跟踪以及责任和奖励制度应继续得到全面管理的重视和支持。整个组织的承诺和参与在定成本设计中至关重要。

不应该容忍违反成本目标的问题解决方案，除非基本功能和质量岌岌可危，所以，他们面对的挑战，应该与最初产品和过程的决策一样严格。成本目标卓越的氛围应该来自整个组织管理层。

在完成研制之前，管理层应该授权质量控制的方法。从定成本设计的角度来看，该问题是统计质量控制与消耗多达15%～20%的单元生产价格的大量检验、返工和报废的关系。

推荐的方法是统计质量控制，前提是协同努力，以实现第4.7节所述的产品一致性。这是“新质量”的本质，是日本人成功的实践，也是许多有见识美国人的关切[5]。

2.2.3 生产阶段

在生产阶段之前，管理层应确保，在项目允许的范围内，使用计算机集成制造等现代工具将生产效率最大化。成本和进度控制、一体化管理和工厂信息系统还应该有效。生产阶段的决策要点在表2-7中给出。

表2-7 生产阶段的决策要点

生产效率最大化
将供货商整合到操作流程中

续表

建立成本和进度控制事项
创建产品支持组织

关于可靠性或产品改进措施，当模块变化时，管理层政策应该与其适应。这种变化，以及其他需求变化的成本，必须从其他成本中分离出来，并整合到专门创建的工作分解结构（WBS）元素中。这些成本必须追踪到其根源，并具有可审计性。

生产阶段是最后的训练场地和项目所有权阶段的转接阶段。虽然这个过程必须在研制阶段开始，但也正是在这里，实行备件供应、生产服务协助事项，培训服务人员。

2.2.4　所有权阶段

在市场上成功，归结于许多因素，其中一些在表 2-8 中给出。功能和负担能力上的相关因素对初步成功至关重要。但是，顾客认为公司是否诚信经营，对保持和繁荣该公司的市场是必不可少的。

表 2-8　市场成功的关键因素

技术卓越和认清技术引领地位
产品质量高并得到客户的支持
负担能力和竞争态势
诚信经营

商业诚信，也就是遵守承诺的一件简单的事情，也许是最重要的因素。在项目生命周期中，诚信模式应该优先成为所有权阶段的主要甄别准则。

在进入所有权阶段之前，管理层应确保设施、备件、技术数据和人员到位，去培训用户并及时和公平地履行保修和服务承诺。该产品的支持组织负责客户培训、服务及其相关的物流。如果操作得当，产品支持有助于企业盈利能力的增长，培育客户的忠诚度，并确保在市场上继续取得成功。

2.3　系统工程过程

系统工程是科学和工程努力的应用：通过定义、综合、分析、设计、测试和评价的迭代过程，将使用要求转换成系统性能参数的描述和系统结构；以优化总体系统定义和设计的方式，整合相关技术参数，并确保所有的物理、功能和项目接口的兼容性；将可靠性、维修性、安全性、生存性、人为因素等影响纳入整个工程工作去满足成本、进度和技术性能指标[6]。

简而言之，系统工程过程是生命周期内系统或产品的系统工程面向时间的应用。系统工程过程是技术过程和管理过程随着系统或产品成熟而改变的一个平衡，在定义和研制阶段，技术方面更为重要，在生产和部署阶段，管理方面更为重要。

构成系统工程过程的各种活动，作为给定系统采购阶段的函数在表 2－9 中列出。

表 2－9　系统工程中的活动

活动	章节
任务可行性和概念形成	
技术进步	2.6
任务的可行性和效用分析	2.2.1,2.3,2.4
生命周期成本评估	2.3,2.5
概念探索	
性能需求分析	2.5
需求的定义和规范	2.5,3.6,3.7,3.9
要求的分配	2.5,2.10,3.7
使用平衡研究	2.5,3.4
功能平衡研究	2.5,2.10,3.7
技术和风险评估	2.6,2.9
接口定义	2.5,3.6
后勤保障	2.5
功能基线确定	2.5,3.6,3.7
生命周期成本评估	2.5,3.6,
系统需求评审	2.5,3.6,3.7,3.9
演示验证	
分配基线的定义	3.2,3.6
要素规范	3.6
性能、成本和进度细化	3.10
后勤保障性验证	3.2
接口规范	3.6
系统集成规划	3.2,3.3
配置管理的定义	3.6,3.7
风险管理规划	2.9.1
测试和评估规划	3.2
生产能力评估	4.9
系统工程管理计划(SEMP)	2.3,3.2,3.3
系统设计评审	3.9,4.9

续表

活动	章节
全尺寸研制	
系统工程管理计划实施	2.3,3.2
文档更新	3.7
配置管理	3.6,3.7
人类因素和培训计划	3.3
综合后勤保障计划	2.3,3.2
初步设计评审	3.7,3.9
关键设计评审	3.7,3.9
功能配置审计	3.7,3.9
产品基线确定	3.6,3.7,3.9
生产和部署	
生产工程	2.7,4.9
生产成熟度评审	3.7,3.9,4.9
物理配置审计	3.7,3.9,4.9
综合后勤保障实施	6.2
技术数据包准备	3.7
变更管理	3.3,3.7
延寿计划	3.1
使用和支持	6.2

正如本章一开始提到的，系统工程过程是成功的定成本设计的基础，表 2－9 标识出本书的一些章节，在这些章节中，详细讨论这些活动对定成本设计目标的影响。

美国国防部总结的系统工程过程决策内容和上一节中承包商的管理决策框架相同，现在从客户的角度讨论。

概念探索的目的是定义和选择进一步研制的系统方案，以满足新的或未实现的军事需求。概念探索开始于国防部长批准的、来自国防部某个部门的项目目标备忘录（POM）。项目目标备忘录包括重要新系统启动的理由（JMSNS）。国防部长以项目决策备忘录（PDM）的形式批准，并依赖于国防部有足够资金储备的具体部门去完成这个概念探索。从概念探索过渡出去的一个关键节点之一是以系统需求评审（SRR）为条件。在系统需求评审中，生命周期成本是一个主要问题。

演示验证阶段的输出应包括满足功能基线需求的性能规范。这一阶段的重点包括作为过渡到全尺寸研制的节点之一的系统设计评审（SDR）。生命周期成本在系统设计评审中再次成为一个问题。

决策协调报告（DCP）和综合项目总结（IPS）由项目办公室编写，由系统采购审查委员会（SARC）评审。如果该系统足够庞大，可以由防务系统采购审查委员会（DSARC）评审。如果需求得到满足，系统采购审查委员会评审或防务系统采购审查委员会推动得到批准的决策协调报告和综合项目总结被送到国防部长那里，作为批准全尺寸研制的基础。

全尺寸研制阶段的目的是，确保详细设计已经完成，主要问题已经解决，实现的性能要求已被测试验证，系统或产品设计具有可制造性。在开始详细设计并验证研制规范确实可行之前，进行初步设计评审（PDR）。在用于生产的设计发布之前，进行关键设计评审（CDR）。在初步设计评审和关键设计评审中，生命周期成本继续作为一个问题。

在每个设计上实施功能配置审计（FCA），确保性能需求在最终的研制工作验收前得到满足。生产成熟度审查（PRR）通常是在全尺寸研制阶段的末期举行，以验证系统或产品投入生产的准备情况。

生产和部署阶段的目标是，以最优的成本生产并交付一款有效而又可负担得起的系统或产品。第一阶段开始于低速度的小规模量产，当初始使用测试和硬工具（即批量工具）产生的变化被采纳之后，逐步增加到全速批量生产。通常，由硬工具生产的首件产品要进行物理配置审计（PCA），去验证竣工的产品是否符合详细的产品规格。

2.4 负担能力分析

负担能力分析，从客户的角度确定该产品的功能价值及其相对优先级。它提供给客户一个准则，在各种需求下去分配有限的预算资源。对于生产商来说，负担能力既是分配有限预算资源的准绳，也是系统和产品应对客户需求的负担能力的衡量尺度。

概念上，对于个人和企业，负担能力是一个不同的问题。资源的分配其实是建立在需求相对紧迫的个人看法上，而不是一些全局性的定义上。负担能力的概念首先是在本节讨论的第一个主题，其次是联邦预算和货币概念的讨论。

这些预算和货币的概念及其状态在政府合同的负担能力上产生相当大的影响。在进行本节包括负担能力讨论的分析方法之前，每个人都应该明白这些概念在系统采购过程中发挥的作用。

2.4.1 负担能力的概念

众多定义一直试图解释术语“负担能力”，其中一个有代表性的定义是：负担能力是产品的销售价格接近其功能价值，而该价格在客户支付能力之内的一个产品特征。

实际上，没有一个单一的定义适合所有情况。例如，航空业的基本业务是运送乘客和货物。飞机在执行这种业务的基本功能上是至关重要的。

考虑一个初创的航空公司，其所有的资源必须专用于获得和保持至少一架飞机。因此，对于这样的航空公司，负担能力将被定义为保持一架飞机飞行所需的全部资源和信用，因此确定明显优先级是一件简单的事情。

第二次世界大战是对明显优先级反应的典型例子，武器的需求明显比消费品的需求重要，战争期间的主要问题是生存而不是负担能力。当紧迫性如此清晰时，确定工作重点是很简单的事情。

不幸的是，企业或个人生活中大多数决策不是那么简单。家庭预算始终包括文具、食品、住房和服装等必需品；然而，其他感官需求往往会造成预算超支。满足这些需求项的负担能力经常受到信用卡和抵押贷款额度限制。在很大程度上，这种情况普遍存在于商业和产业中。

"浑浊"似乎是对经常性的优先级之间的区别变得模糊的场景中最贴切的描述。实际上，当竞争系统或产品的支持者在起作用时，几乎不可能维持一组定义好的优先级，除非已经建立了用于筛选潜在候选者的明确设定的标准，并且除非这些条件从绝对权威的一个制高点被均匀地、持续地施加。这是第 2.3 节描述的在核准采购系统时国防部长能够发挥积极作用的重要原因之一。

国防部长负责整个国防预算，包括军事部门和国防部其他部门的预算请求。表 2－10 总结的是美国国会在 1981—1987 年财年国防预算的法案。根据国会法案，美国国防部负担能力的定义在表 2－10 中列出。

表 2－10　国会批复的国防预算[7]

财政年度	请求值	批准值	差　异
1981	180.7	182.4	＋1.7
1982	225.3	218.7	－6.6
1983	263.0	245.2	－17.8
1984	280.5	265.2	－15.3
1985	313.4	294.7	－18.7
1986	322.2	289.1	－33.1
1987	320.3	289.7	－30.6

2.4.2　联邦预算和货币的概念

根据统一预算的概念，所有的联邦资金都包含在一个综合的预算中。这些款项包括联邦资金和信托基金。应该指出，社会保障资金目前不在预算内，因为根据法律，这部分资金被排除在美国国会预算决议的范围之外。

联邦政府的所有收入，除了少数例外，都积存在美国财政部的账户上。根据宪法，除非国会拨款，没有款项可以从国库中提走。联邦部门和机构的资金额度作为统一预算保持在相同的基础上。

联邦政府包括国防部使用四种不同的货币概念：预算权利、财政义务、实际发生成本和支出。

（1）预算权利

预算权利是以联邦政府的名义从事交易，最终使资金从美国财政部支出的权利。预算权利是总统每年从国会预算中得到的请求数额，是国会在批准过程中产生的。预算权利不是通常意义上的钱。在前一段指出，这是支付一定额度的公共基金的权利，类似于拥有一定信用额度的信用卡。

（2）财政义务

财政义务是以联邦政府的名义从事的实际业务，通常是一个合同或采购订单。财政义务类似于上述信用卡使用的信用额度。由于预算权利是有期限的，在美国国防部通常为1～5年不等，因此财政义务的概念很重要。财政义务在其持续时间内延续了预算权利的生命周期。

（3）实际发生成本

实际发生成本是指用于研究、开发、测试和评估的资金每年仅用于资助每个财政年度实际执行的工作所需的金额。生产和生产相关工作的资金在所谓的“计划年度”中增加。一个计划年度可以包含一个或多个财政年度。政府机构或其主要承包商的行为造成负债，例如订购零件和材料，构成成本发生。

（4）支出

经费是资金从美国财政部的实际支出。经费的概念从两个角度看很重要。首先，支出的速率可被用来监测一个具体项目的进展。其次，也是更重要的，支出是衡量联邦预算赤字规模的货币尺度，也是政治争论的焦点。最近几年国会通过直接支出控制的法案（即格拉姆、拉德曼和霍林斯法案）就是为了应对赤字。

2.4.3　方法

三个基本因素用于确定负担能力：项目优先级、预算资源的可用性和项目成本。负担能力分析涉及所有三个因素，以基本需求来协调可用资源。详细的描述在后面的过程中给出。

（1）项目优先级

欲望似乎总是超出财政资源，从而引起负担能力的问题。确定负担能力的一个因素是，在相同的资源下各个竞争项目的相对优先级。在项目多、资金少的环境中，各个项目必须根据重要性以某种方式排序，使有限的资源得以合理配置。在国防部，某些项目需要部署去应对紧迫和严重威胁，因此是必不可少的。它们处于高优先级，使它们能够被负担得起。对于这样的项目，如平衡预算的考虑，对该项目是否应该去实施并无太大影响。相关的问题是，在不降低其执行任务的基本要素的能力的情况下，如何才能最大限度地降低成本（见第2.5节）。类似的情况在公共部门的其他领域，如公共安全、健康和福利、环境保护和交通运输中也存在。资金往往是政治上的权宜之计，在短期内，基本需求和资金之间没有明显的相关性的情况是经常存在的。虽然从长远来看，相关性可能变得更加明显，资金的不稳定性和定成本设计项目是对立的。相关性在私营部门更为清晰。企业融资的论点是基于个人对利润和增长相对于固有风险的看法。

（2）预算资源的可用性

预测几个财政年度预算资源的能力，对于解决负担能力至关重要。在大多数情况下，公共领域有许多这种预测的数据库。明显的来源包括美国商务部、美国联邦储备理事会（美联储）、联邦政府行政部门的行政管理和预算办公室、国会和会计总署，当然，还有国会本身。例如，美国商务部美国人口统计局每年发布的《美国统计文摘》，是经济、历史许多方面预测的出色纲要。图 2－3 说明，利用 1976—1985 年的数据，采用回归分析预测 2000 年制造业电气和电子设备在国民生产总值（GNP）中的份额。回归分析（即曲线拟合）在第 6.6.2 节中介绍。此外，美国商务部每年发布的《美国工业瞭望》中，预测了超过 350 个制造业和服务业的未来前景。文档的内容按照工业标准规范（SICs）来组织以利用其他来源的相关数据。联邦支出的预测可以从国会听证会和预算授权的其他数据得到加强，例如，国防部 2000 财政年度生产支出在表 2－11 中的预测分布，可以用其他部门和机构的现成数据进行复制。

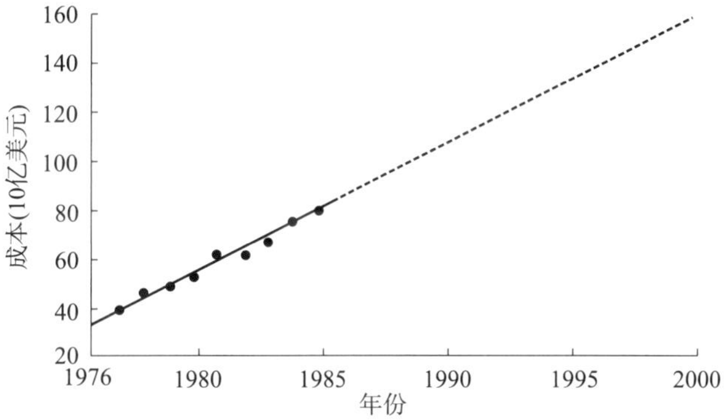

图 2－3　电力和电子设备占国民生产总值的份额[8]

（来源：美国统计局，《美国统计文摘》，1987）

表 2－11　国防部 2000 财政年度生产支出的预测分布[9]

成本分类	百分数
飞机	30%
舰艇	15%
导弹	15%
战略防御倡议	10%
通信-电子	10%
坦克	5%
航天器	5%
弹药	5%
其他	5%

(3) 项目成本

由于负担能力在确定项目成本中的重要性，测算必须是现实的，而基本功能的成本也必须从所有其他的成本中区分出来。虽然，审美价值的问题不应该被忽视，但要从客户的角度考虑。方案成本的关切应包括预期的生产设施和工艺成本，以及所要生产的产品的成本，本质上是非经常性和经常性成本。第 4 章和第 5 章都致力于设计元素和商业策略的低成本生产。但是，这些因素都意味着之后才提出的产品或系统的功能价值已经成立，并用负担能力或意愿去支付的视角去观察。这是成本效益分析的目的，该目的是下节的主题。

2.5 成本效益分析

今天的高科技产品的成本和复杂性，使客户买不起那些被证明是无效的或使用和维护过于昂贵的产品。因此，通常系统工程组织在营销组织的指导下进行分析研究，协助管理层选择或开发产品或系统。这个过程被称为"成本-使用-效益分析"（COEA）或简单的"成本效益分析"。

成本效益分析关注的是资源利用和实现效益的综合结果。资源利用代表一个系统开发、使用和支持所耗费的资金、人力、物力和时间。效益是系统完成其任务目标的能力度量。术语"系统"和"任务"有其军事根源，但现在在一般意义上用来描述一个预期应用的任一产品或一组产品。

2.5.1 方法

当考虑高科技产品或系统时，循序渐进过程旨在确保在评估各种概念中没有忽略任何因素，并在公共部门和私营部门可以同样有价值。成本效益分析的一般方法包括的步骤如图 2-4 所示。

注意图 2-4 中反馈回路，它确保如果任务目标和预期用途不在可用资源和使用约束的边界内，任务目标和预期用途将被重新定义。下面描述的方法，应该适应项目的性质和范围。

(1) 定义任务目标和预期用途

尽管系统是在功能和可靠性的包络内通过组件级性能和成本的权衡进行优化的，但是成本效益分析是从任务级到系统级，再到组件级依次进行的。例如，一个防空军事任务，其目标描述为"抑制针对某些目标的空中攻击"。该要求将明确威胁类别、环境条件以及该任务概率，如击败威胁的概率和响应的时间分布。该系统将通过该防空系统的监视和对策组件之间的权衡进行优化。

(2) 确定资源和约束

资源是可用于完成一项任务或一个项目的事项，包括技术、商品、设施、时间、金钱和人员。资源需求在一个使命或任务的语句和优先级是固有的，并构成对资源的限制。例如，执行用于避免商业航空碰撞的任务，确定了系统所需的技术、商品、设施和人员。任

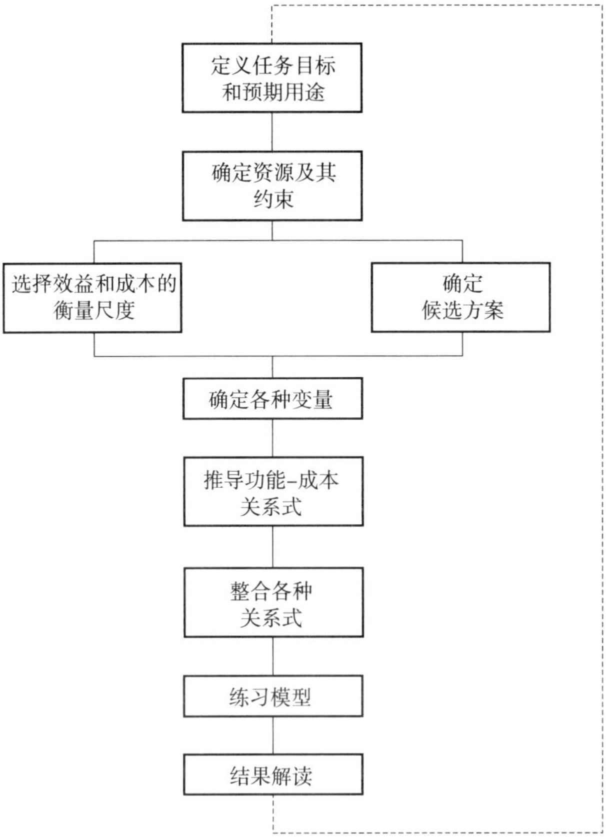

图 2-4　经济效益分析流程图[10]（马丁·玛丽埃塔公司许可改编）

务的紧迫性对任务周期有着决定性作用，但是，这通常由于资金紧张而延缓。任务的商业性质确定航空公司收入作为资金来源，并限制着可得到的数量。

(3) 选择效益和成本的衡量尺度

优化过程实质上是根据一些标准，使资源利用达到最好的综合成果。为渲染优化过程可行，必须编制能以精确、可量化的术语表述的标准。这些标准在识别既定项目目标和可用资源的那些固有限制下编制。成本的定量衡量也以时间、人力和其他资源等表示。例如，公路设计效益的一个度量是，每单位时间的车辆通行能力。与成本的相关联尺度包括作为每单位时间的车辆通行能力和维护要求。这些尺度所采取的形式被关联到具体产品或系统的决策标准上。武器系统的一些典型的衡量尺度在表 2-12 中给出。该方法适用于私营部门。需要注意的是，衡量尺度效益每一个（MOE）都是可以量化的。例如，可靠性可以表达为平均故障间隔时间（MTBF）多少小时，可维护性以平均修复时间（MTTR）多少分钟表示。只要保持一致，效益和成本推荐采用简单的衡量尺度。例如，在采暖锅炉的加热中，电力与天然气成本的比较尺度应采用百万英制热量单位。考虑每千瓦时电力具有3 413 英制热量单位或 0.003 413 百万英制热量单位的能量，每千瓦时成本 0.10 美元，每加仑气体含能 95 500 英制热量单位，或 0.095 5 百万英制热量单位，每加仑成本 1.00

美元。电力和燃气的热转换效率分别为 0.85 和 0.75。下面的计算表明，天然气具有的成本效益优势是电力的两倍多。

表 2-12 武器系统的效益衡量尺度

可获得性	生存能力	作战能力	资 源
可靠性	核	使用范围	兼容性
维护性	环境压力	精度	设施
全天候性能	能源对策	穿透(能)力	人员
威胁反应时间		毁伤(能)力	
		服役周期	

电力

$$\frac{0.10/\text{kW}\cdot\text{hr}}{(0.003\ 413\ \text{mBtu/kW}\cdot\text{hr})(0.95)}\text{美元}=30.84\text{ 美元}$$

天然气

$$\frac{(1.00/\text{gallon})}{(0.0955\ \text{mBtu/gallon})(0.75)}\text{美元}=13.96\text{ 美元}$$

(4) 确定候选方案

优化系统的能力，取决于满足如前面的示例中所示要求的可用的候选手段。候选方案包括，能在限制的成本内用来满足任务需求的手段、方法或技术。确定候选方案的任务，基本上包括核对任务要求与提出的基本系统概念，并列出满足需求的所有可能的候选手段。然后，列出的候选方案应该在可用资源内进行筛检，以确保它们实际上是可行的。引用高速公路的例子，增加车辆通行能力的选项可能包括替代路线、多车道的道路和多级道路。如果得出取得通行权是成本动因，那么多级道路可能是候选的方案。

(5) 确定各种变量

“变量”被定义为用于确定任务的各方面的参数，并且，当其变化时，影响项目目标的有效完成。换句话说，变量变化引起资源需求的变化，以维持一定的性能水平。在统计意义上，这些参数是自变量，而资源需要是因变量。该步骤包括识别驱动每个选定的候选方案因变量的自变量。在高速公路的例子中，车辆容量、速度和天气是自变量，施工时间、费用、使用和维护成本等是因变量。有必要以它们将在使用中发生的方式界定这些自变量。例如，可靠性应由平均修复时间的最小值和最大值去界定，而故障间隔平均时间由维护性的最大值和最小值去界定。

(6) 推导功能-成本关系式

过程中的此步骤将成本关联到设想的候选方案的各种级别的功能上。本质上，成本是性能、功耗、复杂性、可靠性、重量和密度的正指数函数。考虑前面引用的飞机防撞系统的检测子系统的例子，关键性能参数是用给定的雷达散射截面、检测距离、系统的可靠性去检测和定位迎面而来飞机的概率。

这些参数不仅使设备复杂化，而且交互影响。图 2－5 显示，以飞机防撞系统的检测子系统部分的组件数量表示的检测概率和探测范围与设备复杂性的互相影响。请注意，如果检测的概率 0.95，检测距离 4 km，大约需要 20 个组件，如果距离翻倍到 8 km，所需组件的数量约增加到 65 个。假设 0.95 的概率，检测距离 8 km 的情形在下面讨论。图 2－5～图 2－9 可以用来选择初步定成本设计的目标。“初步”一词强调，因为在达到定成本设计的最终目标前，应该考虑许多其他因素（见第 6.4 节）。使用的过程如下：

建立设计复杂性基准。再次以图 2－5 作为参考，检测概率和距离是自变量。一条垂直线从横坐标 8 km 处画出，对应检测曲线 0.95 的拦截概率。从这一点画出的一条水平线，对应 65 个组件。

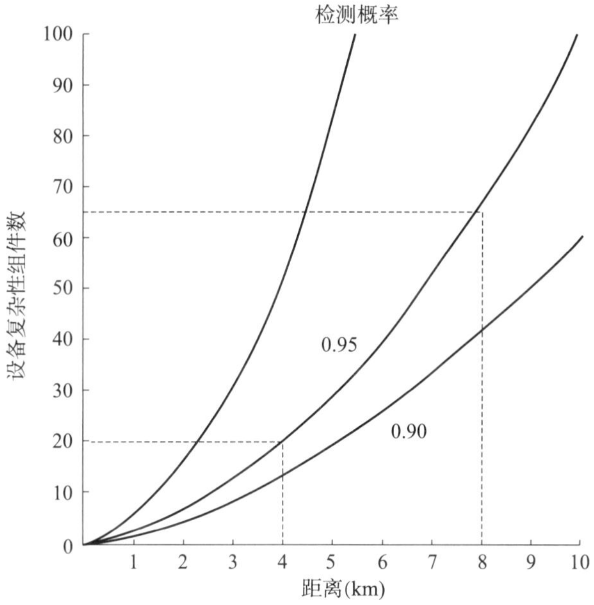

图 2－5　作为检测概率和距离函数的复杂性

建立组件可靠性。图 2－6 显示设备的复杂性与组件的数量，以及系统所需的可靠性与系统中使用组件的固有可靠性之间的相互作用。在图中，所需的组件数和系统的可靠性是自变量，而因变量是所需组件的可靠性。对于拥有 65 个组件、所需可靠性 0.95 的系统，组件所需的可靠性将约为 0.999。

测算研制成本。图 2－7 显示设备的密度和组件可靠性之间的相互作用对研制成本的影响。图中的研制成本范围在这类企业中很典型，作为密度的函数变化可以高达三倍（单位体积的组件重量）。密度是衡量设备复杂性的一个常用尺度，因为它同时计量重量和体积。这在体积密度和功率密度一致的情形下是特别有价值的。在结构应用中，重量作为组件数量的函数，也有一个类似的关系，通常能满足需要。在图 2－7 中，设备密度和组件可靠性是自变量，因变量是研制成本。假设检测子系统的体积是 0.5 ft^3（1 ft^3 = 0.028 316 8 m^3），在这个体积下，65 个组件将构成中等密度。中等密度和所需组件 0.999

的可靠性得出图 2－7 中的研制成本约为 6 亿美元。

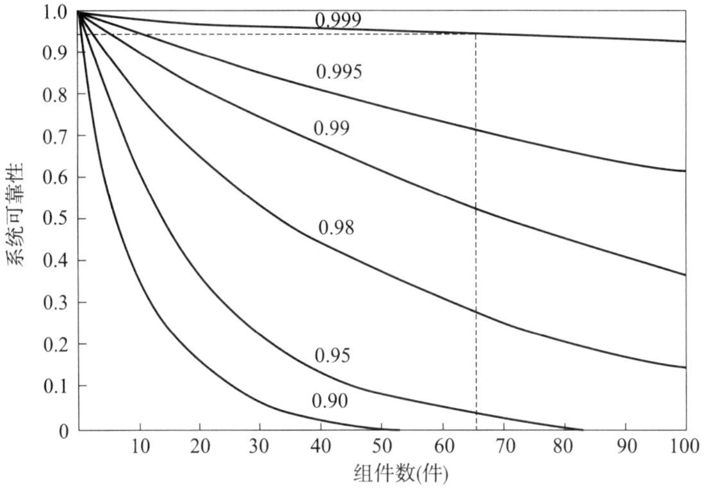

图 2－6 作为系统可靠性和组件数函数的组件可靠性

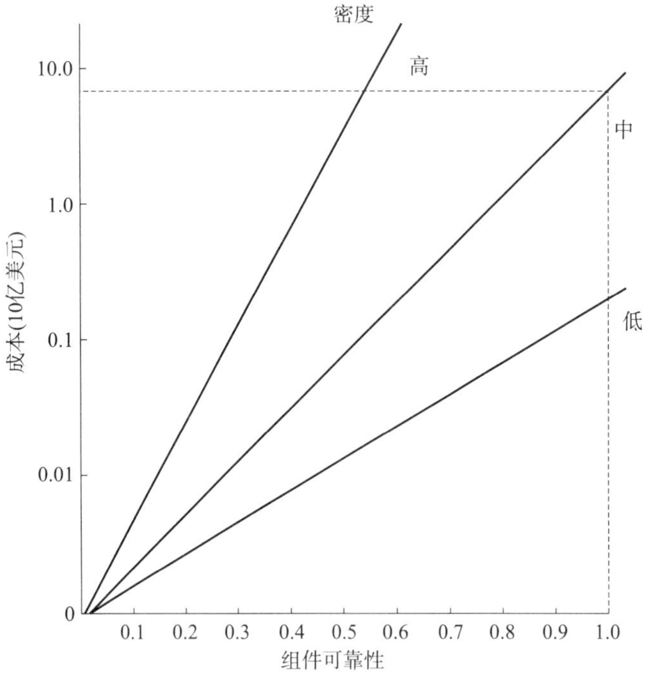

图 2－7 作为设备密度和组件可靠性函数的研制成本

测算生产成本。图 2－8 引入一个新的参数——生产数量，并显示生产数量与组件可靠性相互作用对生产成本的影响。所需的可靠性越高，检验和测试的支出就越大。对于这种企业，总生产成本的范围是典型的。图 2－8 中的自变量是生产数量和组件可靠性，因变量是生产成本。假设检测子系统的生产数量为 1 000，生产总成本约为 1 亿美元，单元成本为 10 万美元，对于预期的应用似乎是合理的。

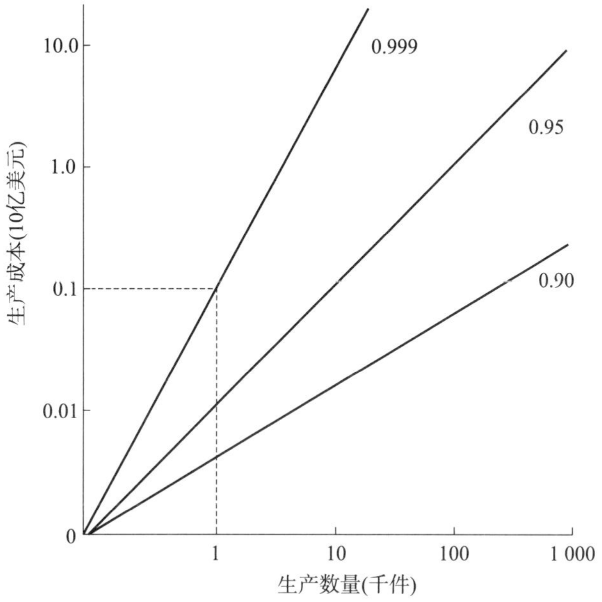

图 2-8　作为组件可靠性和数量的函数的生产成本

测算使用和支持成本。图 2-9 显示组件的可靠性和生产数量对使用和支持成本的影响。曲线的斜率是建立在组件可靠性上的。可靠性越低，维护支出就越高。图 2-9 纵坐标的标量值是建立在产量上的。数量越大，在备件供应上允许更大的规模经济，并允许更复杂的维护设施来降低使用和支持成本。自变量是部署检测子系统的数量和组件可靠性，因变量是使用和支持成本。对于部署单元数量 1 000、组件可靠性 0.999 的检测子系统，在生命周期内（例如 10 年）的使用和支持成本将约为 12 亿美元。有趣的是，这个数值低于初步估计的生命周期成本的约 63%。这个百分数在预期应用的这类设备中是典型的。

编制生命周期成本。下面重复上述测算并作为数量 1 000 的检测子系统的定成本设计的初步目标：

研制：6 亿美元

生产：1 亿美元

使用和支持：12 亿美元

(7) 整合各种关系式

进一步将功能-成本关系整合到评估候选方案的一个总体衡量尺度中。生命周期成本是首选的衡量尺度。图 2-10 显示出这些关系通常是如何表示的。

在最低生命周期成本下，可达到的平均故障间隔时间由从可靠性投资曲线的最低点加上维护成本画出的垂直线表示。提高可靠性，减少系统使用寿命期间的维修次数，目标是在研制过程中提高可靠性和使用时降低维护成本之间找到最佳平衡，使生命周期成本最小。这种平衡在图 2-10 中两条曲线的交点上取得。图中显示的是，在检测概率、探测距离和生产数量一组固定值下，全生命周期成本对可靠性的敏感度的把握。对于超过它们参数范围的上述自变量或因变量的离散增量，会编制类似的曲线。应该解决的一个可靠性问

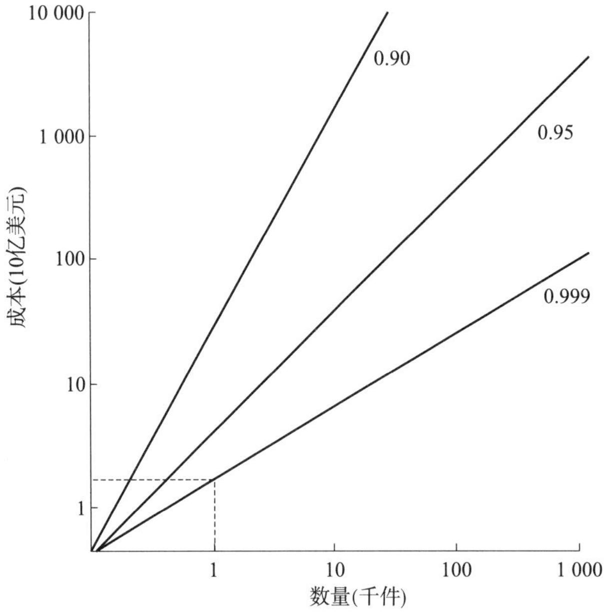

图 2-9　作为组件数量和组件可靠性函数的使用和支持成本

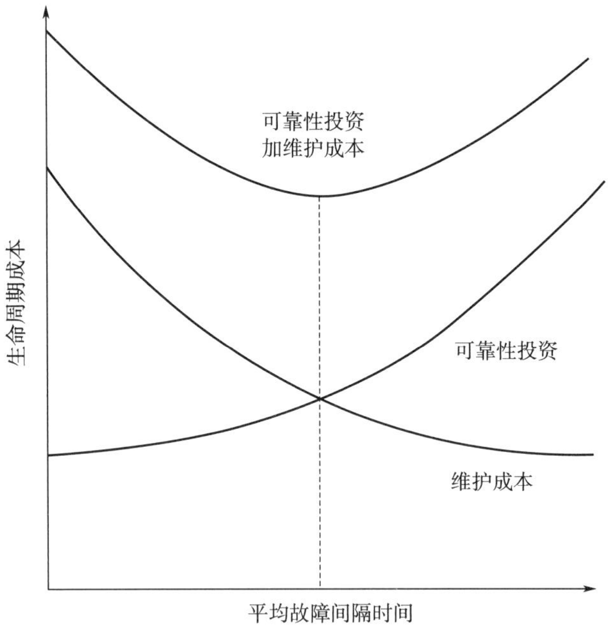

图 2-10　作为可靠性和维护特性函数的生命周期成本

题是，利用成熟零部件与新技术产品的关系，如军用标准（MIL STD）碳质电阻代替固态电阻阵列。在任何情况下，零件的选择应考虑的不仅是单元生产成本和维护成本之间的关系，还要考虑最终的报废成本。

（8）练习模型

在所考虑的每个不同的选项上应用成本-效益模型。在上一个示例中，因为全天候的要求，可能会考虑采用雷达、红外线或二氧化碳激光器探测。再一次，在每个方案中，使用了相同的效益和成本尺度，以及相同的自变量或因变量的参数范围。应该记住，这些都是一次变化一个参数，而其他不变。

（9）结果解读

应该认识到，成本效益模型并不是“现实世界”的精确复制，不应盲目使用。案例研究第 2.12.7 节指出预测未知的事件会发生的重要性。然而，如果需要太多的假设和限定语句来完成模型，解读结果可能是困难的。尽管如此，这些语句应该尽可能明确提出，这样它们可以随着时间的推移得到详细验证。该方法的最后一步是管理领域，这明显是经理而不是分析师做出决定的，分析师应该只提供决策的基础。

2.5.2　成本动因的帕累托分析

全面成本效益分析揭示出的成本动因是管理的一个主要问题。现在的问题是如何将项目的资源最好地集中于它们的解决方案上。基于帕累托原则的技术可以用来揭示主要成本动因的收益递减点。

该原则是经济学家维尔弗雷多·帕累托（1848—1923 年）提出的，可以用于将至关重要的几个问题从许多琐碎的模糊优先级[11]中隔离出来。采用一个典型的航天项目的关键采购列表演示其应用。

第一步是编制表 2－13 所示的帕累托分析表。这些事项都以成本递减的顺序排列，每行的事项都计算累计成本和累计成本的百分比。从表 2－13 中可以看出，自第 7 项之后，出现收益递减点（PODR），其中在累计成本百分比的步长变化约从 10① 以上降低到约 5 以下。图 2－11 所示的帕累托曲线强化了前 7 个项目是协同努力的合理候选者的结论。

表 2－13　帕累托分析工作表

序号	事项成本(美元)	累计成本(美元)	总累计成本(%)
1	30 000	30 000	10.9
2	30 000	60 000	21.7
3	29 000	89 000	32.2
4	29 000	118 000	42.8
5	28 000	146 000	52.9
6	28 000	174 000	63.0
7	27 000	201 000	72.8
8	13 000	214 000	77.5
9	11 000	225 000	81.5

① 原文 19，有误。

续表

序号	事项成本(美元)	累计成本(美元)	总累计成本(%)
10	10 000	235 000	85.1
11	10 000	245 000	88.8
12	10 000	255 000	92.4
13	9 000	264 000	95.7
14	6 000	270 000	97.8
15	6 000	276 000	100.0

注：马丁·玛丽埃塔公司许可改编。

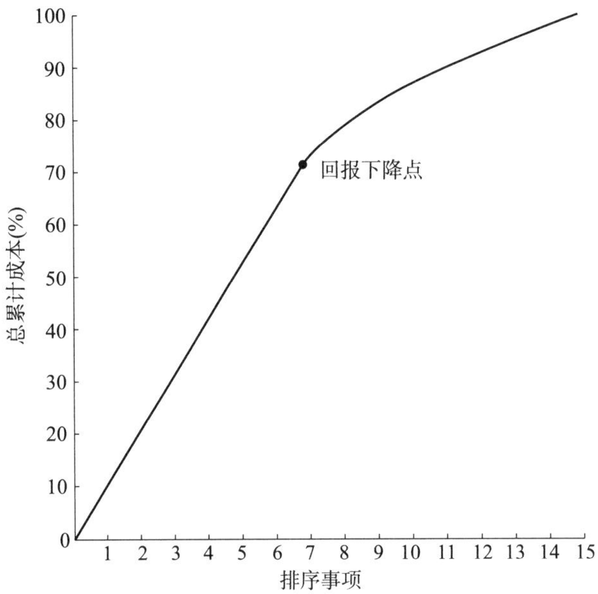

图 2-11　帕累托曲线[15]（马丁·玛丽埃塔公司许可改编）

2.6　新技术

适当使用新技术可以进一步优化制造商的利润和客户的负担能力。适当的计划和调度对于新技术的成功应用至关重要。

新技术应该有助于系统或产品满足经济负担能力范围内的要求，作为成本效益分析的一部分进行审查，并应该从产品和工艺设计两个方面进行考量。在公共领域存在很多数据，主要来源是《美国商业部的国家技术信息服务》和《橡树岭国家实验室的技术应用公告》[13,14]。

如果研制项目在很大的程度上涉及新技术，在如何预测生产成本上难度就会增大。由于前期资金最终需要由客户和承包商做出承诺，加剧了总包采购的问题。正如 C-5A 飞机的情节所展示的那样，它通常不起作用，不应该被商业企业效仿。

2.6.1　应用指南

技术问题归结为：开发成本将是多少，设计结果的可生产性如何，工具将花多少钱。在大多数情况下，这些问题的答案只能是抽象的或是相对原则性的；然而，遵守一定的原则可以得到成本尽可能低的解决方案。表2－14和表2－15列出了一些开发新技术的原则，应用该新技术能够降低成本，进而降低风险。

表2－14　新技术开发原则[16]

鼓励专业机构发起研发
针对研发计划在专业机构中寻求有限合伙企业
使用本组织的综合资源去加强研发
在今后的招标中引导客户注重技术和成本问题
协调远程战略规划和技术投资

注：经马丁·玛丽埃塔公司许可转载。

表2－15　新技术应用原则[17]

在新技术和现有的方法中使用同样可生产性清单和衡量尺度
不要将传统的公差帮助因素应用到新技术中
对于基于统计关系的设计因素使用现代分析技术
将紧密耦合的制造技术应用到设计技术上
进行风险-成本分析将风险概率关联到纠正行动成本
最重要的是，不要迷信新技术，在项目规划中要使用常识

注：经马丁·玛丽埃塔公司许可转载。

2.6.2　技术进度安排

时间就是金钱，因此，如果一个新产品可以在3年而不是5年上市，开发成本将减少24个月的劳动力支出。然而，由于实现新技术需要抢时间，研制阶段和生产阶段有所重叠，加速进度就会出现风险。

图2　12说明的是，在采购领域，研制和生产同时进行的成本风险后果。指数曲线的形状是风险随时间增加的一个衡量。如果没有技术风险，只是出现成本增加，图2－12中的关系可由一条直线描绘。以美元为单位量化的风险-成本技术在第2.9.3节中讨论。

技术进度安排的合理方法是将开发和应用技术作为组织远程规划战略的一部分。只基于短期机会的决策，对于长期竞争力和经济增长是适得其反的。

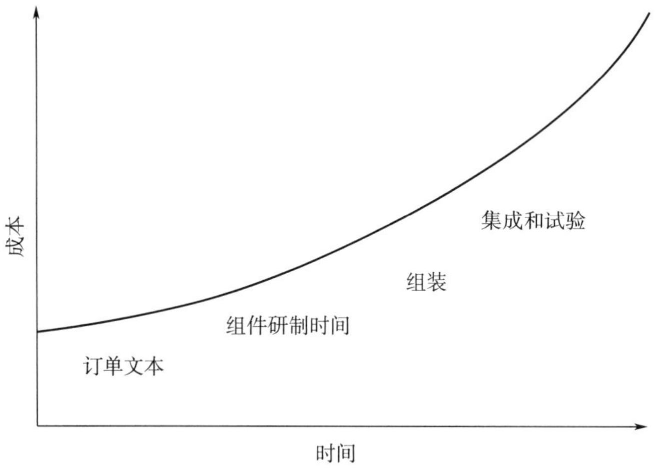

图 2－12　采购中同时发生的成本风险

2.7　制造资源规划Ⅱ

标题中罗马数字Ⅱ是为了预示未来无纸化工厂而出现的。从操作的角度来看，制造资源规划 II（MRP Ⅱ）的双重目标是：将管理信息系统提高到管理层可以在问题发生前甚至生根前进行干预的水平，凭借其在负担能力和业务能力方面的特殊专业知识，使每个制造业务成为卓越中心。美国产业对制造资源规划Ⅱ的承诺，连同美国产业的一部分朝这个方向[18,19]前进有所犹豫的一些理由记载在当代文献中。虽然没有被引述，或许这种犹豫是由于实施这些方案本身具有压倒性的性质。

图 2－13 显示制造资源规划Ⅱ的系统在需求定义阶段的概念性配置。然而，广度和深度可以从模块的数量及其众多的接口上设想出来。

插图中以降序排列的这些组件的名称：主生产进度（MPS）安排模块”、工程模块、库存模块、采购模块、车间控制（SFC）模块和财务模块。图中的缩略语在附录 B 中描述。

很容易想象，为了实现制造资源规划 II 的技术，需要从其他工作转移大量的技能资源。这是管理层一个艰难的决策，通常的方法是不做出任何决定。

实施制造资源规划 II 的决策最好的指导方针是图 2－13 所示的生产操作规模和已经涉及的功能的人员数量。事实上，许多功能已经执行过，不过都是基于一个独立的、不相关的基础，所以制造资源规划 II 不仅是可行的，而且最终将使目前在岗的许多人在经济上受益。

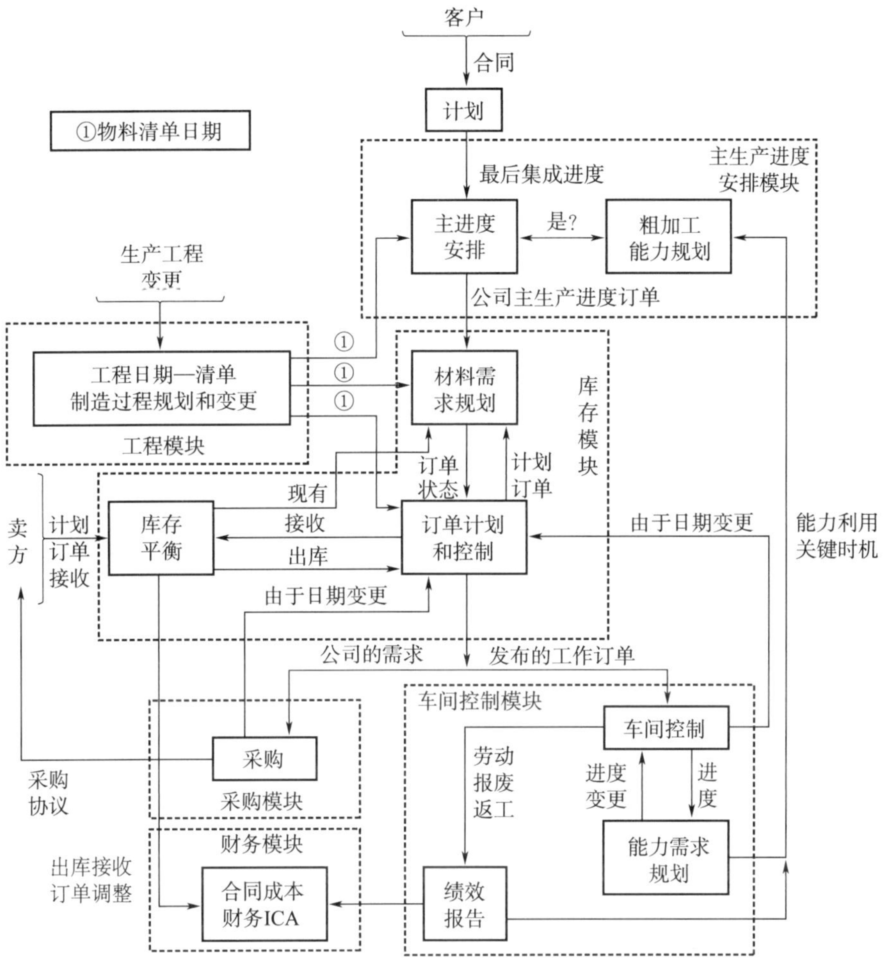

图 2－13　制造资源规划 II 概念[20]（马丁·玛丽埃塔公司许可转载）

2.8　价值分析

设计师聚焦产品性能是很自然的，他们的主要目标是设计一种终端功能产品。这种性能聚焦，加之进度紧迫，往往忽视成本。

然而，如果只强调削减成本，就会将节俭上升到排除其他因素的地步。价值分析是一个更强大的和完全不同的方法，提供了一种严格和合理的方式来减少不必要的产品成本而不牺牲功能价值和质量。价值分析遵循规定的进程：一个工作计划是过程的一个重要和强制的要素[21]。

2.8.1　工作计划

价值分析工作计划通过其实施来管理调查的组织。价值分析的基本原则是："工作量再小，也需要一项工作计划。"

(1) 组织

团队“方法”是实现价值分析最有效的方式，团队的专业知识和经验应包括处于研究中产品的设计、成本和生产方面。团队成员应该相当熟练人际关系，这项工作需要质疑、挑战和批评别人的想法，以促进建设性的改变。机智、诚实、共鸣、合作和处世之道在价值分析中有助于提高积极、热情的态度，最终导致其成功。

(2) 选择

候选研究项目应该针对资源消耗带来的收益来衡量。研究项目的相对优先级应该基于需求的紧迫性和节约成本的潜力。表 2-16 给出用于检查当前或提出的设计方案和过程，以及用于选择候选研究方案的依据。第 2.12.3 节的案例研究是明显但往往被忽视领域的价值分析丰硕成果的一个很好的例子。

表 2-16　价值分析检查清单[22]

总　则
可以变更设计消除一些零件吗?
本设计能以较低的成本购买吗?
可以采用一个标准零件吗?
改用一个标准零件会更经济吗?
如果零件只是改善外观,它的存在是否合理?
是否有执行相同功能成本更低的零件?
可以改变设计以简化零件吗?
本设计可以使用标准的检测设备吗?
零件可以设计成在其他设备使用吗?
可以采用更便宜的材料吗?
不同材料的数目可以减少吗?
有新开发的材料可供使用吗?
设计能进行修改以允许在自动机械上生产吗?
加　工
所有的加工表面和抛光必要吗?
较低表面粗糙度足够吗?
设计是否允许使用标准刀具?
公差比他们需要的更窄吗?
可以采用更容易加工的另一种材料吗?
可以用紧固件来消除螺纹吗?
可以采用焊接螺母代替螺孔吗?

续表

装 配
可将两个或更多的零件组合在一起吗？
可将零件做成对称的吗？
是否有新开发的紧固件加速装配？
是否采用最低数量的硬件规模？
如果可行，是否采用货架组件？
能用滚销消除扩孔吗？
规范和标准
有可以取代制造项目的标准零件吗？
可以借用标准件来代替特殊组件吗？
可以改变某种要求以降低成本吗？
在使用标准的硬件吗？
是否所有螺纹都是标准的呢？
可以使用标准刀具吗？
可以使用标准仪表吗？
是否有满足公差和表面粗糙度的材料，以此免除加工？
质量保证
检验标准是否现实？
现有水平的测试是否必要的？
冗余检查或测试是否能取消？
重新设计能消除质量问题吗？
能修改设计以简化检验吗？
包 装
是否需要现有水平的包装？
可以在包装上简化吗？
可以采用不同的包装材料吗？
散装或包装码垛可能吗？
可重新设计包装以利用自动机械吗？
包装是否安排了最低成本的总物料处理？

（3）调查

调查的目的是收集项目相关的永久信息，包括主要功能、成本和功能价值。使用数据的例子包括图样、过程计划、规范、采购和会计记录，并且，如果可能，包括硬件的实际样品。

(4) 思索

在定义问题和评估相关的事实之后，通过创造性思维和头脑风暴，人们可以形成候选方案，来应对高成本的设计元素，然后在比较的基础上评估这些候选方案。

(5) 评价

评价的目的是分析来自创造性思维和头脑风暴过程中的思想，考虑候选方案对功能目标和经济约束的影响。评估过程试图最大限度使用定量数据。

(6) 开发

对最好的候选方案进行实施和成本分析。设计、材料和过程所需的变化随同实施该候选方案的计划的进展而变化。

(7) 报告

报告的要点是改进前后的比较。确凿的成本比较给报告的置信度加分。工业工程测算使用的格式（图 6－10）是展示原始成本、节约成本和最终成本的推荐媒介。

(8) 实施和审计

快速实现（低成本）变更可使节约最大化。实施过程保留涉及的团队，以确保实施变更的结果连续性和记录。记录的节约由缔约各方共享并经受审计。

2.8.2 功能分析系统技术

功能分析系统技术（FAST）概念如图 2－14 所示，其用于功能及其相互作用的广泛研究。该技术问三个问题，然后将结果图表化。关于功能的问题被问及“为什么?”“如何?”“何时?”。

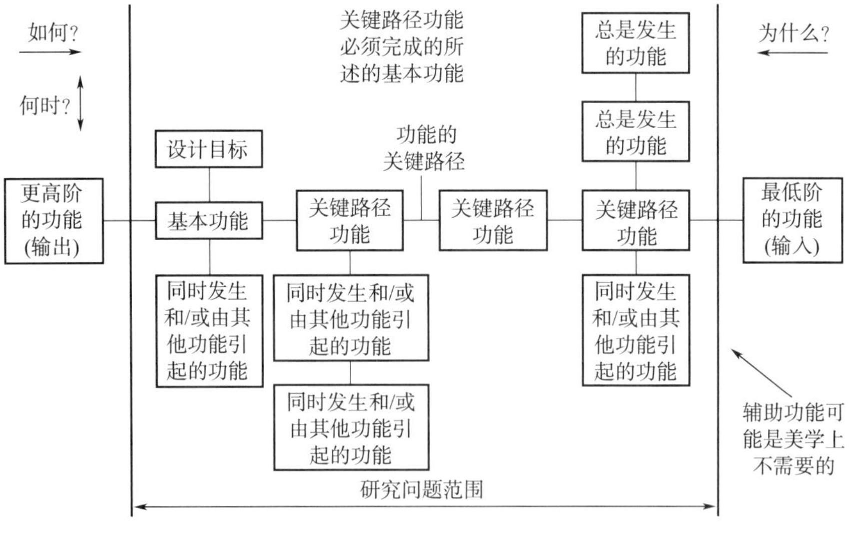

图 2－14 功能分析系统技术概念[23]（马丁·玛丽埃塔公司许可转载）

答案限两个词，一个动词和一个名词，以确保功能叙述的准确和明确。回答“为什么?”这个问题的答案引领出为什么要执行这个功能的更高级的功能。“如何?”这个问题的答案，回到为完成前面的功能必须执行的一个先决条件功能。

最高级别的功能，以“为什么?”标识向左边绘制，由“如何?”标识的功能向右边。每个功能在左边以给定的字符串注释“为什么做”，右边是“它是如何实现的”。下一个问题“何时?”是问及每个功能。答案在图中垂直画出来显示同时完成的这些功能，以及与其他功能的顺序关系。

功能分析系统技术的作用是能够将产品贡献很少或没有贡献的辅助功能从基本功能中隔离开。例如，在图 2-15 中，辅助功能“旋转束（电子）”可以针对机械旋转台架进行权衡。

价值分析技术更多细节可以从劳伦斯 · D. 迈尔[24]和亚瑟 · E. 玛吉[25]的经典作品中获得[25]。

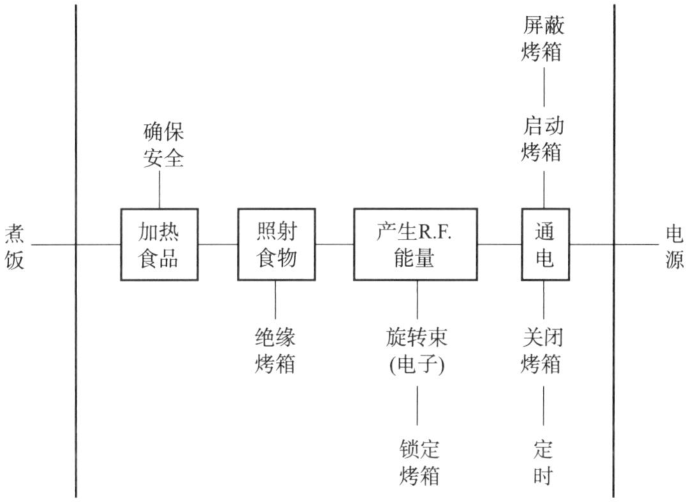

图 2-15　微波炉的功能分析系统技术示意图[26]（马丁 · 玛丽埃塔公司许可转载）

2.8.3　合同条款

美国国防部、能源部和运输部，以及许多州政府机构在其合同中鼓励或者要求采用价值工程。在这类合同中，价值工程条款包含激励条款或计划要求条款，以服从价值工程变更建议。在计划要求条款下，承包商得到资助去寻求具体降低成本的建议，结果会得到一些节约的分红。

政策和程序在《联邦采购法规》中的第 48 部分和第 52.248-1 部分有详细的说明。规定由承包商分享节约成本归纳在表 2-17 中。在激励条款下，自愿参与方的奖励比强制性的计划要求条款下的更多。

现行合同是目前与承包商有效的、发起价值工程变更建议（VECP）的合同，而期货合同是与相同的承包商后续生效的合同。平行合同是为相同的项目，与其他承包商而不是与创立价值工程变更建议的承包商签订的合同。此外，承包商分享每年“使用和支持”节约的 20%，这就是所谓的“担保”节约。

表 2-17 承包商分红预案[27]

	价值工程条款		
	激励	计划	要求
	现行、平行或期货合同	现行合同	平行或期货合同
合同类型			
固定价格而不是激励	50	25	25
激励固定价格或成本[a]	50	—	25
成本补偿而不是激励[b]	25	15	25

注：[a]——与承包商相同比例的激励。

[b]——包括成本加奖励的合同。

来源：《联邦采购法规》，第 48 部分和第 52.248-1 部分。

2.9 风险管理

风险管理确保制造商和客户之间实现利益共赢的目标。它给出对最终成本以及识别维持成本和进度目标所需行动的置信度边界。

风险管理是评估实现成本目标的不确定性，并根据纠正措施成本，量化这些不确定性，并采取措施防止风险真正发生的逻辑过程。采取预防措施的理由应该是以降低纠正措施成本表述的投资回报率。

2.9.1 风险的角度

每个可预见的风险项应该从其对项目利润潜在的影响的角度评估。必须在资金的约束和基本功能范围内保证成本和效益的最优平衡，以及在要求的时间框架内提供作战能力。

军方基于一个叫“风险等值线”概念开发了一种便捷的方式来评估风险。这个概念在图 2-16 中通过由二阶曲线表示的等值线序列来说明。

图 2-16 的曲线使用来自解下面风险因子 R_f 方程的值绘制

$$R_f = P_f + C_f - P_f C_f \quad (2-1)$$

式中，P_f 和 C_f 为用于评估一个具体风险项发生的概率因子，以及该项目真实发生给定风险的结果或成本。

下一节介绍一个计算这些因子的全面方法。本节的目的是确保正确解读风险项和风险等值线之间的关系。

军方将风险因子分为“低”“中”和“高”三类，其相应的风险等值线值为 0～0.30、0.31～0.70 和 0.71～1.00。很明显，有一个最高可能数值的风险结果，也就是说，$C_f = 1.00$，如果具体风险项的发生概率是确定的，也就是说，$P_f = 1.00$，风险因子为

$$R_f = (1+1) - (1)(1) = 1 \quad (2-2)$$

图 2-16 描述许多这样的关系，以字母“F”代表的关系基本与上述例子一样。具体地说，所选方法或解决方案的成功对该项目非常关键。如果所选的解决方案不成功，没有已知的保底，还有，所选的解决方案不成功的概率高。

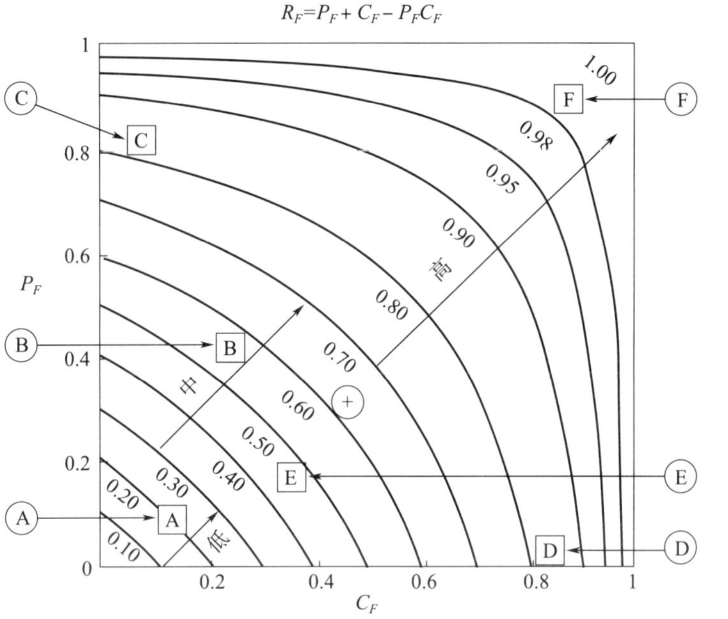

图 2-16 风险等值线[28]（来源：防务系统管理学院，《系统过程管理指南》，1982）

由字母“E”代表的关系是处于次级的不利情况，表示所选择的解决方案对项目的成功非常关键，几乎没有退路可言。再一次，选择的解决方案可能会失败的概率高。

由字母“D”代表的关系，表示如果所选择的解决方案失败，项目的后果仍将严重，几乎没有退路可言。然而，在这种情况下，所选的解决方案可能会失败的概率低。

由字母“C”代表的关系，表示所选择的解决方案对项目的成功不关键，有大量可接受的应急方案。然而，所选择的解决方案可能会失败的概率高，另一个替代方案应考虑为主要的候选者。

由字母“B”代表的关系，表示所选择的解决方案的成功对项目有中等的重要性，保底解决方案的数量有限。在这种情况下，选择的解决方案可能会失败的概率中等，而另一个替代方案应与所选择的方案一并考虑。

由字母“A”代表的关系，表示选择的解决方案的成功对项目并不关键，有许多可以接受的应急方案，所选择的解决方案可能会失败的概率很低。不需要采取进一步的行动。

2.9.2 风险的评估

当前的技术成熟度和包括组成产品或系统的组件的进度关键性是评估风险的方便手段。表 2-18 和表 2-19 为这些因子根据风险概率和风险数值打分提供指导。

表 2－18　风险概率[29]

分值	目前技术成熟度
0	完成系统测试
0.1	完成组合件测试
0.2	成功的系统仿真
0.3	组装完成组件台架测试
0.4	完成部件台架测试
0.5	完成模型测试
0.6	完成电路板测试
0.7	完成详细设计
0.8	完成功能设计
0.9	设计方法被理论证明
1.0	没有已知的设计解决方案

注:经马丁·玛丽埃塔公司许可转载。

表 2－19　风险数值[30]

分　值	进度关键性
0.0	仅影响合同的收尾
0.1～0.3	需要进行系统装配和测试
0.4～0.6	需要进行子系统的组装和测试
0.7～0.9	需要装配制造
1.0	需要详细制作

注:经马丁·玛丽埃塔公司许可转载。

例如，考虑一个装电路板组件的底座。已经完成了底座的详细设计，这个底座需要在系统中的正确位置组装和测试。

从表 2－18 和表 2－19 得知，风险概率和风险数值分别为 0.7 和 0.2。这些值可能表明，尽管实现一个功能齐全底座的风险概率相对较高，但底座的风险数值足够低，因此，它不应该构成一个主要问题。

在下一节中，风险概率和风险数值都关联到纠正措施的成本中，如果风险真的发生了，就会出现纠正措施成本。最终产物是企业的风险成本。

2.9.3　风险-成本建模

风险-成本的概念将风险的概率特性本质与纠正措施的成本关联起来。换句话说，如果一个风险的纠正措施成本为100 000美元，其发生概率为25%，则风险-成本为25 000美元。总风险成本是系统中所包含元素的单个风险-成本的总和。

图2-17所示的风险-成本模型将技术成熟度与风险概率（表2-18）等同起来，即风险概率的发生是具体组件当前的技术成熟度的直接函数。

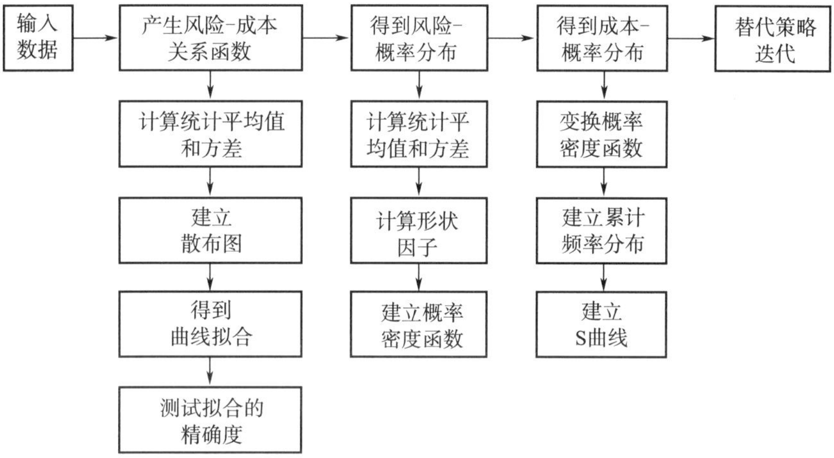

图2-17　风险-成本模型[31]（马丁·玛丽埃塔公司许可转载）

该模型还把进度对风险数值（表2-19）的影响等同。也就是说，一个组件在设计或生产流程需要的越早，对项目的潜在影响就越大。

测算纠正措施成本是设计人员、制造人员和财务人员的责任。鉴于这些测算值，通过生成一个风险-成本相关函数，模型将风险大小与纠正措施成本关联。该模型还推导出构成产品或系统的组件的风险概率分布。

该相关函数描述产品或系统的风险-成本敏感性。风险概率分布描述风险数值的变化。

然后，该模型通过风险-成本相关函数转换成风险-概率分布，生成成本-概率分布。接着，用图2-18所示的成本-概率分布S曲线预测某个具体的高科技研究项目的风险-成本。

在图2-18中，50%的概率值是研制的“应当成本”测算值，被称为“50/50成本”。80%概率表示研制中“可能成本”“应当风险”会实现，被称为“80/20成本”。研制中20%概率值是成本-规避的结果，被称为“20/80成本”。该模型把成本-规避处理成负的风险-成本。

价值5 000万美元的“应当成本”平坦区代表一个不确定性区域，是纠正措施成本相关函数的曲线阶数的一个函数。曲线阶数越低，平坦区的宽度越广。

低于50%的成本概率的值被归因于成本规避，前提是在同一产品或系统上运行时，成本规避是纠正措施成本的相反数。高于50%成本概率的值归因于纠正措施。

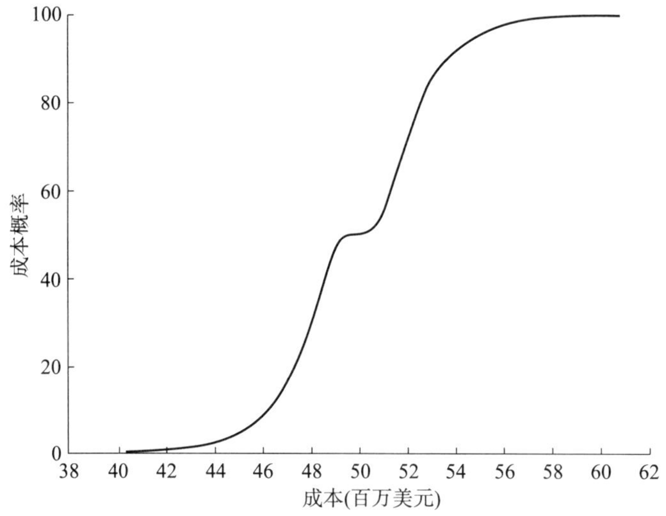

图 2-18　风险成本 S 曲线[32]（马丁·玛丽埃塔公司许可转载）

成本概率值的 80%约是 5 260 万美元，或比“应当成本”高出 260 万美元。管理层可以预付 260 万美元的一部分，以实现约 4 740 万美元的 20%的成本概率值。最低投资回报率会是（52.6 －47.4）/2.6，或者是 2。

2.10　制定定成本设计的目标

前面描述的各项活动，是设置定成本设计的目标的铺垫。按照国防部训令 4245.3，定成本设计的一个目标是：在系统开发期间，应尽早基于一个具体的生产数量和速度，建立以不变美元价格表示的一个具体的成本数字作为管理目标，并作为采购周期后续阶段的设计参数。

目标不应该任意选择，而应从对系统预期成本的最佳可用知识演变而来，并受到预计预算限制的影响。实现成本目标的关键，是让设计师有足够的自由去选择满足任务目标的方案。确定的只能是最终结果，而不是完成它们的手段。

定成本设计的目标可能很困难，但它们应该是可以实现的。如果目标（成本值）设定得太低，以致明摆着实现不了，就会失去动力；反之，如果目标（成本值）设定得过高，不仅是自我否定成本节约的成果，也是鼓励浪费的做法。

2.10.1　成本权衡研究

权衡研究的总体情况在 3.4 节讨论。然而，表 2-20 给出定成本设计项目中指定其行动的一些管理指南。这种成本权衡研究的目标是在资金限制和基本功能限制内争取成本和效益的最优平衡。

本节的目的是阐明在权衡研究中使用的输入变量的性质和相应的成本测算流程。成本测算技术在第 6.4 节中描述。

图 2－19 显示的是权衡研究输入变量的性质。请注意，输入变量用于所有满足要求的候选方案，以及在每一个候选解决方案中，每个硬件配置项、每个软件配置项和每个相应的使用和支持项，都需要输入变量。

图 2－20 给出定成本设计权衡研究中固有的成本测算流程。在并行设计工作允许的范围内，每个硬件和软件配置项单独建模。为配置项开发出复杂性因子，由此，在这些复杂性因子的基础上导出各自的成本测算。

一般来说，在概念的早期阶段，成本测算（偏差）在实际成本的15％～25％之内。到演示验证阶段，这些测算（偏差）通常在实际成本的 5％～10％之内，然后，到演示验证的最后阶段和全尺寸研制阶段迅速收敛于实际成本。

表 2－20　成本研究指导原则

明确技术性能要求，而不是技术方法
明确作战能力所需的时间，而不是中间里程碑
进度预留几次设计迭代时间，而不是针对第一次尝试就 100％成功

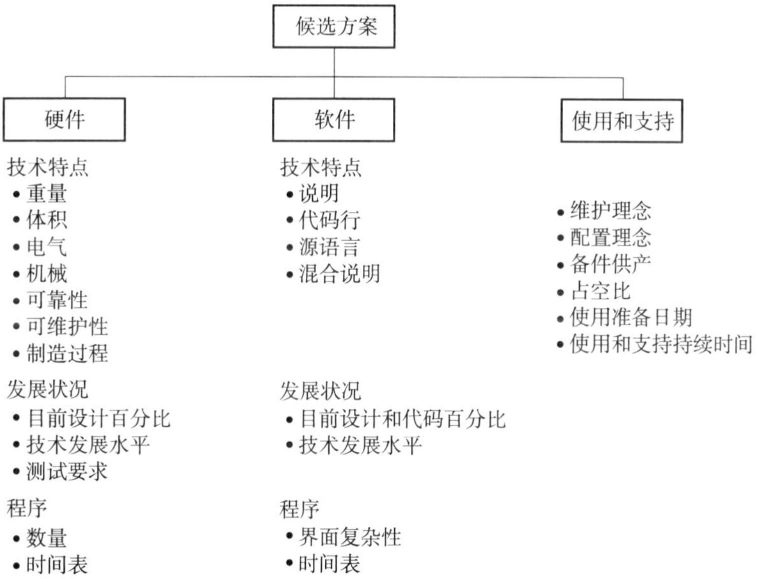

图 2－19　平衡研究输入参数

2.10.2　分配成本目标

如果成本目标不是分配给那些确定最终成本的人们，并且，如果不是锲而不舍地追求奔向这些目标的绩效，目标设想得再好，也无济于事。分配定成本设计目标到具体个人的推荐形式在表 2－21 中给出。

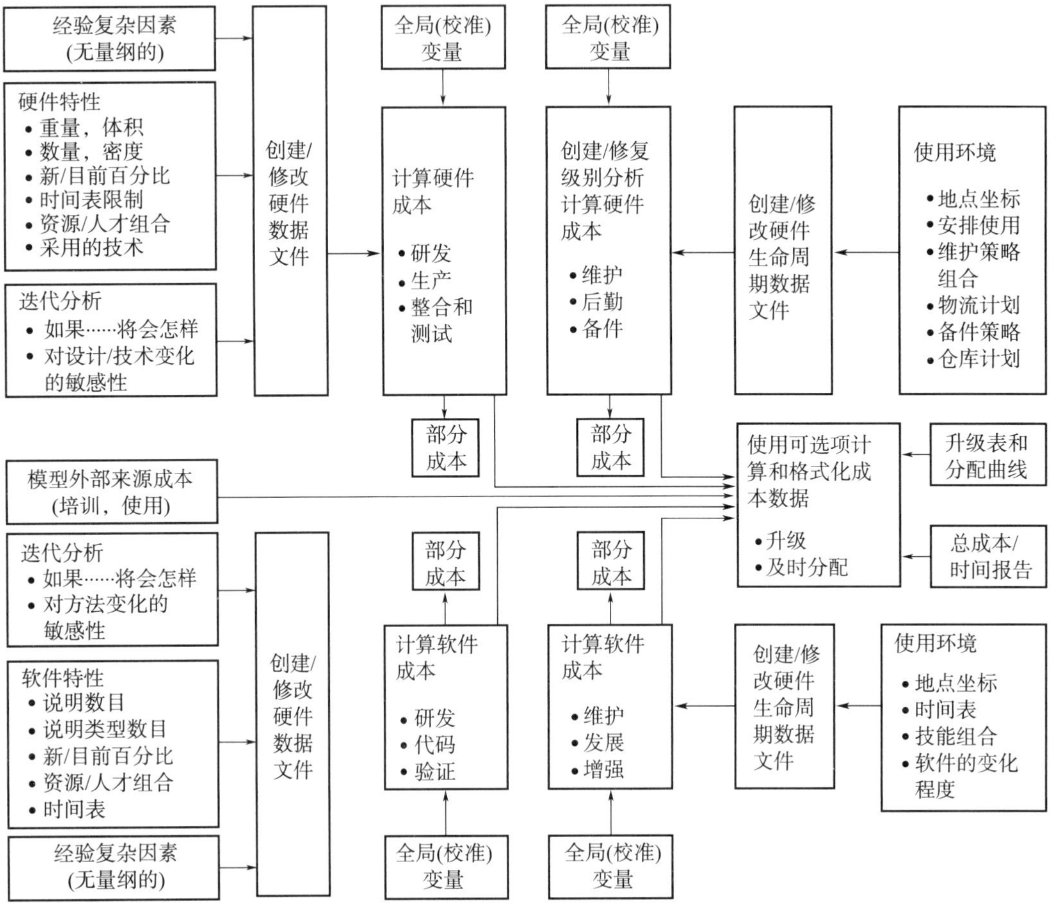

图 2-20　成本测算过程流程图[33]（来源：防务系统管理学院，《系统工程管理指南》，1982 年）

表 2-21　成本目标分配[34]

工作分解结构	名　称	计算辅助制造	目标(美元)	数　量
1.0	运输设备	J. Eagen	36 381 300	001
1.1	搬运设备	R. Mann	16 048 700	001
1.1.1	第四阶段设备	R. Mann	2 783 240	001
1.1.1.1	端环装置	D. Deer	761 700	004
	成本要素工作分解结构 1.1.1.1 制造业工时		19 840 hr	
	质量工时		4 200 hr	
	测试工时		300 hr	
	其他技术服务工时		2 400 hr	
	材料		18 100 美元	
	分包项目		9 100 美元	

分配的目标在第3.12节中，在维护审计跟踪的情况下继续讨论。然而，目标应该分配给工作分解结构的具体元素，由此，成本可以被识别并收集，并应该分配给具体的个人，而不是组织。

2.11　总结

正确启动定成本设计，即本章的主题，需要管理层的切实行动和广泛的前期分析，这些都应该得到整个组织的全力支持。

第2.1节讨论了管理层迫切需要消除质量和负担能力相互排斥的观念，并采取两者结合的姿态，借助价值分析的工具和技术，可以节约成本，其规模令人震惊。这种成功的关键是管理层在质量方面的成熟观念，并提供了自我评估的手段。

同样重要的是，要理解国防部对负担得起的质量的态度，这在本节讨论。美国国防部是高新技术的集中场所，甚至对私营部门是一个很好的榜样。

第2.2节对决策连续性继续精细化，使管理必须贯穿整个项目的生命周期。已经说过了，这些决策是互动和迭代的。讨论由项目合同阶段发起，因为一系列决策连续性的本质，决策流从产品到过程，再到项目层面的决策。

在概念阶段，主要的精力应该去建立功能和负担能力的边界并选择适当的产品和过程的概念。研制阶段是固化确保项目定成本设计的目标的时段。生产是实现定成本设计劳动力成果的时段，而所有权阶段，通过对系统、产品或服务进行支持，是确保客户忠诚度的时段，从而也确保市场连续和持久的增长。

第2.3节开始讨论大量的活动，这些活动以系统工程的过程开始，对成功的定成本设计进行表征。系统工程过程，是成功的定成本设计的基础，为随后讨论的每个活动提供依据。

表2-9提供了本书各章节的路线图，详细介绍了构成系统工程过程的活动。这些活动也是从国防部的角度来处理的。

第2.4节介绍负担能力分析的主题，建立作为需求函数的负担能力的基本概念。由于联邦政府对经济产生重大影响，该讨论扩展到联邦政府。

解释联邦预算和货币的概念，这些流程以国会法案的历史说明国防预算。然后，覆盖负担能力分析的实际方法。

第2.5节介绍系统工程过程的内容是成本效益分析。该方法给出了大量的细节，已经在无数的高科技应用中提供了满意的结果。

包含在这一节的是，用一系列插图评估初步定成本目标的一个循序渐进的过程，从将要求关联到复杂性开始，以研制、生产、使用和支持成本的累计结束。本节还提供了一些帕累托成本动因分析的见解。帕累托分析从琐碎的许多东西分离出至关重要的几个问题，从而使资源得到更高效的利用。

第2.6节介绍新技术的利用，以减少资本投资，使投资回报率最大化。一些高新科技信息来源得到识别，并提出应用指南以及如何安排采购新技术的一些见解。

第 2.7 节还试图阐明美国工业界为什么对追求制造资源规划Ⅱ的承诺犹豫不决。提出了一种典型的制造资源规划Ⅱ系统作为讨论的基础。

接下来的第 2.8 节论述价值分析，这已被称为实现负担能力的质量控制的宝贵辅助手段。本节涵盖通常被称为“价值工程”的价值分析技术和政府合同中遇到的价值工程条款。

这些条款中成本节约的共享规定是相当慷慨的，在许多情况下承包商可获得 50%。介绍使用工作计划和一个最大化节约的分析工具（功能分析系统技术）。表 2-16 为识别节约成本的候选方案提供一个全面的清单。

第 2.9 节关注风险管理，这需要确保定成本设计的劳动力成果不被不可预见的问题消耗掉。对风险的影响保持正确的预见以一个称为“风险等值线”的概念来说明。

本节包括风险的发生概率及事件确实发生的影响大小的评估方法。表 2-18 和表 2-19 用于给这些关系打分，旨在最大限度地提高理解力和直观的吸引力。在利用这些关系的概率风险成本模型中，根据一个具体的系统，如果预防得当能花多少，以及如果留给自己的资源会花多少进行描述和演示。

第 2.10 节介绍非常重要的关于设置定成本设计目标的主题。作为负担能力和现实目标的路径，强调成本的权衡研究过程。为实现这样的研究提供了管理指导方针。

可以得到，这些目标可能具有挑战性，但如果给予支持和及时的管理决策和适当的优先级，它们应该是可以实现的。然而，管理取决于人员的绩效，当目标依赖的是组织要素而不是人员，不对人员进行褒奖，通常都是徒劳的。

2.12 案例研究和练习

下面的案例研究旨在强化本章要点。案例研究之后的练习让读者把展开的事件关联到个人观点和经验上。本章案例研究突出系统工程过程的重要性、价值工程的成本节约潜力、技术对环境的影响，以及在定成本设计中需要继续强调管理和支持。

2.12.1 战时的系统工程

本案例研究说明的是，在一系列任务中尝试所谓的最佳折衷的固有困难，这些任务乍一看似乎在使用要求和环境限制方面密切相关。几年前，系统工程过程被应用于在战争期间保护越洋货物运输免受敌方反舰行动的问题。

在图 2-21 中，用树的形式表示的权衡研究的综合结果表明，对于反潜作战系统，舰载固定翼飞机为设想任务提供最佳的折衷方案。决策路径在图中由三条竖线表示。

经过包括现场实验的数年概念探索，得出的结论是，对于磁异常检测（MAD）帘的作战概念和保护运输任务的某些方面的其他作战概念，固定翼飞机是一个次优的解决方案。在资金限制、最低基本功能，而且，特别是时间框架下所需的作战能力约束下的成本效益，水面舰艇、潜艇和各种形式的飞机提供了一个更好的解决方案。本质上，关于反潜攻击任务得出相同的结论。

从权衡研究流程的结构来看，系统工程过程似乎在不知不觉中偏向于舰载固定翼飞机。如果反潜任务权衡研究从图 2-21 所示的底层提升到敌方反舰行动权衡研究之后的水平，这种偏见是可以避免的。重新定位会本质上在权衡研究中使树枝数量翻一番，但随后的经济概念探索工作会收回额外成本。

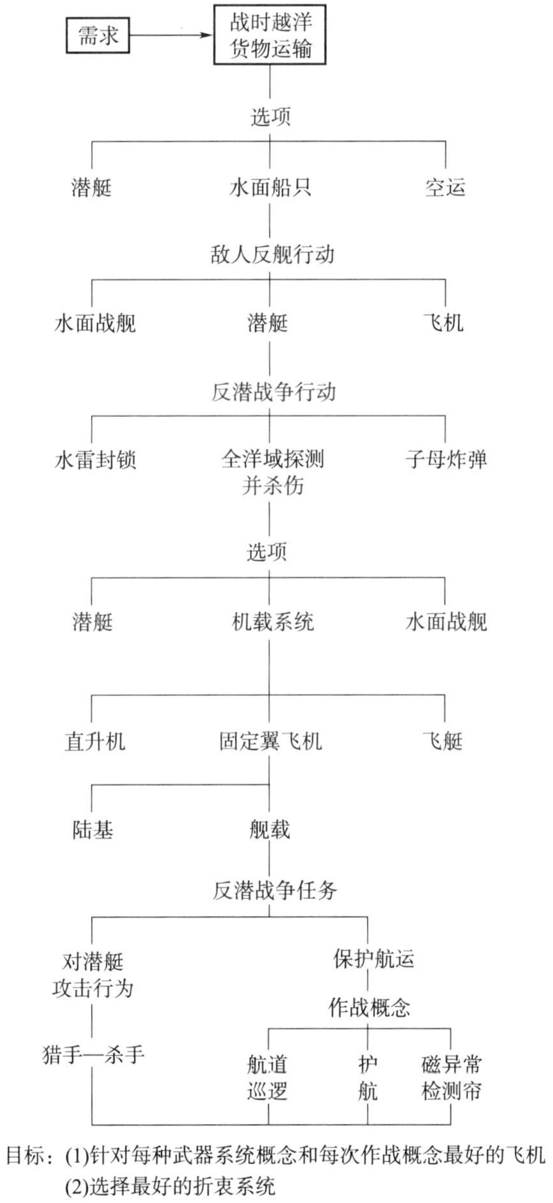

图 2-21　反潜武器权衡研究树[35]（来源：防务系统管理学院，《系统工程管理指南》，1982）

练习将系统工程过程的这个应用与美国工业试图打击来自海外的竞争关联起来。推测这个选择和订购措施的有效性可能会如何影响这些尝试的结果。

2.12.2 防务的价值工程

负责采购的国防部副部长在 1987 年 8 月宣布，1986 财政年度批准的价值工程行动，对于国防部当前和未来的财政义务，将节约近 1.9 万亿美元。防务承包商的行动约占这些行动的 12%，其余的来自美国国防部的各个部门。然而，承包商的行动仅约占节约的 0.02%。

政府行为导致节约的优势是由于政府在其价值工程方案（VEPs）单方面采取行动的能力。承包商的行动需要得到政府的批准，才能通过价值工程变更建议（VECPs）来变更合同。

一些差异是由于使用和支持产生的，这占国防预算的很大份额，也是价值工程行动的沃土，受到建立使用原则和维护理念的军方管控。但在国防部的某些部门没有得到重视。

最近，管理和预算办公室发起了包括行政部门和机构负责人参与的以价值工程为主要议题的一个圆桌会议，会议表示："在过去的几年中，总会计办公室（GAO）和许多监察长（IG）发布的报告一致认为，广泛使用价值工程将使政府节约大量成本。有些机构有价值工程计划，其他机构没有充分利用价值工程。即使对于已经制订计划的机构，总会计办公室和监察长的报告认为，还能够并且应该做更多的工作来实现价值工程的好处[36]"。

练习 国会最近已经行使立法权，在联邦计划和采购中的强制推进价值工程。支持者声称，通过价值工程可能使成本节约至少 25%。

使用当前出版的《美国统计文摘》作为数据库，预测未来 5 年，采用或不采用价值工程两种情况下的联邦政府层面的项目支出。假设应用价值工程每年节约 20%。然后计算差异，并观察在接下来 5 年的历史景象。

2.12.3 小事情大节约

这个案例研究是关于小型企业在价值工程变更建议方面持续成功的报告。该公司是马丁电子公司，位于佛罗里达州的佩里，专门从事军事武器装备的研制。其成功的秘诀是关注非常明显但通常会被忽视的过程、工艺和材料的变化。虽然单个装备的节约相对较小，但当乘以装备交付的数量时就很显著了[37]。

图 2-22 显示出马丁电子公司（与马丁·玛丽埃塔公司无关）提交的价值工程变更建议。M781 型 40 mm 训练墨盒是由 M203 或 M79 榴弹发射器发射的训练设备。打中之后，墨盒在目标上释放出橙色染料。墨盒质量约 170 g，飞行速度接近 75.3 m/s，距离为 100～200 m，这是一个相当大的设计挑战。

活塞材料牌号从碳钢 1018 变成碳钢 121L14，每个单元节约 0.032 69 美元。制造插入弹簧垫过程的变化会有 0.025 73 美元的节约，节约总额为 0.058 42 美元。

该公司每年提供约 180 万～240 万个单元，这就是说，每年节约 105 156～140 208 美元，其中，50%由公司作为额外利润保留，并可以视为资本收益。

实际价值工程变更建议的另一个例子涉及空军、海军和海军陆战队的水密封集装箱。该价值工程变更建议以隔挡袋密封的纤维板箱代替金属密封容器，每个单元的节约潜力为 2.60 美元，数量为 100 000[39]。

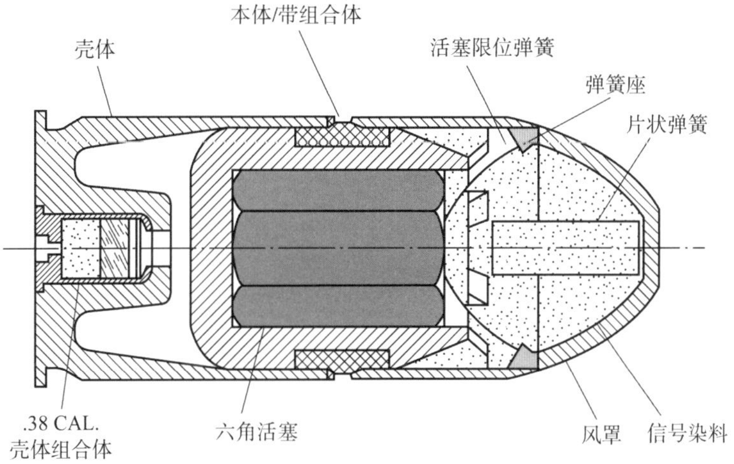

图 2-22　重新设计 M781 型 40 mm 训练墨盒[38]（来源：陆军部合同 DAAA09-80-C-0174）

练习　检查大量生产和交付物品的设计特征和包装。尝试通过寻找能够产生相对微不足道的单元成本节约，但加起来总节约量大的变化来模仿上述公司的业绩。

把单元节约量乘以涉及数量，以每单元的总节约值排序。利用帕累托分析法（见第 2.5.2 节），建立节约收益递减点，从许多无关紧要的因素中找出关键少数因素。

2.12.4　核能和环境

环保主义者对核能发电的抗议正在显出负面影响。根据《美国新闻与世界报道》的一篇文章，位于宾夕法尼亚州航运港的美国第一座大型核电站正在被拆除。现在，在新罕布什尔州西布鲁克的，已经花费 55 亿美元建造的核发电厂的业主，正面临破产的威胁。美国能源部估计，到 2000 年全美 108 座电厂中的 16 座将走完自己的生命周期。

美国有关的能源需求在第三个千年陷入僵局。在过去的 10 年里，建设核电站的成本不断攀升，而现有工厂的发电量仅达到约一半的产能。石油和天然气供应减少，是国际压力的受害者。虽然煤炭资源丰富，但它也危害环境。可以做些什么来缓解这些问题呢？

在《科学的美国人》中的一篇文章中，理查德·K. 莱斯特[41]提出了这个严重的问题并提供以下答案：

什么变化可以减轻反应堆设计中的这些问题呢？有一个有前途且在美国和海外都受到了关注的方法，该方法是这样设计反应堆的：如果正常冷却出现故障，堆芯中裂变产物所产生的热量可以安全地通过（如对流和热辐射）传热过程自然消散。被动冷却将足以防止过热和堆芯损毁，不再需要由核电站运营商激活的外部强制冷却系统。

这种策略将大幅度简化工厂的设计和施工，特别是其非核系统，都要遵照严格的监管标准，因为在理论上故障可能导致堆芯损毁。自我保护的反应堆会使工厂的其余部分按照传统化石燃料的标准来设计和建造，设备和劳动力成本的节约将是巨大的。

——经 R. K. 莱斯特许可，复制于 1986 年 3 月《科学的美国人》中的文摘“重新考虑核能”。

练习 能认为核能从当前的技术方法转变是现实的吗？在给定的构型下，商业标准和核标准的组合，监管机构和公众都满意吗？

为了实现低功耗策略，假设在联邦政府、监管机构和电力企业层面必须做什么。特别是，必须做些什么来缓解环境问题呢？

2.12.5 交通功能

从旧金山湾到加利福尼亚州斯托克顿航运项目，包括一项 1981 年 12 月被批准的计划，该计划将现有长度 5.9 mile（1 mile＝1.609 3 km）的运河，从 300 ft（1 ft＝0.304 8 m）拓宽到 450 ft，将现有的深度从 30 ft 加深到 45 ft。目标是在运河内具有双航道和能使更大的油轮通过。

斯托克顿港口区用户需求调查表明，需要通行更大的船只，但当前或未来没有双航道的需求。因此，这个计划修订为运河只拓宽到 350 ft，深度加深到 35 ft。因此，建设成本从 930 万美元减少到 400 万美元，估计 25 年的维护成本从 850 万美元降至 550 万美元[42]。

2.12.6 定成本设计的下游

主要武器系统已经在生产，此时进行大量的重新设计工作，以改进作战效能和其他性能参数。尽管试图尽可能多地保持原始设计，但是算出的改进系统的单元生产成本明显高于原来的。

发起积极的定成本设计工作。只要可能，允许团队挑战最初设计的一切。如图 2－23 所示，单元生产成本降低了 28%，而传统的降低成本尝试会使成本降低 12%。

练习 考虑产品或系统生命周期的概念、研制、生产和所有权四个阶段。如果在后续阶段相继引入定成本设计，列举可能会在投资、使用和支持成本方面产生何种节约。

2.12.7 阳光普照

太阳会照亮在被称为“美国”的广阔土地上，但太阳能集热器行业几乎绝种了。太阳能集热器是截取阳光的设备，将阳光转换为热量，并把热量携带到使用或储存的地方。表 2－22 描述美国太阳能集热器制造商的数量波动。

这个案例研究集中体现罗伯特·彭斯关于小鼠和人的周密计划的诗，并在进行风险分析时强调需要预期未知因素。在 1974 年的太阳能集热器制造商排名中，有一家公司到 1979 年，已经成为该领域的一个领袖。但该公司并没有出现在 1986 年 97 名幸存者的行

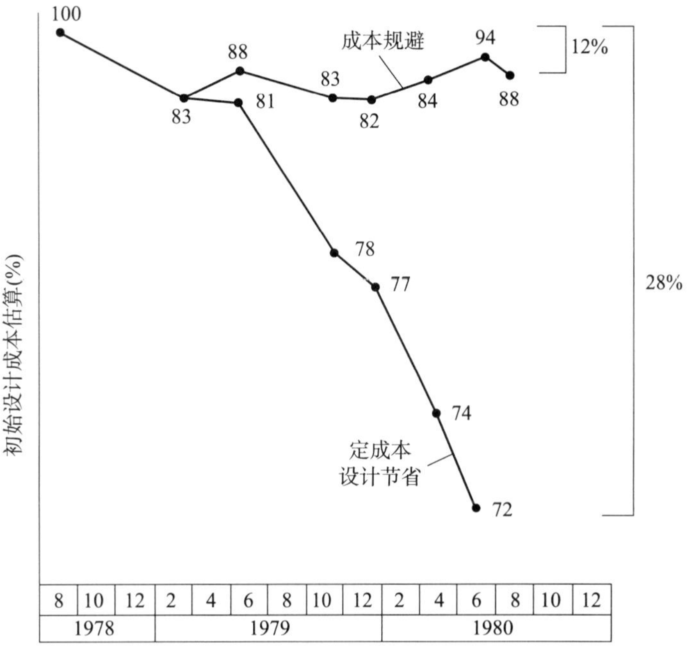

图 2-23　成本节约历史[43]（马丁·玛丽埃塔公司许可转载）

列中。

自 1980 年后，阿拉伯石油禁运引起原油价格大幅上涨，促使太阳能集热器行业蓬勃发展。主要由于该行业在两年内通过并购整合，公司数量从 1979 年的 349 家减少到 1981 年的 203 家。因为持续的利润，公司数量在 1982 年增加到了 265 家。

表 2-22　美国太阳能集热器制造商数量波动[44]

年份	数量	年份	数量
1974	45	1981	203
1975	131	1982	265
1976	186	1983	203
1977	321	1984	224
1978	340	1985	161
1979	349	1986	97
1980	233		

来源：美国统计局，《美国统计文摘》，1988。

这家公司对用借来的资本进行扩张的风险进行了相当精确的分析之后，收购了三家较小的公司。公司没有预见到的是，1984 年到期的联邦能源税收抵免对其客户群的影响。由于现金流问题的负担，公司于 1985 年停止运营。

练习　使用第 6.6.2 节给定的技术构造趋势线（即最小二乘线），根据太阳能集热器制造商的数量和原油每天进口的数量，从表 2－22 和表 2－23 给出的数据，找出厂商数量和原油进口量（桶）之间的关系。

表 2－23 原油进口量[45]，1 000 桶/天

年份	数量	年份	数量
1974	3 477	1981	4 396
1975	4 105	1982	3 488
1976	5 287	1983	3 329
1977	5 615	1984	3 426
1978	6 356	1985	3 201
1979	6 519	1986	4 178
1980	5 263	1987	4 202

来源：美国统计局，《美国统计文摘》，1988。

使用原油进口数量的减少是有利于太阳能利润回暖的前提。

2.12.8 比例的概念

许多成本驱动关系非常明显，对于个人决策影响成本应该是不言而喻的。例如，研制和生产成本与生产物品的复杂性之间呈指数关系。反过来，复杂性与性能需求增加呈指数关系。因此，可以说研制和生产成本对于增加的性能需求呈指数关系。

对于作为进度和工作范围的函数的直接和间接成本，表 2－24 列出一些类似的关系。注意，存在四类的比例：直接指数、直接线性、逆线性、逆指数。例如，如果一个项目的预定时间增加了一倍，直接成本增加将不是乘以 2，而是乘以 2 的某一高阶幂次数，以便考虑进度延长时间段的通货膨胀和上涨的效应。然而，如果项目的预定时间减半，直接成本不是降低一半，而是在除以 2 的某一高阶幂次数，以考虑进度缩短所消除的通货膨胀和上涨的效应。上述关系假设单元劳动力时间保持不变。

如果修改后的进度保持在一段时间内，其中已经达成远期汇率定价协议（见第 5.3 节），进度对间接成本的影响是线性的。否则，不是直接指数关系的就是逆指数关系，这要根据进度变化的性质而定。

范围变化对直接成本的影响是线性的，随着直接使用的劳动力数量和材料相应增加或减少。小范围的变化通常对间接成本没有影响，例如，间接费用支持、行政劳动力能吸收小幅增加的工作量。一旦超过了吸收增加的工作量的能力，增加范围的影响是直接指数关系，然而，一旦工作量减少到一些人员可以重新分配，就变成逆指数关系。

表 2－24　成本驱动关系

因变量	自变量	比例关系
直接成本	进度延长	直接指数
	进度压缩	逆指数
	增加范围	直接线性
	缩小范围	逆线性
间接成本	进度延长	直接线性或直接指数
	进度压缩	逆线性或逆指数
	增加范围	无法描述或直接指数
	缩小范围	无法描述或逆指数

这个案例研究是基于军方用户和承包商之间的双边协议，该协议生产计划时间从 5 年延长到 7 年以弥补该生产计划在前三个会计年度的资金减少。系统交货数量 120 套，原来的生产速度是每年 24 套系统，为期 5 年。平均单元成本为 176.8 万美元。

修改后的进度要求前三年每年交付 12 个系统，后面每年交付 21 个系统，连续 4 年。那一年是 1978 年，延长的生产时间将在 1979 年开始并运行到 1985 年。

客户和承包商明智地考虑表 2－24 中给出的适用比例关系。新的远期利率定价协议在 1978 机械和设备的生产者价格指数（PPI）的基础上协商，资金投放剖面被修改了。

表 2－25 列出了 1978 年和随后的年份机械设备类生产者价格指数。注意，生产者价格指数从 1978 年的 196.1 上升到 1985 年的 298.9，1985 年是系统生产和交付的最后一年。

制造商受合同经济价格调整（EPA）条款保护。然而，客户的支出增加的量，远远超过生产前 3 年的削减。

练习　使用表 2－25 中给出的机械和装备 1979—1986 年的生产者价格指数值，并由客户从上面给出的信息编制这些年来的支出剖面。从 1978 年修订进度为 7 年的一系列支出和最初的 5 年进度的一系列的支出的基线，使用在第 6.7 节的资金时间价值关系计算现值。

表 2－25　机械和装备的生产者价格指数

年份	数量	年份	数量
1978	196.1	1983	286.4
1979	213.9	1984	293.1
1980	239.8	1985	298.9
1981	263.3	1986	303.3
1982	278.8		

长期来看，对于客户来说，哪种方法是最不昂贵的？鉴于最终整个项目的成本增加了，那么在生产项目的早期阶段因为资金受限而采取的权宜之计还是合理的吗？

参考文献

[1-2] PHILIP B. Crosby, Quality is Free—The Art of Making Quality Certain, Mc - Graw - Hill Book Company, 1979.

[3] Martin Marietta Corporation, Design to Cost Affordability Manual, 1986.

[4] Department of Defense Instruction No. 5000. 2, Major System Acquisition Procedures, 1985.

[5] RICHARD J. Schonberger, Japanese Manufacturing Techniques, The Free Press, 1982.

[6] MIL - STD - 499A, Engineering Management.

[7] Office of Management and Budget, The Federal Budget Update, May 1987.

[8] U. S. Bureau of the Census, Statistical Abstract of the United States: 1988.

[9-10] Martin Marietta Corporation, Design to Cost/Affordability Manual, 1986.

[11] JAMES F. Ogg, Pareto and Value Analysis, Proceedings of the 1986 Society of American Value Engineers International Conference.

[12] Martin Marietta Corporation, Design to Cost AffordabiIity Manual, 1986.

[13] U S. Department of Commerce, National Technical Information Service.

[14] Oak Ridge National Laboratory, Technical Applications Bulletins, Oak Ridge, Tennessee.

[15-17] Martin Marietta Corporation, Design to Cost AffordabiIity Manual, 1986.

[18] ROBERT H, HAYES, STEVEN C. Wheelright, Restoring Our Competitive Advantage, Competing Through Manufacturing, John Wiley & Sons, 1984.

[19] THOMAS G. Gunn, Manufacturing for Competitive Advantage, Becoming a World Class Manufacturer, Balling Publishing Company, 1987.

[20] Martin Marietta Corporation, Manufacturing Resources Planning II, Requirements Definition, 1985.

[21] Martin Marietta Corporation, Value Engineering Manual, 1987.

[22] Defense Logistics Agency, Contract Management Directorate, Guidebook for DoD Contractors, Value Engineering, August 1982.

[23] Martin Marietta Corporation, Value Engineering Manual, 1987.

[24] LAWRENCE D. Miles, Techniques of Value Analysis and Engineering, McGraw - Hill Book Company, 1972.

[25] Arthur E. Mudge, Value Engineering, A Systematic Approach, Arthur E. Mudge, 1971.

[26] Martin Marietta Corporation, Value Engineering Manual, 1987.

[27] Federal Acquisition Regulation, Parts 48 and 52. 248 - 1.

[28] Defense Systems Management College, System Engineering Management Guide, 1982.

[29-32] JACK V. Michaels, Risk - Cost Model for Bounding System Acquisition Cost, Proceedings of the 1986 International Society of Parametric Analysts Annual Conference. Copyright 1986 Martin Marietta Corporation.

[33] Defense Systems Management College, System Engineering Management Guide, 1982.

[34] Martin Marietta Corporation, Design to Cost Affordability Manual, 1986.

[35] Defense Systems Management College, System Engineering Management Guide, 1982.

[36] Office of Management and Budget, Circular A－I3I, Value Engineering, February 3, 1988.

[37-39] JOHN R. Peterson, Value Engineering Change Proposals, A Continuing Success Story from a Small Business, Proceedings of the Value Management Symposium of the Society of American Value Engineers, Winter Park, FL, October 1, 1984.

[40] U S. News & World Report, "Death of a Nuclear Plant," November 2, 1987.

[41] R K. Lester, "Rethinking Nuclear Power," Scientific American, March1986.

[42] U S. Army Corps of Engineers Publication EPS 1－3, Value Engineering Pro－gram, April 1987.

[43] Martin Marietta Corporation, Design to Cost Affordability Manual, 1986.

[44-46] U S. Bureau of the Census, Statistical Abstract of the United States: 1988.

第3章 定义活动和责任

成功的定成本设计项目的要素列于表 3-1 中。成功是以下要素的直接作用：管理层的持续关注、重视和支持，活动的定义和组织程度，以及在项目生命周期内如何分配、理解和追究责任。本章重点介绍如何在整个组织以及项目的生命周期中启动、维持和强调定成本设计。

首先按照本章下面列举的合同阶段，清楚了解所需的定成本设计活动。主要关注的问题应该是如何处理从项目预案阶段开始并持续到履行最终合同义务为止的成本增长。

下一个问题应该是如何组织定成本设计，从个人对组织的承诺到负担能力，以实现协同效果。本章给出的指南都是经验证的成功记录，本文描述的典型的定成本设计组织值得效仿。

但是，成功取决于如何定义和分配个人的角色和责任。因此，下一节介绍并明确项目涉及的各种功能性学科的工作要求。个人绩效评估应以这些工作要求为重点。

设计多种解决方案和权衡研究是定成本设计的要求。进行权衡研究是下一节的主题，它描述了有效比较的行之有效的方法和评估处于萌芽阶段的研究候选方案的技术。

以下部分讨论供应商参与定成本设计项目的奖励方式，以消除不必要的采购成本。对多源采购的优势提供了一些见解，第 5.4.4 节在与供应商打交道的业务战略的背景下再次重申了这一点，并需要供应商不断监督，以防止最后一刻出现意外情况。

表 3-1 成功的定成本设计项目的要素[1]

对定成本设计进行有效管理
在整个项目的生命周期，启动、维持并强调定成本设计
了解负担能力的限制和功能价值的要求
建立切合实际且具有挑战性的定成本设计目标
将成本目标分配给个人，而不是组织
建立跟踪成本增长和需求增长的审核追踪和个人责任追踪
需要多个设计解决方案和权衡研究
设计固有成本低的系统
选择最佳的模具和设施的概念
采用竞争性的经营战略
细化要求和对供应商的激励
使用经验证的和认可的评估技术
激励员工
铭记历史，从他人的经验中获益

注：经马丁·玛丽埃塔公司许可转载。

如果不严格控制技术基准和成本目标，就无法实现定成本设计的全部目标。因此，在

MIL－STD－490 中有一节专门介绍规范实践。即使定成本设计的从业者可能永远不会从事军事项目，也应该熟悉这些做法，因为这些做法在定义产品和系统时确保了严谨性。

有效的定成本设计高度依赖于进度控制和审计跟踪的维护，两者将实现规范要求的技术性能与成本绩效联系起来。这两项活动都需要对影响技术基准的事项进行绝对控制。因此，另一节专门介绍“MIL－STD－483A《配置管理》，并包括对数据管理的一些观察。配置管理和数据管理都具有显著节约成本的潜力。但是，这种节约需要谨慎地进行。

接下来在“防止成本增长”一节，给出了进度控制的一些建议。在第 5.7 节“节约成本策略”中，再度考虑进度控制。

同样，评审是有效的定成本设计项目的命脉，在 MIL－STD－1521A 的范围内专门介绍技术评审和审计。同理，对于定成本设计的实践者来说，熟悉这些从管理数千个复杂的高技术项目演变而来的实践将是有益的。

其他两个军用标准：MIL－STD－499A《工程管理》和 MIL－STD－1567A《工作评估》，值得定成本设计实践者考虑。从技术性能评估的角度来看，前者是特别重要的，根据国防部指令 7000.2（见第 6.8.1 节），它既是成本计划控制系统标准的对应部分，又是风险管理以及成本和进度控制的配套。

两者都应在整个研制工作中大力追求。军用标准 1567A 为衡量工厂节省成本的效果提供了标准。

此时，讨论审计跟踪是合适的。审计跟踪应该在计划伊始就建立起来，以便跟踪成本性能、维护责任，并将需求增长与成本增长分开。作为项目规模的函数，形式主义的程度可能在公共部门和私营部门不同，但为了获得负担能力和盈利能力，实质上不应有所不同。

根据内容概要，本章最后介绍了一些案例研究和练习，旨在阐述本章的要点。这些练习允许读者将他们的经验和观点与案例研究中展开的事件联系起来。

3.1　合同阶段规定的活动

从生命周期的角度来看，项目的主要阶段是概念制定、研制、生产和所有权。这是第 2 章讨论的框架，从管理决策的最佳时间表开始，并以设定符合实际的定成本设计目标而结束。

在涉及公共部门或私营部门大量投资的情况下，上述阶段也应该从其合同状况—预案、提案或合同—考虑，因为这些决定了该项工作是如何出资和完成的，这是本章的框架。

随后的讨论是在政府客户和承包商的背景下进行的。但是，该指导可以服务于高科技领域的其他客户和制造商。

3.1.1　预案阶段

每当拟采购新产品、系统或服务时，政府机构及其工业同行都会投入大量精力，来解决功能和负担能力等问题。早在招标或提案提交之前，客户就努力确定其要求的功能价值，并确定其成本价值。同时，制造商在探索多个候选方法，试图减轻成本动因，同时满足客户的基本要求。

预案阶段是节约成本计划的最重要和有意义的阶段之一，因此，当务之急是在有关各方的心目中，将定成本设计的原则置于最高地位。为实现这一目标，现在是确定设计所需的组织框架并选择经理和团队成员的时候了。此外，有必要估计获得所需资源的批准时间，以确保工作的连续性。

团队活动的流程如图 3－1 所示。如第 2.3 节和第 2.4 节所述，在预案阶段的初始活动是对新产品或系统的负担能力和成本效益进行分析。与这些分析和初步估计相伴随的成本测算活动，通常由政府的项目管理办公室（PMO）编制，有时在特定服务的总部一级由称为“成本分析改进小组（CAIG）”的独立职能部门编制。

在预案阶段，有更多成功记录的承包商与政府对口部门来往密切。通常情况下，研制和生产成本的第一次削减来自承包商，它们拥有必要的技能和设施来满足要求。

在预案阶段所做的基线成本测算一般采用在第 6.4 节中描述的意见法、类比法或参数法。虽然通常是粗略的估计，但这些是可用的最可靠的估计，它们为建立预案提供了基础。

基准成本测算意味着即使很少或根本没有详细设计，仍然可以建立初步工程基线。这往往意味着在合同主体中的客户和其他风险投资公司中的营销组织已经实施了定成本设计的目标。

确保基线设计和成本测算有充分的文件记录是非常重要的。这就是可追溯性开始的地方，并且随着项目的成熟，建立审计跟踪可以区分需求增长和成本增长。

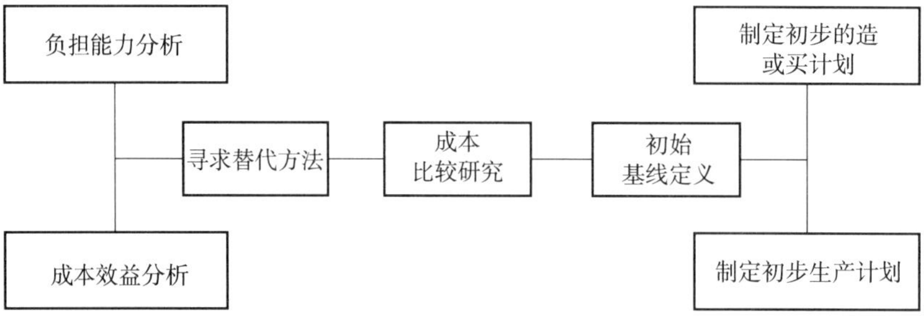

图 3－1　定成本设计预案活动流程

应该对所有使用和规范进行成本权衡研究，以确定哪些是成本动因。每一个元素都应该审查其贡献的性能与所涉及的成本。对于成本大于其对性能贡献的元素来说，找到候选方案是必要的。

应建立工作分解结构和层级结构明细表，以尽可能少的变更来满足提案和合同需求。工作分解结构是一种面向产品的硬件、软件、服务和其他工作任务的家族树划分，它组织、定义和显示要生产的产品以及为实现指定产品所要完成的工作。层级结构明细表与工作分解结构类似，但它仅限于要生产的产品，基本上用作将产品组装在一起的架构。

工作分解结构和层级结构明细表反过来为初步造或买计划和初步生产计划提供框架，这些计划也应在预案阶段准备。造或买计划是一份正式文件，它列举有生产某一具体产品的组织以及将购买哪些组件，是根据组织能力、组件重要性和其他类似因素编制的。生产计划是制定组件生产方式的正式文件。

通常的程序是公司内的制造部门在这些事项上牵头，职能部门配合。定成本设计经理应确保，在既定的公司政策范围内，决定造或买结构时应遵循最低成本的方法，这预示着某些工作将在内部完成。

在造或买计划的基础上，采购组织应该开始计划主要子系统的采购。定成本设计经理应确保所有潜在的分包商都知道项目的定成本设计要求。项目成功的一个重要标准取决于分包商的成本绩效。

同时，生产组织应该开始对产品或系统的制造和装配进行初步规划。制造业代表应该成为定成本设计团队的成员，以确保找到最优性价比的制造解决方案。与其他项目活动一样，定成本设计经理有义务充当项目各职能实体之间的协调者和沟通媒介。

3.1.2 提案阶段

如果追求的是积极和全面的预案活动，在提案阶段，应针对招标书中的要求，主要对已完成的任务进行比较和验证。活动的典型流程示于图 3-2。应该注意的是，提案阶段启动时，通常工作时间长，是制定和公布人事激励计划最有效的时刻。

图 3-2 定成本设计提案活动流程

成本目标应在提案阶段进行验证，这通常需要供应商的明确报价和对拟制造产品的工业工程测算。

客户陈述成本目标的方法可能因计划阶段而异。对于概念研究，目标可能是单元生产成本或总生命周期成本。无论哪种方式，目标都是评估负担能力，同时探索候选系统方案。

如果招标是在后期进行的，例如预先研究或工程研制，成本目标可能会发生根本性变化，这取决于承包商是否参与了该计划的早期阶段。如果招标是为了后续工作，那么检查客户的成本目标应该能够验证以前的发现。

如果没有参与早期阶段，应该采取紧急措施来证实客户的成本目标。除了证实成本目标之外，仔细审查招标书关于定成本设计的特殊规定也很重要。尤其要注意以下几点：

（1）报告等级

检查报告等级是否适合于项目类型。对于相当成熟的设计（预先研究或工程研制），工作分解结构 3 级或 4 级通常是不错的选择，2 级更适合概念设计。无论如何，都不应低于积累成本的等级，应与追踪目标和成本责任的分配目标相一致。

(2) 成本要素定义

仔细审查成本目标中包含和排除的成本项，最好应将其限制在投资承包商制造产品或系统的经常性成本。

(3) 通货膨胀和时间价值贴现的影响

政府仍在研究通货膨胀对未来影响的可靠预测方法，但进展不大。此外，还进行一些零星的尝试，将生命周期成本测算引入折扣模式（参见第 6.8.3 节），以考虑货币的时间价值，这在成本建议中表现为设施资金的资本成本（CCoFM）。这两个因素有一个相互抵消的趋势；但是，通货膨胀和设施资金的资本成本都是动态的，应分开对待，并以恒定美元来表示。

(4) 通货紧缩与衰退的过程与因素

通货紧缩与衰退都是非常重要的考虑因素，如果没有正确定义，成本目标很快就会变得无法控制，因为通胀和上涨会推动成本上涨。通货紧缩和降价会避免预测经济和简化提案准备的危险。应努力确定并获取与正在考虑的产品兼容的生产者价格指数和标准工业代码（SIC）的批文。经验表明，虽然更高和更多的综合指数和代码能更准确地反映大多数公司的经营方法，但更低和更分散的指数和代码却为承包商提供了更多的保护。这个问题在第 6.8.3 节中有详细论述。

(5) 奖励条款和时间安排

客户通常愿意提供激励，以实现或改善具体的成本目标。这些通常采用奖励费的形式，是客户提供的与合同中任何其他费用条款相分离的激励措施。用一定数量的美元奖励那些努力尽可能多地获得奖金的人是公平的。其中的一个关键是要有一个可靠的成本历史，经得起最严格的审计。在这方面，招标书的特殊规定应包含一份声明，大致如下：“在任何指定的奖励期内未获奖的任何数额的费用都可以在随后的期限内获得。”

3.1.3 合同阶段

合同阶段涵盖的时间跨度比前几个阶段长得多，涉及范围广泛的子阶段：方案制定、演示验证；全尺寸工程研制，包括生产计划和模具设计；以及生产，包括支持。

图 3-3 显示出了在合同过程中定成本设计活动的典型流程；但是，随着项目向生产方向发展，定成本设计对产品成本的影响会逐渐降低。图中的细节表明，定成本设计活动在合同阶段处于高峰。

最初的工作主要是收集和检查实际成本，而不是在提案阶段产生的成本数字。如果实际成本超过预计成本，定成本设计团队应寻求解决方案，使成本得到控制。团队合作是关键，员工薪酬和奖励计划应该在此时开始实施。

以下释义阐述了合同子阶段的活动：

(1) 方案制定、演示验证

在概念合同中，通常没有正式的定成本设计目标。但是，在许多情况下，承包商会获得可接受的成本水平指导和设计指导。在分阶段结束时，应该有足够的信息、在合理的置

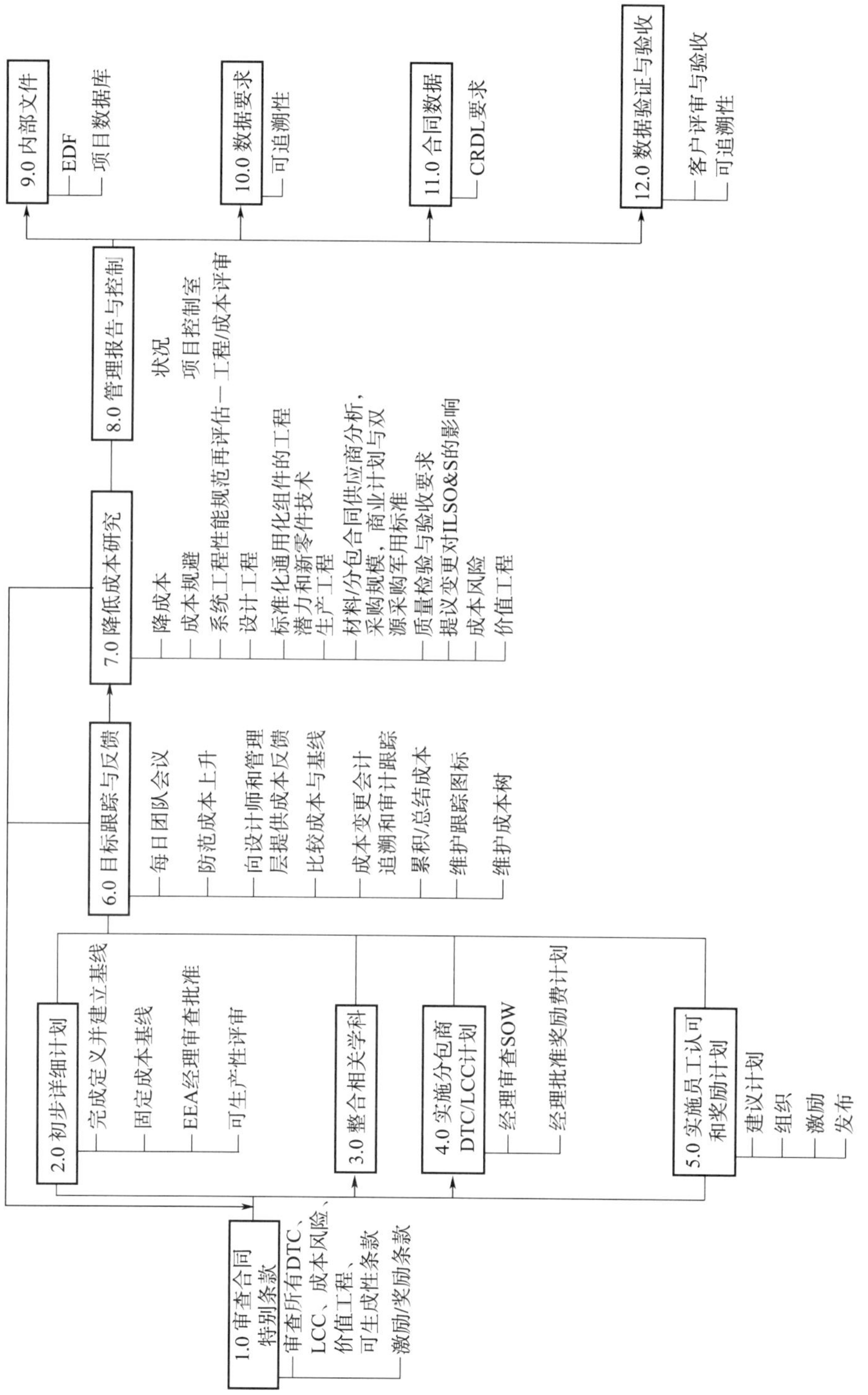

图 3－3　在合同过程中定成本设计活动的典型流程[2]（马丁·玛丽埃塔公司许可转载）

信度下建立定成本设计的目标。承包商的测算应尽可能详细，包含与设计定义程度一致的尽可能多的实证数据。从定成本设计的角度来看，如果遵循前面所描述的步骤，验证合同不会有很大的挑战。通常情况下，客户会选择一个拟议的设计和验证程序，该程序被认为是性能、生命周期和进度的一个平衡。

(2) 全尺寸工程研制

在全尺寸工程研制的合同中，已确定设计并建立了生产配置。在这一阶段，降低成本的机会开始减少，重点转向防止或最大限度地减少成本增长。持续和密切的沟通是必要的，以避免成本的增长。从全尺寸工程研制阶段伊始，就需要用已建立的组织模式和成本跟踪技术来跟踪成本目标。如果定成本设计直到这一阶段才正式实施，那么就应该启动合同。如上所述，除非时间、资金和意愿适应大的变化方向，否则显著降低成本的机会将受到严重限制。当然，这几乎完全取决于合同的核心和要求。如果合同不能在时间和资金上提供一些灵活性，允许降低成本的设计迭代，那么一个可行的定成本设计项目将是困难的，甚至是不可能的。成本反馈环路应该在此时充分发挥作用，克服功能性抑制，以便自由而坦率地交换成本信息。按既定基线控制成本应该是一个持续的过程。

成本和成本的变化应根据工作分解结构或层级结构明细表来累积，并按成本目标责任进行汇总。不管一个公司或一个项目的运作方式如何，都应确定一个人对硬件的每个元素负责，并实现相关的成本目标。但是，确保总成本不超过产品或系统的定成本设计总目标，是定成本设计经理的职责。定成本设计的一个基本原则是，如果在某些领域有成本增加，那么在其他一些领域的成本必须相应减少。这应该通过产品或系统的各组件之间的成本和功能比较来实现。

持续了解逐渐成熟的设计的成本和功能至关重要。成本绩效跟踪应该在定成本设计经理和负责人之间每天进行，并在定期的项目和设计评审中进行。团队成员之间的日常联系确保了一个严格的反馈回路，可以在设计进行时尽早发现潜在问题。

问题应根据产品相关、流程相关或两者相关进行分类。一旦问题的根本原因被确定为与设计相关、与材料或部件相关，或与两者相关，则应在项目的特定阶段对问题的优选解决方案进行评估并选择，以便在总体方案的基础上尽可能减少延误和增加成本。例如，在研制阶段，重新设计产品的一个要素会产生一些额外的非经常性成本，但可以避免在生产阶段的经常性成本大幅增加。然而，在生产阶段，可能宁可承担一些额外的非经常性的模具和工艺更改成本，以避免由于诸如产品重新设计和新供应商重新鉴定等因素而导致的更大的非经常性成本。

以上强调了定成本设计经理具有图样审查和批准权限的权力，以便在产品设计和工艺设计的每一步了解项目的最新情况。定成本设计经理处于权衡研究的批准渠道（见第 3.4 节）尤其重要。因此，从实现定成本设计目标的角度来看，没有定成本设计经理的具体审查、评估和同意，就不能变更。

(3) 生产

一个公司最大的可能动机是其产品的市场，以确保利润的增加，尽管生存本身偶尔也会成为关键动力。对正确执行定成本设计项目进行奖励可提高盈利能力和负担能力。对不正确执行的项目，或根本不执行的项目进行处罚，则完全相反。与定成本设计相关的宽范围的奖惩尤为重要，可使管理人员充分了解该项目的状态。定成本设计经理应该采取主动，以确保在方案审查中充分考虑性价比。生产阶段合同的结构是根据单元生产成本目标来奖励承包商的实际成本绩效。生产合同中应该有规定，以便按照商定的成本要素和进度里程碑建立的成本目标来衡量实际成本。此外，应有合同条款，防止将生产相关费用分摊至不包括在成本目标中的成本要素。这种成本要素的例子包括研制合同和生产合同中使用的政府提供的设备（GFE）的接收、检查和控制成本，以及初始生产能力（IOC）测试中使用的初始备件的成本和第一批产品的硬件成本。

承包商应确保单元生产成本目标未涵盖的可交付物品是单独定价项，这对于证明实现目标的程度至关重要。通常，研制合同包含一个可靠性改进保证（RIW）条款，承包商承诺在生产硬件中，采用在生产开始之后提出的会提高生产产品的可靠性设计变更。这可能成为一个主要的成本动因，因为设计变更通常需要工艺更改。

有几种方法可缓解这种成本上涨的影响，首先是为生产合同的可靠性改进保证工作尝试筹资。除此之外，确保合同包含了价值工程变更提案和降低成本为导向的合同产品的改进方案，也是重要的，这可使承包商在未来分享 50％的净节资（参见第 2.8.3 节）。

在生产合同中，良好的文件归档是特别重要的。对技术基准而言尤其如此，技术基准又称为“技术数据包”（TDP）和成本基准（包括供应商的公司报价和工作分解结构每个元素的详细工程测算）。客户通常需要完整的成本可追溯性，定成本设计经理应组织和维护一个完整的归档系统，包含可以对成本产生影响的每一个项目活动的记录。

对合同数据要求清单（CDRL）应仔细审查。技术和行政报告的范围和频次对项目成本有相当大的影响，这适用于分包商和主承包商。

3.1.4　应对成本增长

出现看似不可避免的情况，如突然发现当前的成本测算超过以前的预测，会陷入大强度的降成本尝试。如前所述，必须有一个牢固确立的基准，详细记录先前和当前的成本测算以及测算的基础，以便将成本增长与需求增长分开。

如果确实发生了成本增长，职能部门应采用所有可用的降成本和规避成本技术。如第 2.8 节所述的，价值工程代表就是此类调查中的重要辅助人员。

回过头来寻找降低成本的手段可能是必要的，也许是有利可图的。特别是，系统工程组织应对需求进行严格的重新评估，按照对任务的重要程度和对性能的影响程度对其进行分类。从这个角度来看，有可能为变更提案制定一个理论基础，这些变更提案，在不怎么降低性能的同时，可能节约大量的资金。

设计工程组织应该在设计产品或系统时寻求更简单、成本更低的方法。应该检查自身的设计是否过度保守，是否存在可能的材料替代，并与制造组织一起寻找成本较低的制造技术。

应该鼓励设计师采用概率方法来预测风险（参见第 2.9 节）。找到一个具有可接受的整体风险最小的成本方法，而不是优化每个组件的风险。

组件工程组织应从标准化、通用性和新技术的角度探索元件和复合材料的成本。例如，微电子技术大概每 4 年有一次飞跃，因此，应对产品预期寿命进行审查，以消除报废引发的成本蠕变。

制造业和工业工程组织应鼓励生产线上的员工提出设备和工艺改进意见，以提高生产效率，减少报废和返工。对生产成本问题的解决方案应与其他职能部门一起协作。在每个职能组织只关心自己的责任和权限的体制下，根本生产不了低成本产品。

采购组织应进行供应商分析，探索降低采购部件成本的途径，包括大宗采购、放宽进度计划、需求成本敏感性审查（例如商业与军事质量）和新资源的鉴定。特别是，对各种采购竞争的可行性应重新审查。事实一再表明，竞争是最好的降成本技术（见第 5.4 节），但对质量的关注必须持之以恒。

应鼓励供应商进行成本和进度的权衡，寻找降低成本的规格更改的依据，如降低公差和表面粗糙度要求。经验表明，如果供应商了解团队的目标，那么当他们成为团队中的一员时，就会愿意并且能够提供帮助。

产品保证组织应研究任何异常严格或过分苛刻的测试和验收要求对成本的影响，并推荐替代方案。由于质量控制活动既是标准，也是重要的成本驱动因素，因此应考虑在生产的物品中加入内置测试功能，并考虑加工中的检查功能。后者的一个例子是研磨机、钻床等机器上的通过-不通过装置，若生产出超差品，则停止作业。

为降低生产成本而进行设计变更时，产品支持机构应确定设计变更对使用和支持成本的相应影响。重要的是应用使用和支持模型，确定这些变更（这些变更源于具体产品或系统被批准的使用和支持概念）对成本的影响。

3.2　定成本设计组织

一个全面的定成本设计管理计划是强大的成本规避系统采集方法的一个关键因素，通常在招标书中有要求。应在早期的讨论中构思并实施这项计划，以实现基准设计的可生产性和生产效率，并应适用于所有的项目阶段。

该计划确定了定成本设计团队的组织和人员配置，及团队成员的职责。图 3－4 所示为一个典型的高科技定成本设计组织的功能。团队职责汇总于表 3－2 中。注意以下几个组织要点：

表 3－2　定成本设计团队的职责[4]

定成本设计团队	主要职能
项目主任	制定业务策略和负担能力限制，发布并实施目标
定成本设计经理	执行定成本设计项目，确定纠正措施

续表

定成本设计团队	主要职能
工程类	制定设计基准
工业工程类	估计生产成本
制造业	提供设备、模具和生产规划
产品保证	确保质量控制
采购	提供对分包商和供应商的控制
产品支持	满足后勤要求
规划	确保符合进度要求
配置和数据控制	提供变更控制和数据提交
财务	提供成本测算和成本控制
合同	确保合同合规

注：经马丁·玛丽埃塔公司许可改编。

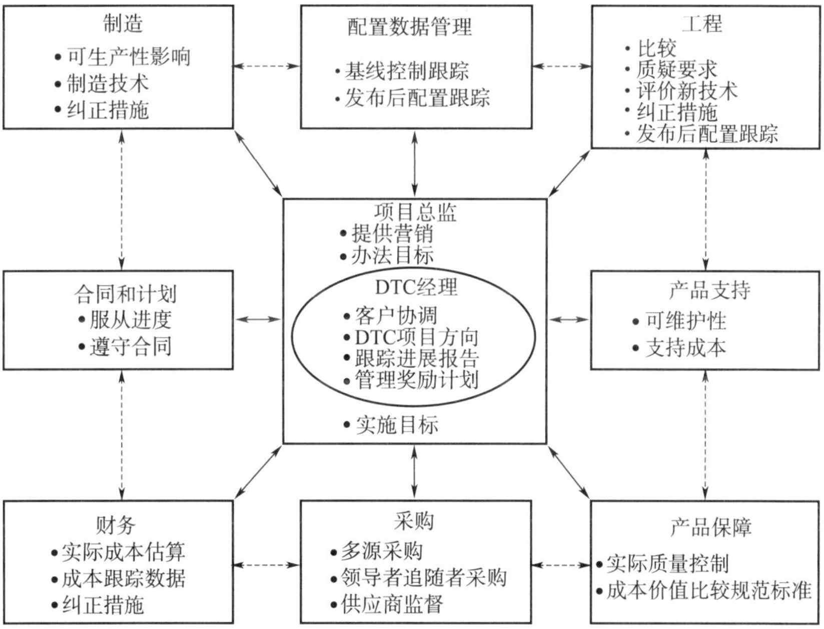

图 3－4　典型的定成本设计组织[3]（马丁·玛丽埃塔公司许可转载）

1）为确保独立性，定成本设计经理应直接向项目负责人汇报。任命制造经理或者是工程经理的倾向可能会导致利益冲突，因为对个体的绩效评价，在很大程度上受职能部门的影响，而职能和项目目标常常是互相矛盾的。

2）图中所示的职能经理是已经在项目中的职能经理，履行其各自的职责，确保设计成本是其正常职能的组成部分，并避免了额外员工的成本负担。

3）定成本设计经理处于所有影响成本的事项的审批链中。

3.3 职能责任

成功的定成本设计取决于如何将具体成本的子目标分配给直线职能经理和对划定的具体责任的关注度。第 6.8 节概述的成本和进度控制准则可用来衡量这些任务的完成度。

首先，这些人被赋予与他们所担负的职责相称的权力是绝对必要的。基于第 3.3 节讨论所构建的下述工作要求，可作为公共部门和私营部门高科技企业的模板[5]。

3.3.1 工程组织

工程组织的行为和决策影响其他所有职能领域，因此，它在设计开发和硬件鉴定过程中起主导作用，并在系统采购的试生产阶段与制造部门密切合作。表 3 - 3 是推荐的工程组织工作要求（SOW）。

表 3 - 3　定成本设计之工程组织的工作要求

领导与“MIL - STD - 499A《工程管理》”相关的事项；
检查硬件布局，确定需要进行哪些更改，以确保生产设计的最佳生产效率；
在财务组织和其他职能部门的协助下，开发初步生产配置的定价生成细目；
检查要在生产配置中使用的现有设计的相关成本；
审查和质疑规范；
生成潜在的权衡研究目录；
进行经批准的权衡研究，推荐成本效益变化；
向关键部件和装配的采购组织提供信息；
为供应商调查团队提供成员，并对供应商建议进行设计评论和价值分析；
提供候选方法列表

3.3.2 制造组织

在研制和生产过程中，需要制造组织的积极参与。制造业代表应是子系统任务组的成员，并参与产品或系统方案的设计和评价。表 3 - 4 是建议的制造组织工作要求。

表 3 - 4　定成本设计之制造组织的工作要求

领导与“MIL - STD - 1528《生产管理》”相关的事项；
提供初步生产计划和制造理念，以支持计划
提供初步造或买计划，以确定生产采购需求；
为供应商调查团队提供成员，在供应商的设备、设施、工装、检测、生产程序、劳动力技能、劳动力关系、处理能力和可生产方案等领域提供分析和建议；
提供最终的生产计划和最终造或买方案；

续表

调查行业中潜在的应用于高科技硬件的商业流程；
推荐进行设计和工艺变更，以提高生产效率，降低单元生产成本；
设计工具以实现成本目标劳动力标准；
制定绩效和工作标准，确保定成本设计目标的实现；
基于工具投资，提出资本设备购置要求；
跟踪和监控相对于基准设计的变更对成本目标的影响；
提供候选生产方式清单

3.3.3　产品保证组织

质量应该是所有部门的头号工作，但是，确保交付产品符合质量标准，是产品保证组织的职责。在研制以及生产过程中，产品保证组织同样需要积极参与。在生产中消耗的大量合格劳动力是节约成本的沃土。表3－5所示为推荐的产品保证组织工作要求。

表3－5　定成本设计之产品保证组织的工作要求

领导与“MIL－Q－9858A《质量计划要求》”相关的事项；
在不影响产品质量的情况下，将人力成本降低到不超过单元成本的3％； 在最早的产品或系统的设计中，增加“新质量”考虑，如“公差居中”(见第4.5.1节)；
为调查团队提供成员，评估供应商持续生产优质产品的能力；
评估分包商和供应商的质量工程、检验、一般控制、方法、设备、技能和程序；
评估供应商以前的绩效，作为预测其维持所需质量水平能力的基础；
与采购组织合作，建立具有成本效益的供应商监控

3.3.4　采购组织

通常情况下，高科技产品40％～60％的成本都花费在采购项目上。有效利用供应商资源有助于实现定成本设计目标。表3－6所示为推荐的采购组织工作要求。

表3－6　定成本设计之采购组织的工作要求

提供所有级别材料需求的成本历史，并回应新的查询和面向成本的权衡研究；
参与“造或买”决策，以确保每个决策的最大成本优势；
准备初始供应商名单，主导潜在供应商的调查，以全面了解技术和生产能力、财务稳定性和总体管理能力、稳定性和对计划的态度；
提供货源选择数据，包括在可行的情况下推荐双重采购；评估供应商克服已知弱点的能力，并在发现重大供应商薄弱环节时进行替代采购，如果从新供应商可以得到重大的好处(质量、技术、价格、交货)时，最大限度地利用新供应商；

续表

与设计零件供应商保持密切联系，以便最佳利用供应商技术的进步和最大限度地利用供应商的技术和总体能力；
提供供应商生产力输入和建议，并传达有关可能影响供应商绩效的规格或变更的任何供应商评论；
在开始生产计划之前，集中进行供应商调查和绩效分析，以发现先前忽视的任何供应商缺陷，如果重组、新兴利益或任何企业方向的其他关键变化，会损害计划的直接或长期利益，则马上采取行动；
提供开发或生产计划可接受的供应商的最终清单；
与产品保证组织一起，实施供应商关键采购不良绩效的预警系统；
当涉及关键的高成本硬件设计和制造时，推荐使用双重开发源，并继续调查行业中有助于项目目标的新供应商；
扩展定成本设计的要求、报告要求、奖励费和对供应商的激励；
对供应商进行定成本设计方法培训；
依据指定的成本目标，监控、评估和报告供应商的进度

3.3.5 产品支持组织

通常情况下，使用和支持成本占生命周期成本的最大份额。产品支持组织应参与项目的所有阶段，以协助实现采购成本、使用和支持成本、可接受性能和进度的最佳平衡。表 3-7 所示为推荐的产品支持组织工作要求。

表 3-7 定成本设计之产品支持组织的工作要求

使用用户物流组织的数据，协助验证成本测算；
协助定义生产配置，确保物流成本驱动因素在管理评审中具有适当的可见性，并被准确跟踪；
为供应商的物流人员提供指导，确保实现主合同的目标；
参与权衡研究和启动物流特殊比较，实现每个功能的最低可行成本；
为生命周期成本比较提供使用和支持成本测算

3.3.6 规划组织

规划组织的作用是保证及时实施定成本设计项目，并通过编制各层面进度表和跟踪进度绩效，向管理层提供设计和成本状态的可视性。表 3-8 所示为推荐的规划组织工作要求。

表 3-8 定成本设计之规划组织的工作要求

在与“MIL-STD-1521A《系统、设备和计算机程序的技术审查和审计》”有关的所有事项方面提供规划领导；
为定成本设计项目的实施制定详细的进度安排；

续表

评估长期项目的生产实施计划对关键路径和定成本设计目标的影响，并建议对计划进行更改；
审查设计和成本绩效，并向管理层报告状态；
提供内部和外部审查时间表；
提供合同终端项和数据项交货计划；
与财务组织、配置和数据管理组织一起，建立和跟踪定成本设计的审计线索

3.3.7　配置和数据管理组织

配置和数据管理组织的职责是维护规范（见第 3.6 节），对定成本设计基准和生产配置（见第 3.6 和第 3.7 节）进行配置控制。配置和数据管理组织是程序文档的唯一官方来源。表 3－9 所示为推荐的配置和数据管理组织的工作要求。

表 3－9　定成本设计之配置和数据管理组织的工作要求

领导与“MIL－STD－490《规范实践》”“DOD－STD－480A《配置控制-工程变更、偏差和弃权》”和“MIL－STD－483A《系统、设备、弹药和计算机程序的配置管理实践》”有关的事项；
在与“MIL－STD－1521A《系统、设备和计算机程序的审查和审计》”事项有关的项目，提供会议记录和文件记录以及跟踪行动；
识别受定成本设计影响的工作分解结构的配置元素，并为这些元素提供规范维护；
保持对生产配置的控制；
建立变更管理流程，以适应定成本设计和价值工程变更建议；
根据合同数据要求清单维护数据控制；
与财务组织和规划组织一起，建立和跟踪定成本设计的审计线索

3.3.8　财务组织

财务组织负责所有的成本测算和控制活动，维护生产配置的成本基准。财务组织是成本数据的唯一官方来源，也是审计跟踪的最终权威。表 3－10 所示为推荐的财务组织工作要求。

表 3－10　定成本设计之财务组织的工作要求

在与国防部指令 7000.2《选定采购的绩效评估》以及对其作出响应的绩效评估系统有关的事项上发挥领导作用（见第 6.8.2 节）；
参与所有权衡研究和基准变更行动，并提供评估变更的成本影响信息；
提供初步估计，用于选择候选方法的数量级和相对成本数据；
与计划组织、配置和数据管理组织一起，建立和跟踪定成本设计的审计线索；
根据重大变更决策完成基准更新，提供成本定义，以评估对目标的影响；

续表

为供应商调查团队提供成员；
提供供应商报价的成本和价格分析；
参与制定供应商目标，评估和批准成本目标状态报告；
建立成本账户经理的资金限制并收集成本；
分析差异报告并更新最新修订的估计值(LRE)

3.3.9 合同组织

合同组织负责定成本设计的合同方面的事宜，是提交合同计划的唯一实体。通常，项目内的配置和数据管理组织向项目内的合同组织报告。表 3-11 所示为推荐的合同组织工作要求。

下一节讨论权衡研究的管理。至关重要的是，所有职能部门将相应的前述工作要求视为其章程，以参与和影响权衡研究的结果，从而获得功能和负担能力的最佳平衡。

表 3-11 定成本设计之合同组织的工作要求

对合同进行审查和谈判，对定成本设计的合同条款提供指导；
发布操作指令，实施定成本设计项目的各项活动；
提交并协商工程和价值工程更改提案；
将合同最终项目和数据项目提交给客户

3.4 权衡研究管理

权衡研究是进行成本削减策略和降低项目风险的工具。图 3-5 所示为权衡研究管理的一个典型闭环过程，其中的成本是一个参数。为每项研究分配一个控制编号，并在配置控制下并结合可能受研究结果影响的基准区域，编制和维护具体的工作和时间表。

注意图 3-5 中题为“分析与权衡研究”的方框。问题是如何评估在设计和成本细节方面过于原始的概念，将其视为权衡研究中的候选解决方案。

对于这种情况，建议采用图 3-6 推荐的方法。若概念实施，无论原始概念如何，总是有足够的项目经验和知识，来直观判断其对性能、可靠性、可维护性和成本的影响。

在图 3-6 中，用上箭头或下箭头表示增加或减少，或者用破折号表示没有预期的变化。用上箭头标注性能、可靠性和可维护性，用下箭头标注成本的方案，适用于权衡研究。

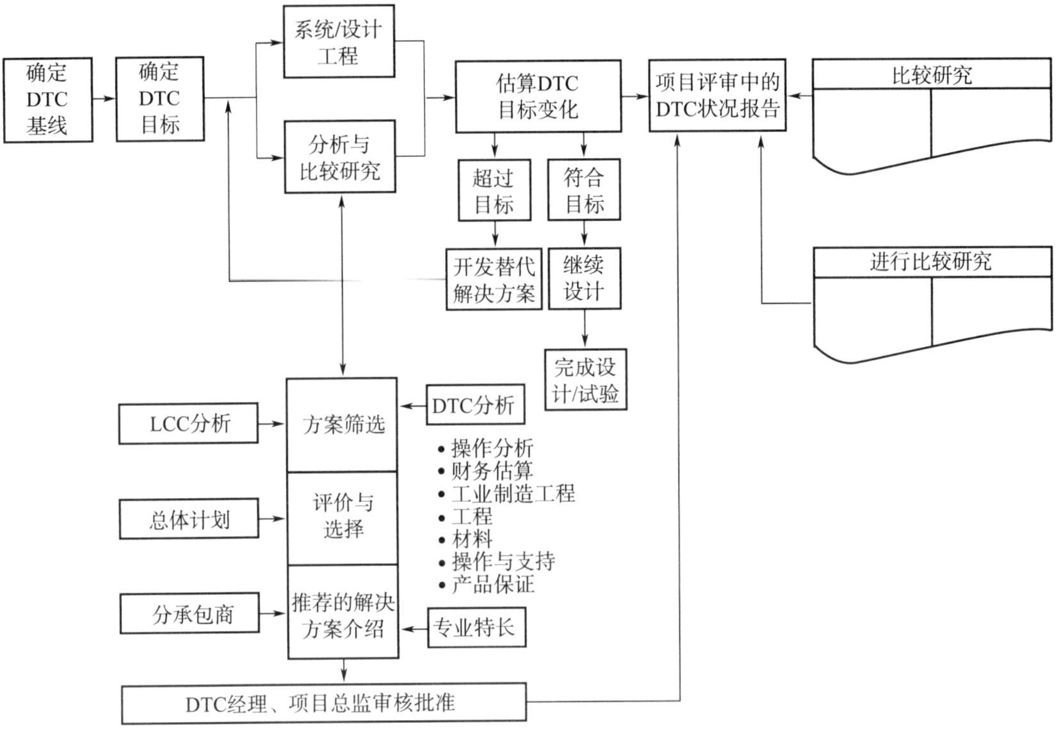

图 3-5　权衡研究方法[6]（马丁·玛丽埃塔公司许可转载）

日期	控制编号	方案介绍	性能 ↑提升 未变 ↓下降	可靠性 提升↑ 未变 下降↓	维护性 ↑提升 未变 ↓下降	成本 提升↑ 未变 下降↓	推荐研究 √ 是 × 否

图 3-6　权衡研究方案评估[7]（马丁·玛丽埃塔公司许可转载）

3.5　供应商参与

在高技术项目中，采购通常占生产成本的 40%～60%。因此，要求主供应商提供强有力的定成本设计计划，应该是标准做法。具体而言，工作说明书应要求成本目标跟踪方案和报告，在计划和内容上与主承包商的要求相当。

一般来说，在分包合同中包含与主合同基本相同的语言是令人满意和可取的。合同应包含类似于主合同中的激励条款。合适的分包商奖励费用的公平和可接受的公式，是主承包商奖励费按比例分成。

在分包商的价值工程激励方面可能存在例外。激励随着从政府流向主承包商再流到分包商而减少。在联邦采购法规允许的情况下，实施价值工程变更提案的共享应该是自下而上的，以激励供应商提交价值工程变更提案。

3.5.1 多源采购

最低价格是通过竞争获得的，这不言而喻。因此，应尽一切努力确定多个合格供应商，并尽可能地采取竞争性邀请投标。在某些情况下，为每个分包项目确定至少一个附加源，可能是值得的。即使计划没有完全实施，竞争的威胁往往会迫使价格下降，使相应公司目前拥有，或相信他们拥有竞争能力。第 5.4 节从企业战略的角度提供了多源采购的详情。

不要以无法实现的不切实际的价格买入，这是值得注意的一个问题。仔细分析投标，并调查投标人的能力和以往的业绩纪录。

一个有用的技术是对要购买的物品进行成本测算，这往往会为投标确立现实的界限。同时，建议对投标人的资本设备要求进行评估，以确定其是否真实，是否与其他报价人的要求具有可比性。

3.5.2 供应商监控

在关键组件必须从供应商处采购的情况下，传统的业务需求、性能、进度和成本会变得特别敏感。其过程控制的缺陷会导致最后的意外和昂贵后果。

强烈建议实施供应商预警系统。预警系统应充分利用供应商在制造过程中发展出来的现有测试数据，尽早采取预防或纠正措施，防止问题变成紧急情况。

重点应放在采购物品的产品一致性上，不仅要防止出现这种意外，而且要降低整体采购成本。第 4.7.1 节中描述的称为“公差居中”的技术是推荐的实现产品一致性的方法。

3.6 规范实践

规范为拟生产的产品或系统提供了基准。规范在配置控制下维护，只有在客户和承包商就变更的需要和范围达成双边协议后，才可能在客户单方面批准的情况下进行变更。

规范决定着被称为“配置项”的硬件或软件产品的开发。配置项（图 3 - 7）的概念被定义为“硬件和/或软件，或者任何其离散部分的集合，它满足最终使用功能，并由政府按照其功能和物理特性指定用于配置管理”。

偏离规范可能是为了方便客户或承包商，被称为“偏差”或“弃权”。若为了承包商方便，客户通常要求考虑降低合同的目标成本。偏差和弃权将在第 3.7 节“配置管理”中

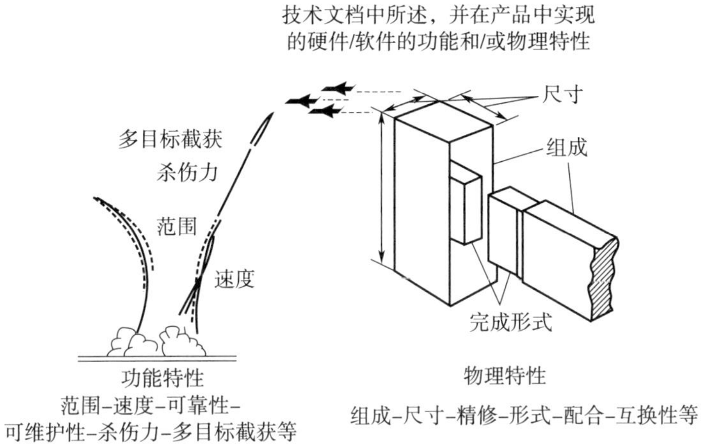

图 3-7　配置项表征[8]（来源：美国空军系统分部，配置管理董事会，《配置管理，策略系统》，1985）

讨论。军用规范等级列于表 3-12 中。因为这些规范对于高科技产品和系统带来说是精心组织的刚性条款，所以建议定成本设计的从业者研读其结构和内容。为更好地理解下面的讨论，同时建议审查表 3-13 给出的术语。

表 3-12　军用规范等级[9]

类型	规范
A	系统规范
B	开发规范
Bl	主项目
B2	关键项目
B3	不复杂项目
B4	设施或船舶
B5	计算机程序
C	产品规范
C1a	主项目功能
C1b	主项目制造
C2b	关键项功能
C3	非关键物品制造
C4	库存项目
C5	计算机程序
D	过程规范
E	材料规格

来源:美国军标 MIL-STD-490《规范实践》。

表 3-13 规范实践术语[10]

术语	解释
分配的配置标识(ACI)	目前,批准的面向性能的规范,用于管理作为更高级别配置项一部分的开发,其中每个规范定义功能特性,功能特性从较高级配置项中分配;建立所需的测试,以证明其分配功能特性的实现;描述与其他相关配置项的必要接口要求;确定设计约束(如果有),诸如部件标准化,库存物品的使用和综合后勤支持要求
配置	如技术文档中所述,并在产品中实现的硬件或软件的功能和物理特性
配置项(CI)	硬件和/或软件或其任何离散部分的集合,满足最终用途功能,并由政府指定用于功能和物理特性方面的配置管理;配置项只是在合同中直接引用的规范项目
配置管理	应用技术、行政指导和监督的一个学科:识别和记录配置项的功能和物理特性,控制这些特性的变化,记录和报告变更处理和实施状态
关键项	配置项中的一个项,由于特殊的工程或后勤考虑,需要在经批准的规范中建立组件级别的技术或库存控制
形式、配合和功能	该配置表示作为实体项的物理和功能特性,但不包括构成项的任何元素
功能配置标识(FCI)	目前,批准的配置项的技术文件,规定所有必要的功能特性;证明实现特定功能特性所必需的测试;具有相关配置项的必要接口特性;其关键低层配置项;设计约束,如包络尺寸、组件标准化、库存物品的使用和综合物流支持政策
产品配置标识(PCI)	目前,批准或有条件批准的技术文件,在其生命周期的生产、操作、维护和后勤支持阶段中定义配置项的配置,并且规定:配置项的所有必要的形式、配合和功能特性;指定用于生产验收测试的选定功能特性;生产验收测试

来源:美国军标 MIL-STD-480A《配置控制-工程变更、偏差和弃权》。

3.6.1 系统规范

系统规范(A类)规定了作为一个实体系统的技术和任务要求,它分配功能区要求,并定义功能区之间的接口。通常情况下,本规范的初始版本基于在概念制定过程中开发的参数,或者是通过可行性研究和分析在探索性初步设计过程中开发的参数。

初始版本用于建立系统的一般性能,该系统将在合同定义、开发或设计期间进一步确定。在此期间,系统规范保持当前状态,最终形成一个修订版本,该版本构成了配置项研制和生产的未来绩效基础,其绩效由系统要求分配。

系统规范用于所谓的“功能配置标识”。见表 3-13 所述,功能配置标识定义了所有系统的基本功能特性;必要的接口特性;特定配置的关键配置项的功能特性;证明每一特定特征的实现所需的所有测试。

与所有其他规范一样,A类规范包含以下六个编号部分和必要的附录:

1)范围;

2)适用文件;

3)要求;

4)质量保证条款;

5）交货准备；

6）注意事项；

7）附录。

3.6.2 研制规范

B 类研制规范规定了在产品设计或工程研制中要达到的性能和环境要求。每个研制规范必须足够详细，以便有效地描述当一个已开发项要演变成一个生产的详细设计时，每个配置项要实现的性能特征。

研制规范用于所谓的“分配的配置标识”。见表 3－13 所述，分配的配置标识定义了每个主要配置项的功能要求，包括：1）所有基本配置项的功能特性，包括接口描述；2）确保与相关系统、配置项和库存项兼容所需的物理特性；3）证明实现每个特定功能特征所需的所有测试；4）设计约束。

当需要保留完整的性能要求说明书时，研制规范应在生产期间保持最新状态。由于系统分解形成的要素涉及不同复杂程度的项目，这些项目会受到不同的工程学科或规范内容的影响，因此，希望按照子类型对研制规范进行分类。每个子类型的细节如下。

（1）主要项目研制规范

主要项目研制规范（B1 类）适用于复杂的项目，例如飞机、导弹、发射装置、火控设备、雷达装置或训练设备。主要项目研制规范可以用作单项研制的分配配置标识，或作为分配配置标识的一部分，该项目涵盖的是更大系统研制计划的一部分。通常，需要 B1 类规范的项目符合以下标准：

项目将按照 DD 表格 250（国防部产品组件交付接收使用的表格）验收。

需要提供配置操作。

需要使用和维护手册。

需要对每个项目进行质量合格检验，而不是采样。

（2）关键项目研制规范

关键项目研制规范（B2 类）适用于复杂程度比主要项目低，且是工程关键或物流关键的项目。如果下列一项或多项适用，则项目属于工程关键型。

技术复杂性要求有单独规范。

项目的可靠性显著影响系统或主要项目执行其整体功能的能力，或者考虑安全性。

如果没有关键项目的单独评估和应用适用性测试，则不能对主要项目进行充分评估。

项目需要提供维修件。

采购活动指定该项目采用多源采购。

（3）非复杂项目研制规范

被指定为 B3 类型的非复杂项目研制规范适用于相对简单设计的项目，例如专用工具、工作台、夹具、支架和推车。满足以下标准的物品的采购活动可选择 B3 型规范：

验证性能的验收测试不是必需的。验收可以基于验证制造的产品是否符合图样。

（4）设施或船舶研制规范

设施或船舶研制规范（指定为 B4 类型）适用于既是固定式也是浮动式的安装项目，而该项目又是系统的一个组成部分。实例如下：基本结构、体系结构或操作特征，专门设计以满足系统特有的需求，并且必须与系统紧密配合研制；与系统形成复杂接口的设施或船舶服务；设施或船舶加固，以降低系统的总体脆弱性；船舶速度和机动性。

（5）计算机程序开发规范

计算机程序开发规范（指定为 B5 类型）适用于计算机程序的开发。该规范必须用操作、功能和数学语言描述设计/验证计算机程序性能所有必要的标准要求。规范必须提供符合逻辑的、详尽的性能要求和所需测试描述，以确保计算机程序的开发符合预期用途。

3.6.3 产品规范

产品规范（指定为 C 类型）适用于低于系统级的项目，可通过主要功能（即性能）要求或主要制造（即详细设计）要求的规范来采购产品。

产品功能规范涵盖了形式、配合和功能，并定义了产品的预期使用的完整性能要求和必要的接口和互换性特性。产品制造规范详细描述了产品的部件和组件，通常遵循一套图样、性能要求和相应的测试和检查，以确保采用适当的加工、调整和装配技术。测试通常仅限于车间环境下的验收测试。

描述了产品规范的子类型，以涵盖各种复杂性的设备或需要不同的形状轮廓的设备。

（1）主要项目产品规范

主要项目产品规范（指定类型 C1），适用于符合主要项目开发规范标准的项目。根据采购条件的要求，它可以用作产品功能或制造规范。

（2）主要项目产品功能规范

主要项目产品功能规范（指定类型 C1b），适用于在“形式、配合和功能”描述可接受时对主要项目的采购。通常情况下，预计仅进行单个采购，且培训和物流方面的考虑并不是最重要时采用 C1b 规范。

（3）关键项目产品规范

关键项目产品规范（指定类型 C2），适用于满足关键项目开发规范标准的工程或物流关键项目。它可以用作产品的功能或制造规范。

（4）关键项目产品功能规范

关键项目产品功能规范（指定类型 C2A），适用于项目的性能特征比零件互换性或设计细节控制权更令人关注的关键项目。一般情况下，“形式、配合和功能”的描述就足够了。

（5）关键项目产品制造规范

关键项目产品制造规范（指定类型 C2b），适用于需要提供详细设计信息披露，或者认为遵循一套细节图样和所需工艺就可以实现足够的性能的关键项目。

（6）非复杂项目产品制造规范

非复杂项目产品制造规范（指定类型C3），适用于满足非关键项目研制规范标准的项目。若期望获得一个非复杂项目的详细设计，可以用一套详细的图样替代该规范。

（7）库存项目规范

库存项目规范（指定类型C4），适用于存在于国防部库存中的项目，并且该项目将被纳入一个主要项目或正在开发的系统中。库存项目规范的目的是为了稳定国防部库存项目的配置，并实现系统和主项目之间的标准化。

（8）计算机程序产品规范

计算机程序产品规范（指定类型C5），适用于计算机程序的生产，并定义其实现介质，如穿孔带、磁带、磁盘或磁鼓。它不包括实施介质的材料或制造的详细要求。如果使用两部分规范（见下文），B5型规范构成第一部分，C5型规范构成第二部分。这样的两部分规范将性能要求转换为编程术语，并提供了确保生成令人满意的程序所必需的质量保证条款。

3.6.4　工艺规范

工艺规范（指定类型D）适用于产品或材料的服务，实例包括热处理、焊接、电镀、微镀膜、包装和标记。

工艺规范涵盖了制造技术，这些技术需要特定的程序来达到令人满意的结果。正常情况下，工艺规范适用于生产，但也可用于控制工艺研发。

3.6.5　材料规范

材料规范（指定类型E）适用于金属和化学品等原材料、油漆和清洁剂等混合物，以及化工管道和电线等半成品材料。通常，材料规范适用于生产，但也可用于材料开发的控制。

在补充工程图样和相关数据的情况下，规范类型C、D和E可构成所谓的“产品配置标识”。产品配置标识也称为“技术数据包”（TDP），它提供了一组适用于项目采购、生产、测试、评估和验收的文件，而不需要进一步的开发工作（表3-14）。

3.6.6　两部分规范

两部分规范，是分别将开发（即性能）规范和产品制造（即详细设计）规范作为第Ⅰ部分和第Ⅱ部分，组合在单一规范编号下的规范，它可用作采购活动的选项。这种做法需要两个部分来完整定义性能要求和控制制造的详细设计要求。

在这种实践中，作为性能要求的完整记述，开发规范在项目的生命周期中仍然适用。建议的设计变更须针对开发部分和产品制造部分的规范进行评估。如果产品规范是产品功能规范，则两部分规范不适用。

表 3-14　配置管理术语[11]

术语	解释
提前变更研究通知	承包商通知采购活动意向，提交工程变更提案
分配基准	批准分配的配置标识
分配的配置标识	现行批准的面向性能的规范，其支配作为较高级配置项的一部分的开发，其中每个规范定义从较高级配置项的那些分配的功能特性；建立所需的测试，以证明其分配的功能特性的实现；描述与其他相关配置项的必要接口要求；确定设计约束，如果有，例如部件标准化、库存物品的使用和综合后勤支持要求
变更控制委员会(CCB)	系统方案办公室内的职能机构，由与采购和配置控制责任有关的各种指令的代表组成，Ⅰ类工程变革建议只由系统项目经理担任主席的 CCB 专门批准
计算机程序组件(CPC)	计算机程序配置项(CPCI)的功能或逻辑上不同的部分
计算机软件组件(CSC)	计算机软件配置项(CSCI)的功能或逻辑上不同的部分
配置	在技术文档中描述，并在产品中实现的硬件或软件的功能和物理特性
配置项	硬件和/或软件或其任何离散部分的聚合，其满足最终用途功能，并由政府针对其功能和物理特性指定配置管理；配置项只是在合同中直接引用的规范项目
配置管理(CM)	应用技术和行政指导和监督的学科，用于识别和记录配置项的功能和物理特性；控制这些特征的变化；记录和报告变更处理和实施状态
配置状态记账	记录和报告有效管理配置所需的信息，包括批准的配置标识列表和已批准更改的实施状态
关键设计评审(CDR)	审查确定配置项的详细设计是否满足其开发规范的性能和特殊工程要求
关键项	配置项中的项目由于特殊的工程或后勤考虑，需要一个批准的规范，以便在组件级别建立技术或库存控制
偏差	在项目制造之前授予的特定书面授权，允许特定数量的元件或特定时间段，偏离规格、图样或其他文件的特定性能或设计要求。与批准的工程变更不同，偏差不需要对所述项目的规格或图样进行相应修订
工程变更	配置项的配置在正式建立其配置项之后的更改
工程变更提案(ECP)	包括建议的工程变更和描述/建议变更的文件
工程发布记录	记录并关联工程数据及其变更的正式数据文件，以技术语言描述，并用于构建、操作和维护配置项
正式鉴定评审(FQR)	验证产品是否满足特定合同性能要求的审核

续表

术语	解释
形式、配合和功能	该配置由作为实体项的物理和功能特性构成，但不包括构成项的任何元素
功能配置审计(FCA)	验证配置项的开发是否已令人满意地完成，配置项是否已经实现了功能或分配标识中的性能和功能特性
功能基准	批准的功能配置标识
功能配置标识	当前批准的配置项的技术文档，规定所有必要的功能特性；演示实现特定功能特性所必需的测试；具有相关配置项的必要接口特性；其关键低层配置项；设计约束，如包络尺寸、组件标准化、库存物品的使用和综合物流支持政策
材料审查委员会	与变更控制委员会相似的职能机构，除了包括承包商代表及其特权外，仅限于第Ⅱ类工程变更建议，及有关Ⅰ类工程变更建议的咨询
修订通知(NoR)	在批准后，用于对图样或列表进行修订的表格，并通知用户图样或列表已相应修订
产品基准	批准的产品配置标识
物理配置审计(PCA)	验证“已构建”配置项是否符合其定义的技术文档的审核
初步设计评审(PDR)	评估进展，技术充分性、兼容性和风险解决的审查选择设计方法
产品配置标识	目前，批准或有条件批准的技术文件，其在生命周期的生产、操作、维护和后勤支持阶段定义配置项的配置，并且规定配置项的所有必要的形式、配合和功能特性；生产验收测试所选择的功能特性；生产验收测试
生产准备审查(PRR)	在执行生产决定之前，检查是否圆满完成特定操作
系统分配文档	根据序列号和每个位置的系统配置标识配置项聚合的文档
规格变更通知(SCN)	在批准之前，以建议的形式，建议、传输和记录规范更改的文档；规格变更通知(P)提供对每个受影响界面文本的建议更改
系统设计评审(SDR)	评估与同类相关的优化，相关性、完整性和风险规范
系统需求评审(SRR)	检查承包商在确定系统要求方面的努力是否充分
弃权	在生产期间或在提交用于检查之后，发现偏离了指定的要求，但仍然被认为适合，或通过批准的方法返工后“按原样”使用，接受配置项或其他指定项目的书面授权

来源：MIL－STD－480A《配置控制-工程变更、偏差和弃权》。

3.7 配置管理和数据管理

配置管理和数据管理通常由单个组织提供，用于政府和承包商的采购活动。表 3 - 9 给出了这种组织的典型工作要求。

配置管理是一种管理方法，为硬件和软件的生命周期管理提供命令、可视性和控制。它可以简单地解释为“知道你拥有的并持续跟踪它”。

配置管理是一门必须被管理层学习、应用并且最重要的是被管理层支持才能在任何高科技项目中取得成功的学科，在有定成本设计要求的项目中尤其如此。第 3.14.5 节的案例研究形象地描述了轻视配置管理的严重后果。

数据管理的职责，是由职能经理对数据的选择、生成、准备、采集和使用进行管控的，支持其各种技术和管理活动。就定成本设计而言，这些数据应是履行相应职责的最低要求。

3.7.1 配置管理

军用标准“483A《系统、设备、弹药和计算机程序配置管理实践》”是定义配置管理和变更控制标准层级文件的一部分。其他文件有“DOD - STD - 480A《配置控制工程变更、偏差和弃权》”“MIL - STD - 481《配置控制-工程变更、偏差和弃权（简本）》”和“MIL - STD - 482《配置状态会计数据元素和相关特性》”。

MIL - STD - 483A 的目的是，在军事机构采购的所有系统和配置项中，建立统一的配置管理（CM）模式。配置管理要求适用于配置项的适用生命周期阶段，无论是系统的一部分还是独立的配置项。承包商必须确保从分包商获得的所有硬件、固件和软件文档均按照本标准的要求生成。

很明显，配置管理可以消耗整个项目资金很大一部分，并且通常在国防合同中占 5%～15%。因此，建议定成本设计的从业人员充分熟悉配置管理的实践，以确保在实施过程中尽可能实现最大的成本效益。为了更好地理解下面的讨论，还建议浏览表 3.14 中给出的配置管理术语。

军用标准 483A 建立了以下几个方面的配置管理要求：配置管理计划、配置标识、配置控制、配置审计、接口控制、工程发布控制、配置状态记录。

（1）配置管理计划

承包商应在其组织内设立职责，以履行采购活动引发的配置管理要求。职责和程序说明须符合采购活动。基线管理是配置管理的一个更重要的方面，在采购计划开始时就正式要求进行基线管理。基线由批准的配置标识记录，这些标识是控制系统和配置项更改的基础。

（2）配置标识

技术文档形式的每个配置项都需要配置标识。最初，功能配置标识用于建立面向性能的需求，用于更高级别配置项的设计和开发。对于选定配置项（高级配置项的一部分），这些要求将转换为分配配置标识。最终，对于开发的配置项，产品配置标识用于建立“构建”要求或形式要求、配合要求和功能要求，以及适合这些要求的验收测试。

（3）配置控制

配置控制提供系统评估；批准或不批准协调；并实施 1）初始配置，2）基线正式建立后对该配置的所有更改，3）运营期间该配置的所有更改（特别是对维护的修改和更改）。变更处理的目标应由承包商和客户共享，以便及时了解即将进行的变更，并满足变更授权的实际需求日期。所有工程变更提案、提前变更研究通知、偏差与弃权请求，均由变更控制委员会（CCB）处理。

了解Ⅰ类和Ⅱ类工程变更提案（ECPs）之间、偏差和弃权之间的显著差异非常重要。构成Ⅰ类工程变更提案的要求经过了验证，它可以纠正缺陷、影响重要操作或后勤支持变更、节约生命周期成本，或防止生产计划延迟。只有变更控制委员会可以批准Ⅰ类工程变更提案。Ⅱ类工程变更提案适用于文档错误更正，不影响形式/配合和功能的微小设计变更和材料替代等项目。Ⅱ类工程变更提案通常由材料审查委员会（MRB）批准，很少提交给变更控制委员会批准。应该注意的是，材料审查委员会有责任在开发和生产过程中处置不合格的材料和故障。偏差与弃权之间的显著区别在于与生产的时间关系。

给定项目制造之前，项目暂时偏离了要求但不影响交货进度，要使用偏差设置标准。给定项目制造之后，因该项目生产过程中一个错误导致的项目暂时偏离了要求，或永久性改变了要求，要使用弃权标准要求。在这两种情况下，采购活动通常都要求以降低合同目标成本的方式进行考虑。

（4）配置审计

配置审计包括功能配置审计和物理配置审计。功能配置审计和物理配置审计由变更控制委员会的代表担任主席，并在第 3.9 节中根据“MIL－STD－1521A《系统、设备和计算机程序的技术审查和审计》”进行讨论。

（5）接口控制

接口控制是一种协调活动，旨在保证功能和物理特性和系统的兼容性。通常，一个接口控制承包商的责任，是确保配置项标识符合系统工程过程建立的功能性接口。确保配置项，包括最终设计计算机软件，在物理上和逻辑上是兼容的，将其装配在一起，并可按预期操作和支持。在这些工作中，接口控制承包商通常获得接口控制工作组（ICWG）的支持，工作组包括生产那些必须互操作的配置项、各种采购活动的各承包商的代表。这些代表通常可提供资源进行相关研究，定成本设计的从业者应关注参与这些审议的机会。

（6）工程发布控制

承包商必须保留当前的工程发布记录，包括所有已接受或将被采购活动接受的配置项的规范和图样。工程发布记录必须与承包商的内部控制系统互连，以确保所有经批准的Ⅰ类工程变更应用于指定生产项目。未发布的工程是生产中成本最高的异常之一，也应在发布系统中以待完成的零件编号的形式进行说明。所表示的不确定性也应以工程变更曲线的形式记录，表明工程变更（这可能会在完成和发布未完成零件号的过程中发生）的累积百分比。这是另一个需要定成本设计从业者密切关注的领域。

（7）配置状态记录

配置状态记录提供以下报告和记录：

1）系统和设备在建立有记录的基线之后的状态，以便提供对项目管理至关重要的可见性。

2）批准的既定配置变更的执行情况，以确保初始配置以及所有后续变化与技术说明匹配。配置状态记录本质上是一种自动记账功能，如果不是经常监控合同数据需求清单（CDRL）可能需要的重复数据和重复报告，则成本极高。但是，这种问题属于数据管理的更大主题。

3.7.2 数据管理

如第 3.7 节所述，数据管理的职责，是由职能经理对数据的选择、生成、准备、采集和使用进行管控，用以支持他们的各种技术和管理活动。从定成本设计的观点来看，这些数据应该是履行相应责任的最低要求。

节约成本的基本准则是立即建议从合同数据需求清单中删除无助于维护进度和问题可预见性的数据，从性能、进度和成本角度看无助于控制程序的数据，无助于就纠正措施和候选方法做出决定的数据，无助于定义产品设计和制造过程的数据。

本指南应被视为仅仅是起点。那些在筛选中幸存下来的数据项接下来应该在报告频率和相同数据项的接收者数量方面受到质疑。

重点应该是将接收方限制为，有权对涉及具体合同项目/或密切相关合同项目的数据项中的信息进行处理的人员。

在准备数据项时，基本上有两种不同的成本类别：一类覆盖必须完成的技术工作的成本，而不考虑数据项中所报告的工作；另一类覆盖准备/提交数据项的成本。同样，重点应该是尽量减少后者。

3.8 进度控制

进度控制不仅是避免成本增长的强制性措施，而且如第 5.7 节所述，也是降低成本的有效策略。进度控制的行政责任可能归属于公司的计划组织，但所有的功能和计划部门都承担着进度表中各自的责任。

对于给定项目，这就是为什么调度层次应该不仅与项目的工作分解结构和产品的生成分解流程一致，而且与开发、制造和采购的操作流程一致。其中，最重要的项目接口，是计划组织和生产控制组织之间的接口。

进度的层次结构由项目的顶层进度、项目的每个主要任务的中间级进度和任务的每个工作单元的详细日程安排组成。图 3－8 所示为开发一个开关式电源的中间级进度，接收订单（ARO）后几个月即可供货。

图 3－8 中每一行的项目为一个工作单元，即详细的进度的主题，它是以每周增量和每周跟踪的方式呈现的。通常情况下，跟踪使用一种称为“页面和行”的系统。在系统中，一个界面专门用于每个工作单元，而界面上的行用于相应的子单元。每个界面上还有“预定日期”“实际日期”和“承诺日期”栏。

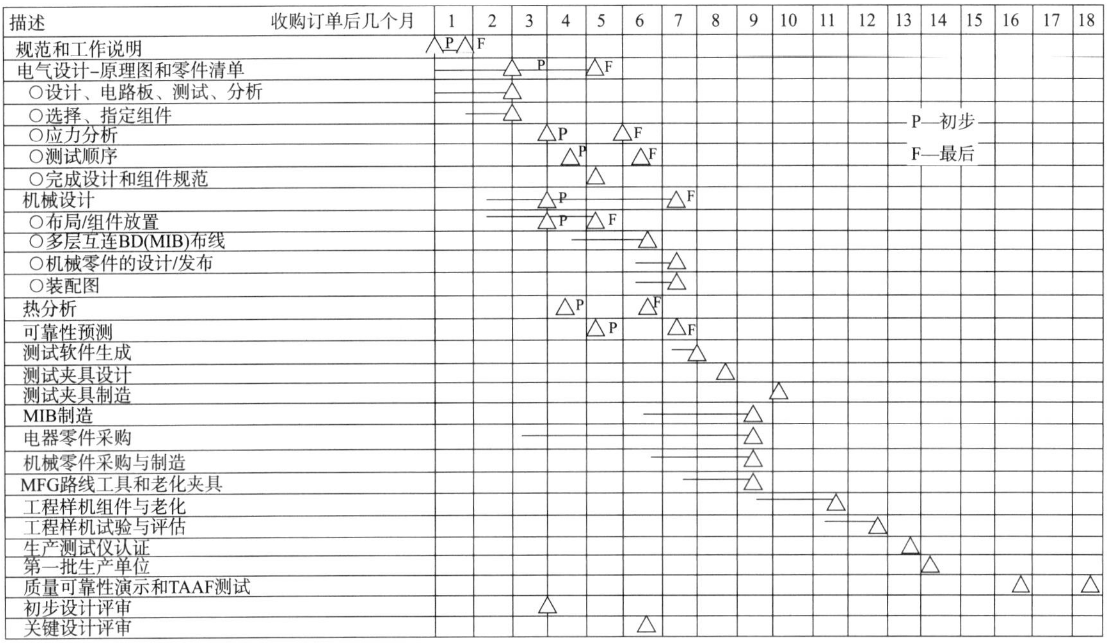

图 3－8　开关式电源的中间级进度[12]

来源（NAVAMAT P4855－1《海军电源可靠性》，1982）

偏离预定日期时要提供进度偏差报告。这些，反过来，又是每周为项目管理编写的“页面和行总结报告”的主题。

提供这些意见是为了强调总体进度控制的迫切性，对于定成本设计尤其如此。第 5.7 节中讨论的调度策略会适得其反，而且如果没有对预定事件的绝对控制，这种策略是无效的。

3.9　评审过程

在有定成本设计要求的项目中，评审需要一个全新的维度和全新的含义。新的维度源自将成本目标提高到与纠正措施或替代方法决策中的性能和进度相同的水平，而不仅是当前设计的预计成本。

全新的含义是，对满足成本目标的进展情况，也必须是令人满意的，坚信技术性能和进度绩效都令人满意。在满足成本目标方面的进展不足，就有理由进行权衡研究和设计的重新定向。

管理层级的具体含义是，他们给审评人授权，在获得批准的情况下，追加额外资金，以寻求替代方法。通常，这会使原来估计的开发成本增加 25%。

关键词是“严格”，即将严格维护成本目标作为首要标准，并严格进行评审。正是出于这个原因，建议将标准“MIL - STD - 1521A《系统、设备和计算机程序的技术审查和审计》”作为定成本设计从业人员的指导文件。本标准及其前身 MIL - STD - 1521，指导了成千上万的复杂的高科技武器系统和其他设备的评审和审计工作。这些标准是军事采购的核心，已经习惯于将复杂系统的采购称为“MIL - STD - 1521 项目”。

严格的训诫是正当的。军用标准 1521A 对军事采购中的技术审查和审计进行了定义和授权。然而，它没有解决由于审查和审计中发现的差异而导致的迅速而准确地解决执行项目的紧迫性。延长执行项目的关闭过程只会增加项目的成本，而定成本设计的从业人员应尽可能采取行动加快进程。

表 3 - 15 列出了 MIL - STD - 1521A 涵盖的评审和审计以及事件的总结性定义，该顺序遵循系统采集中的生命周期路径。其流程如图 3 - 9 所示（缩写定义见附录 B），它显示了测试、技术审查和审计顺序，以及产品基线明确化的规范。本节“系统采购评审”中有更详细的介绍，因为它是形成系统成本效益进化中的最正式审查。建议参考 MIL - STD - 1521A 标准，了解其他评审和审计类似的细节，但生产成熟度评审除外，它在本书第 4.9 节和“MIL - STD - 1528《生产管理》”中介绍。

但是，在 MIL - STD - 1521A 中将会注意到，对于每次连续的审查和审计，所需的详细信息量几乎是呈指数增长，并且它们可能成为报告进度的极其昂贵的工具。因此，调整审查和审计准则以满足特定计划的需要，也在此部分介绍。

表 3 - 15 MIL - STD - 1521A 技术审查和审计[13]

项目	内容
系统需求评审	审查以确定承包商在确定系统要求方面的努力是否充分
系统设计评审	审查评估与分配的规范相关的优化、相关性、完整性和风险
初步设计评审	审查评估选定设计方法的进展、技术适宜性和兼容性以及风险解决方案
关键设计评审	审查确定配置项的详细设计满足其开发规范的性能和特殊工程要求
功能配置审计	审核以验证配置项目的开发是否已圆满完成，并且配置项目是否实现了功能或分配标识中的性能和功能特性
物理配置审计	审核以验证“竣工”配置项是否符合其定义的技术文档
正式鉴定评审	审核以验证产品是否符合特定的合同性能要求
生产成熟度评审	在执行生产决策之前进行评审，以验证具体行动的圆满完成情况

来源：MIL - STD - 1521A《系统、设备和计算机程序的技术评审和审计》。

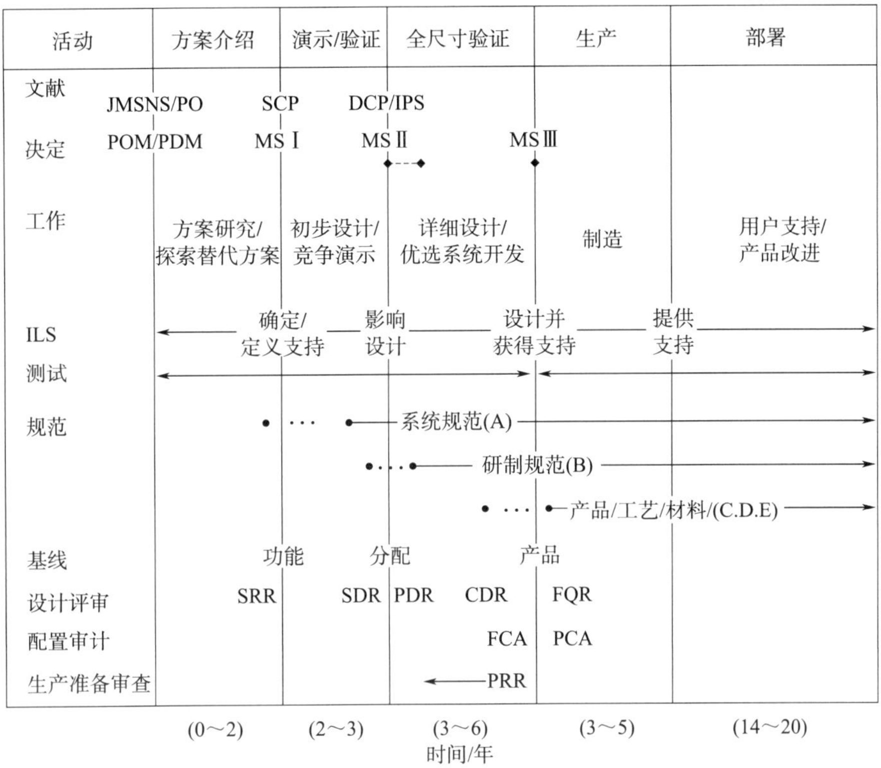

图 3-9 测试、技术审查和审计的顺序与规范[14]

（来源：美国军标 MIL-STD-121A《系统、装备和计算机程序的技术评审和审计》）

3.9.1 系统需求评审

系统需求评审（SRR）的目的是确定系统要求定义的充分性。系统需求评审通常在系统的概念或验证阶段进行。

这种评审可能会在此期间的任何时间进行，但通常是在功能分析和初始要求分配完毕之后进行，以确定承包商系统工程管理工作的最初方向和进展，并确定最优和完整的配置。系统要求分配在使用、维护和硬件配置项，计算机程序配置项（CPCI），设施配置项，制造业，人员和人为因素。

表 3-16 列出了系统需求评审的代表项目，目的是评估总系统工程管理活动对工作一览表和系统/或部分系统要求的响应程度。为了继续进行技术项目和系统优化，如有必要，在采购活动时向承包商提供指导。

表 3-16 系统需求评审的代表项目[15]

任务和要求分析；
功能流分析；
初步要求分配；
系统的成本效益分析；
权衡研究；
合成；

续表

后勤保障分析； 专业学科研究； 规范生成； 项目风险分析综合测试计划； 可生产性分析计划； 技术性能评估规划； 一体化工程； 配置管理计划； 系统安全； 人为因素分析； 价值工程研究； 生命周期成本分析； 初步制造计划； 人力资源需求及人员分析

来源：MIL－STD－1521A《系统、装备和计算机程序的技术评审和审计》。

表3－16所示的权衡研究涉及硬件、软件和固件方面的系统功能。专业学科研究涉及硬件和软件可靠性、可维护性分析、武器装备集成、电磁兼容性、可生存性和易损性，包括核检测方法和技术分析。

3.9.2　系统设计评审

系统设计评审的目的是确保：更新的、完整的系统规范内容是足够的，满足验证任务要求的成本效益；已分配的要求，代表了系统要求的完整性和最佳融合；通过比较、硬件打样、测试与分析，技术方案的风险已被识别、排序、规避和降低了。

系统设计评审通常在验证阶段的产品交付之前，作为最后审查来进行。系统设计评审的结果应该是客户和承包商之间对以下项目的有效性和完整性的技术理解和协议：系统规范、系统细分规范、系统工程成本测算、主要项目开发规范、关键项目开发规范。

3.9.3　初步设计评审

初步设计评审的目的是：根据所选设计方法的性能、进度和成本，评估进度、技术充分性和风险解决方案；确定其与配置项或计算机程序配置项开发规范的性能和工程专业要求的兼容性；评估定义的程度，并评估与所选制造方法和工艺相关的技术风险；确定配置项和/或计算机程序配置项和设备、设施、计算机程序和人员等其他项目之间的物理接口方式和功能接口的兼容性。

初步设计评审是对配置项或计算机程序配置项，或者是与功能相关的配置项组和/或计算机程序配置项组的基本设计方法的正式技术审查。它在开发规范可用之后、详细设计开始之前进行。

3.9.4　关键设计评审

关键设计评审的目的是：确定配置项或计算机程序配置项的详细设计满足配置项或计算机程序配置项开发规范的性能和工程专业要求，确定配置项和/或计算机程序配置项与其他设备、设施、计算机程序和人员之间的详细设计兼容性，根据性能、进度和成本评估配置项和/或计算机程序配置项风险领域及在系统硬件上进行的可生产性分析的结果，审查初步的产品规格。

在制造或编码和测试发布之前，要对每个配置项或计算机程序配置项进行关键设计评审，以确保产品规范和工程图样中反映的详细设计解决方案满足开发规范所确立的性能要求。作为硬件配置项的成功关键设计评审的结果，允许承包商使用关键设计评审中所述的详细设计，并反映在生产计划的产品规范中，并且如果被特别授权，用于配置项的初始生产。

计算机程序配置项进行关键设计评审的目的是，在流程图和程序设计语言层面上，建立计算机程序设计的完整性。计算机程序配置项成功进行关键设计评审的结果是，特定的计算机编程文档获得了正式身份，将被发布用于编码和测试。

3.9.5　功能配置审计

功能配置审计的目的是验证配置项的实际性能是否符合开发规范。审查测试数据，以验证该项目是否按照其功能和/或分配的配置标识的要求执行。

复杂配置项的功能配置审计可以以渐进的方式进行，在完成该项目的鉴定测试时达到高潮，并在最后的功能配置审计中检查所有的差异。在最终的功能配置审计中包括初步设计评审和关键设计评审的记录，以确保所有调查结果都被纳入并完成。

3.9.6　物理配置审计

物理配置审计的目的是验证所构建的配置项是否符合定义配置项的技术文档要求。要对首件配置项进行物理配置审计，以建立配置项产品基线。

物理配置审计还确定文件所规定的验收测试要求适用于质量保证活动的配置项后续验收。物理配置审计包括对发布的工程文档进行审核，以确保文档反映了所构建的配置。成功进行物理配置审计之后，所有后续更改都由工程更改操作进行处理。

3.9.7　正式鉴定评审

正式鉴定评审的目的是，验证通过测试确定的配置项的实际性能是否符合其开发规范，并对记录配置项鉴定测试结果的测试数据进行识别。如果可行，在开发测试完成时，将正式鉴定评审与物理配置审计合并。

如果物理配置审计没有足够的测试结果来确保配置项在其系统环境中执行，则在物理配置审计之后使用首件测试结果进行正式鉴定评审。但是，由于物理配置审计和正式鉴定评审未合并，避免了重复。

成功的联邦采购法规的结果是，采购活动证明配置项已正式进入政府清单。

3.9.8 调整准则

如第 3.9 节所述，从客户和承包商的角度来看，根据 MIL - STD - 1521A 进行评审和审计，可能是非常昂贵的。因此，MIL - STD - 1521A 提供了调整要求的准则，以最大限度地提高审查和审计的成本效益。该准则集中于与工作要求的关系，消除冗余和歧义，承包商参与调整，复杂性，评审和审计安排。

（1）与工作要求的关系

调整 MIL - STD - 1521A 的关键，是使其要求与合同的工作要求的细节相匹配。显而易见，某些技术审查因素不适用于所考虑的合同。作为一个极端的例子，如果合同不包括计算机软件，那么所有对 MIL - STD1521A 中计算机程序的材料的引用将不适用。通过仔细审查这一过程，要求将成为计划特定的，而不是构成一份在合同履行过程中不断协商的通用文件。

（2）消除冗余和歧义

鉴于 MIL - STD - 1521A 是用于技术评审和审计的宽泛性程序文件，其他适用标准（如可靠性和可维护性标准）也需要审查和审计。如果这些标准是与 MIL - STD - 1521 一起在合同中规定的，那么工作要求应该包含一个规定，说明如何将评审组合起来。合并评审不会取消任何标准。合同应该要求进行最低限度的综合评审，以提供合同履约所需要的可视性和保证。

（3）承包商参与调整

应鼓励承包商参与调整 MIL - STD - 1521A 的要求。观点的多样性可形成一种合力，使审查和审计程序的实施更具成本效益。

（4）复杂性

配置项的复杂性和项目的性质应该是决定评审和审计必要性和数量的核心。例如，对于新研制的复杂项目，将需要大部分评审主题，而现成的项目则需要很少或不需要。在修改设计的情况下，判断应基于修改的区域和修改的程度。

（5）评审和审计安排

技术评审和审计的时间安排是非常重要的。如果太早，就不能充分定义审查项。相反，如果太晚，项目的承诺有可能已经出错，纠正会既困难又昂贵。安排评审的一个好方法是将其与文档要求联系起来。例如，在开发规范可用之后，就可安排初步设计评审，因为初步设计评审的本质，是评估方法是否满足规范的要求。审计的时间安排不仅取决于文档可用性，而且取决于硬件和软件的可用性。

3.10 技术性能评估

计划管理必须了解技术性能、进度绩效和成本绩效三个基本的计划领域。在军事采购中，最后两个领域通过如第6.8.1节讨论的成本进度控制系统标准这样的模式来控制。第一个领域按照“MIL－STD－499A《工程管理》”中的技术性能评估（TPM）系统控制。

现代主要武器系统的复杂性要求认真应用这些规则，以确保生产出可操作的、可支持的，并且首先是可负担得起的系统，以满足任务要求。无论何种军事项目，技术性能评估的原理都是相通的，几乎可以用于任何系统，民用的以及军用的[16]。

本节介绍技术性能评估的原则和应用，其目的是：提供管理层对实际绩效与规划绩效的可见性，提供对需要管理层关注的绩效的预警或预测，支持评估对拟议变更方案的影响。

技术性能评估的框架源自合同工作分解结构，它定义了计划中拟完成的所有任务，遵循系统的层次结构和计划结构树。技术性能评估选择合同工作分解结构的元素来评估产品的关键性，并在整个产品开发过程中监控其技术状态。表3－17列出了实施技术性能评估时使用的测量值。

表3－17　技术性能评估值[17]

测量项	要求
计划值	在开发周期中的给定点处的参数预期值；计划值对时间的图被称为“计划值分布”，通常期望指示可接受值相对于时间的范围，该范围被称为“公差带”
验证值	在特定分析或测试中估计或测量的值
规格要求值	包含在合同性能规范中或从这种规范分配的值，或值的范围。性能规范有对最终产品的验证要求
当前预估值	预测的合同最终产品的参数值
证明技术差值	计划值与参数的演示值之间的差异
预测技术差值	规格参数和参数的当前估计值之间的差异
工作分解元素	为技术性能评估选择的合同工作分解结构要素

来源：防务系统管理学院，《系统工程管理指南》，1982年。

技术性能评估的分析流程如图3－10所示。工作分解元素是分析的基本核心，通常处于子系统级。这些元素用于编制主参数列表，并为列表中的每个参数派生剖面图。跟踪剖面图预报的性能，在系统模型中汇总剖面图之间的相互作用，并将结果显示在技术性能评估状态报告中。

3.10.1　主参数列表

在实施技术性能评估时，应该在顶层选择几个关键参数，因为支承关键参数的底层参数数量可能会多一个或两个数量级。表3－18列出了一些对许多项目至关重要的典型关键参数，这些关键参数是系统有效性的良好指标。

在预测关键参数剖面时，有必要考虑较低层次的参数以及它们之间的相互作用。较低级别的参数通过需求流程的过程来标识，并表示将系统级需求分配到系统层次结构中的较低级别。例如，请考虑表3－18中称为“指向误差”的关键参数。

许用指向精度是所有航天器和导弹项目的成本效益的一个关键问题。对于天文观测航

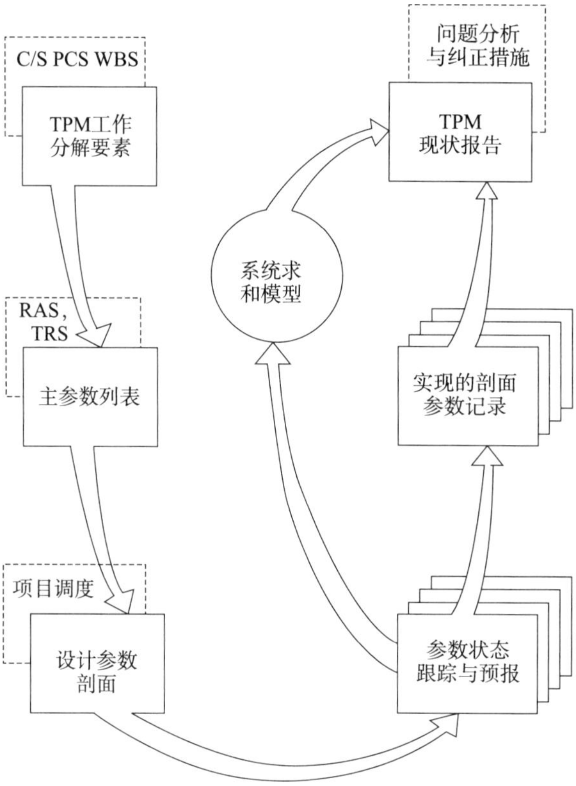

图 3-10　技术性能评估的分析流程[18]（来源：防务系统管理学院，《系统工程管理指南》，1982 年）

天器，典型的许用指向误差范围从十分之几度到几秒弧度。在建立指向精度的误差预算时，首先要定义造成误差的软硬件的特性，又称为“误差源”。

指向误差的向下流动过程形成了表 3-19 中的分配。可以看出，一个关键参数分解为 14 个较低级别的参数，每个参数具有一个或多个误差源。

表 3-18　典型技术性能评估关键参数[19]

重量有效载荷范围；
测距精度；
指向误差；
目标位置误差；
反应时间；
可靠性、可用性、可维护性；
生存能力；
计算机吞吐量；
计算机内存；
处理时间；

续表

遥测分配；
命令分配；
功率

来源：防务系统管理学院，《系统工程管理指南》，1982 年。

表 3-19　指向误差参数分解[20]

分系统	低级参数	误差源
有效载荷	校准 热变形 结构挠曲	天线馈源 天线安装 相同 相同
结构	校准 星传感器陀螺仪 热变形 动态挠曲	有效载荷陀螺仪 同样 同样 同样
姿态控制	星传感器 陀螺仪 控制动力学	随机错误 像差 比例因子估计 比例因子稳定性 比例因子非线性 相同
指挥与控制	数据处理	星数据库存储 圆整 定时
地面系统	追踪星历 命令 余量	目标位置不确定 相同 误差来源值不准确

资料来源：防务系统管理学院，《系统工程管理指南》，1982 年。

3.10.2　参数分布

图 3-11 显示出许用指向误差的计划和实现的技术性能评估的参数分布，纵坐标表示允许误差的百分比，横坐标表示时间。请注意，在给定时间点的计划值分布与当前估值之间的百分比差异是技术性能方面表现出的差异。还要注意如何处理差错余量。

见表 3-19，许多误差源都会导致指向误差。若误差源是独立的，其对指向误差的综合影响，通过取各个源的平方和（RSS）的平方根来计算。单个误差源之间存在相互作用时，有必要使用解释这些源之间相互关系的技术，如第 4.7.4 节“多参数项目”所描述的技术。

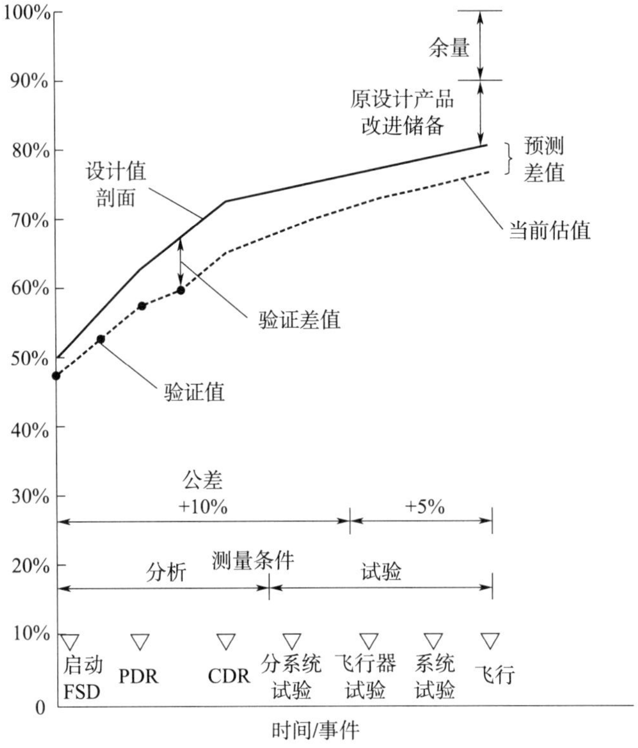

图 3-11　指向误差参数图[21]（来源：防务系统管理学院，《系统工程管理指南》，1982 年）

表 3-20　测试性能测量状态报告[22]

	当前报告			最终产品		
单元参数	验证值	设计值	验证差值	当前预估值	规范要求值	预测值
发动机						
推力:lb	26 000	28 000	−2 000	29 000	30 000	−1 000
重量:lb	5 400	5 500	−100	4 900	5 000	1 000
燃料消耗率:lb/hr·lb	0.045	0.05	+0.05	0.04	0.04	

来源:防务系统管理学院,《系统工程管理指南》,1982 年。

技术性能评估状态一直被列入第 3.9 节讨论的技术审查议程中，通常以表 3-20 给出的格式呈现。这个例子是一个导弹报告的一部分，工作分解元素是发动机。“当前报告”栏下的条目，涉及当前性能。“最终产品”下的条目与开发完成后的预测性能相关。

3.11　工作评估

重要的是，在所有生产计划中始终采用精确的方法来测量工厂完成的工作。“MIL-STD-1567A《工作评估》”的目的，是加强工作评估纪律，以改进生产经营中的生产力和效率。本节介绍军用标准的本质，让定成本设计的从业人员熟悉往往被忽视的业务的一个方面。经验表明，可以识别并减少劳动力过剩和时间浪费，在实施并认真执行工作评估方案的情况下，需持续改进测量方法。

在 MIL - STD - 1567A 中介绍的工作评估方法是“I 类工程劳动力标准”规范的关键。定义为“由预定时间系统建立，并且在操作层面，反映±10％的准确度、90％或更高的置信度”。精度或置信度较低的标准称为“Ⅱ类”标准。

“Ⅱ类”标准仅适用于初始覆盖范围，升级到Ⅰ类标准的计划需要在所谓的“工作评估接触劳动力覆盖计划”中进行。表 3 - 21 定义了计划和工作评估程序中使用的术语和参数。

表 3 - 21　工作评估术语[23]

术语	说明
实际小时	根据与预测时间不同的时间确定的小时量，包括根据适用差异调整的标准时间
获得小时	作为成功完成给定任务或一组任务的结果，记录给一个工人或一组工人的标准小时时间；通常通过将适用时间标准乘以完成工件数量的求和来计算
元件	由一系列基本运动和过程活动组成的操作的细分，它是有差异的，可描述的和可测量的
劳动力效率	在报告所述期间，在同样工作增量上花费的获得小时数与实际小时数的比率
方法工程	工作方法和系统的分析和设计，包括操作或过程的技术选择，设备类型的规范和位置
操作	由一个或多个工作元素组成的作业或任务，通常在一个工位完成；也是应用津贴的基本时间的最低级别分组
操作分析	包括与设计或改进生产有关的所有程序的研究，包括操作目的、检查要求、使用的材料和材料处理、设置、工具和工作条件
预定时间系统	在手工工作要素的研究和评价中使用的有组织的信息、程序和技术；系统根据所使用的运动，它们的一般和特定性质，它们发生的条件以及它们先前确定的执行时间来表示
实现因素	实际工时与获得工时数的比率；也是制定预计需求时，劳动力标准倍增的因素
标准时间数据	用于执行给定类工作的所有元素的汇编，每个元素具有正常元素时间值；该数据是确定工作时间标准的基础，与确定数据的工作类似
直接劳动力	生产劳动力，可以合理和持续地直接与正在制造、加工或测试的工作单元相关；涉及影响产品的组成、条件或生产的工作
直接劳动力正常时间	合格工人以正常速度执行任务，或使用规定的方法完成元素，循环或操作所需的时间
直接劳动力标准	直接劳动力操作上设置的标准时间
直接劳动力标准时间	直接劳动力正常时间加上疲劳津贴和不可避免的延误
Ⅰ类工程劳动力标准	使用预定的时间系统，和对准确度/置信度的规定要求而建立的标准
Ⅱ类工程劳动力标准	不符合第一类劳动力标准要求的标准，供临时使用

来源：MIL - STD - 1567A《工作评估》。

覆盖计划中要满足的最低要求：明确定义标准时间，标准时间适用于整个工作评估计划的管辖范围；用于将工程劳动力标准保持到已知精度的程序；用于将劳动力标准用作输入，以进行预算编制、成长测算、生产计划制定和绩效评估；指定负责执行工作评估计划的组织机构和人员；将上述Ⅰ类工程劳动力标准升级至Ⅱ类的进度和计划。

操作分析是Ⅰ类工程劳动力标准的一个组成部分。操作分析文档提供了标准时间的计算记录，包括用于确定最终劳动力标准津贴和观测到的时间记录或预定的时间系统时间值的记录。

因劳动力标准选择、劳动力标准审计以及获得工时与实际工时报告相互关联，定成本设计的从业者宜熟悉 MIL－STD－1567A 标准和 MIL－STD－1528 标准《生产管理》（见第 3.11 节）。

3.12 维护审计跟踪

审计跟踪的维护是定成本设计工作的一个重要组成部分。从初始基准到最终交付，审计跟踪提供了影响成本的所有因素的可追溯性。

没有审计跟踪，要避免目标下滑几乎是不可能的，因为这是向人员施加成本责任的问题。审计跟踪清楚地区分了因需求增长与因设计成熟所导致的成本差异。

不清楚谁负责什么成本要素，就不能建立审计跟踪。一旦基线估计可用，首先要决定的是，工作分解结构或层级结构明细表的目标分配到什么级别的细节。在做出决定时，应平衡以下因素：

1）成本目标应分配给成本可以识别和积累的生产配置的那些具体的元素。

2）针对总的责任，元素应该分配到具体的个人，而不是组织。个人必须对分配给他们的目标成本进行控制。

3）该元素应该能反映系统成本足够高的百分比，使跟踪是有价值的。

将目标分配给具体个人的文档的推荐形式（表 2－21）重复在表 3－22 中列出。该表构成了一个分配矩阵。成本目标的分配应适应工作分解结构。成本会计经理（CAM）负责减轻变动对成本的影响，并跟踪和报告各个工作分解结构要素的状态。表 3－22 所示为成本目标分配[24]。

表 3－22 成本目标分配[24]

工作分解结构	名称	成本会计经理	目标（美元）	数量
1.0	运输设备	J. Eagen	36 381 300	001
1.1	装卸设备	R. Mann	16 048 700	001
1.1.1	第四阶段的设备	R. Mann	2 783 200	001
1.1.1.1	端环装置	D. Deer	761 700	004

续表

工作分解结构	名称	成本会计经理	目标（美元）	数量
	成本要素工作分解结构 1.1.1.1			
	制造劳动力	19 840 hr		
	质量劳动力	4 200 hr		
	测试劳动力	300 hr		
	其他技术服务劳动力	2 400 hr		
	材料	180 100 美元		
	分包项目	9 100 美元		

注：经马丁·玛丽埃塔公司许可采用。

3.12.1 变更控制和问责

现实的定成本设计方法承认研制和改进过程所需变化的动态本质，并提供保持配置变化控制的机制以及跟踪和报告变化数据的系统。这对于从成本增长中区分需求增长至关重要。

敦促定成本设计团队的成员完全熟悉其组织的变更流程和程序，以及第 3.6 节和第 3.7 节中描述的规范实践和配置/数据管理的本质。谨记一点，减轻流程的每一步变化对成本的影响，是成本会计经理的职责。

3.12.2 跟踪和报告

跟踪和报告是评估和指导定成本设计性能审计跟踪的最后一站。跟踪和报告流程，依据当前成本测算和差异以及各种内部报告和客户报告，提供已批准成本目标的状态。图 3 -12 所示为推荐的跟踪和报告流程。

内部报告的最低要求应该是提供每周性价比状况报告和每月成本差异分析报告。报告应发送给肩负成本目标责任的业务经理和项目人员，以及项目总监。这些报告提供了当前定成本设计测算、当前测算与批准目标之间的差异以及最重要的成本测算基础的可视化。

也可能需要给客户某些项目的正式报告。联邦政府部门和机构一般指定图 3 - 13 和图 3 -14 所示的格式。格式 A 用于定期成本状态报告，格式 B 用于说明成本目标差异原因的报告。

在项目和公司内部宣传实现定成本设计目标的进展也是有利的。图 3 - 15 所示的跟踪图就是这样一种激励工具。

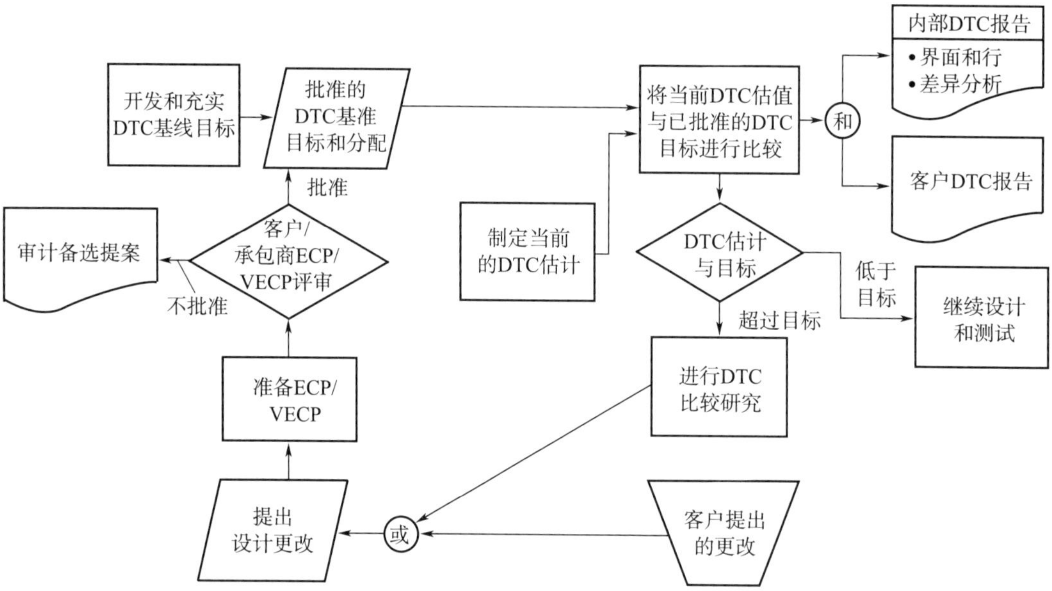

图 3-12 跟踪和报告[25]（马丁·玛丽埃塔公司许可转载）

承包商 ____________

地址 ____________

合同编号 ____________

财政年度美元 ____________

DTC成本要素/
CWBS数据

________ 阶段

________ 日期

合同工作分解结构 成本要素												总计
生产非经常性 • (包括所有非经常性生产成本，即工装、必要的生产能力) 生产经常性 ② • 生产(包括与生产能力成本相关的所有工程、工装、制造、质量控制和利润) 工程变更												
当前DTC估值												
DTC目标												
方差												①

注：① 适当的成本要素包括直接人工成本、间接费用和其他直接费用。
② 应该与具体合同的总体定成本设计目标相符，其他CWBS代表承包商分配的成本目标。

图 3-13 报告格式 A[26]（来源：陆军部、海军部和空军，《联合定成本设计指南》，1977）

承包商 ________________

地址 ________________

合同编号 ________________

财政年度美元 ________________

DTC差异分析

________ 阶段

________ 日期

DTC合同工作分解结构①	DTC目标分配	DTC估值(先前报告)	DTC估值(当前报告)	差异②		方差/再分配分析③
				与先前的DTC目标	与分配的DTC目标	

注：① 列出格式A中的DTC目标方差超出阈值的每个工作分解结构要素。
② 方差是当前DTC估值与已分配DTC目标值之间，以及当前DTC估值与以前DTC报告中包含估值之间的差异。
③ 在叙述分析中，从已建立的DTC目标，DTC目标分配的变化以及当前估值与先前估值之间的差异中提供合理的差值。说明对其他要素(即技术、成本、性能、进度等)的影响，并提供纠正措施的时间表或指定已完成的纠正措施。

图 3-14　报告格式 B[27]（来源：陆军部、海军部和空军，《联合定成本设计指南》，1977）

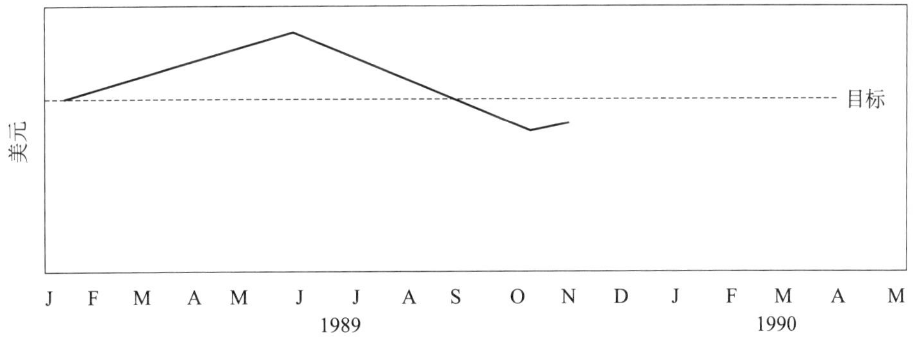

图 3-15　成本目标跟踪图[28]（马丁 · 玛丽埃塔公司许可改编）

3.13　总结

表 3-1 给出的成功的定成本设计计划的要素在表 3-23 中重复，以强调其重要性。本章的关注点是如何在整个组织以及项目的整个生命周期中启动、维护和强调定成本设计，并确保某些基本活动、功能和实践都被理解，和在适当的时间以适当的进度实施。

表 3-23　成功的定成本设计计划的要素[29]

建立有效的定成本设计管理；
在项目的整个生命周期中启动、维护和强调定成本设计
了解可负担性限制和功能价值要求；
建立现实但具有挑战性的定成本设计目标；
将成本目标分配给个人，而不是组织；
建立跟踪成本增长与需求增长和个人责任的审计跟踪；
需要多个设计解决方案和权衡研究；
设计固有的低成本系统；
选择最佳的工具和设施概念；
采用有竞争力的商业战略；
细化要求和激励供应商；
使用经过验证的和可接受的测算技术；
激励员工；
铭记历史，并从他人的经验中获益

注：经马丁·玛丽埃塔公司许可转载。

第 3.1 节定义了合同阶段（前期、提案和合同）的活动。每个阶段的工作可以是概念制定、研制或生产，它们与所有权一起构成系统或产品的生命周期。强调了各阶段内和各阶段之间的活动流程，并确定应特别关注的领域。

分离成本增长与需求增长的关键问题也在第 3.1 节中讨论过。这一问题贯穿本章，并和第 3.12 节“维护审计跟踪”合并为维持成本基准完整性和维持个人问责制的手段。

基于此，第 3.2 节列举了该计划所涉及的各职能部门的职责。关键的信息是，应明确规定责任和相应权力，并与绩效评估挂钩。

第 3.2 节提供了如何组织定成本设计的指导思想，以便使个人期望和对经济负担能力的贡献获得协同效应。定成本设计经理直接向项目主管报告的重要性被强调为成功的定成本设计项目的最重要的属性之一。还为方案可能涉及的广泛的功能学科提供了明确的工作要求。同样，表达的信息是，成功取决于将角色和责任如何定义并分配给个人，以及如何衡量个人绩效。

第 3.4 节涉及权衡研究的管理，因为多种设计解决方案和权衡研究是定成本设计的要求。本节描述了有效比较的方法，和用于评价处于萌芽阶段的、具有成本节约潜力概念的技术。

管理层致力于追求多种设计解决方案并对其进行权衡研究是至关重要的，一方面，因为该流程可将单一方法研制工作量的典型成本增加高达 25%。另一方面，平衡的负担能力和功能方面的投资回报率总是保证前期投资。此外，当出现问题时，权衡研究是逐步降低成本策略的工具，也是降低未知风险造成成本大幅增加的手段。

第 3.5 节阐述了定成本设计项目中承诺供应商参与的奖励问题，以消除采购中不必要的成本。然而，在寻求供应商的参与时，建议采取平衡的方法，因为竞争仍然是降低成本更有效的手段之一。

对多源采购的优势提供了一些见解，在第 5.4 章“与供应商打交道的业务策略”的背景下重新讨论了这些优势。但第 3.5 节强调，在任何情况下，都需要对供应商进行持续监控，以防止最后一刻出现意外。

不对技术基线以及成本目标进行严格控制，就不可能实现定成本设计的全部成果。因此，第 3.6 节专门论述了 MIL－STD－490 的规范实践，介绍了军用规范的层次结构，并阐明了每种规范的目的。

本节提出的关键点是，军用规范等级对产品和系统定义的严谨性值得私营部门效仿。此外，这些规范是配置管理的基础，这对于涉及高技术的军用和民用企业是必不可少的。

第 3.7 节将对规范实践的关注扩展到配置管理，后者是维护审计跟踪的下一个基本要素。配置管理包括配置控制和数据管理。前者在 MIL－STD－483A 中进行了讨论。

这两项活动都需要绝对控制，以保持技术基准的完整性，但如果不能与具体计划的基本要求相平衡，它们本身则可能成为成本驱动因素。配置管理和数据管理都具有显著节约成本的潜力，但强调必须审慎地追求这种节约。

第 3.8 节则在预防成本增长的背景下提供了关于进度控制的一些建议，成本增长可能归因于规范实践和配置管理行动的延迟，以及开发任务的延误。在第 5.7 节中重新讨论进度控制，但这次将在“节约成本的策略”的背景下进行。

第 3.9 节将评审定义为“有效的定成本设计项目的生命线”，并在 MIL－STD－1521A 背景下讨论了技术评审和审计问题。这些评审的组织和实施，是从管理数千个复杂的高科技项目演变而来的，也值得在非军事高科技企业中效仿。

第 3.10 节和第 3.11 节基于另外两个军用标准：“MIL－STD－499A《工程管理》和“MIL－STD－1567A《工作评估》”，值得定成本设计从业人员考虑。从技术性能评估的角度来看，前者是特别有意义的，技术性能评估是风险管理、成本和进度控制的必然任务，应该在整个开发过程中大力推行。MIL－STD－1567A 提供了衡量工厂节约成本效益的标准。

有了关于这一点的背景，第 3.12 节讨论了审计跟踪的维护。应在计划开始时建立审计跟踪，以便跟踪成本绩效、维护责任，并将需求增长与成本增长分开。

概述了变更控制、跟踪和报告的作用。传达的信息是，公共部门和私营部门的差异只是形式的程度不同，形式的程度是项目规模的函数，但负担能力和盈利能力的本质不应该有差异。

3.14　案例研究和练习

下面的案例研究旨在阐述本章的要点。案例研究之后的练习允许读者将这些观点与个人观点和经验联系起来。本章的案例研究强调，需要最大限度地消除不能增加产品或服务价值的管理层和劳动力层，并确保最大程度地明确个人责任和权限。

3.14.1 制造业的竞争

当代作品对将制造业用作一种竞争工具[30,31]提供了很好的指导，问题是有多少美国企业听从了这样的指导。

美国无法在世界市场以及国内市场竞争，在很大程度上归因于生产力的损失。《商业周刊》的一篇文章报道，1980—1986 年期间，美国生产力在每小时工作产出指数方面只从约 100 增加到 105。相反，同期美国制造商的国际竞争力指数约从 100 下降至 92。

该调查确定了 70 个主要组织，它们在有效利用劳动力方面取得了重大进展，主要采用消除管理层级，减少支持性劳动力，并提高一线劳动力效率的组合方法。基于 1981—1986 年通货膨胀调整后的每名员工的营业收入年增长率，表 3-24 列出了“最精简又最吝啬”的公司。

表 3-24 “最精简又最吝啬”的公司[32]

公司	年增长率(%)
马里昂实验室	37.0
康宁玻璃厂	26.6
沃尔特·迪斯尼	26.3
施贵宝	22.7
电路城商店	20.5

练习 平均表 3-24 中所列五家公司的每名员工的年营业收入增长百分比。从《美国统计文摘》中获取 1981—1986 年年度生产者价格指数的百分比变化。

平均批发价格指数，并与每名员工的平均营业收入增长百分比进行比较。在接下来的 10 年里，这种差异会增加还是减少？

3.14.2 重组获利

集成控制比分散控制更具成本效益，这是不言而喻的，对于占销售成本很大份额的材料的控制尤其如此。

与“直接劳动力”相反，用于材料处理的劳动力称为“支持性劳动力”，它是在生产中消耗的劳动力。支持性劳动力对产品价值的贡献相对较小，但一般等于且经常超过直接劳动力。

练习 埃尔伍德·S. 布法在《现代生产管理》一书中描述了一家大公司为实现一体化和成本更低的材料控制而进行的重组。图 3-16 和图 3-17 显示了重组前后的组织架构。

假设商品销售成本为 4.5 亿美元，其中材料采购和处理占 60%。使用图 3-16 和图 3-17 中的方框数量减少作为处理人工减少的措施，并估计公司的节约成本。

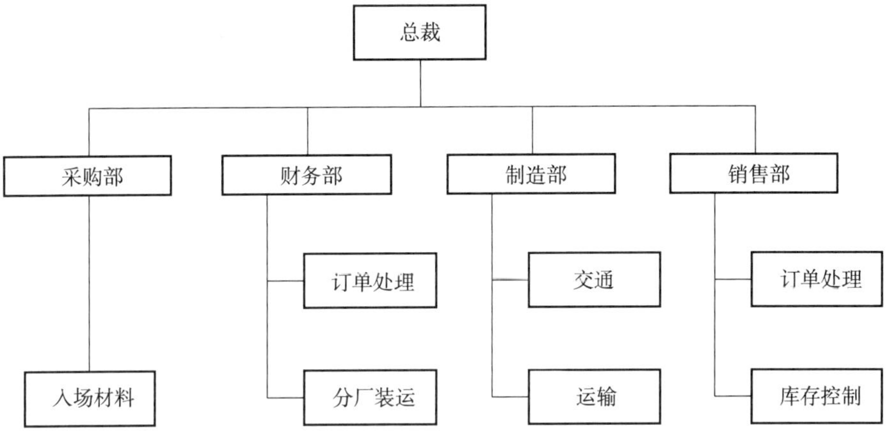

图3-16 原有组织结构[32]（约翰·威利父子公司许可改编）

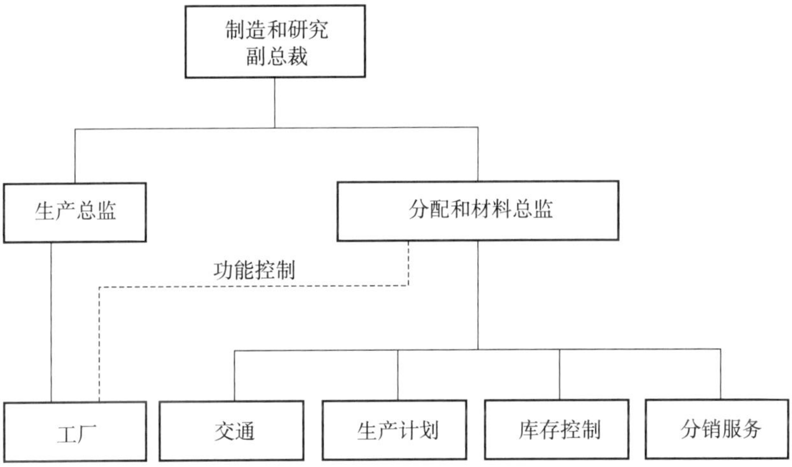

图3-17 综合组织结构（约翰·威利父子公司许可改编）

3.14.3 逆市繁荣

在大型综合钢厂关闭的时候，“小型钢厂”正蓬勃发展。杰克·罗伯特·米勒[35]在《科学的美国人》杂志的一篇文章中这样报告：

> 自1977年以来，通常被称为“大钢铁”的10家美国公司已经关闭、闲置、转移或出售了约20家工厂或工厂的一部分，使其年生产能力从1.23千万吨减少到了约1.0千万吨，即减少了8.3%。另一个结果是，钢铁工业的工人人数从1979年的45.3万人减少到了1982年年底的24.7万人，三年下降了45%。在1982年，整个钢铁行业损失了32亿美元，远远超过以往任何一年的水平。大钢铁公司的重点是“重组”，美国钢铁公司董事长David M. Broderick将其描述为“加速自我清盘的状态”。更具体地说，重组包括关闭设施、延迟或取消项目、生

产合并，以及增加或减少产品。

相比之下，从1960年左右开始，所谓的小型钢厂所代表的工业部门就已经扩张和繁荣。那一年，共有10个或12个小型钢厂占有了约2%的美国钢铁市场；当年年初，50个小型钢厂占市场份额的15%～18%。其总生产能力（按每年可生产高达80万吨的工厂计算）约为每年1 400万吨。小型钢厂经营者的重点是扩张工厂和市场，以及扩大产品范围。

《科学的美国人》1984年5月文章“钢铁小公司”的作者Jack Robert Miller许可复制

小型钢厂的特点是对原材料投入很少，废钢只在需要时购买，运输和能源成本最低。小型钢厂靠近客户和废料源，能源成本低。产品组合相对受限，但可以轻松变化。小型钢厂的支持性劳动力和管理层级是最少的。铸造人员通常负责文书工作和维护，从铸造车间到行政楼的路径很短。

练习 尽管重点关注工厂、市场和产品线的扩张，但自1985年以来，一些小型钢厂还是倒闭了。这些失败是否可归因于向综合钢厂概念的转变？考虑前一个案例研究中提出的综合运营概念与本案例研究之间的差异。

3.14.4 平等的合作伙伴

俗话说：“除了一些合作伙伴比其他合作伙伴更平等，所有合作伙伴都是平等的”。这种说法的真谛可通过职能经理之间的影响力和资源竞争来证明，这些职能经理人对于一个既定项目同样重要，并且表面上同样致力于项目的目标。这些事例只是微观的，当企业建立合作伙伴关系，以寻求具有巨大经济潜力的企业时，会经常发生，但这两种情况都面临组织上的挑战。

本案例研究涉及由四个不同的北约国家的公司组成的合资企业，旨在实施一项具有巨大生产潜力的高科技项目。这四家公司组成了一个总公司作为联合承包商，每个公司在总公司中是一个平等合作伙伴关系。这项安排得到了各自国家的批准，规定四家公司之间的工作分工将在生产时构成一条生产线。

单一生产线的概念设想将四个不同地方的生产整合为一个加工和测试流程，这就要求参与者几乎完全公开技术。正如可以预料的那样，随着每个公司越来越熟悉其他公司的技术和生产时间的临近，分工就成了争论的焦点。预期生产资金的减少会加剧这个问题。实质上，每个合作伙伴公司都成为了单条生产线的竞争对手。

因此，宏观上在具体计划中经常发生的事情发生在这里，但普遍存在许多相同的组织压力。

练习 检查已知的涉及广泛的职能部门的几个计划。确定计划组织，并根据职能部门确定资源和责任的相对分配。通过比较计划分布，使差异合理化。

3.14.5 配置错误

低价车辆的零件和变速器错误地出现在高价车型的实例，是配置管理失效的证据。第

5.12.1 节和第 6.10.1 节案例研究中报告的问题也因这种失效而加剧。

第 5.12.3 节讨论的 NIMBUS 项目，涉及与国家航空航天局（总承包商和项目经理）签订联营承包商合同的八家公司。八家合作承包商和联合承包商之间的界面控制问题比较严重，甚至在个别子系统合格后仍然存在。最严重的是系统之间缺乏电磁兼容性，最终需要重新设计所有输入和输出电路和航天器线束。进度推迟两年的一个重要原因，以及数百万美元超支的主要原因，都是由这种错误配置造成的。

在第 6.10.1 节的案例研究中讨论的战术通信系统，更是过分轻视配置管理的受害者。不幸的是，诸如配置管理、数据管理和规划等学科，在军事和航空航天合同领域被称为“其他技术服务”。与设计学科相比，该表述意味着缺乏一定的重要性，因此，在紧缩时期，专门用于上述学科的资源通常会减少到小于做这项工作所需的临界质量。

早在 1976 年，就预见到战术通信系统的生产将被推迟两年以上，为了在延长期内保持项目的活力，采购活动和承包商都在“其他技术服务”方面进行了大幅削减。对配置管理的影响，是在编制和批准对最终完成生产设计至关重要的工程变更提案方面出现了重大延迟。

练习　如第 6.10.1 节所述，1976 年编制的当年美元生产成本估计值为 2.94 亿美元。在生产开始时，这一估计值已增加到 1983 年的 5.94 亿美元。假设 25%的成本增长是由于配置管理不及时造成的，配置管理中资源的减少在 1976—1983 年期间均匀分配，总共达 500 万美元。

使用第 6.7 节中给出的货币关系的时间价值，计算一系列七个统一年度支出的现值（即 1976 年），总额为 500 万美元，贴现率为每年复利 10%。

从《美国统计文摘》中获得了 1976—1983 年的生产者价格指数。使用生产者价格指数的百分比变化，将 1983 年的生产预算估值 5.94 亿美元转换成 1976 年的美元值。取两者预算估值之差的 25%，并通过将配置管理支持减少现值来计算损失的杠杆率。请注意，“杠杆”一词是指通过极小的资金控制涉及大量资金的金融交易。

参考文献

[1-7] Martin Marietta Corporation. Design to Cost/Affordability Manual [M]. 1986.

[8] U. S. Air Force Air Systems Division. Directorate of configuration Management, Configuration Management, Strategic Systems. 1985.

[9] MIL-STD-490, Specification Practices.

[10] MIL-STD-480A, Configuration Control-Engineering Changes, Deviations and Waivers.

[11] DOD-STD-480A, Configuration Control-Engineering Changes, Deviations and Waivers.

[12] NAVMAT P4855-1, Navy Power Supply Reliability, 1982.

[13-15] MIL-STD-1521A, Technical Reviews and Audits for Systems, Equipments, and Computer Programs.

[16-22] Defense Systems Management College, System Engineering Management Guide, 1982.

[23] MIL-STD-1567A, Work Measurement.

[24-25] Martin Marietta Corporation, Design to Cost/Affordability Manual, 1986.

[26-27] Departments of the Army, the Navy, and the Air Force, Joint Design-to-Cost Guide, 1977.

[28-29] Martin Marietta Corporation, Design to Cost/Affordability Manual, 1986.

[30] ROBERT H. Hayes and Steven C. Wheelright, Restoring Our Competitive Edge, John Wiley & Sons, 1984.

[31] THOMAS G. Gunn, Manufacturing for Competitive Advantage, Ballinger Publishing Company, 1987.

[32] Business Week. " America's Leanest and Meanest," October 5, 1987.

[33-34] Elwood S. Buffa, Modern Production Management, 4th ed. , John Wiley & Sons, 1973.

[35] Jack Robert Miller, "Steel Minimills," Scientific American, May 1984.

第 4 章　固有低成本设计

性能需求主导并决定生产能力是高技术工业的一个特点，而设计一般都要反映出当前最先进的制造技术和材料水平。因此，源于设备、材料，更常见的是由于工艺方面的技术突破而带来成本增长的可能性是很大的。

这样会导致大量的设计反复，延长工程研制时间，以至全生命周期成本降低的可能性实质上已经不可能实现了（图 2－1）。理想的情况是：设计工作应该快速集中到表 4－1 所给出的可生产性目标上，这样在节省研制成本的同时，也使经常性成本和非经常性成本得到优化，将产品的成本降到最低，这种设计称为“固有低成本设计”。

表 4－1　可生产性目标[1]

生产目标	内容
最大化目标	设计的简单性
	零件和材料的经济性
	零件和材料的标准化
	制造技术的经济性
	工艺的简单性
	工艺的可重复性
	工艺的可检查性和可测试性
	生产产量
最小化目标	产品的设计变更
	零件和材料的数量和种类
	关键材料
	关键工艺
	废料和返工
	采购提前时间
	支持及其他非接触劳动力
	在制品
	能量消耗

注：经马丁·玛丽埃塔公司许可改编。

低成本生产的本质就是易于加工、组装和测试，这些过程的相对简易度也是对所生产产品设计效率的一个衡量尺度。设计效率高的产品，其生产成本也更低，总的来说就是获得这些产品的生命周期成本较低，对于高技术产品尤其如此。

设计效率的特性决定于其能在多大程度上影响产品的简单性和工作的简易性。本章内容提出将设计效率提高到与产品性能相同的重视水平，并跟踪先进技术在低成本产品中所发挥作用的前景，提出实现产品简单性要遵循的指导原则。

本章第 4.1 节从提高设计效率和减少在制品两个方面对技术问题进行了阐述。在制品与可负担得起的质量是相对立的一个概念，在日本已经遭到摒弃。第 5.2 节从参与美国国防部工业现代化激励计划（IMIP）的商业战略角度再次讨论了技术所发挥的作用。第 4.2 节内容涉及的是产品的简单性，重点讲述产品的技术规格与成本之间的关系。这些内容安排在有关材料选取、精细加工和装配等部分来论述。

在有关产品简化的章节中介绍了铸造件的成本优势，这些内容为讨论铸造工艺及各种铸造工艺与锻造工艺的成本比较奠定了基础，对产品的力学性能要求较高时，通常都会采用锻造工艺。定成本设计的实践者必须对铸造技术在技术性和经济性两方面都有了解，以便为实现定成本设计做出合理决策。

随后的第 4.4 节和第 4.5 节内容是从装配的简易性和可检测性两方面论述设计的量化和效率问题。这些都是高度兼容的设计特性，易于装配的产品一般也是易于检测的产品。评估已有设计的固有易检测性，及确定新设计的易检测性是否符合成本目标，这两个问题的解决工具就是将易检测性参数化。后面的内容是对 MIL－STD－2165 的简要介绍，意在将一体化的军事设备检测方法作为其他高技术产品和系统检测的一个指南。

再后面的内容是有关工作的简易性，引入了产品设备和人员因素之间的关系，包括有关自动化和机器人的重要话题。

在航天工业领域，产品质量可能是最大的成本驱动因素，这也是由其应用目标决定的。产品质量不是航天产品的固有特性，而是通过昂贵的缺陷检查过程获得的，从对采购零件进行 100％的筛查就开始了其高成本过程。

第 2.1 节说明了可负担成本和质量是可以共生的，指出了正确的组织理念和目标的内聚性，使质量可以是免费获得的，并介绍了近些年出现的新概念，对这一理念进行了进一步的补充。提供了一种获得良好质量的新方法，即用减少目标的可变性来提高产品一致性的思想代替必须符合规范限制的旧理念。

本章主张采用这一概念作为第 4.1 节技术视角下讨论的即时制（Just－in－Time，JIT）策略的基石，即时制策略在第 4.1 节有关技术前景的内容中有介绍，本章内容还深入探讨了一种称为“公差居中”的技术。

本章的第 4.8 节是有关电源的内容。在高技术产品，其实也是所有的工业和消费产品的子系统层次中，没有哪个子系统与电源系统的重要性可以相提并论。当然，也没有几个子系统能对设计、进度和成本构成挑战。

至此，重点一直是为实现固有低成本而设计。第 4.9 节的内容转移到了产品设计成熟度的问题。本节内容讨论了这样一个道理：如果到产品生产的时刻，设计和工艺还未得到验证，即使最低成本的设计也不可能完全实现。另外，还概述了国防部训令 5000.34 中有关产品成熟度标准的内容。

虽然本书内容以硬件为主导，但也认识到软件成本的重要性并不亚于硬件成本，包括用于实现固件的软件。有一种趋势认为，软件成本是一种非经常性一次性支出，而在许多情况下，生产和任务软件维护的经常性支出是很大的成本驱动因素。因此，本书对一些软件维护成本方面的问题进行了深入探讨。

在内容总结的后面，本章给出了多个研究习题，意在强化内容重点。练习中允许读者将自己的个人观点和经验添加到所研究的案例中。

4.1　技术前景

自从“工业革命”以来，每个制造商都希望用完全匹配需求的制成品生产流程来取代昂贵的原材料、在制品的大量储存及其他库存。在很大程度上，日本人已经完成了这项工作，他们为全世界提供了一个有效的方法[2]。

4.1.1　潜力

在过去几十年中，得益于设计和制造技术的巨大进步及创新的生产管理方式，全世界的工厂已经都能够实现这一目标。能够实现这一目标的核心是柔性制造、即时制生产和采购。

柔性制造的特点是能够对已有生产线上生产的产品进行批量更改，例如，小型炼钢厂在这种模式下转变为面向用户的专门生产。

即时制生产的一般理解是在生产线的每一个点，采购和生产的所有环节的质量和时间都是无误的，最大限度地降低库存和减少在制品。即时制的真正含义要更复杂一些，在制品和其他库存不再“推动”或成为工厂的产量，而是工厂的需求产量以零库存为目标“拉动”生产和采购流程。

成组技术和工序过程中的质量控制是全面实现即时制和柔性制造所必须的。在成组技术中，一系列不同功能的工序过程被群组，所以其操作起来像一个总装流水线。在工序过程中控制质量、完成检查和测试是这个流水线上每个点生产过程的组成部分。

由于过程中控制质量的重要性，本章的一个小节专门论述基于公差居中的产品一致性问题。公差居中是由统计质量控制衍生而来的，增加了实时管理干预标准的维度。

在过程中控制质量的理念贯穿在整个机构的所有环节中，从接受订单开始一直到产品的售后服务，包括管理和保障环节，这一理念又被称作“全面质量控制（TQC）”。它意味着任何事情都要正确执行，且在第一时间正确执行，是实现卓越品质的重要因素。

计算机辅助设计提高设计效率，是实现计算机辅助制造和保证在现有生产能力下实现最大可生产性的前提条件。计算机辅助设计可以看作是数字化控制作业的驱动器，如机器人作业和传输带作业，同时发挥着产品设计的功能。这样的过程被称作“计算机辅助设计-计算机辅助制造”。

本质上，计算机辅助设计-计算机辅助制造为设计实现提供保证，柔性设计使市场的需求得到快速响应，即时制努力消除在制品和其他库存等。

重要的是要记住，任何设计，其产品经济性的实现都有其固有的局限性，这个局限性是由所生产产品的设计效率决定的。

4.1.2 时间规划

在项目的延续阶段，依靠先进技术实现成本潜力的机会已经越来越少。如第 2.2 节所述，为了降低成本，应在整个组织的长期战略中考虑先进技术，而不是仅针对单个项目或产品。

在新项目的方案论证阶段就应对其如何适应现有的生产能力和规模做出评估，并从成本和交付周期方面量化对先进技术的需求。需要考虑的内容包括供货商的生产能力和规模，据此做出造或买的决策，并在全盘考虑的基础上做出新技术决策，新技术决策应是承担项目提案阶段费用的先决条件。

如第 2.2.1 节所述，方案阶段是为实现负担能力和盈利能力而采取有说服力的管理行动的最佳时期。这与目前最先进的集成电路技术有着有趣的相似之处。

图 4-1 说明了通过大规模集成门阵列、标准单元甚至定制设备的批量生产可以实现成本的巨大节约。标准化是全面实现规模经济的关键。

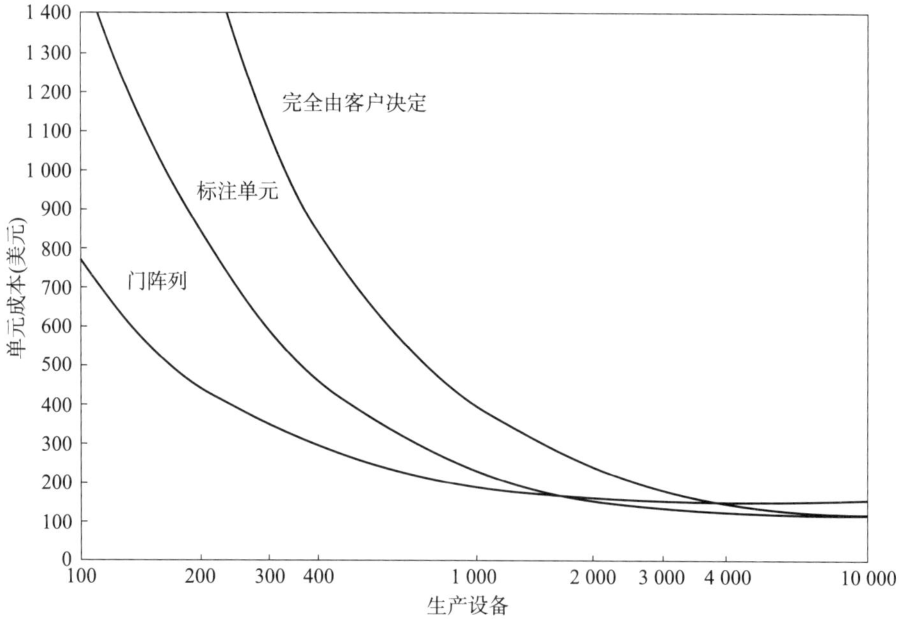

图 4-1　超大规模集成中的规模经济[3]（马丁·玛丽埃塔公司许可转载）

微波/毫米波单片集成电路（MIMIC）是一项新的前沿技术，在微波/毫米波单片集成电路中使用砷化镓意味着在接近 100 千兆赫（GHz）频率下工作的模拟原件的尺寸和成本都将缩小。

为了实现标准化，在某些产品应用中使用比所需功能更多的设备通常是有利的。同时，管理行动要及时跟上，确保所进行的交易是合适的，以获得最大可能的成本效益。

另一方面，存在着高利用率的领域由于技术能力的不足导致不能从规模经济上获益的情况，而通过有针对性的应用研究、及时的管理干预可以显著节约成本。例如，高技术产品中大量使用复杂的铸造件，而多腔铸造的先进工艺需要大量采用焊接和机械加工来完成最终产品（见第 4.3 节）。

在这些领域很有必要在项目生命周期的较早阶段就开始进行管理干预。例如，考虑到铸造件常常还需要后期焊接和机械加工工序，所以占成本的比例相当高。研究目标可以是在工艺的蜡模阶段就使其达到相当于焊接的效果，这样复杂的铸造件就不再需要焊接部分，也大幅减少二次机械加工工作。

在大多数情况下，生产设施和设备方面的成本支出一直可以推迟到研制阶段。管理者在方案论证阶段就应该理解并做出资金投入的行动，这是定成本设计能否实现的关键。所有设施和设备在生产一开始的时候就应该全部到位，这就如同产品要满足设计要求一样重要，是最基本的要求。

4.1.3　盈亏平衡

柔性制造和即时制生产的重点是自动化和机器人，其实现需要大量的资金投入。总之，一条自动化生产线的设计从一开始就应是为了实现其特定的功能。自然，生产线的应用将降低单元成本。但是，生产线应用的过程也是一个试错的过程，这样导致的投资增加有可能超出采用传统生产方式的承受能力，特别是生产线上有设计变更时更是如此。

计算机辅助设计-计算机辅助制造的主要优势就是适应设计变化的能力。例如，在将印刷电路板组装为电路板组件的时候就是这种情况。元件的填充、焊接和测试都会涉及，且不同的组件需要不同的数控带进行归类、排序和插入。这样的数控带是计算机辅助设计的副产品。但是，即使是计算机辅助设计的成本效率也是数量的函数。

图 4－2 说明了各种方法的盈亏平衡关系与生产数量的关系。显然，为达到目标单元成本而需要生产的数量是图中各条线斜率的函数。如果仅指定目标成本，则将数量与相应方法的非经常性成本进行平衡。如果仅指定数量，则相反。当既指定目标成本，又指定数量时，则将其与各自的非经常性成本进行折衷。

采用机器人是一种柔性自动化生产形式，一定程度上能适应产品的变化，相对来说机器人自身也不是很昂贵。但是，如果接口设备和控件从一增加到二，则成本是整个机器人成本的数倍。

在典型的生产车间中，工作是分批或批量处理的。因此，设备转换或设置时间变得很重要，具体取决于批量大小和过程的性质。例如，在小批量操作中，与运行时间相比，自动设备的切换可能需要很长时间，因为需要精确定位，以重复执行工作。

一个单一目标的装置其精准度和速度都要快于机器人或人。如果需要柔性或产品有可能变化，应考虑机器人或人工。一般的原则是，人工适用于工作时间短的操作，硬自动化适用于长时间的操作，而机器人介于两者之间。

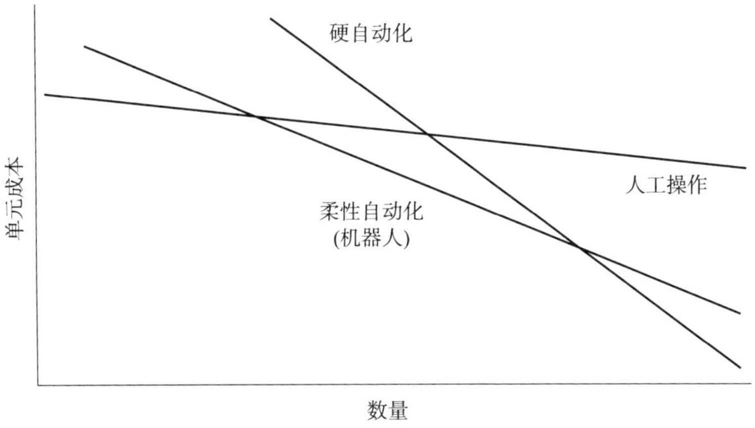

图 4-2 盈亏平衡关系[4]（马丁·玛丽埃塔公司许可转载）

4.2 产品的简化

生产的过程包括将材料转化为基本单元，再与其他部件一起将这些基本单元组装成为完整的产品。每一个基本单元就是一个单个的电子产品或机械产品，除非被破坏，否则不能再被进一步拆分。

有些工艺过程是材料密集型的，有些是劳动力密集型的，有些是能耗密集型的，其他则是这三种特性都有。因此，产品的简化应该着眼于材料选择、零件加工和装配，以及必要的检查和测试措施，以保障产品的完整性和质量。

产品的简化也应从能耗的角度去考虑，能耗在两个方面影响产品的成本。首先，能源成本与将原材料转化为有用的形式的产品相关；其次，随着能源成本的提高，有些原材料可能成为成本上涨的动因。

另外一个与能源相关的推动因素是金属切削、热工艺过程、热处理以及焊接工作。在评估设计和制造工艺变更的过程中，能源成本考量是一个重要的因素。

4.2.1 材料选择

材料的选择在很多方面影响着产品的成本。例如，目前碳复合材料的成本高于金属材料，特别是对于强度-重量比较高的设计来说更是如此。

在金属材料中，材料的成本变动范围也是很大的。选择性能更高、相应单位成本也更高的材料，还是选择性能特性低一些、成本也低一些，但是由于公差问题可能最后的总成本却更高的材料，要对此开展权衡研究工作。

金属基复合材料，如硼铝是典型的成本效率较高的高成本材料。涡轮发动机的桨叶、叶片是这种复合材料的典型制品。

材料成本是重要的监控指标。生产的时间框架影响着设计过程中材料的选择。例如，随着复合材料生产量的增大和相关制造技术的成熟，其成本呈下降趋势。此时，应该更加关注材料的浪费。这一点在高技术工业领域尤其重要，这一领域对高成本材料的应用量较大，如不锈钢和钛合金材料。

在生产加工的过程中，有高达 55%的金属板材库存最后都成为了废料。表 4－2 给出了在高技术工业领域其他一些材料的废料率。材料用量较大的设计应该有降低产品成本的潜力。

近年来，将材料的废料率降低到最小已经成为计算机辅助工程（CAE）的一项重要的附带性工作。该过程可以设想为线性规划问题的解决方案（见第 5.8.1 节），其中材料利用率是目标函数，需要切削掉的材料量是约束方程。从本质上讲，切削图案是在所有机械细节的基础上进行优化的，从最大尺寸开始，一直到最小尺寸。这种做法对降低表 4－2 中的浪费系数非常有效，几乎降低了一半。

表 4－2　材料废料率[5]

材料名称	百分率
金属板	50%～55%
机制板材	15%～25%
机制棒材	20%～25%
锻材	15%～25%

注：经马丁·玛丽埃塔公司许可改编。

对废料进行分类相对来说成本不是很高，这样就可以比一般的废料以更高的价格卖给废品公司。根据商品市场的行情，可以将分类后的废料储存起来待价而估。废品公司一般会提供废品的运输，这通常包含在交易协议中，一般的交易协议都是以年度为时间单位。

4.2.2　基本元件加工

“基本元件”被定义为除非损坏否则不能再被进一步分解的单个电子或机械部件。例如，一个印刷电路板在被插入组件之前就是一个最基本元件。被插入组件后，它成为一个电路卡组件。

影响基本元件制造成本的主要因素是公差和表面粗糙度要求、元件的复杂性和所使用的加工技术。这些因素在工具及质量控制成本方面都有体现，特别是大批量的情况下更为显著。

（1）公差

图 4－3 所示为加工时间与公差的函数关系。应该注意的是，当采用±0.001 in（1 in＝2.54 cm）的公差而不是±0.002 in 的公差，加工时间因子从 5 增加到 20，或接近 4 倍。在一些情况下，收紧零件公差也许从组合件层级来讲有利于提高产量（见第 4.7 节）。

（2）表面粗糙度

图 4－4 所示为表面粗糙度与抛光时间因子的函数关系。时间还决定于基本元件物理尺寸和需要抛光的表面面积。值得注意的是，表面粗糙度对成本的影响力不如公差度那么

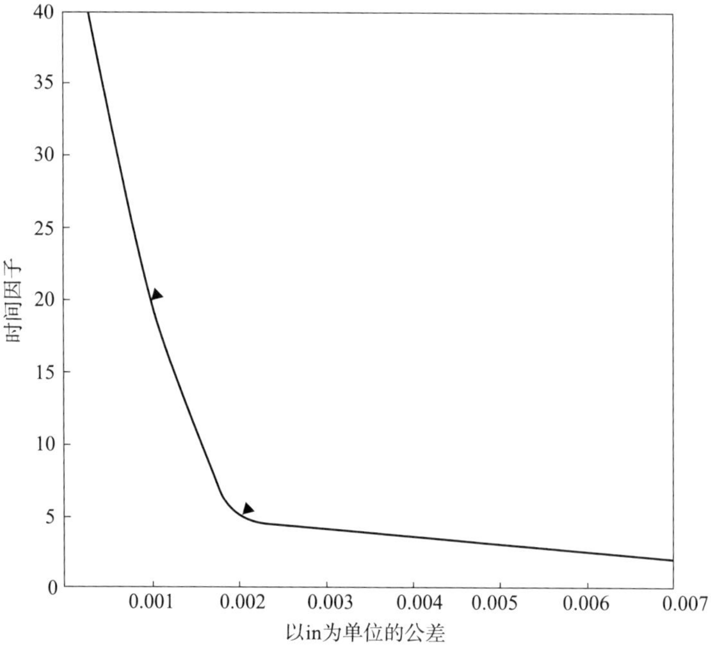

图 4-3　加工时间与公差的函数关系[6]（马丁·玛丽埃塔公司许可转载）

大。将表面粗糙度从 1 000 μin 降低到 125 μin，或从 8 降低到 1，时间因子仅从 3.7 增加到 7.3，或者说只比从 1 增加到 2 多一点点。

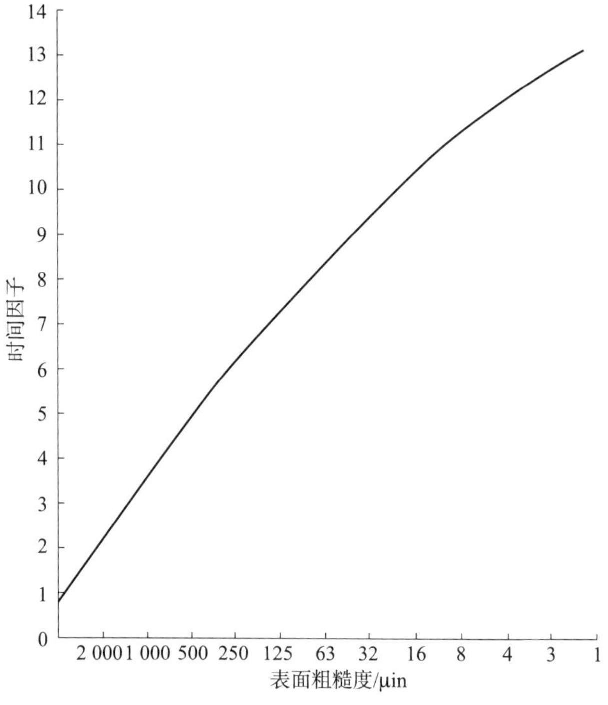

图 4-4　表面粗糙度与抛光时间因子的函数关系[7]（马丁·玛丽埃塔公司许可改编）

（3）复杂程度

元件的复杂程度取决于组件中基本元件的数量和种类，还有每个基本元件的复杂程度。图 4－5 所示的是降低复杂程度从而降低成本的一个示例。

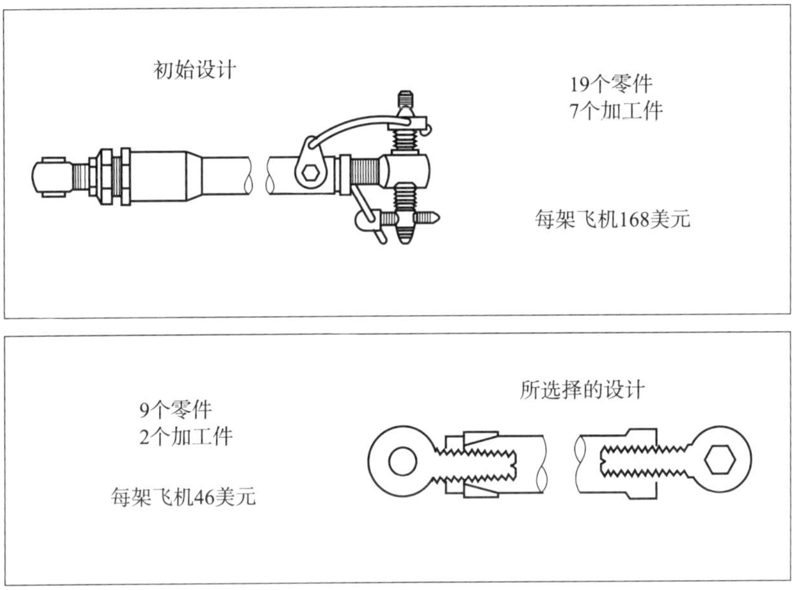

图 4－5　成本与复杂性的函数关系[8]（马丁·玛丽埃塔公司许可转载）

（4）加工技术

在基本元件的生产过程中有些技术注定比其他一些技术成本要低。加工技术成本依次降低的顺序是机械加工、锻造、铸造和热固压缩成型。随着数量的增加，锻造比机械加工更加有成本优势（图 4－6）。铸造也比机械加工具有成本优势（图 4－7），除非一个零件需要的铸造工序不止一次，且需要二次焊接和机械加工（图 4－8）。随着数量的增多，铸造也比锻造呈现出成本优势，且在很多情况下，压铸比熔模铸造更具有成本优势（图 4－9）。

压铸工业已经解决了热、压力和循环时间等工艺控制问题，在许多应用上取代了熔模铸造和锻造工艺。但是，在压铸应用于构件成型时应特别小心。当加工零件数量较大时，如果采用热固塑料压模成型用于壳体类零件加工取代传统的金属板材成型和蜂窝夹层成型工艺，应该从经济的角度考虑是否合适。图 4－10 对用三种不同的技术加工壳体类零件的情况进行了一个比较。蜂窝结构比其他两种技术具有重量优势，热固压缩成型比金属板材结构稍微要轻一些。然而，热固压缩成型在大批量的情况下较其他两种技术具有明显的成本优势。

（5）其他因素

影响基本元件加工成本的其他因素还有其几何特性和所使用的材料。当采用铸造工艺时，这些影响因素尤其重要（见第 4.3 节）。图 4－11 所示为几何特性与成本的一般关系。零件的几何特性、尺寸和外形直接影响工具、设备和对工艺过程的要求。大型零件使用铸

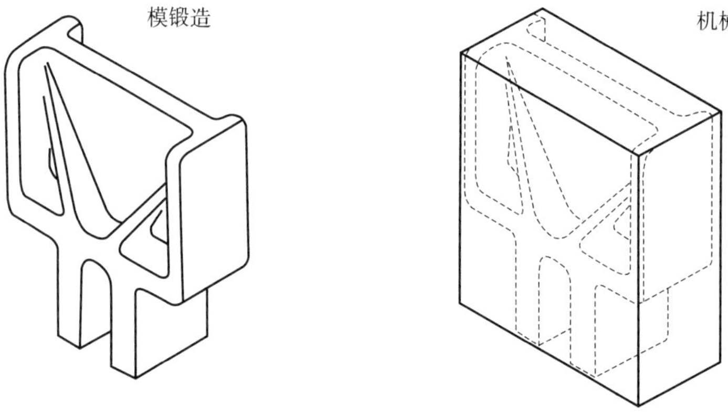

	材料(零件费用)(美元)	工程费用(美元)	工具费用(美元)	模具费用(美元)	机器费用(美元)	安置费用(美元)	杂费(美元)	布局(美元)	总费用(美元)
锻造	27.15	0.70	2.41	9.55	4.40	0.88	0.18		45.27
机械加工	17.28	0.70	3.52		38.00	1.75	0.14	3.50	64.89

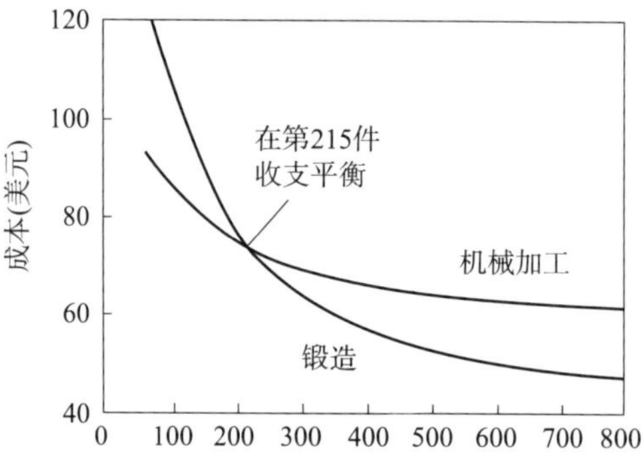

图 4-6　锻造和机械加工成本比较[9]（马丁·玛丽埃塔公司许可转载）

造和锻造工艺可能会受到限制。复合外型则需要特殊的技术。加强凸起、减重孔和特殊的修边都增加了工具和工艺的成本。零件所使用的金属材料对其加工成本非常关键。传统的成型和金属切削工艺不适合有些常用金属，例如，钛材和一些不锈钢要求热成型和慢速金属切削技术。另外，这些金属件需要承力时不能采用对接焊。相反，大多数非金属零件需要劳动力密集型工艺或昂贵的特殊工具。

（6）残余效应

前面提到的残余效应在几个领域都存在。支持性及其他非接触性劳动力成本随着接触性人力成本的增加而增加。维护、维修和工具更换等因素的成本都随着零件复杂性的增加而提高。

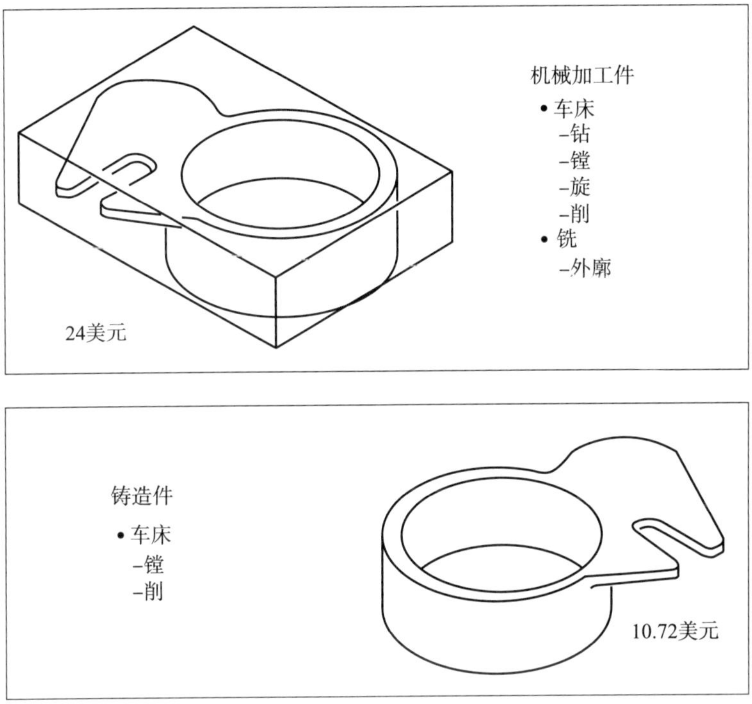

图 4－7　铸造与机械加工成本比较[10]（马丁·玛丽埃塔公司许可转载）

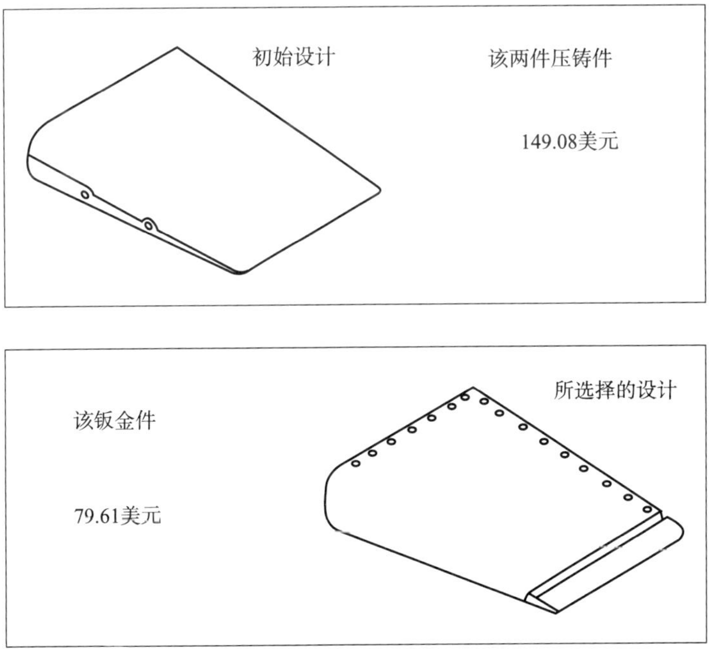

图 4－8　多工件铸造成本[11]（马丁·玛丽埃塔公司许可转载）

组件结构	熔模铸造	压模铸造
FTU=极限抗张强度 FTY=屈服抗张强度 FSU=极限剪切强度 E=弹性模量	FTU=38 000PSI FTY=28 000 FSU=27 000 E=10.4 ELONG=5% 356-T6铝	FTU=46 000PSI FTY=23 000 FSU=28 000 E=10.0 ELONG=2.5% 380-铝铸造
俯仰翼 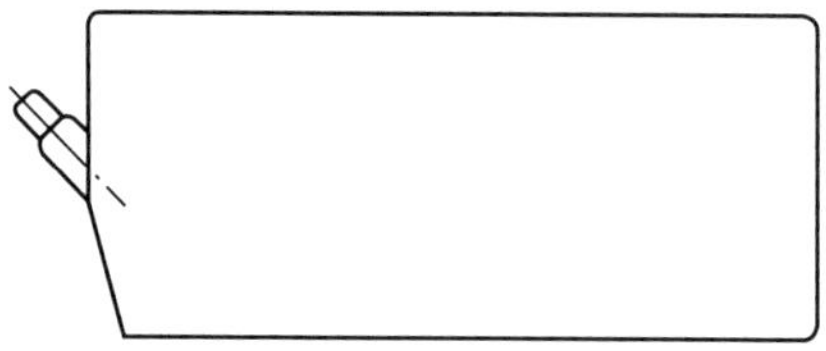 质量=9.08 g(1 LB=0.454 kg) 数量=600 000	评估阶段: 200件=35美元EA 使用了机械生产工具 生产: 600 000件 =26美元/件，使用机械加工 工装费=20 0 00美元	评估阶段: 200件=4.65美元EA 使用了机械生产工具 生产: 600 000件 =2美元/件，使用机械加工 工装费=50 000美元
偏航翼 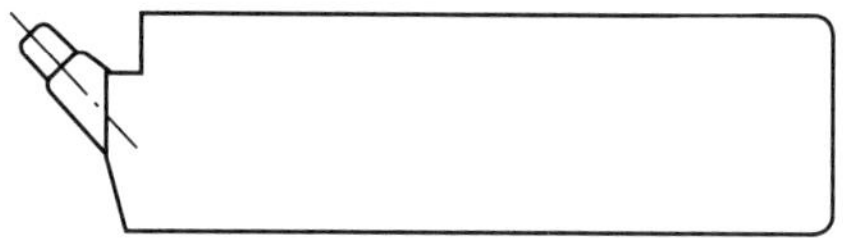 WT=0.15LB 数量=600 000	评估阶段: 200件=35美元EA 使用了机械生产工具 生产: 600 000件 =26美元/件，使用机械加工 工装费=20 000美元	评估阶段: 200件=4.65美元EA 使用了机械生产工具 生产: 600 000件 =2美元/件，使用机械加工 工装费=50 000美元
控制翼 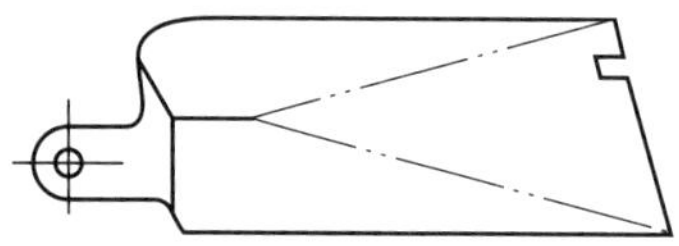 WT=0.15LB 数量=1 200 000	200件=40美元EA 使用了机械生产工具 生产=30美元/件 工装费=30 000美元	200件=5.00美元EA 工装费=12 000美元 生产=2.25美元EA 工装费=75 000美元
中心支持件 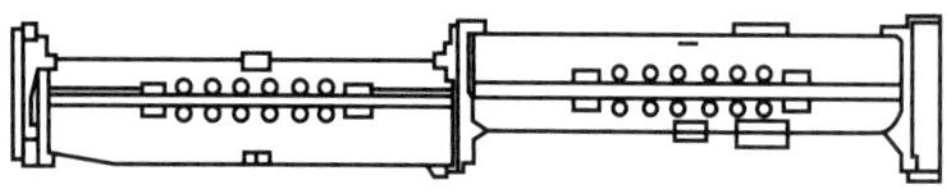 WT=20.4LB 数量=50 000	200件=300美元EA =600美元/套 工装费=25 000美元 EA =50 000总计 生产=270美元 EA =540套 工装费=100 000美元	200件=100美元/套 =50美元EA 工装费=130 000美元 生产=45美元EA =90套 工装费=210 000美元
	200件=500美元EA 25 000美元工装费 生产= 450美元/件 工装费=100 000美元	200件=85美元EA 工装费=170 000美元 生产=75美元/件 工装费=210 000美元

图 4-9　熔模铸造与压模铸造成本比较[12]（马丁·玛丽埃塔公司许可转载）

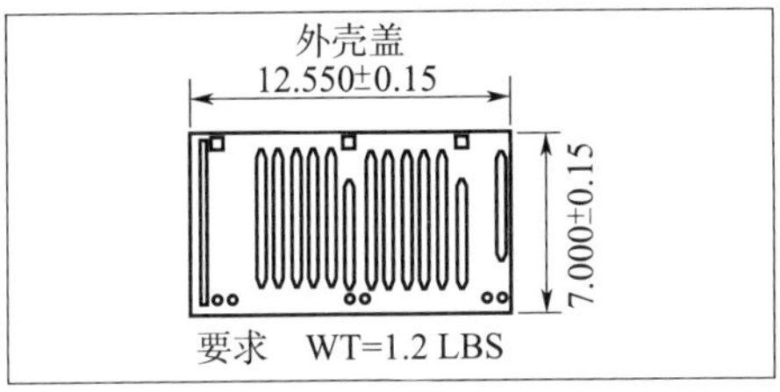

数量	蜂窝夹层铝结构	铝板材结构	热压模件
120	单元费用 2 608美元 WT=1.2 LBS	单元费用 663美元 WT=1.6 LBS	单元费用 390美元 WT=1.5 LBS
25	3 390美元 WT=1.2 LBS	861美元 WT=1.6 LBS	1 395美元 WT=1.5 LBS

图 4-10　壳体制造技术成本[13]（马丁·玛丽埃塔公司许可改编）

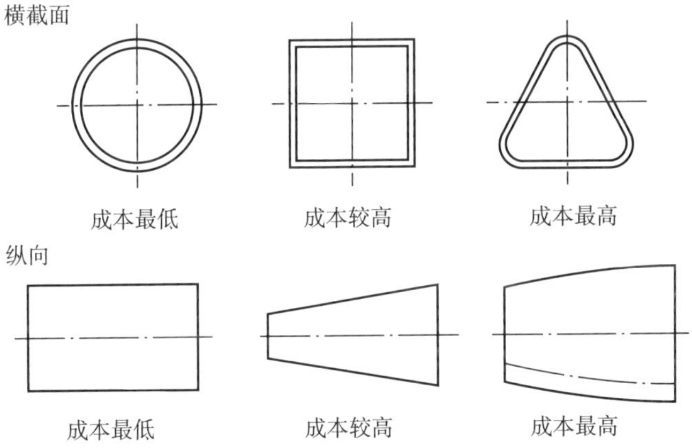

图 4-11　几何特性与成本的一般关系

4.2.3　装配

装配的简易程度与低成本生产有着直接的关联。装配简易是建立在几个因素之上的，包括易实现性、需要连接的材料、连接工艺、特殊工艺（如密封）、零件数量及种类、公差及几何特性。

（1）易实现性

安装细节的易实现性决定了对工具、工序和工艺的要求。易实现性降低，则工具的复杂性和成本都会上升。易实现性还影响操作顺序以及是否需要将组合件拆分成次级组件。工艺的选择，如是选择机器人操作、自动铆接还是手工组装，也取决于操作的易实现性。

（2）需要连接的材料及连接工艺

连接材料及工艺的选择直接影响成本。环境控制、重要设备和特殊工具必须与所选择的材料和连接工艺相匹配。稀有金属和高温复合材料需要研发新的连接工艺和技术，例如，高性能复合材料的黏结剂都是以环氧树脂、环氧酚醛、尼龙环氧胶、酚醛环氧树脂、乙烯基树脂为基础的材料，根据复合材料的不同具体做出选择。黏结剂通常以薄膜的形式使用。整个黏结区域均匀地施加一定压力，典型的是在套袋压力釜中对零件进行高温处理。这种工艺加工的一个例子是夹层板。使用这种材料时，对检验和测试也会产生影响。由于生产工艺更加复杂，应该提升检验设备和技术。

（3）特殊工艺

特殊工艺也会增加制造和检验成本，如密封和湿式紧固件的安装等，对工具和设备成本也会产生负面影响。

（4）零件数量及种类

需要制造和购买的零件的数量和种类也影响工具的成本。工具的复杂性和数量取决于需要固定和安装的零件的数量和种类。零件的种类影响劳动力成本，例如，在一个日产量固定的生产线上，零件种类的数量通常决定着生产线上需要的操作人员的数量。

（5）公差

严格的公差提高了对工具的要求和复杂性，使整个工具成本上升。主要工具和辅助工具在整个组装过程中都要用到，以保证满足公差要求。零件与装配件的公差相容是必须的要求。

（6）几何特性

组件的外形和尺寸决定着夹具的复杂性和尺寸。零件和装配件的尺寸和重量也会增加制造劳动力成本和对特殊处置设备的需要。

（7）残余效应

前面提到的残余效应在几个方面都有体现。随着接触性劳动力的增加，直接或间接地都对劳动力成本的上升起到推动作用。维修和更换等因素会随着组件的复杂性而增大。非人力成本，如维护和易损耗的工具的更换也会增加成本。

4.3 铸件的作用

第 4.2 节中的讨论得出的结论是，正确地使用铸造工艺可以满足机械零件和装配件的许多规范，且可以大幅度地降低成本。项目人员往往仅凭直观感觉接受这一点，但是常常会忽略了计算之后为满足设计而进行的公差修正及其他与铸造相关的非经常性成本，这些都计算进去才能得出真正能节约出的成本。

定成本设计的实践者应该非常熟悉铸造技术，能够对潜在的应用和同时可以实现的节约做出正确的判断。本节内容呈现了各种形式的铸造工艺，特别是砂模铸造、金属模铸造、石膏模铸造、熔模铸造、压模铸造、壳模铸造和复合模铸造。

对各种工艺的优缺点和其所需要采取的措施进行了讨论。从设计、冶金和生产的角度对其优势进行了总结，见表 4 - 3。本节还对这些工艺的成本进行了比较，并以锻造工艺的力学性能为标准。

铸件在专门的铸造厂生产，因此产生了专门的铸造工艺名词术语。工厂中常用的铸造术语定义见表 4 - 4。

表 4 - 3　铸造工艺的优势[14]

设计
对所设计零件的尺寸和复杂性要求最小； 质量只能定位于需要的地方，从而降低整体质量； 样件零件可用于设计验证、测试及评估； 大多金属性能都能满足设计要求； 零件的外观可以进一步加工而对铸造件的设计没有限制
冶金
铸造件的等轴颗粒结构使零件具有各向同性的性质，提高了性能； 冷却速度可控使高应力区域的颗粒尺寸得到控制，实现特定应力区域的性能
生产
适用于体积大、产量大和经济规模大的产品； 可以减少或消除二次加工

表 4 - 4　铸造技术术语[15]

术语	定义
芯撑	用于将型壳的型芯或部分固定到位的金属装置，通常用于支撑下砂箱或上砂箱中的型芯
冷模	一个金属件，通常是钢或铸铁，置于砂型壁上或芯型表面，使铸件在此处快速冷却
上箱	铸模或砂箱的上部分；对于砂模铸造来说，通常由砂子和黏结剂组成；对于压模铸造来说，由金属制成；对于熔模铸造来说，一般由石膏、溶蜡、金属和陶瓷组成
型芯	铸模的可分离部分，用于在铸件中形成以其他方式不可能的开口或空腔
芯盒	制作型芯的模型部件
型芯偏移	由于闭合铸模或熔融金属的压力导致的模具中型芯的位移
下箱	铸模或砂箱的下面或底部的部分
干砂模	彻底干燥的、烘干的或化学方法固结的砂型
毛刺	金属流入铸模或型芯中接头或裂纹而形成的粗糙铸件上的薄而参差不齐的部分

续表

术语	定义
砂箱	没有固定的顶和底的金属或木质容器,用来盛装造型材料
浇注道	使浇注金属从铸模顶部进入浇铸腔的连接柱或通道;通常指浇道和浇注腔之间的浇注组件的一部分,称为内浇口、下浇口或直浇口
湿砂芯	湿混料砂芯
湿砂型	湿混料铸模
失配	由于上下砂箱未对准而在分型线处产生的侧向偏移
铸模	铸造成型用的基体中的腔体,也指包含空腔的基体
分模线	铸模的一部分与另一部分相交的连接处
模具	放置在铸模中形成铸型型腔的模型;其尺寸较大,以便补偿因凝固引起的收缩和浇注材料的收缩
冒口	储存供应型腔和补偿凝固过程中金属铸件收缩的熔融金属的存储池
流道	浇道组件的一部分,将直浇口与内浇口相连接
浇口	铸模上用以浇灌熔化金属的开口,也称为直浇口或下浇口
拉杆	连接两个网或凸耳的金属柱,减少变形扭曲或辅助金属的浇注

注:经马丁·玛丽埃塔公司许可改编。

4.3.1 铸造工艺

适合于铸造工艺的金属件见表 4-5,在后面对专门工艺和措施的讨论中也再次给出了定义,例如,钛材的铸造,钛是一种活泼金属,需要用化学腐蚀的方法除去铸件表面的沉积物。

(1) 砂模铸造

砂模铸造工艺如图 4-12 所示。用于金属铸造时,砂子与适当的黏结剂相结合,被堆成坚固的模子,当模子被除去后就剩下一个相应形状的腔体,通过铸道将熔化的金属倒入腔体中,凝固后就铸造出了一个模子的形状。取下铸件时,砂子和模腔可以被拆下去掉。用于砂模铸造的砂模是湿砂模、干砂模和干砂芯模。湿砂模是最常用的砂型,这种砂混合物可以保持湿润。干砂模是在炉子中被干燥的。干燥层通常厚 0.5 in,或更厚一些,厚度取决于截面的厚度,有可能和模子的整个截面厚度相同。干砂芯模来自于砂芯组件。当砂箱太大不能放入炉子,或干燥大量的砂子成本超出可承受范围时,则用干砂芯模。砂模铸造的优缺点见表 4-6。砂模铸造需要注意的事项如下:

1) 腔的截面厚度设计必须均匀。

2) 避免截面的突然变化。

3) 避免尖锐的角且要采用舒缓的内圆角。

4) 避免出现芯、凹槽、深口袋等形状,如不可避免,则尽量使其简单化。在设计砂模时，模具中铸件的可视化非常重要，且一定注意：

1）分模线应笔直。

2）应有自然通风。

3）铸件较重的部分、需要机械加工的部分或整个铸件应该在下砂箱中浇注。

4）件厚的部分和薄的部分都应该易于浇注，且渐次凝固。

表 4-5　铸造金属合金

工艺	铝	镁	铜	钢	钛
砂模铸造	X	X	X	X	X
金属模铸造	X	X	X		
熔模铸造	X	X	X	X	X
压模铸造	X	X			
石膏模铸造	X	X	X		
壳模铸造	X	X	X	X	
复合模铸造	X	X	X		

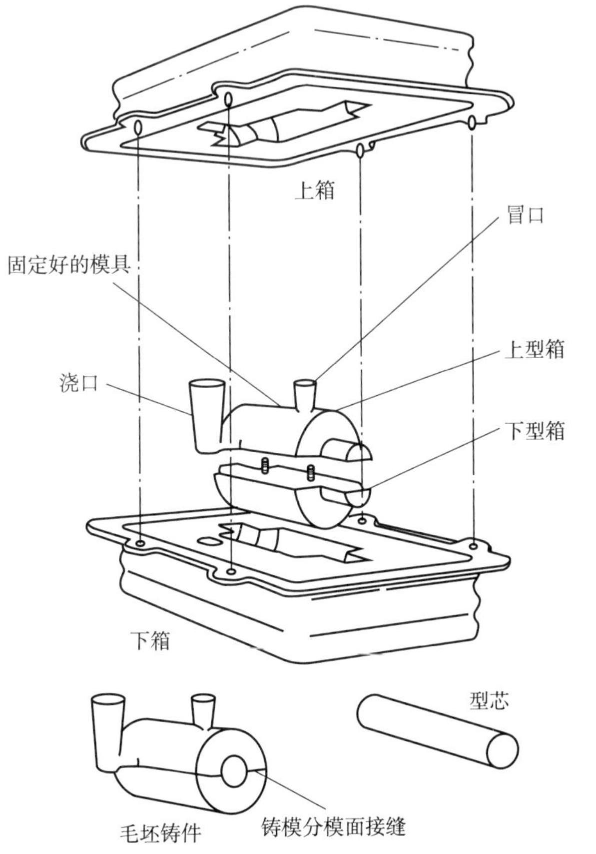

图 4-12　砂模铸造工艺[16]（马丁·玛丽埃塔公司许可转载）

表 4-6 砂模铸造的优缺点[17]

优点
适用于所有铸造合金
所有铸造厂都可实现
交付时间最短
数量有限时成本最低
最大程度地适用于所有尺寸和形状
可获得良好的物理性能
可获得复杂和多芯构造
缺点
所需公差最大
尺寸精度最小
要求的截面最厚
不适用于内嵌铸件
通常需要进行二次机械加工

注:经马丁·玛丽埃塔公司许可采用。

(2) 金属模铸造

相较于砂模铸造，金属模铸造生成的铸件更加均匀、公差小、表面更好，且力学性能得到改善。金属模铸造特别适用于结构简单的小型铸件的大量生产，这些零件相对壁厚应该较均匀、没有复杂的内芯，且没有凹槽结构。该工艺也可以生产复杂程度适中的铸件；但是数量应该足够大，以便降低模具成本。

金属模铸造工艺如图 4-13 所示。一件金属模包括两个或更多的部件，可以重复用于

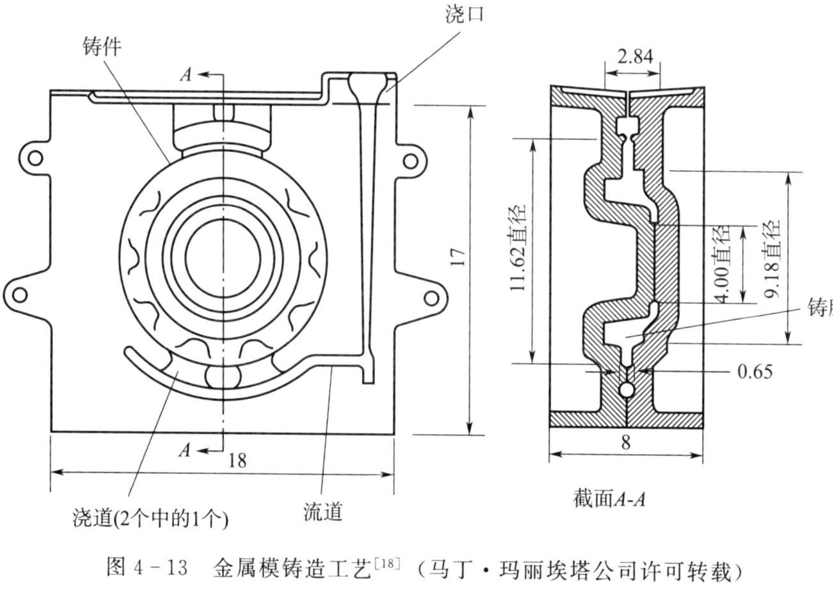

图 4-13 金属模铸造工艺[18]（马丁·玛丽埃塔公司许可转载）

生产许多形式相同的铸件。熔化的金属依靠重力进入模具。金属模铸造需要制造一个相对简单的金属型芯。复杂的型芯用砂子或石膏制成，用到这些东西时该工艺称为“半金属模铸造”。

适用于金属模铸造的合金仅限于有色金属，金属模铸造的优缺点见表 4-7。

表 4-7　金属模铸造的优缺点[19]

优点
适用于各种形状
比砂模铸件颗粒结构更加密实
比砂模铸件力学性能更好
比砂模铸件公差更小、一致性更好
比砂模铸件表面质地更好
比砂模铸件需要的机械加工工作少
比砂模铸件截面更薄
可以有铸件内嵌物
缺点
仅限于有色金属合金
工具成本高于砂模铸造
砂模铸造厂不易于实现
交付时间长于砂模铸造

注：经马丁·玛丽埃塔公司许可采用。

从生产的角度来说，金属模要注意有足够的脱模斜度。截面的均匀性也非常重要，因为该工艺在关键截面的浇铸时对浇口和冒口的使用有制约。在金属模设计中，应避免有小的口袋型和小的内圆角半径。

（3）石膏模铸造

石膏模铸件的尺寸更加精确，表面更加光滑，能实现砂模和熔模铸件的细节。如前所述，使用石膏芯时后者被称为“半熔模铸造”。石膏模铸造的优缺点见表 4-8。该工艺仅适用于铝铜合金。使用该工艺主要的注意事项是，其适用于工作时间较短、公差要求较严的情况，因为石膏是易碎体。

表 4-8　石膏模铸造的优缺点[20]

优点
适用于不同厚度截面的复杂形状体
尺寸精度和一致性相较砂模铸造和熔模铸造更好
表面纹理较砂模铸造和熔模铸造更好
相较砂模铸造和金属模铸造所需要的二次机械加工更少

续表

优点
相较砂模铸造和金属模铸造截面可能更薄
允许使用嵌入件
缺点
该工艺仅适用于铝和铜合金
工具成本高于金属模铸造
铸造工厂较金属模铸造工厂少
较金属模铸造交货时间更长
力学性能稍逊色于金属模铸造

注：经马丁·玛丽埃塔公司许可采用。

（4）熔模铸造

图 4-14 所示为熔模铸造工艺过程。熔模铸造使用的铸模是用耐火浆料围绕一个一次性使用的模具而制成的。模具通常由蜡或塑料制成，被融化或燃烧掉后留下整体的型腔。内芯凹腔和型腔是铸模的组成部分，不受其他工艺中出现的不稳定性的影响。熔模工艺也称为“失蜡”法。在砂模铸造中，木模或金属模用于在造型材料中制作印模，模具是可重复使用的，但铸模是一次性的。在熔模铸造中，金属模具是一次性的，这些模具又用于生

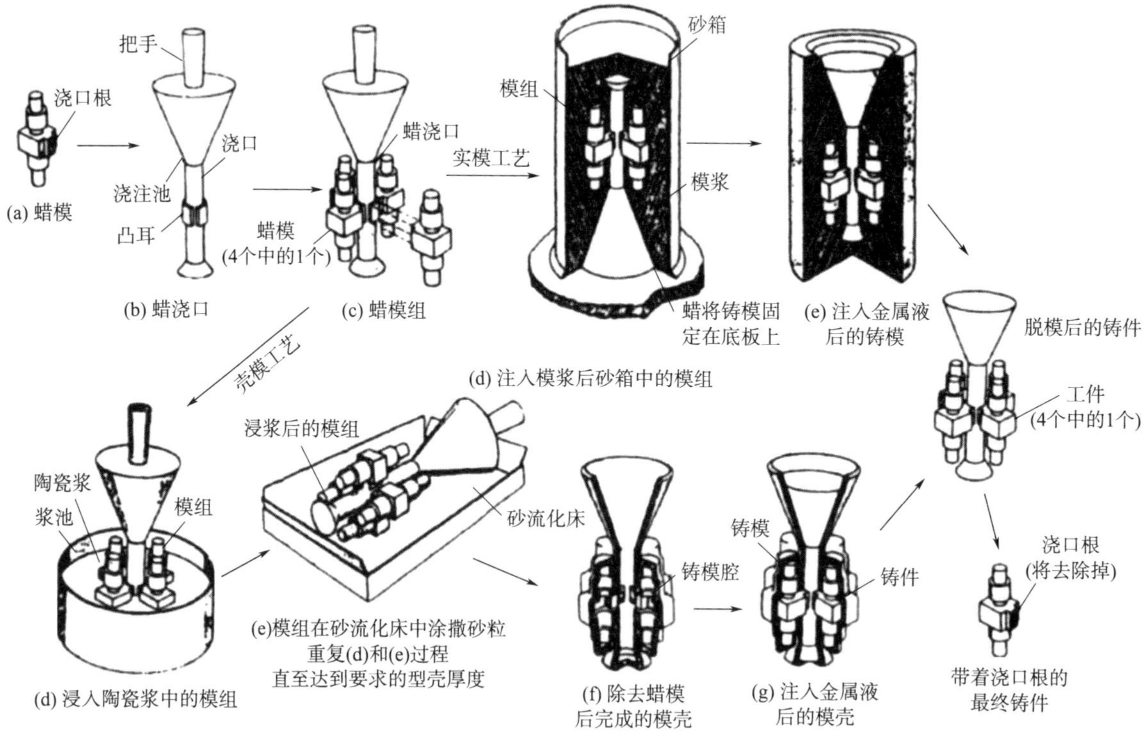

图 4-14　熔模铸造工艺过程[21]（马丁·玛丽埃塔公司许可转载）

成一次性使用的陶瓷铸模。将模具浸入造型材料中直至形成足够厚度的壳体，然后对壳体进行固化处理，这样就得到了陶瓷铸模。铸模还可以采用一种称为“固体造型”的砂箱法制成。熔模铸造适合于表4-9中所列出的金属合金，还包括铁及钴镍合金。熔模铸造的优缺点见表4-9。需要注意的一点是这种方法的经济性，这种方法一般是在其他更经济的方法无法实现的情况下才会考虑采用。

表4-9　熔模铸造的优缺点[22]

优点
适合于所有金属合金
适合于不同厚度的复杂结构
较砂模铸造和金属模铸造尺寸精度和一致性更好
较砂模铸造和金属模铸造表面纹理更好
较砂模铸造和金属模铸造需要的二次加工工作更少
缺点
成本较金属模铸造更高
交付时间比砂模铸造时间更长

注:经马丁·玛丽埃塔公司许可采用。

(5) 压模铸造

压铸件是通过在压力下将熔融金属压入称为“压模”的金属模具来生产的。压铸类似于熔模工艺，这两种工艺都采用可重复使用的金属铸模，但模腔的充填方法不同。熔模铸造充填依赖的是重力，压模铸造则是依靠压力使金属快速流入充填模腔。由于是高速充填，压模铸造可成型更加复杂的造型。压模铸造的生产可以达到500个/h零件。效率较低一点的另一种方式称为“挤压铸造”。挤压铸造（图4-15）首先将大量熔融金属倒入安装在压力机中的模具的下半部分，然后关闭模具，用熔融金属填充模腔。然后向固化过程中的铸件加压，加速固化，生产出无气孔、颗粒细致的零件，这样制造出的零件性能优于传统压铸制造的零件性能。见表4-5，压模铸造工艺仅适用于有色金属，因为非有色金属所需要的注入高温很难达到。压模铸造工艺的优缺点见表4-10。需要注意的是，该工艺在成型过程中需要高强度的压力，并要加强铸造过程中的工艺控制，特别是温度和压力的控制。

表4-10　压模铸造工艺的优缺点[24]

优点
在复杂和更薄截面零件成型方面,比其他铸造工艺更具优势
精度和一致性更好
一般不需要二次加工
表面结构更好

续表

优点
适合内嵌结构铸造
在生产效率很高的情况下单位零件的重复成本最低
缺点
在所有的铸造工艺中工具成本是最高的
仅适用于有色金属
在较重的部分中存在大量孔隙
表面加工深度不能超过 0.03 in
局限于低强度、非结构性的应用

注:经马丁·玛丽埃塔公司许可采用。

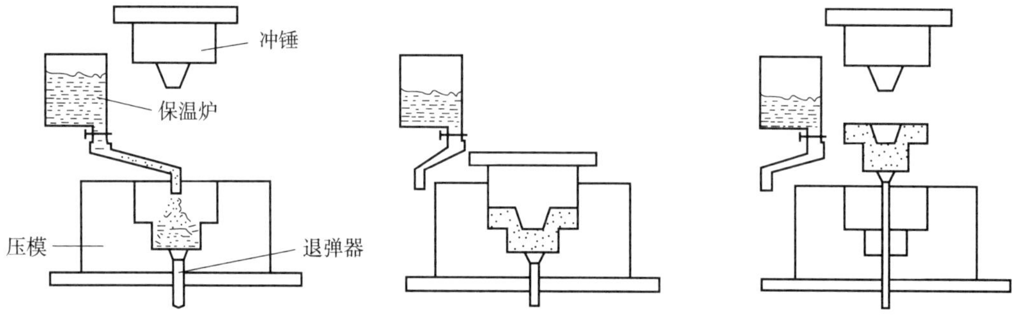

(a) 熔化的金属倒入预热的模具中 (b) 冲锤向凝固过程中的金属施加压力 (c) 冲锤退回铸件从模具中弹出

图 4-15 挤压铸造工艺[23]（马丁·玛丽埃塔公司许可转载）

(6) 壳模铸造

壳模铸造是砂型铸造的一个变化形式（图 4-16），生产效率高且尺寸控制更加精确。在这一工艺过程中，铸模由砂和热成型树脂黏结剂的混合物形成，该黏结剂放置在加热的金属模具上。混合物以这种方式加热后变黏，使砂砾黏结在一起。当热量穿透到预定的厚度，则壳体形成。壳体通过加热固化，成为半个铸模。壳体从模具上剥落下来获得需要的型芯。铸模的上下箱固定好一起放入砂箱中。加入支撑材料，准备开始铸造过程。壳模铸造的铸件重量可以从几个盎司到 500 lb，重量超过 1 000 lb 的零件很少用壳模铸造，该工艺有色金属和非有色金属都可以应用。这种技术形成的壳芯可以和砂模和半熔模一起使用。该工艺的优缺点见表 4-11。基于其经济性考虑，一般仅限用于有色合金。

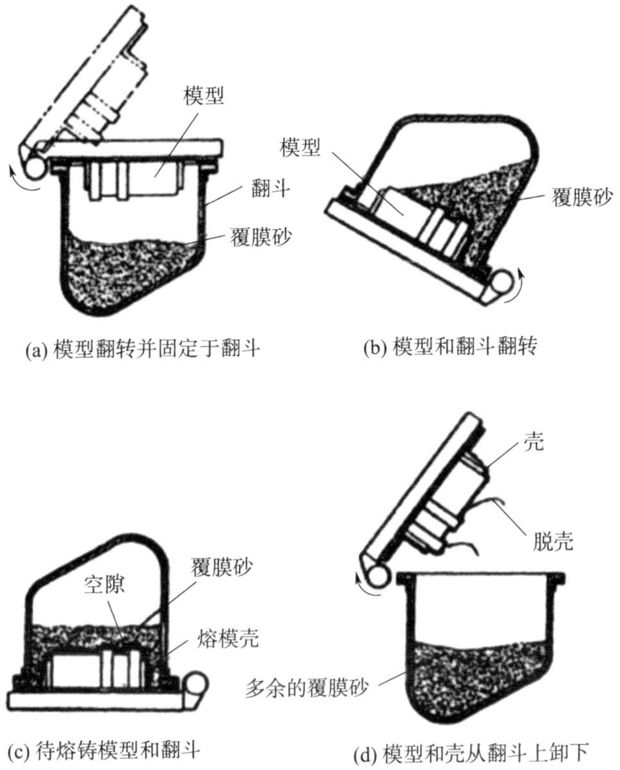

(a) 模型翻转并固定于翻斗　(b) 模型和翻斗翻转

(c) 待熔铸模型和翻斗　(d) 模型和壳从翻斗上卸下

图 4-16　壳模铸造工艺[25]（马丁·玛丽埃塔公司许可转载）

表 4-11　壳模铸造的优缺点[26]

优点
适用于复杂形状
大批量时较砂模铸造尺寸控制和一致性更好
较砂模铸造表面结构更好
缺点
较砂模铸造工厂数量少
较砂模铸造时间长
较砂模铸造零件尺寸小

注：经马丁·玛丽埃塔公司许可采用。

（7）复合模铸造

复合模铸造工艺是综合了其他几种工艺的优势而避开了其不足。在一种复合模中采用三种或更多不同铸模或芯模的材料并不少见（图 4-17）。采用复合模铸造工艺制造的铝合金铸件被称为“优质铸件”和“工程铸件”。这些铸件数量较少，则成本较高。复合模所采用的材料决定了所适用的合金材料，例如，石膏材料适用于非铁合金。复合模铸造的优缺点见表 4-12。该工艺中需要注意的是，经济性通常制约了其在大批量生产中的应用。

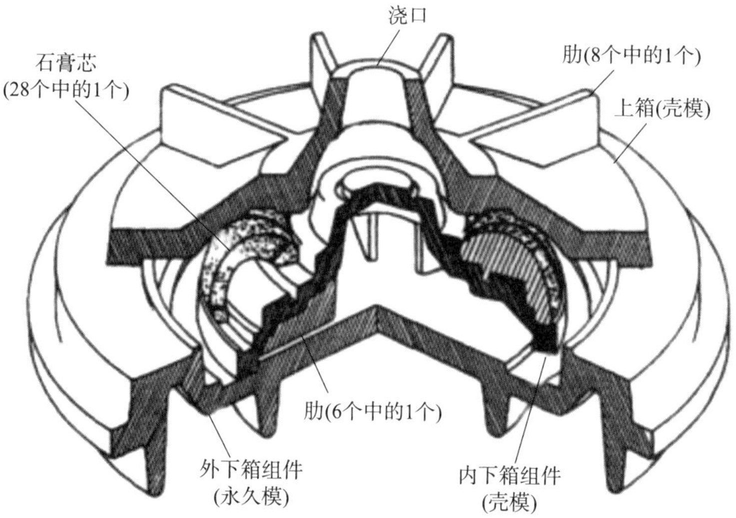

图 4-17 复合模铸造工艺[27]（马丁·玛丽埃塔公司许可转载）

表 4-12 复合模铸造的优缺点[28]

优点
较砂模铸造和熔模铸造更适用于复杂形状
较砂模铸造和熔模铸造尺寸和一致性更好
较砂模铸造和熔模铸造二次加工量少
较砂模铸造和熔模铸造表面组织结构更好
较砂模铸造和熔模铸造可实现更薄的截面
较熔模铸造的力学性能更好
适用于嵌入浇铸
缺点
较砂模铸造和熔模铸造成本更高
较熔模铸造工厂少
较砂模铸造交货时间长

注:经马丁·玛丽埃塔公司许可转载。

4.3.2 铸件成本的考虑

铸造成本最显著的驱动因素是对公差的严格要求超出了常规铸造工艺可以达到的范围。铸件公差与成本的关系如图 4-18 所示。

例如，将公差的额定值从 100 增加到 200，则铸件的成本可以降低到原来的 50%，而将公差提高 50%，则铸件成本提高 65%。

图 4-18 仅仅强调了典型的铸件三维尺寸中一个维度尺寸的公差，而假定其他两个不变的情况。如果三个尺寸都变，其对成本的影响也是多重的。

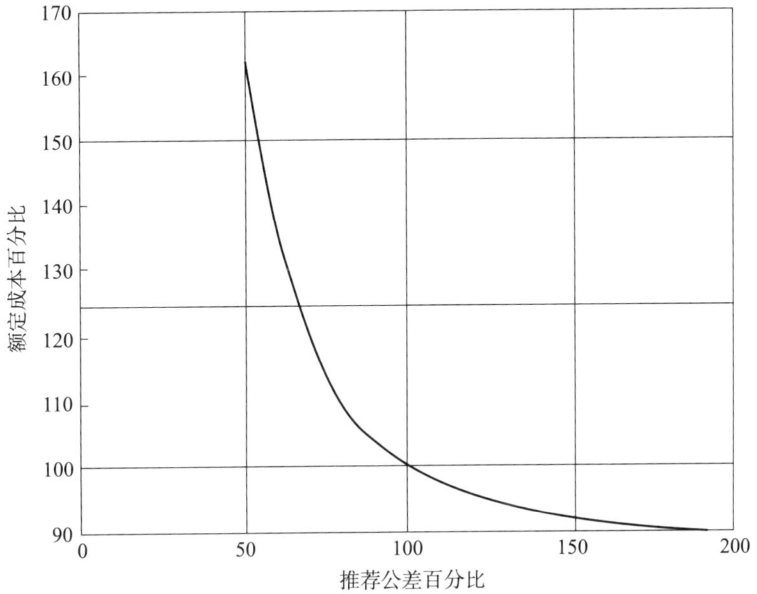

图 4－18　公差与铸造成本的函数关系[29]（经马丁·玛丽埃塔公司许可有修改）

特殊的要求则制约着对铸造工艺的选择。但是，多数设计都需要几种方式的铸造工艺，在选择时应该考虑不同工艺的相对成本。图 4－19 给出了特定的零件生产成本与数量之间的关系，尺寸单位为 in。

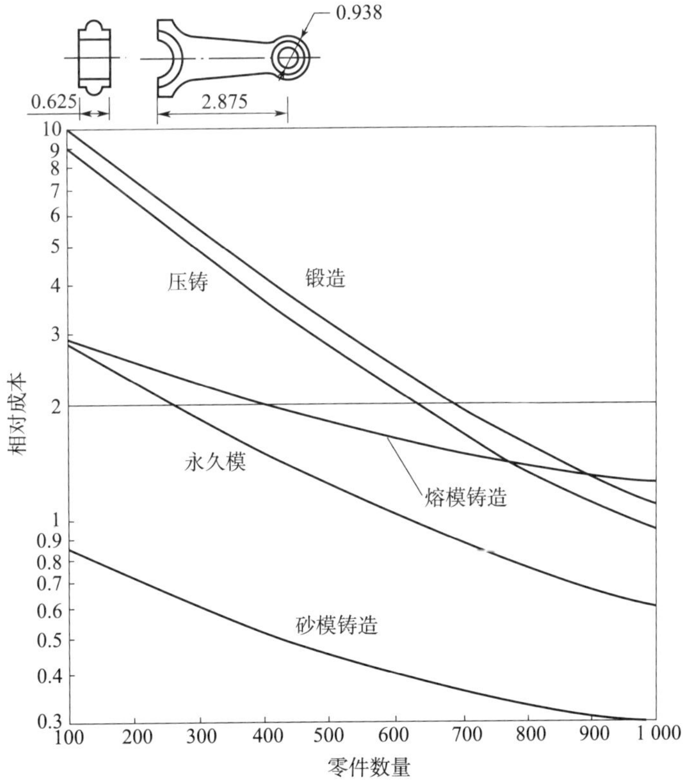

图 4－19　铸造工艺的相对成本[30]（马丁·玛丽埃塔公司许可转载）

从图 4-19 中可以看出，锻造件在数量超过 1 000 件时才具有竞争力。另外，非常清楚，砂模铸造相对于其他几种工艺成本优势明显。有趣的是，当零件的体积接近 100 in^3 时，相对成本的差异开始收敛，其实质就是大型铸件成本更高（图 4-20 和图 4-21）。

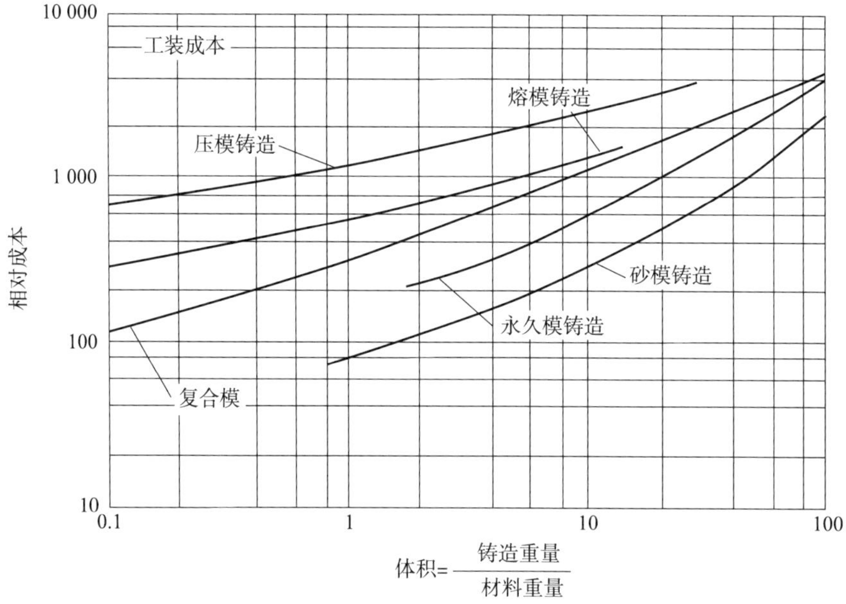

图 4-20　铸件体积与铸造工具成本的关系[31]（马丁·玛丽埃塔公司许可转载）

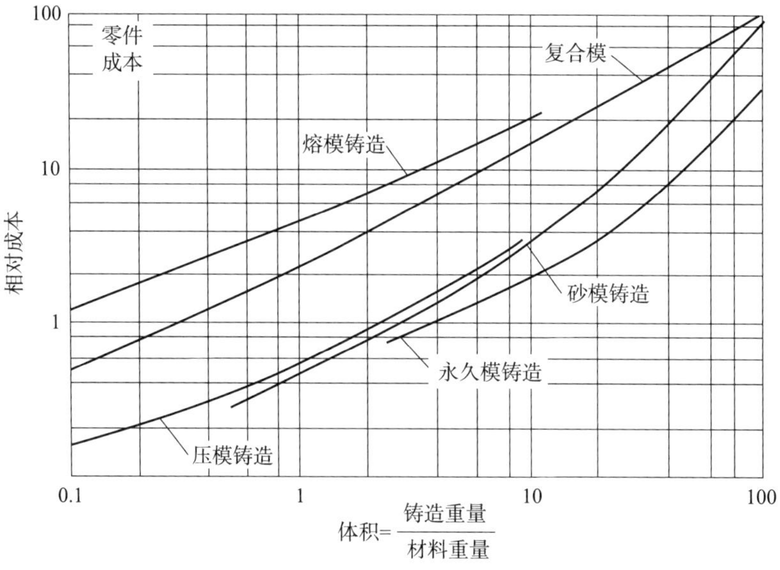

图 4-21　铸件体积与铸造工艺成本的关系[32]（马丁·玛丽埃塔公司许可转载）

4.4　简化工作

对生产过程必须严格检视，以确保产品的经济性和盈利能力。在不考虑包括人工在内的替代方案的情况下强制执行制造过程通常会导致高生产成本。

4.4.1　工作设计原则

本节内容涉及的是将工人与生产过程一体化考虑。表 4 - 13 给出的是简化工作和提高生产力需要考虑的因素。高度自动化的生产线设计应该在厂房设计之前进行。

表 4 - 13　工作简化列表[33]

该任务是否必要？
该任务是否可缩短？
处置过程是否最小化了？
可否采用自动化？柔性的还是硬性的？
工作条件是否最佳？
无效时间是否充分利用？
疲劳是否最小化？
工人技能是否适应任务需要？

工业工程的时间-动作研究对建立有效的生产过程和确定标准产出率非常重要。实际上，这里有两个独立的研究领域：动作研究面向的是提高生产力，时间研究面向的是衡量生产力。

动作研究的目的是提高工人的动作效率，降低疲劳和差错。表 4 - 14 给出了一般性经济动作列表。

当人工是生产操作的一部分时，有必要了解该人工的生产力，以进行产能规划、流程设计和调度，这样就必须要建立一个劳动力生产力的计量标准。时间研究和预定的标准是两个广泛使用的标准时间研究方法。

时间研究分析涉及对分解为基本动作的工作任务的重复执行情况的观察。将与普通工人相比的主观绩效评级纳入观察到的平均要素时间，以得出每个工作要素的正常时间，然后加入疲劳和不可避免的时间损失余量。类似工作任务的时间标准是对所需劳动力进行估计的有用来源。

预定的时间数据考虑到了任务中的动作情况。对动作的了解应该包括对已知额定时间和任务需要的总的额定时间的综合考虑。方法-时间计量（MTM）提供了一种最流行的标准时间元素。该系统采用预设时间，称为“时间计量单位（TMU）”来计量不同的基本微动作，如到达、抓住和转身这些动作。

这些时间（每个 TMU）的描述单位是 0. 000 001 h。最后，人的因素分析的目标应该是优化劳动力环境、提高工作效率和工人工作的方便程度。表 4 - 15 给出了人的因素列表，前提是在工作环境下。

然而，最重要的还是，工人必须获得视觉和口头反馈，了解他们对照标准执行情况。为保证动机的纯正，也是为了提高生产力，这个反馈必须客观、公正和及时。

表 4 - 14 动作经济性列表[34]

通过缩短动作、组合动作，消除不必要的动作，最大限度地减少动作，包括眼球运动；
动作是平滑、连续、曲线、有节奏的，而不是锯齿形、有角度、走走停停和其他不稳定的模式；
尽可能使用最小的肌肉群，尽可能利用重力；
提供多种足部控制，间歇性的肌肉使用，以缓解紧张、感知各种形状和颜色；
使用固定夹具、导向装置和停止装置，来尽量减少肌肉力量；
工具和设备的固定便于任务执行；
使用易于操作的工具和设备；
协调工作长凳和椅子，便于操作员舒适操作

表 4 - 15 工作环境下人的因素检查表[35]

照明	神经反应
噪声	平均身材大小
温度	安全
湿度	健康
肌肉能力	

注：经马丁·玛丽埃塔公司许可有修改。

4.4.2 工具设计原则

生产设施包括完成任务需要的设施、设备和工具。设施的定义为实体的工厂，包括建筑、空间、布局、用品和环境及附属要求。

“设备”的定义为机器和生产产品所需要的特定材料。“工具”的定义为生产和测试特定产品所需要的诸如夹具、量表等装置。

工具主要有雇主提供的工具、一般性工具和专用工具三类。后面这项是这节要论述的内容。

专用工具和专用测试设备是为专门产品或合同设计和制造的，它们的复杂程度从易腐的特殊刀具到地板装配夹具和自动测试站不等。

这类工具的成本一般分散在产品中。如果一项合同需要研发一个产品，成本则会向客户收取，则工具成为了客户的财产。客户，特别是公共部门的客户，还需要支付工具的正常维护和更换成本。

(1) 控制技术因素

公差、材料和几何特性等工程要求为工具选择留下的替代方案很少，例如，钣金零件上的复合外廓可能就会限制该零件应用拉伸和冲锤加工。相比之下，圆柱形轮廓可以使用这些过程中的任何一种，也可以简单地进行滚压成型。在决定使用紧公差剪切螺栓而不是标准从动铆钉时，就是类似的装配示例。这些对所需要专用工具的质量和生产工人的数量都有影响。

（2）控制项目因素

需要生产的产品的数量和进度安排对选择工具有着直接的影响。低生产速率采用的是项目敞开的工作环境和手工布局。中等速率采用“软的”或短寿命的工具。这两者一般都需要较多的劳动力。高生产速率创造出对“硬的”和长寿命工具的需求，保证了重复性和劳动力数量需求最小。

4.4.3　自动化和机器人

自动化和机器人之间有一个本质的区别，不能认为他们是可以互换的。自动化提供的是专一的功能，如对特定组合件进行组装，而机器人可以适应多种本质上类似的任务。

一般来说，机器人是一种柔性的自动化。专一的自动化被称为“硬自动化”。

可重新编程能力是机器人的重要特征，它可以加入人工智能，以影响工艺的改变。许多机器人配备着适应其自身角色的传感器。

选择机器人还是自动化机器根据需要和经济性来决定。客户对机器人和自动化机器的选择决定于其对劳动力需求的减少还是持续的高生产效率的需要。

有时，由于复杂工艺和材料的原因，为了保持产量和产品质量需要采用自动化或机器人。也有的情况是有毒、有害的工艺过程不能有人去操作，而是遥控自动化设备或机器人完成。另外，对柔性制造的需求也是选择机器人的一个基本原因。

表 4－16 给出了柔性需求列表及机器人标准。其实，应该进行需求、能力、成本和风险的分析。

例如，自动转换型机器可能在一个组件上完成许多操作，因此，一个故障就会导致整个生产线停下来。为最大限度地降低停机的影响，则需要研发一组组件作为一个缓冲器，这就需要更大的空间和增加库存。这个成本必须在整体评估中考虑进去。

表 4－16　柔性需求列表及机器人标准[36]

应用
零件应以精确、定向的方式交付
操作最多以六轴动作进行
产量充足，探究零件的种类和系列
考虑产品的使用寿命
保持机器人应用程序简单
操作不需要人工判断
将现有的周期时间和效率与机器人的进行比较

续表

应用
熟悉操作的所有细节，对可能的故障进行分类
研发备用系统
列出所有安全需求
审视装置的复杂性
确定工作参数包括物理外廓、上游操作、下游操作、操作形式
列出操作需要的特殊设备
研究机器人的替代方案，包括常规机器和人工劳力；对现有设备、工具、夹具进行升级改造；其他形式的柔性自动化，如数字控制；硬性自动化
选择
熟悉机器人并进行能力对比，列出需要的特殊设备清单，包括控制器、作动器、臂端工具及接口设备
确定不利环境对机器人的影响
提供操作者和路过人的安全保护措施
选择有额外性能的机器人，如提重物、记忆、每个轴的行程及轴的数量
确定备用件的情况
判断
评估投资包括工程、机器人、辅助设备、培训、切换、备件、维护和使用品
评估经济效益包括减少了雇员、培训和劳动力支出；缩短了整备时间，提高了机器利用率，减少了返工和报废，增加了产量、产能和生产力；提高了柔性，减少了工序和库存；投资税收优惠和折旧
评估非经济效益包括提高的质量和安全及改善的工作条件
实施
制定应用计划包括工作台布置、应用服务、安全系统
制定预防性维护计划
培训人员
影响上下游操作的可变因素

注：经马丁·玛丽埃塔公司许可转载。

4.5　设计效率

本节介绍从易于组装的角度确定候选设计的效率的技术。第 4.6 节从同一角度讲述了易测性。

4.5.1　计分

设计了一个系统性方法，该方法能对设计的装配简易性进行客观评级。它被称为“装配设计”（DFA），虽然其解决的问题是有关多余零件和组件[37]。

例如，除非一个零件必须相对于装配中的其他零件移动、由不同的材料制成或被移除，以进行维修，否则数字分数表明应该更改设计，以通过将其功能合并到另一个零件中，来消除特定零件。

该技术将执行特定操作的时间数与零件处理、插入时间和劳动力成本联系起来，从而推演出计值范围从 0～1.0 的设计效率评价计分分值。得分越低，则设计效率越高。

4.5.2　应用

该技术可以采用计算机程序或人工完成。本节给出的是一个人工应用的例子，是一个活塞组件，如图 4－22 所示。

表 4－17 是一个对设计效率计分的表单，原来的活塞分值是 0.23。改进后的情况如图 4－23 所示，设计效率是 0.74，见表 4－18。

看似简单的变化减少 100 个劳动力［（0.74－0.23）/0.743］，或 69%的劳动力。另外，组件中的零件数量从 5 个减少到 3 个。

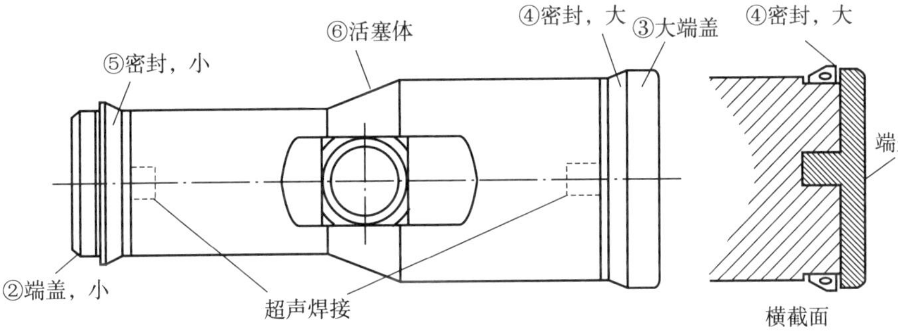

图 4－22　原来的活塞组件[38]（马丁·玛丽埃塔公司许可转载）

表 4－17　原来的活塞组件工作单[39]

人工组装设计工作单									
1	2	3	4	5	6	7	8	9	
零件编号	连续操作次数	两位手动操作代码	每个零件的手动操作时间	两位手动嵌入代码	每个零件的手动嵌入时间	操作时间，s (2)×［(4)·(6)］	操作时间，美分 0.4×(7)	理论最少零件估计数	组件名称（1号零件，活塞）
6	1	00	1.13	00	1.5	2.63	1.05	1	活塞体
5	1	12	2.25	01	2.5	4.75	1.90	1	密封，小
4	1	12	2.25	01	12.	4.75	1.90	1	密封，大
3	1	11	1.80	93	12.	13.8	5.52	0	堵头，大
2	1	11	1.80	93		13.8	5.52	0	堵头，小
1						39.73		3	
						TM	15.89	NM	设计效率= $\frac{3\times NM}{TM}$ =0.23

注：经马丁·玛丽埃塔公司许可改写。

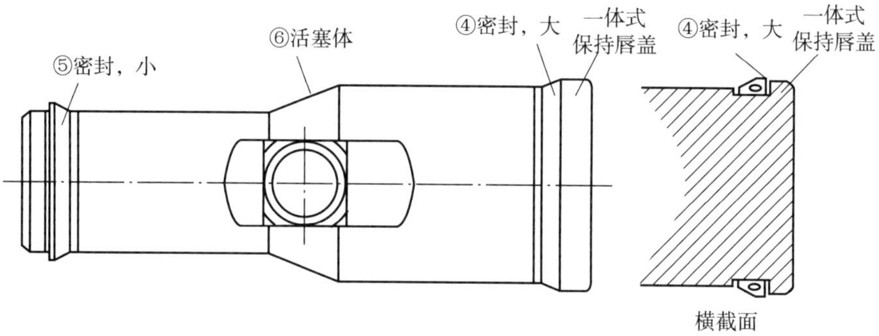

图 4－23　改进后的活塞组件[40]（马丁·玛丽埃塔公司许可转载）

表 4－18　改进后的活塞组件工作单[41]

人工组装设计工作单									
1	2	3	4	5	6	7	8	9	
零件编号	连续操作次数	两位手动操作代码	每个零件的手动操作时间	两位手动嵌入代码	每个零件的手动嵌入时间	操作时间，s (2)×[(4)·(6)]	操作时间，美分 0.4×(7)	理论最少零件估计数	组件名称（1号零件，活塞）
6	1	00	1.13	00	1.5	2.63	1.05	1	活塞体
5	1	12	2.25	01	2.5	4.75	1.90	1	密封，小
4	1	1	2.25	01	2.5	4.75	1.90	1	密封，大
									堵头，大
									堵头，小
						12.13 TM	4.85	3 NM	设计效率= $\frac{3\times NM}{TM}$ =0.74

注：经马丁·玛丽埃塔公司许可改写。

4.6　易测性

低成本和易测性之间有着直接的关联，特别是在最终的装配件上体现得更加明显，这一特征称为“易测性”，这项性能对于产品的经济性和盈利能力都非常重要。

产品设计中融合进易测性关系到成本的回收：

1）在保证其质量的前提下产品的成本应该是多少。

2）在产品成本中考虑了易测性后的非经常性成本是多少。

3）未来销售利润是否至少能抵消在易测性方面的投资。

本节介绍一个参数方法，以便：

1）以品质因数（FoM）表达各种设计方案的易测性。

2）以投资回报优化品质因数。

非经常性投资和经常性成本的节约与品质因数的关系在不同的产品中是不同的，但是它们还是遵守着本节所述的一般关系规则，给出的例子可以作为其他应用的范例。

易测性是与测试工艺相关的系统或产品的设计特性。被测部件（UUT）有内置的测试设备（BITE），易测性是被测部件的主要设计特性。

易测性可以定义为“探查一个系统或产品并对探查部分进行评估的能力”。品质因数是对这一过程有效性的衡量，得自于给定时间段内测试过程的概率性能。

从易测性的角度来说，“概率性能”意味着被测部件中四种功能状态的相对频次，见表 4－19。应该说明的是，功能与非功能状态受制于被测部件的内在故障率，而不是测试过程。

表 4－19　功能易测性状态[42]

状态	定义
S_0	所指示的功能和功能状态
S_1	所指示的功能和非功能状态
S_2	所指示的非功能和非功能状态
S_3	所指示的非功能和功能状态

注：经马丁·玛丽埃塔公司许可转载。

因此，品质因数被定义为“与相对频率表述 S_0 和 S_2 成正比，与 S_1 和 S_3 成反比”。时间元素被加入这个公式中，以导出品质因数公式。

4.6.1　概率性能

确定概率性能的途径是建立在对内置测试设备精度分析的方法上。这个方法就是，以图 4－24 中所示的状态转换图为基础，推导出转换概率，并把正确和不正确的状态指示的概率相加求和[43]。

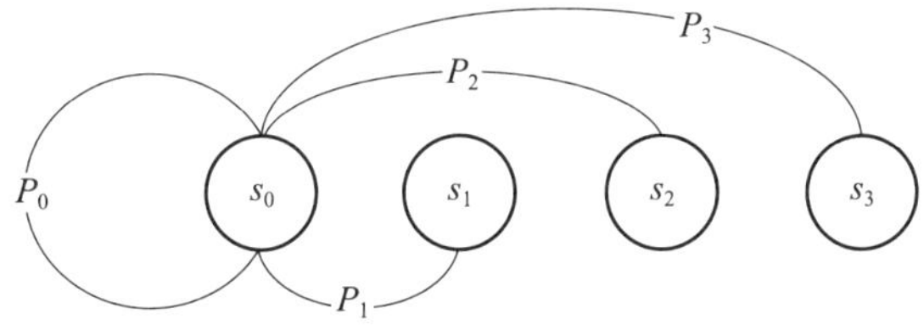

图 4－24　状态转换示意图[44]（马丁·玛丽埃塔公司许可转载）

表 4－20　分析用假设条件[45]

被测部件在测试开始就发挥作用
从 S_0 状态开始转换到另外一种状态，但不在其他状态中
状态转换是马尔科夫过程，未来的状态完全决定于目前的状态，而不是决定于目前状态产生的方式

注：经马丁·玛丽埃塔公司许可转载。

符号 P_0、P_1、P_2 和 P_3 表示过程保持在状态 S_0，或从状态 S_0 转换到状态 S_1、S_2 或 S_3 的转移概率，假设过程在时间 $t=0$ 时处于状态 S_0。表 4－20 给出的假设用于简化转换概率的推导，但是，从代表测试过程的角度来说，这些假设是合理的。

下一步，导出 4 个马尔科夫（Markov）过程的状态概率方程。对这些方程求极限，随着 t 接近于 0，获得 4 个不同的公式。这 4 个公式的解得出概率与时间的关系公式为

$$P_0(t)=e^{-(\lambda_u+\lambda_f)t} \tag{4-1}$$

$$P_1(t)=\frac{\lambda_f}{\lambda_u+\lambda_f}[1-e^{-(\lambda_u+\lambda_f)t}] \tag{4-2}$$

$$P_2(t)=\frac{\lambda_d}{\lambda_u+\lambda_f}[1-e^{-(\lambda_u+\lambda_f)t}] \tag{4-3}$$

$$P_3(t)=\frac{\lambda_n}{\lambda_n+\lambda_f}[1-e^{-(\lambda_u+\lambda_f)t}] \tag{4-4}$$

式中，λ_u 为被测部件固有故障率；λ_f 为故障报警率；λ_d 为故障检出率；λ_n 为故障未检出率。

由于这四个表述是互不包容的，正确状态的指示概率，表示为 P（t），是 P_0 和 P_2 的和。P（t）和 Q（t）的公式为

$$P(t)=e^{-(\lambda_u+\lambda_f)t}+\frac{\lambda_u}{\lambda_u+\lambda_f}[1-e^{-(\lambda_u+\lambda_f)t}] \tag{4-5}$$

$$Q(t)=\frac{\lambda_n+\lambda_f}{\lambda_u+\lambda_f}+(1-e^{-[\lambda_u+\lambda_f)t}] \tag{4-6}$$

从易测性的角度来说，用故障检测要求（FDR）、故障非检测要求（FNR）和故障报警要求（FAR）来表达比较理想。这些要求的定义见表 4-21。将这些定义代入式（4-5）和式（4-6）得出

表 4-21　需求定义[46]

故障检测需求，$FDR=\lambda_d/\lambda_u$
故障非检测需求，$FNR=\lambda_n/\lambda_u$
故障报警需求，$FAR=\lambda_f/\lambda_u$

$$P(t)=e^{-\lambda_u t(1+FAR)}+\frac{FDR}{1+FAR}[1-e^{-\lambda_u(1+FAR)t}] \tag{4-7}$$

$$Q(t)=\frac{FNR+FAR}{1+FAR}[1-e^{-\lambda_u(1+FAR)t}] \tag{4-8}$$

式（4-7）和式（4-8）可以在很大范围内对产品的要求水平、BITE 和测试过程进行比较。故障检测要求和故障非检测要求是测试线路敏感性的函数，故障报警要求是故障-控制逻辑的函数。成本可以与这些参数关联，并与测试和重复工作成本平衡。

表 4-22 给出了式（4-7）和式（4-8）的应用，使用的是一组假设的产品要求参数，计算出了 $P(t)$ 和 $Q(t)$ 的值。这些值又是导出品质因数的基础。值 $t=8$hr 是典型的换班时间长度。

在这个例子中，指示出了正确状态的概率，$P(t)$ 在 8 h 内是 0.999 8。非正确状态 $Q(t)$ 的值在这一时间段内是 0.000 15。这些值是导出品质因数的基础。

4.6.2　品质因数

品质因数值的范围从 1～10，品质因数=1 是不可接受的，品质因数=10 是最理想的，

品质因数一般可用下面公式表示

$$\mathrm{FoM}=\alpha P(t)+\beta Q(t) \tag{4-9}$$

式中，α 和 β 为常数，在理想状态和不可接受状态下的值都等于 $P(t)$ 和 $Q(t)$ 的值。

$P(t)=0.5$ 和 $Q(t)=0.5$ 是不可接受的值，适用于 FoM＝1 的情况。$P(t)=0.9998$ 和 $Q(t)=0.00015$ 是理想状态，适用于 FoM＝10 的情况。

接下来，下面两个公式同时求解，得出近似值 $\alpha=10$ 和 $\beta=-8$，用于表示品质因数。

$$10=0.9998\alpha+0.00015\beta \tag{4-10}$$

$$1=0.50\alpha+0.50\beta \tag{4-11}$$

将 $\alpha=10$ 和 $\beta=-8$ 代入式（4－9）得到

$$\mathrm{FoM}=10P(t)-8Q(t) \tag{4-12}$$

表 4－22 P（t）和 Q（t）计算示例[47]

$\lambda_u=0.01\mathrm{hr}^{-1}$

FDR＝0.999

FNR＝0.001

FAR＝0.001

$t=8\mathrm{hr}$

$$P(t)=e^{-(0.01)\times(1+0.001)\times 8}+\frac{0.999}{1+0.001}[1-e^{-(0.01)\times(1+0.001)\times 8}]$$

$$=0.9998$$

$$Q(t)=\frac{(0.001+0.001)}{(1+0.001)}[1-e^{-(0.1)\times(1+0.001)\times 8}]$$

$$=0.0015$$

注:经马丁·玛丽埃塔公司许可转载。

作为一个示例，对于满足 $P(t)=0.8$ 和 $Q(t)=0.2$ 的产品设计，应该是

$$\mathrm{FoM}=10\times 0.8-8\times 0.2=6.4 \tag{4-13}$$

FoM＝6.4 就易测性来说是一个优于平均值的数值。但是，需要对产品的生命周期进行评估。图 4－25 所示为易测性投资与检验和测试成本在考虑生命周期成本前提下的关系。

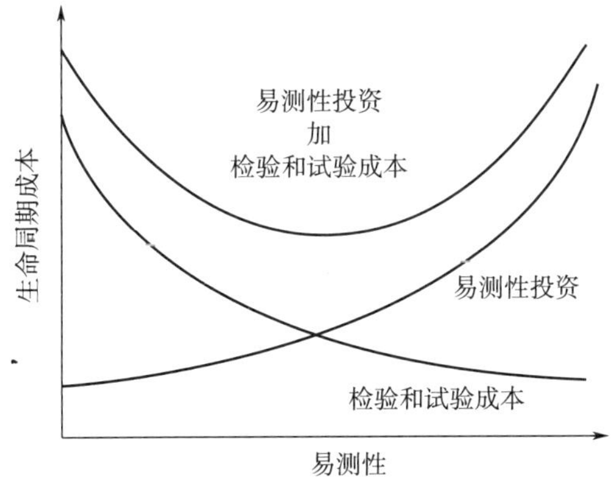

图 4－25 生命周期成本与易测性的关系[48]

（马丁·玛丽埃塔公司许可转载）

从客户的角度来看，图 4－25 中显示出这是为了实现最低生命周期成本的易测性水平。对于生产者来说，这一点可能不能保证在易测性方面的非经常性投资的收回。

4.6.3　应用

例如考虑图 4－26 中所示的某航空航天领域典型高科技产品的成本分解图。生产并卖出10 000件的时候产品的单元成本是 50 000 美元，且包含近 33％或 16 509 美元的检测和测试成本。降低成本的最佳目标是将这一成本降低一个数量级。

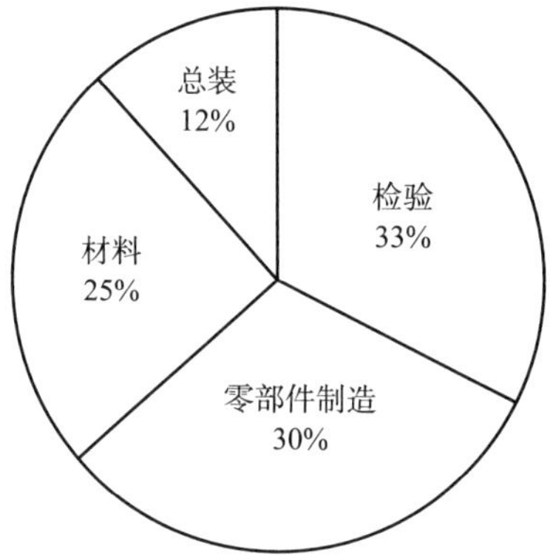

图 4－26　高技术产品成本分解[49]（马丁·玛丽埃塔公司许可转载）

降低成本的动力是竞争。成本回收可以表达为：

1）为了保证所生产数量的销售，应该降低多少产品成本。

2）考虑了机内自检设备，降低成本的程度后非经常性成本应该是多少。

3）预期的销售利润是否至少可以抵消非经常性投资。

如前所述，非经常性技术投资和经常性的检验和测试成本在系统和产品的很大范围内都是 FoM 的函数。然而，它们确实遵循图 4－27 中所示关系的一般形式。以生命周期成本为依托，为这些成本要素之间的权衡提供依据。

从图 4－27 中可以看出，检验和测试成本随质量因数变化。左侧坐标值从 0.1～1.0 是经常性基本成本的乘数。右边坐标是建立 FoM 的易测性投资因数，其值也是从 0.1～1.0，是非经常性成本的乘数。图 4－27 中曲线的交叉点没有什么特别意义。

继续以航天领域高技术产品为例，假定非经常性易测性基线投资是 500 000 美元，且利润是 10％。目标是将单元成本从 50 000 美元降低到 40 000 美元，确保在下次采购中看到回头客。现在的问题是需要多大的投资，及将单元利润从 5 000 美元降到 4 000 美元后多长时间可以收回成本。

降低 10 000 美元的目标可以通过将检验与测试成本从 16 500 美元降低到 6 500 美元实现，成本减低 39％（6 500 美元/16 500 美元）。假定基本设计的 FoM 约是 5.0，大约相当于检验和测试成本因子是 0.75，如图 4－27 所示。数值 0.39 和 0.75 的乘积为 0.292 5，是检验和测试成本因子，并由此得出单元经常性成本 6 500 美元。

如图 4－27 所示，0.292 5 相当于品质因数为 9.3。反过来，因数为 9.3 相当于易测性

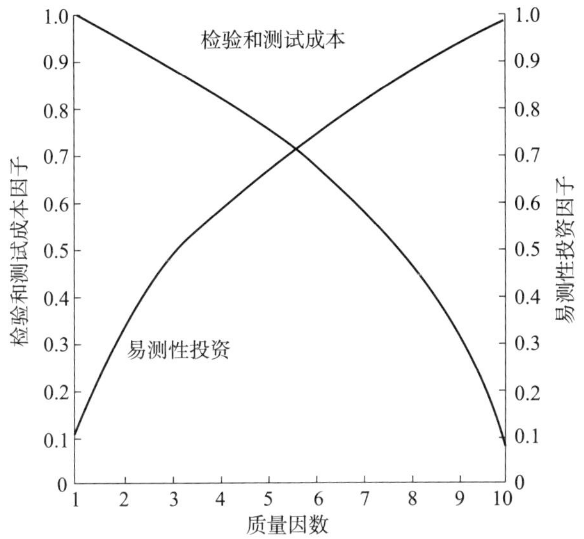

图 4-27　检验和测试成本因子与易测性投资因子的相互影响[50]
（马丁·玛丽埃塔公司许可转载）

成本因子为 0.97，而不是原来因数为 5.0 时的 0.67。

基本投资，即 500 000 美元会成为 500 000 美元×（0.97/0.67），即 723 881 美元，额外投资是 223 881（723 881－500 000）美元。第 56 件产品交付后（223 881 美元÷4 000 美元＝55.97）就可以期望收回额外投资了。

4.6.4　整体策略

军用标准 2165“电子系统与设备的易测性计划”被推荐给定成本设计的实施者使用，因为这个标准的突出特点是其广泛的高技术领域应用范围，远远超过了军事领域。该标准提供了设计中易测性评估的一致性较强的过程和方法，也为过程中易测性的整合提供了方法。

特别是该标准的附录 A 是一个易测性项目应用指南。给出了有关下面这些方面的大量细节：易测性项目计划、易测性审查、易测性收集和分析计划、易测性要求、易测性初步设计和分析、易测性详细设计和分析、易测性演示。

4.7　产品的一致性

享有盛名的威廉·爱德华兹·戴明博士曾由于对日本经济发展的贡献而得到了天皇的嘉奖。他在很多年前就指出，基于符合公差限制的质量控制是真正质量的对立面，只会增加消费者的成本。他断言，以公差为导向的方法保证了不超差，但浪费了材料和人力。他认为，现代高技术企业在保证质量上所采用的方法是检验、测试、重做和报废。

日本人很快回应了戴明博士的观点，利用即时制这样的生产策略，保证产品高度的一致性。只是在近几年的竞争压力下，西方世界才开始意识到传统的质量控制方式是费钱的，降低差异性的新的方法才是合算的。

日本人采用的方案是用损失函数去揭示不必要的成本[51]，例如，如果一个产品中每一个零件在下一步组装进高一级别的组件之前都需要更换，那么零件成本和劳动力成本都是双倍的。损失函数表示的是，在用作设计参数的公差范围内更换或修改具有过度变化的部件的成本。可变性是生产零件的过程的过程控制状态的函数。

“公差居中”这个概念是建立在同一个关系之上的，以提供一种相对简单的方法，用于逐批次或逐样本标示过程控制状态。公差居中并不是要取代作为产品定义和合同的基本要素的规格限制。但是，建议将其作为确保生产节约的主要绩效指标[52]。

4.7.1 公差居中

公差居中和传统的质量控制方法根本的不同点是，前者既依赖于成功的数据，也依赖于失败的数据。军方采购的典型检验模式是基于 MIL－STD－105 中的“采样过程及属性分类检查表”。本质上是通过-不通过。公差居中依照的是 MIL－STD－414 中的“采样过程和不合格率变化检查表”，采用的是实际数据值。

对成功数据的变动意味着过程控制的变化，有可能导致有缺陷的产品。对这类不测事件的预测能力是公差居中的方法相较于传统的方法（根据属性检查）的成本优势。直到出现大规模的次品事件才暴露出修正当前工作的必要。

公差居中的方案设想产品的公差是呈正态分布的。每一个连续的产品批次都构成一次分布。批次分布方式符合公差限的范围，就说明了生产批次的过程控制状态。

表 4－23 给出了标示过程控制状态的标准，依据的是被分成六个相等增量的公差极限分布的统计学方法，例如，每个增量是 0.016 7 in，对一个螺栓来说就是（3±0.1）in。在过程控制状态Ⅰ条件下，批次分布的范围是（3±0.016 7）in，批分布值±3－σ（标准偏差）的范围是（3±0.033 4）in。

表 4－23 过程控制状态标准[53]

过程控制状态Ⅰ
批分布规格值在±1 的增量范围内
批分布±3－σ 规格值在±2 的增量范围内
超出规格的项目未检出
过程控制状态Ⅱ
批分布规格值在±2 的增量范围内
批分布±3－σ 规格值在±3 的增量范围内
超出规格的项目未检出
过程控制状态Ⅲ
批分布意味着规格值在±3 的增量范围内
1 批或 2 批±3－σ 值超出了规格的 3 个公差增量
超出规格的项目未检出
控制状态Ⅳ
过程控制状态Ⅲ
检测出超出规格之外的项目

过程控制状态Ⅰ表示适当的过程控制。偏离这一理想条件的情况称为过程控制状态Ⅱ、Ⅲ和Ⅳ，其中状态Ⅱ勉强可以接受，所有检查的项目都在公差范围内。状态Ⅲ为不合格，但所有检查的项目都在限制范围内，批次可能是可接受的。状态Ⅳ为不合格，部分检查项目超出限制，因此不可接受。

4.7.2　过程

首先用一个简单的示例来说明一下公差居中方案的应用：一个开关。开关仅有一个感兴趣的参数，以便不会模糊这个相对简单的过程。这是一个电子开关，感兴趣的是开关的直流电阻值。针对多个参数项目的方法见第 4.7.3 节的内容。

该开关的直流电阻规格为（50±1）Ω。生产商在开关封装前从生产线拿出一批 50 个样本。50 个开关的直流电阻检测值见表 4-24。

该过程的第一步是从表 4-24 数据中构建一个频率表格，见表 4-25，用于创建一个过程控制的柱状图。对这些数据进行了类别分组。对于此示例，类差为 0.20 Ω 就足够了。

表 4-24　直流电阻检测值[54]

类别号	电阻/Ω	类别号	电阻/Ω	类别号	电阻/Ω
1	49.91	18	49.48	35	49.27
2	50.83	19	50.60	36	50.21
3	50.33	20	49.89	37	49.26
4	49.55	21	49.75	38	49.62
5	49.61	22	50.18	39	49.55
6	49.95	23	49.35	40	50.29
7	48.38	24	49.40	41	49.42
8	49.68	25	49.38	42	49.70
9	49.75	26	49.14	43	49.65
10	49.66	27	50.50	44	49.93
11	49.44	28	49.53	45	50.93
12	50.14	29	49.50	46	49.01
13	49.60	30	49.29	47	49.85
14	49.53	31	50.24	48	49.70
15	49.82	32	49.43	49	50.00
16	49.25	33	49.30	50	49.62
17	49.47	34	49.50		

注：经马丁·玛丽埃塔公司许可转载。

表 4-25　频率表[55]

类别号	分类边界	中间值	频率
1	49.01～49.20	49.095	2
2	49.21～49.40	49.295	8
3	49.41～49.60	49.495	12
4	49.61～49.80	49.695	11
5	49.81～50.00	49.895	6
6	50.01～50.20	50.095	3
7	50.21～50.40	50.295	5
8	50.41～50.60	50.495	1
9	50.61～50.80	50.695	1
10	50.81～51.00	50.895	1

注:经马丁·玛丽埃塔公司许可转载。

过程的下一步是将规格限分成六个相等的增量。这六个增量如图 4-28 所示，其柱状图由表 4-25 中数据构成，比例也是相同的。很容易看出这些数据在公差范围内，表明开关生产过程控制状态是满足要求的。

下一步更能说明问题，样品的评价值 $\bar{X}$ 和标准偏差 s 用表 4-24 或表 4-25 中数据计算获得，前者稍微精确一些。利用表 4-24 中的数据 $\bar{X}$ 和 s 的值分别是 49.71 Ω 和 0.41 Ω。这些值确定出正常的曲线，图 4-28 以同样比例绘制了这个曲线。

如前所述，柱状图可以提供以批次为基础的当前控制状态一个明了的视觉效果。但真正了解过程变化需要公差居中分布，该分布由与公差限值相关的数据的正态概率分布描述。注意到，分布值－3－σ 超出了－3 这个极限增量。因为所有检查的项目其值都在规格要求限值范围（见表 4-24 和图 4-25），所以表明是处于过程控制状态Ⅲ条件下。

4.7.3　成本优势

公差居中的概念设想产品的公差呈正态分布，这就产生了一个有用的方法，用于评估不同控制状态的相对成本。它为定成本设计实践者提供了一个比较过程成本和产品成本的有价值的工具。

图 4-29 所示为正态概率密度函数和标准差增加和减小量对应的各自曲线下的面积。它遵循的是表 4-23 中的过程控制定义，其中，97.72%的产出产品落在－2～＋2 范围内（或过程控制状态Ⅰ的 4 个公差增量），和落在－3～＋3 范围内（状态Ⅱ的 6 个公差增量）。对于状态Ⅲ，99.72%的产品落在 7 个或 8 个公差增量上。过程控制状态Ⅳ在这里没有考虑，因为这种状态是完全不能被接受的。

表 4-23 中给出的批次概率分布的边界用于获得过程控制变化的相对成本优势。边界的偏移特征表征为：用 0.997 2 除以包含在批次分布±3－σ 值范围内的公差增量数及将商乘以平均批次分布范围内的公差增量数。

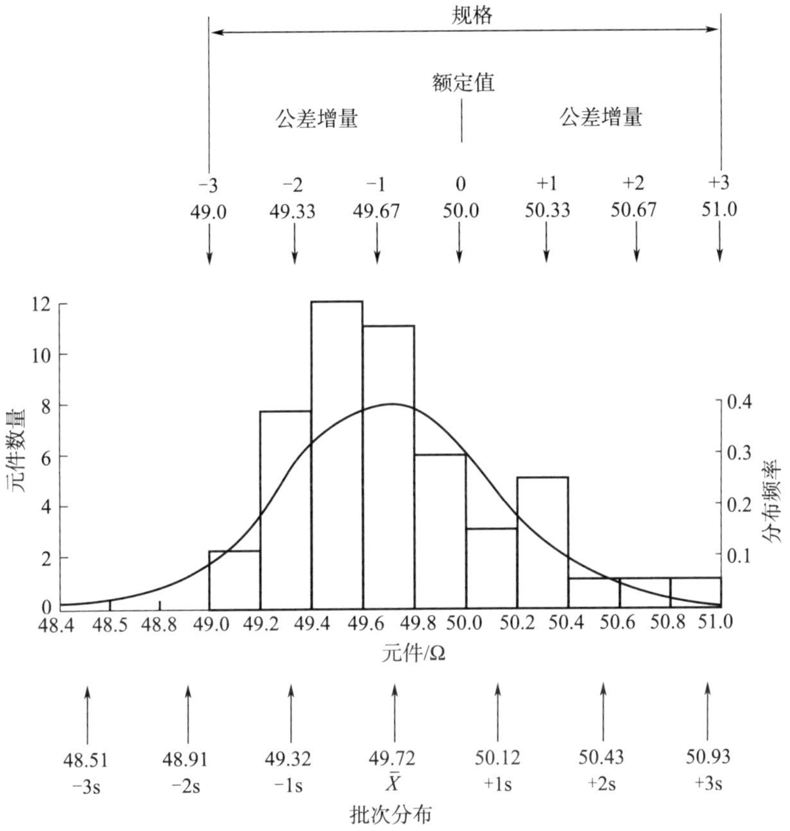

图 4-28 公差居中的电阻分布[56]（马丁·玛丽埃塔公司许可转载）

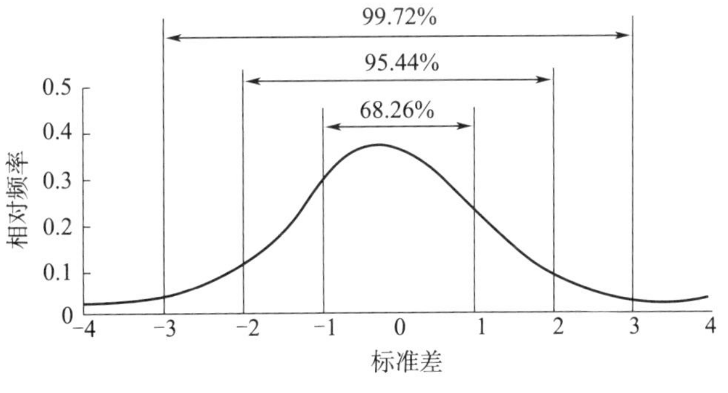

图 4-29 正态概率密度函数和标准偏差正负值各自曲线的区域

从优秀标准过程控制状态Ⅰ开始，首先将 0.997 2 除以 4，得到每个公差增量曲线下单位面积的值是 0.249 3。状态Ⅰ下的平均生产产值在 ±1 公差增量范围内，等于 2×0.249 3，或曲线以下单位面积的值是 0.498 6。在状态Ⅱ和状态Ⅲ中重复了这个计算过程，得出在曲线以下单位面积值是 0.664 8 和 0.747 9。

这些值被用作三种过程控制状态的可变性指数。下一步，指数相对于状态Ⅰ进行归一化，以作为可变性度量。表 4-26 给出了这些计算结果。

产品成本函数可表示为

$$c = kV \tag{4-14}$$

式中，k 为过程的基本成本；V 为归一化的差异变量。注意在状态Ⅰ中，$V=1$，产品成本 c 等于基本过程成本 k，在状态Ⅱ和和Ⅲ中，产品成本可以是基本过程成本的 1.33 倍和 1.5 倍。

例如，一个系统在状态Ⅰ的条件下，单元生产成本可能是 100 000 美元，如果在状态Ⅲ的条件下，单元生产成本可能是 100 000×1.5 美元，或 150 000 美元。反之，在状态Ⅲ的条件下生产一个系统的成本如果是 100 000 美元，在状态Ⅰ的条件下则成本可能低至 100 000÷1.5 美元，或是 66 667 美元。

公差居中的概念可应用于生产的所有过程。图 4-26 给出了一个典型的航天产品的成本分解饼图。检查和测试占 33%的份额是基于每一项生产都是在严密的全程监督下进行的。军用标准 414 允许在给定一定数量的可接受批次的情况下减少抽样，即使是这个选项也是事后，关键是按批次计算的缺陷百分比。

表 4-26 差异计算[57]

过程控制状态	差异指数	归一化的差异量数
Ⅰ	0.498 6	1.00
Ⅱ	0.664 8	1.33
Ⅲ	0.747 9	1.5

注:经马丁·玛丽埃塔公司许可转载。

公差居中概念可以是更积极策略的核心，见表 4-27，例如，如果连续多批次被判定为过程控制状态（PCS）Ⅰ，那么可以将检查和测试的工作量从 100%减少到 50%。同样，检查和测试成本也就可以从总成本的 33%降低到 16.5%。

表 4-27 检查和测试策略[58]

事件	策略
初始过程控制状态Ⅰ	继续正常检查和测试
重复过程控制状态	减少检查和测试
初始过程控制状态Ⅱ	采取预防性措施
重复过程控制状态Ⅱ	加强检查和测试
初始过程控制状态Ⅲ	采取预防性措施并加强检查和测试
重复过程控制状态Ⅲ	采取修正措施并保持加强检查和测试
初始过程控制状态Ⅳ	采取修正措施并保持加强检查和测试
重复过程控制状态Ⅳ	采取修正措施

注:经马丁·玛丽埃塔公司许可转载。

4.7.4 多参数项目

本节给出了像晶体管这样需要超过一个参数实施公差居中概念的方法。这里的 NPN

晶体管（如 2N222）是用作放大器的。只有所有参数在公差限值范围内晶体管才被判定为可以接受。

该方法的第一步是确定关键参数，将其他参数视作对关键参数有影响的参数，例如，2N222 的关键参数是增益。

差异分析技术可以提供增益的统计学分布，考虑到了影响参数的变化和作用。这样，一个测试可以取代许多测试，对所提供的装置进行了应用方面的测试。

动态晶体管增益实际上是晶体管参数 h 的函数。增益是输入和输出的商。对于整体输入，增益就是很简单的输出电压。因此，晶体管增益 g 是输入阻抗 h_{ie} 、电流 h_{fe} 和输出阻抗 h_{oe} 的函数

$$g = a_1 h_{ie} + a_2 h_{fe} + a_3 h_{oe} \tag{4-15}$$

式中，a_1、a_2 和 a_3 将敏感度 v 关联到参数 h 。

表 4－28 给出的典型的生产商数据是参数 h 的规格值。图 4－30 所示性能曲线是差异数据。

表 4－28　典型晶体管参数 h[59]

	最小值	最大值
输入阻抗 h_{ie} /kΩ	0.25	1.25
小信号电流增益 h_{fe}	75	375
输出阻抗 h_{oe} /μΩ	25	200

注:经马丁·玛丽埃塔公司许可转载。

参数条件：集电极一发射极电压：V_{CE} ＋10 V；集电极电流 I_c ＝10 mA；频率 f ＝ 1.0 kHz；环境温度 T_A ＝ 25 ℃

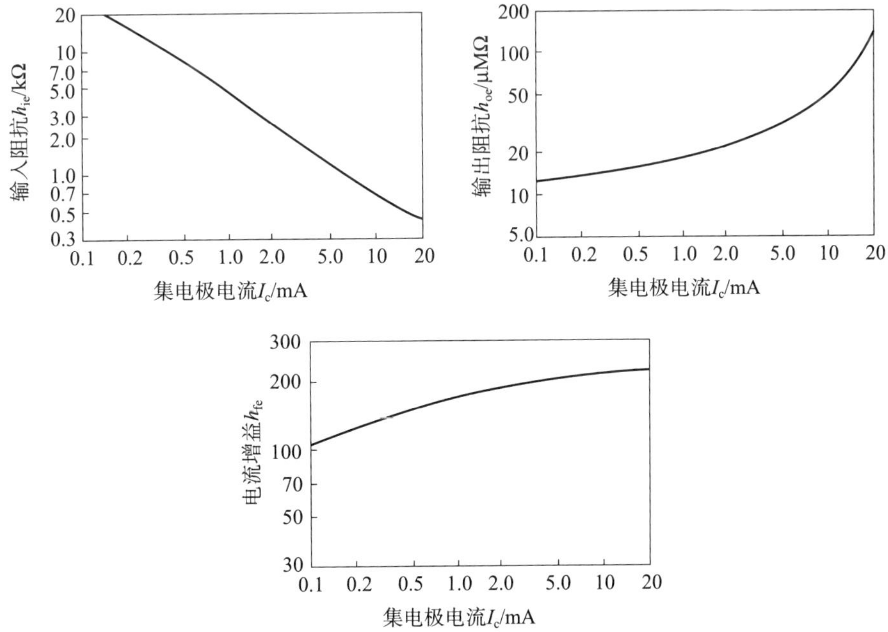

图 4－30　参数 h 是集电极电流的函数[60]（经马丁·玛丽埃塔公司许可转载）

表4－29中的数据是集电极电流的函数，表中还列出了均值 $\overline{X}$ 、方差 s^2 和标准差 s 的计算值。

表4－29 参数 h 典型数据[61]

集电极电流 I_c/mA	输入电阻 h_{ie}/kΩ	小信号电流增益 h_{fe}	输出阻抗 h_{oe}/μΩ
0.2	16	130	13
0.5	8	160	15
1.0	4.8	180	18
2.0	2.5	190	22
5.0	1.4	210	32
10.0	0.7	220	52
15.0	0.5	230	85
20.0	0.4	270	140
Σ_{xi}	34.3	1 590	377
X_i	4.3	199	47.1
s_i^2	29.3	1 898	199.8
s_i	5.4	43.6	44.7

注:经马丁·玛丽埃塔公司许可转载。

该过程还使用偏导数和变量之间的相关性。可以从最小和最大规范值中点处的性能曲线斜率获得偏导数。这些值见表4－30，作为式（4－15）中常数 a_1、a_2 和 a_3 的值。

式（4－15）现在可以写为

$$g=-0.7h_{ie}+2.4h_{fe}+6.4h_{oe} \tag{4-16}$$

另外，h_{ie}、h_{fe} 和 h_{oe} 的平均值可以从表4－28中的最小数据和最大数据计算获得，代入式（4－16），得出晶体管2N222的额定增益为

$$\begin{aligned} g &= -0.7\times 4.3+2.4\times 199+6.4\times 47.1 \\ &= 776 \end{aligned} \tag{4-17}$$

表4－30 典型性能曲线斜率[62]

参数 h	公式符号	规格中间点值	斜率 m
h_{ie}	a_1	0.75 kΩ	−0.7
h_{fe}	a_2	225	2.4
h_{oe}	a_3	112.5 kΩ	6.4

注:经马丁·玛丽埃塔公司许可转载。

下一步就是计算参数 h 的协方差，用于计算输出电压 v 的方差。协方差 cov_{ij} 是两个

变量 i 和 j 的叉积，叉积的表达式为

$$\mathrm{CP}_{ij}=(x_i-\overline{X}_i)(x_j-\overline{X}_j) \tag{4-18}$$

式中，x_i 和 x_j 为变量 i 和 j 的值；$\overline{X}_i$ 和 $\overline{X}_j$ 为它们的平均值。

协方差的表达式为

$$\mathrm{cov}_{ij}=\frac{\sum \mathrm{CP}_{ij}}{n-2} \tag{4-19}$$

表 4－31 列出了所计算的 h 参数的叉积和协方差。输出电压 S_v^2 的方差可以用下式表达

$$S_v^2= \tag{4-20}$$

应用表 4－29～表 4－31 中的数据，由式（4－20）得出

$$S_v^2=82\ 225 \tag{4-21}$$

输出电压 S_v 的标准偏差为

$$S_v=287 \tag{4-22}$$

表 4－31　参数 h 叉积和协方差[63]

h 参数对	向量叉积 $(x_i-X_i)(x_j-\bar{X}_j)=\mathrm{CP}_{ij}$		协方差 cov_{ij}
h_{ie}, h_{fe}	(16－4.3)×(130－199)	－807	74
	(8－4.3)×(160－199)	－144	
	(4.8－4.3)×(180－199)	－10	
	(1.5－4.3)×(190－199)	25	
	(1.4－4.3)×(210－199)	32	
	(0.7－4.3)×(220－199)	76	
	(0.5－4.3)×(230－199)	118	
	(0.4－4.3)×(270－199)	277	
	$\Sigma \mathrm{CP}_{ij}$	－442	
h_{ie}, h_{oe}	(16－4.3)×(13－47.1)	－399	－16
	(8－4.3)×(13－47.1)	－126	
	(4.3－4.3)×(18－47.1)	－15	
	(2.5－4.3)×(22－47.1)	45	
	(1.4－4.3)×(32－47.1)	44	
	(0.7－4.3)×(52－47.1)	－18	
	(0.5－4.3)×(85－47.1)	－144	
	(0.4－4.3)×(140－47.1)	－362	
	$\Sigma \mathrm{CP}_{ij}$	－960	

续表

h 参数对	向量叉积 $(x_i - X_i)(x_j - \bar{X}_j) = CP_{ij}$		协方差 cov_{ij}
h_{fe}, h_{oe}	(130－199)×(13－47.1)	2 353	2 015
	(160－199)×(15－47.1)	1 252	
	(180－199)×(15－47.1)	610	
	(190－199)×(22－47.1)	226	
	(210－199)×(32－47.1)	－166	
	(220－199)×(52－47.1)	103	
	(230－199)×(85－47.1)	1 175	
	(270－199)×(140－47.1)	6 596	
	ΣCP_{ij}	12 149	

注：经马丁·玛丽埃塔公司许可转载。

式（4－17）得出 2N222 晶体管的额定增益为 776，则该装置的增益可以确定为776±287。

考虑表 4－32 中的数据，其样品为 10 个晶体管。样本的均值 $\overline{X}$ 和标准差 s 分别为 664 和 272。这些值唯一地定义了图 4－31 所示的正态概率密度函数。

式（4－22）所确定的标准偏差除以 6 得出公差限值的增量值。这些增量 47.83 在图 4 -23 中也绘制了出来，还包括密度函数，构成样本数据的公差为中心的分布情况。

可以看出，密度函数的－1σ 值落到了规格值－3 公差增量之外，函数值落在了规格值＋3 公差增量之外。因为在检查中发现了超过规格值的晶体管（表中序号 4，7，8，9），被认定为处于过程控制状态Ⅳ下，于是启动了修正工作。

表 4－32　晶体管增益测试数据[64]

分类号	增益	分类号	增益
1	525	6	820
2	850	7	400
3	890	8	350
4	430	9	375
5	1 050	10	950

注：经马丁·玛丽埃塔公司许可转载。

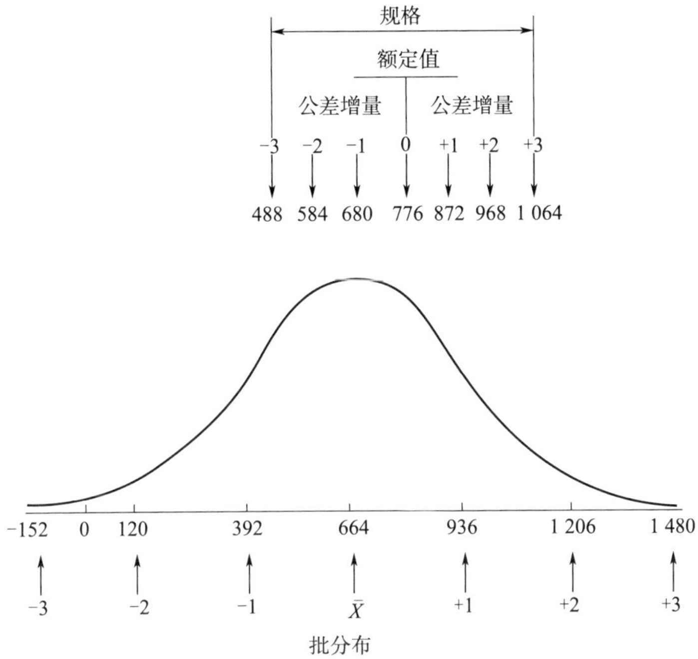

图 4－31　以公差为中心的晶体管增益分布[65]
（经马丁·玛丽埃塔公司许可转载）

4.8　无处不在的电源

如本章前言中所述，很少有子系统像电源一样普遍。每个用电产品都会遇到这个问题，其自身也成为了一个高技术产品，今天现代化的开关模式的电源就是一个例子。

很少有子系统会在设计、进度和成本方面带来挑战，只有在项目遇到了复杂的电源问题时才会发生这种情况。通常，在主系统大部分完工前，电源的规制和设计都不被重视，后果则是很不经济的补偿工程。

可靠的电源要求的平均开发时间是 18 个月（图 3－8）。如果一切顺利，完成全部电路改造设计，用时 24 个月也不是不合理的。

如果认为电源是一项简单的工作，往往会导致工期延长和成本增加。定成本设计的贯彻者应该反对这种认识。

4.8.1　设计考虑

从生命周期成本的角度来看，可靠的电源是成本最低的电源的观点应该在每个项目和机构中推广。可靠的电源特点如下：

1）验证过的电路设计。

2）高可靠性的零件。

3）零件降额。

4）热点温度低。

5）印刷电路板和插接器。

6）避免点对点布线和线束。

对电源中引起故障的原因没有一个总的认识。表 4－33 给出了一些故障机理，在电源设计中应考虑潜行电路，因为大多数故障是由峰值瞬时瞬变引起的。多数高技术电源采用的是开关模式的方案。表 4－34 给出的指导原则在开关模式电源设计中应予以考虑。

表 4－33　开关模式电源故障机理[66]

瞬间功耗
二次击穿限制
电压峰值
电流峰值
热量峰值
弱脉动电流
趋肤效应
漏电感
杂散电容
共模噪声
磁作用力
电场影响
寄生输入和振荡效应
相位增益裕度不够
最坏情况公差效应
源阻抗效应
同一电源系统间的影响
接地不良
差分噪声效应
静电影响
不受控的通电和断电

来源：NA VMAT P 4855－1，海军电源可靠性，1982。

表 4－34　开关模式电源设计指南[67]

将电压瞬变保护置于电力输入线上
将尖峰限制电路与输入电容器串联，以避免整流器在开合时损坏
建造一个内部电源供应，以将敏感电路和外部有害电线隔离开，确保安全
加入软启动电路降低组件开合时的应力
在半导体开关间隔期，将开关电路的载荷峰值最小化
在横跨电力线连接的功率级使用交叉联锁电路，以便两个设备永远不会跨该电源线同时接通
使用与负阻抗负荷和可变输入源阻抗不相容的输入电磁干扰过滤器
使用快速攻击电流限制电路，以保护不受非正常控制逻辑破坏
设计电感器、变压器和磁体避免峰值负载和转换状态时发生饱和状况
设计顺序及控制时序开关逻辑
分析和测量最坏情况参数，比较组件的极限值
进行最坏情况热点分析
设计印刷电路板并集成，优化热量传递，最小化公模噪声和差模噪声
将磁体和其他大电流导体集成化，并有足够的热接口
避免接地回路，并进行接地，以最大限度地减少串扰和相互作用
分析和测量回路稳定性，保证所有电路、负载、温度和组件极限条件下的相位增益裕度
避免在热封装中使用功率半导体，因为热封装容易出现装配错误，并可能因其高能量处理能力而导致二次故障
尽可能使用铍隔离，因为其热阻较低
所使用零件最大化标准化
仅使用硬焊料芯片键合
避免有源双极器件并联运行
避免使用对静电放电敏感的零件
对有源元件进行零件筛选
采用环境应力筛查将产品的可靠性提高 4～8 倍

来源：NA VMAT P 4855－1，海军电源可靠性，1982。

4.8.2　生产考虑

通过简化包装设计，将最大限度减少搬运、拆卸和重新组装的维护日标扩展到工厂环境。表 4－35 中的指导原则在封装设计中应予以考虑。

表 4－35　电源封装指南[68]

使用印刷电路板和多层互联板，而不是点对点布线和线束
避免使用层接材料，因为它吸潮

续表

设计自动插接零件板
输入、输出接口使用键控插接器
将电线连接限制在电路板的组件侧，以简化组装，并最大程度地减少处置工作
通过消除不通孔焊点确保所有焊点都可见，以供检查
避免聚集潮气和松散的微粒的腔室
确保每个子组件在没有完整组件的情况下都是可进行整体测试的
确保力矩规格足够承受热传递而不会引起故障

来源：NA VMAT P 4855－1，海军电源可靠性，1982。

4.9 产品成熟度

对于产品成熟度，定成本设计项目的关注点与产品的成熟度和工艺设计的成熟度同时相关。国防部在这方面是一个榜样。

国防部的愿望是，在确定主承包商在硬件、财务和管理能力方面满足成本和进度要求之前，不能有采购品进入生产过程。需要对承包商应对和平时期和国家紧急动员时期的能力进行评估，也要对它们参加国防部工业成熟度计划项目并满足其要求的承诺进行评估。

这些在国防部训令 5000.34“防务生产管理”中有讲述。但是，建议还是首先审视表 4－36 中所给出的生产管理术语，以便更好地理解其内容，并在非军事高科技领域予以充分利用。与生产相关项目的里程碑见表 4－37。

表 4－36 生产管理术语[69]

可生产性	生产出符合设计特征、特点的产品或系统的相对容易程度，并采用已有生产技术实现经济的生产、组装、检查和测试
生产工程	应用设计和分析技术生产特定产品；包括规划中的功能、特征、资源运用的协调，进行可生产性分析，进行生产操作、工艺和系统分析，应用新的制造技术和工具、设备，控制工程性改变的发生，应用成本控制技术
生产可行性	系统设计方案可以在现有生产技术下实现，同时满足质量、生产速率和成本要求
生产管理	有效利用资源按计划完成生产量，满足质量、性能和成本要求
生产成熟度	一个产品或系统进入生产过程的状态或条件情况，一个产品或系统在生产设计、材料和物质准备已经就绪，做出投入生产的决定后不会发生不可接受的风险和计划进度、性能，或其他已经确立的准则受到破坏
生产成熟度评审	一个正式的项目检查，确定设计是否已经为投入生产准备就绪，生产工程性问题已经解决，生产者已经做好了生产阶段的计划

来源：国防部训令 5000.34，《防务生产管理》。

表 4-37　与生产相关项目的里程碑[70]

里程碑 0,项目启动	生产管理在里程碑 0 之后的每一个项目决策点都应该被重视
里程碑Ⅰ,演示验证	应解决候选系统方案的生产可行性,并评估生产风险领域;应确定将生产风险降低到可接受水平所需的制造技术
里程碑Ⅱ, 全尺寸工程研制	应审查设计方法的潜在可生产性,并确定生产风险可接受,明确和评估对长期采购和有限生产的要求,全尺寸的工程研发阶段应该包括利用具有成本效益的制造方法和工艺实现设计可生产性的规定
里程碑Ⅲ, 生产和部署	生产决策应得到项目生产成熟度评估的支持,该评估的基础是对正式生产成熟度的评审;描述在生产过程中实现成本降低的计划和规定

来源:国防部训令 5000.34,《防务生产管理》。

4.9.1　管理指导原则

国防部训令 5000.34 要求从候选设计方案的研究开始，充分并及时评估产品在整个制造和采购过程中的风险。必须考虑产品的易生产性、材料的可获得性，以及目标系统生命周期内的效能使用情况。必须明确生产过程中的不足和缺陷。

制造技术缺陷应该通过制造技术计划和其他方法，在方案演示验证时呈现出来。每个系统设计方案的可实现性应该在全尺寸工程决策点考虑。

承包商之前拥有的实施项目生产和显示出的生产管理能力应在招标过程中予以考虑，并在选择后进行评估。

生产工程和生产计划应该贯穿于整个工程进展过程。工业准备规划应该有效地与生产管理和生产规划相结合。生产风险在采购循环中应尽早确定，应在做出投产决定前降低到可接受的水平。

生产决策应该得到对生产成熟度的独立评估的支持，包括对正式的生产评估审查中发现问题的评估。生产成熟度审查应该确认设计方案的稳定性和可行性，确认为满足可靠性和可维护性所采取的措施，确认生产技术足以支持生产，确认生产方式、技术和工艺得到精细化，确认控制生产、成本和质量保证的适当措施。

竞争、价值工程、修订规范和标准、权衡研究、稳定的劳动力及其他技术的应用都要使生产、使用和支持成本最小化。标准化、通用化和互换性应在整个采购循环中进行推广，以减少学习时间和降低生命周期成本。要继续强调采用合同激励或其他方式在生产阶段降低生命周期成本。

生产管理规划和实施应该包括在满足定成本设计和生命周期成本目标方面所取得进展的衡量措施。应用于生产阶段的成本和工期控制系统应当满足 DoD7000.0 指南，成本/进度控制系统标准的要求（见第 6.8.1 节）。

4.9.2　成熟度准则

生产成熟度审查包括所有关于生产设计的完整性和可生产性的考虑，及启动和可持续生产的管理和物质上的准备。本节讲述了生产成熟度审查相关的典型领域，包括功能描述和这些领域应有的条件。

这些领域非常具有代表性，因为对一致性要求的程度取决于评估做出的时间点和评估是支持有限地还是全面地开始生产的决策。表4－38～表4－44的标准适用于产品设计、工业资源、生产工程和计划、材料和零件采购、质量保证、后勤和合同管理。

表4－38 产品设计生产成熟度标准[71]

从可生产的角度来看，该设计是低风险的
设计变更维持在一个低水平
设计验证演示已经完成，包括子系统和组合件的鉴定以及性能、可靠性及维护特性演示
明确设计未完成部分且不会对生产带来大的风险
已完成系统配置审核，并解决了差异
设计和操作、维护和支持方案是一致的
技术数据包支持竞争性采购
设计完成标准化，由于标准零件、材料和工艺的采用使生产经济性最大化
关键的稀缺材料仅在有性能要求时才采用，并与已有条件和配额相匹配
设计中明确关键材料和工艺的替代方案
生产成本明确且得到很好的支持

来源：国防部训令5000.34，《防务生产管理》。

表4－39 工业资源生产成熟度标准[72]

工厂的生产能力满足产量要求，且考虑了其他生产手段
考虑了和平时期和紧急情况下满足要求，承诺加入DoD工业准备计划项目
承包商和政府拥有的设施、生产设备、特种工具和特殊测试设备已经在规格、质量和财务、采购及安装计划方面得到明确
已经完成必要的现代化改造和生产能力的提高，已经完成研发相关计算机软件
必要的人员培训和认证已经完成
没有大的劳动力关系问题

来源：国防部训令5000.34，《防务生产管理》。

表4－40 生产工程和计划生产成熟度标准[73]

一个全面的生产计划已经制订完成
生产方法和工艺以及相关的设施设备、工具和厂房布局都代表着经验证的、与产品规格和质量要求相一致的技术能够经济地实施，满足：产品规格和质量要求；数量和费率要求；职业安全和健康管理局环境和节能要求
可采用替代生产方法来满足应急需求
生产计划与最后交货要求一致

续表

图样标准和车间指示说明足够清晰，能够被制造人员正确解读
已为确定生产过程中引入的工程变更的可生产性和成本影响做出了规定
配置管理足以确保生产过程中的配置识别、控制和状态记录
已为项目经理赋予了制造和交付系统和功能元件的权力和责任，并且已确定该经理所在组织的员工
实施生产要求的政策和程序已经完全确定并记录在案
建立了管理信息系统，可以提供生产状态和生产问题的存在、起因和程度，为实施管理活动提供依据

来源：国防部训令 5000.34，《防务生产管理》。

表 4-41　材料和零件采购生产成熟度标准[74]

已经准备好完善和准确的材料清单
系统所有重要和关键元件是否制造或采购已经做出决定，且决策合理
已经明确需要较长采购时间的材料，提前采购计划已经启动
已经明确单一来源物品，已经获得持续供货保证
已经在项目和生产计划中明确政府提供的材料（GFM）和政府提供的设施设备（GFE），包括相关提前时间和进度要求
承包商材料控制和材料库存系统是足够的
承包商材料采购计划提供： 1）选择分包商和供应商的标准，并强调及时以合理价格交付可被接受的材料； 2）确定材料需求、交货时间和交货时间表的有效程序； 3）尽量扩大关键物品的货源； 4）经济的批量规模订单； 5）对子承包商和分销商可监督和可控制

来源：国防部训令 5000.34，《防务生产管理》。

表 4-42　质量保证生产成熟度标准[75]

质量保证职能的组织安排和结构允许独立的客观判断
承包商质量计划与生产项目的合同要求和质量计划一致
已经建立必要的质量控制程序和质量验收标准
质量保证机构是生产计划和实施的参与者

来源：国防部训令 5000.34，《防务生产管理》。

表 4-43　后勤生产成熟度标准[76]

具有初始备件生产能力，包括初始部署期间高使用率件的应急备用件
已经研发完成操作支持、测试和诊断设备，且其生产成熟度状态满足系统布置计划

续表

已经为操作和维护人员研发完成训练辅助工具、模拟器和其他装置，可以生产这些设备，支持系统布置计划

来源：国防部训令 5000.34，《防务生产管理》。

表 4-44 合同管理生产成熟度标准[77]

在所有重要的生产现场有足够的政府工作人员在场（即数量、能力、职能职责都要足够）
DoD 组件项目经理官员、现场政府代表和承包商生产机构之间应该有通畅的联络
已经建立政府及时有效处理要求变更、订单变化的程序

来源：国防部训令 5000.34，《防务生产管理》。

4.10 软件维护成本

软件维护更准确地说应该是产品交付后的软件支持。以往的历史证明，当软件的错误更正和升级的任务量级与任务研发任务量级可比时，软件维护成本高得不成比例。这个阶段可以占据整个生命周期成本的一大部分，因此应该重点考虑[78]。

软件维护的性质随着支持系统和产品生命周期而变化。在初期阶段，主要是补漏洞和修正。随着产品变旧，重点工作转移至软件升级。

（1）纠错性维护

纠错性维护包括发现、隔离和修正妨碍系统正常运行的缺陷，纠错性维护的主要关注是，随着时间的推移缺陷会减少，但是缺陷的复杂性会加大。

（2）适应性维护

适应性维护包括修改软件，以便其继续完成特定功能。例如为适应新的硬件的修改、新软件和已有软件修改、环境变化等，随着而来的是数据处理形式的变化。

（3）完善性维护

完善性维护包括改变执行功能的方式，而保持功能结果不变。这种维护一般是为了重装或提高效率。

（4）软件升级

软件升级包括实现系统功能更改需要的变更。这些是主要成本，原因是缺乏稳定的要求。确保产品在任何时间定义明确，且成本预估能够全面反映产品的成本。

4.11 总结

低成本产品的实质是易于制造、组装和测试。使这些特点最大化的产品和工艺设计被称为“固有低成本设计”。

本章论述了固有低成本设计的特征和实现技术。总体来说，这些特征确定了可生产性，说明哪些生产操作应该最大化，哪些生产操作应该最小化。

在这个前提下，先进的设计和制造技术的潜力被挖掘了出来，重点是柔性制造和即时制制造。阐明了在工艺质量控制、计算机辅助设计和制造方面技术群的作用。

给出了技术引进的时机指南，以使其支持组织的长期计划以及当前感兴趣的特定项目或产品。讨论了技术投资收支平衡的问题。

第 4.2 节讨论了产品规范内在的成本驱动关系背景下的产品简化，体现为材料的选择、基本元件加工和组装任务。从能耗、材料浪费和材料性能角度讨论了材料成本。

对影响基本元件制造成本的主要因素——公差和表面粗糙度要求、细节的复杂性和所采用的加工技术进行了讨论。从易获得性、需要连接的材料、连接工艺及其他特殊工艺、零件总数及种类、公差、几何特性几方面对组装成本进行了讨论。

第 4.3 节内容介绍了铸造在生产简化过程中的作用。首先，从设计、冶金和生产的角度列举了铸造的优势，介绍了各种铸造工艺。

其次，列举了各种铸造工艺的优缺点和成本情况，指出了在铸造工艺中对成本影响最大的因素是偏紧于正常要求的尺寸公差。

第 4.4 节内容是有关工作的简化，强调了生产设备和人的因素的关系。主要内容包括工作设计原则和工具设计原则，给出了车间中简化工作、精简动作及人的影响因素列表。

本节包含了非常重要的自动化和机器人主题。机器人是一种柔性自动化的形式，提出了广泛的机器人准则列表。

第 4.5 节和第 4.6 节内容涉及从组件组装简易性和可测试性角度的设计效率定量方法。这些都是高度相容的特性：容易组装的产品也是容易检测的产品。

介绍了一种被称为“为装配而设计”（DFA）的技术，是对候选设计方案的易装配性进行评分的一种相对简单的方法。用一个活塞组件对该技术进行了举例说明。

从理论角度和实践角度处理了可测试性问题，即根据优值概念测算不同程度的可测试性成本。另外，介绍了 MIL－STD－2165，其作用是对军用设备进行一体化决策，这里将它作为非国防领域高技术产品的一个指南。

第 4.7 节介绍了近几年出现的一个理念，它提供了一种质量控制的新方法，即通过减少关于目标的可变性，以提高产品一致性的理念，取代符合规格限制要求的理念。该理念的核心是“公差居中”。

公差居中的理念，是统计质量控制的衍生品，它允许近乎实时地确定工艺控制的状态。本节说明了工艺控制状态和产品成本之间的关系。

本章的第 4.8 节讲述了电源的问题，一个关注度仅次于设计、进度和成本方面的子系统。本节内容对于设计和制造方面的考虑都有讨论。

在此，引入了产品成熟度这个主题。因为到投入生产的时刻，如果设计方案还没有被验证、工艺还没有上生产线，那么最低固有成本设计就不能得到全面实现。第 4.9 节给出了保证生产成熟度的标准和管理指南。

这些标准以表格的形式给出，改编自国防部训令 5000.34《防务生产管理》。包括对以下方面成熟度判断的标准：产品设计、工业资源、生产工程和计划，材料和零件采购、质量保证、后勤和合同管理。

第 4.10 节探讨了软件维护成本方面的问题。虽然本书内容以硬件为导向，但是认为软件成本的重要性不亚于硬件成本，甚至超出了项目研发阶段的重要性。主要考虑的软件成本是经常性成本，虽然建立了定成本设计的目标，但却常常被忽视。

4.12 案例研究和练习

后面的案例研究的目的是强化本章的重点。案例研究后的实践是让读者将这些要点与个人观点和经验结合起来。本章的案例研究强调了提高生产力，并提供了本章中介绍的一些技术的实践。

4.12.1 生产力研究

哈佛商学院的一个研究团队完成了一个对 3 家公司的 12 个工厂持续多年的研究任务，目的是研究微观层级下可变因素对生产效率的影响。所得出的主要结论是：生产效率的最大障碍是经营中内部产生的困惑和供给中断。报告认为，没有首先确立清晰的操作、消除不必要的干扰、培养技术能力，那么多少资本的投入都不可能实现提高竞争力和培育技术竞争力。

研究发现，工程性变更指令是影响生产力的最大负面因素。一个工厂如果一个月内指令变更从 5 次增加到 10 次，那么伴随而来的则是生产力降低 5%。与普遍认为整体变更更经济的看法相反，该研究得出结论并建议应以稳定的方式发布更改单，以最大程度地减少混乱和干扰[79]。

练习 对一家公司实施指令变更的决策和程序进行研究，关注点是明确性和精准性。拿到公司一个生产项目的产量统计数据，将其与项目的工程变更曲线相关联。

最后对变更决策和程序是提高了还是降低了生产效率进行总结，提出正确的改变建议。

4.12.2 技术的承诺

Thomas G. Gunn 在《为竞争优势而制造》一书中，使用了“世界级制造商”这样一个表达，来形容将制造看作竞争性财富的公司，他们在所有工作中也包括制造中利用技术来增强能力，从而在国际市场上获得竞争力（表 4－45）。

引用的一个例子是世界级的制造商通用电力公司的路易斯维尔洗碗机工厂，该工厂花费 6 千万美元进行了重新设计。新的工厂日生产能力是 1 000 台洗碗机，且可以生产 13 个不同的型号[80]。

同时，该公司将市场份额扩大到了 31%，而服务电话减少了 50%。表 4－45 给出了新的生产设施和旧的生产设施相比较所展现出的优势。

练习 在众多特征中，世界级生产商和一般生产商的主要区别是原材料和在制品每年的库存情况和质量成本占销售额的比例。一般制造商的库存周转率指导原则是每年2%，而世界级制造商的库存周转率高达每年50%。至于质量成本，一般制造商占到销货成本的12%，而世界级制造商是1.5%[82]。

看一下一家知名公司的库存周转率和质量成本记录，等级范围为1～10。世界级制造商应该是哪个等级呢？将所发现的情况与公司产品在世界市场的占有份额联系起来。

表4-45 一个“世界级制造商”的运作优势[81]

因素	百分比
材料成本降低	12%
组装线上零件数量减少	61%
原材料与在生产库存减少	66%
生产力提高	20%
产品周期时间	83%
传送带长度缩短	75%
质量改进	45%

注：经许可转载自《为竞争而制造：成为一个世界级的制造商》，作者：Gunn，出版商：Ballinger Publishing Company，1987。

4.12.3 前进一步

第4.1.1节介绍了在现有产能基础上，最大限度提高生产效率的计算机辅助设计-计算机辅助制造技术。从计算机辅助设计-计算机辅助制造技术本身来说，它们可以大幅节约研发和早期生产阶段的成本，提高设计效率和后面的检验和管理效率。

表4-46列出了常规绘图方式下每平方英尺图样需要的工作时间。表4-47给出了在制图过程中采用计算机辅助设计-计算机辅助制造技术后生产效率提高的情况。

表4-46 传统制图方法每平方英尺所需工时[83]

任务	每平方英尺(h)
准备	1.0
画图	2.2
审校	2.7
管理	1.4
合计	7.3

注：经约翰·威利父子公司许可改编。

表4-47 在制图过程中采用计算机辅助设计-计算机辅助制造技术后生产效率提高的情况[84]

图样类型	改善率(%)
简单的逻辑图	4.5～5.0

续表

图样类型	改善率(%)
单线图	3.5～4.0
管道和说明图	3.0～3.5
图样修改	10.0
库存图	4.3
组件-细节	3.7
钣金图	3.2
挤压图	3.2
数控带	2.7
详细的飞机图	2.4
布局图	1.7～2.2
结构钢	1.5～2.0
管路布局	1.25～1.75

注:经约翰·威利父子公司许可改编。

练习　采用传统方法评估一个项目中的图样面积和类型。从表 4－46 中给出的关系评估画图准备的成本，与实际成本进行比较，得出两种成本的差异系数。

应用表 4－47 中给出的提高生产力后的数值关系评估制图准备成本。在提高后的生产效率下，评估所带来的实际成本的降低情况。

4.12.4　越少越好

从图 4－32 可以看出，高技术产品是产品简化和确保工作简化的受益者。图中给出了一个导弹的结构简化前后对比图，导弹是进行大量价值分析工作的目标。

表 4－48 列出了产品简化具体内容。该导弹的性能并没有降低，但是单元成本降低了 25%。这得益于零件的减少、工艺的简化，实现了成本的大幅降低。

练习　对一个已知产品进行价值分析。明确产品的功能价值，区分产品的主要功能和次要功能。

假设一个候选方案并评估各项成本。选择优选方案，评估改进产品需要的投资和成本回收期。

表 4－48　导弹的简化情况[86]

过去	现在
4 个翼翅	3 个翼翅
2 个折叠翼和机构	1 个折叠翼和机构
非圆形鼻锥	旋转圆锥形

续表

过去	现在
柔性管接头	固定管接头
主动穹顶	被动穹顶
铸造燃料箱	成型和焊接燃料箱
斜风道	水平风道
埋入式 INCO 718 燃烧室	单体钛助推器
结构式整流罩	非结构式整流罩

注：经马丁·玛丽埃塔公司许可转载。

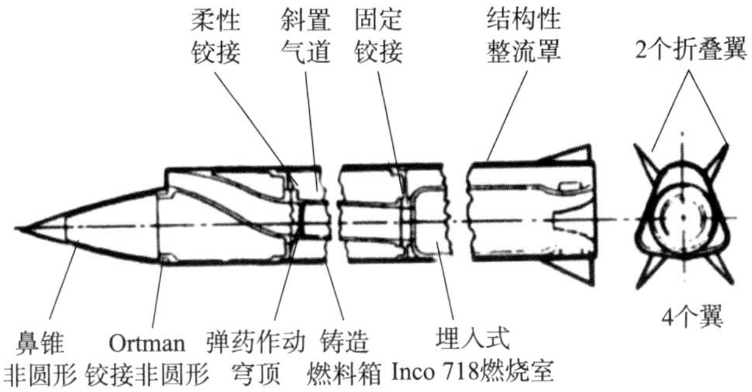

(a) 旧方案

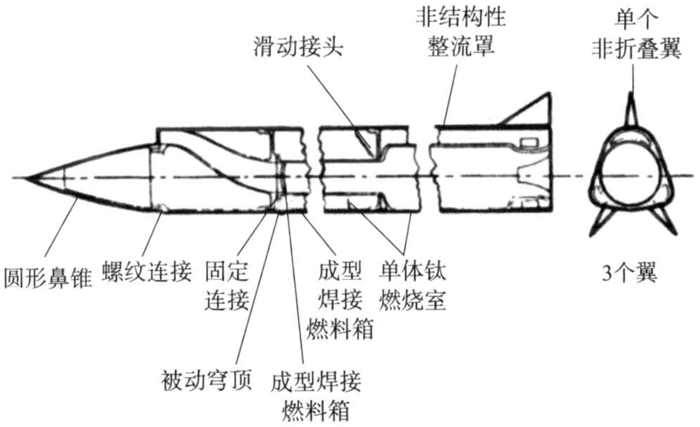

(b) 新方案

图 4－32　导弹结构简化[85]（马丁·玛丽埃塔公司许可转载）

4.12.5　一切为了一，一为了一切

一架战斗机最新型的导航吊舱已经研制成功，负责研发的军方部门意识到，在需要的产量下产品成本超出了项目经费，于是开展了潜在成本的研究工作。研究发现，吊舱的铸造是成本较高的主要因素。

每个吊舱有 32 个锻件，生产量为 500 个时的平均成本是 2 000 美元。后来的设计用 8

个综合铸件取代了这 32 个锻件。

练习 考虑一种应用，在第 4.3.1 中讨论的铸造工艺是否为最佳选择方案？

假设这 8 个铸件取代了 4 组每个成本 2 000 美元的锻件。利用第 4.3.2 节中的成本数据评估在生产量是 500 个吊舱时的单元经常性成本的节约情况。

4.12.6 像人一样行走的机器

这个案例研究的是用机器人来替代人力，节省劳动力的问题。一家军事机构负责研发一种全天候空中攻击武器，因此需要为导弹选择毫米波雷达进行目标捕获和跟踪。

一份为研发和生产而颁发的合同包含了定成本设计的要求和单元成本目标，大量的奖励费用与成本目标绑定，以确保其实施。

毫米波的要求使雷达子系统的生产设计工作的劳动力强度极大。组合件的平均体积小于 50 cm^3，且要求在 1/10 毫弧度内放置、调向和调节。这项工作不仅耗时且易出错。

毫米波组件是生产中的主要成本因素。投资一个价值约 1 百万美元的机器人似乎是恰当的选择，从回报来看能够实现成本目标。

购买了机器人，机器人出色地承担了导弹雷达子系统组合件的安装和集成工作。不幸的是，电子校准组合件这项工作完成得不是很好。

对于最小电压驻波比（VSWR）、最大增益和最小噪声必要但似乎不兼容的要求，需要进行多次迭代调整，以将阈值降至足够低的水平。机器人用于此操作的计算机程序总是进入循环，导致机器人振荡。

最终，机器人经历了相当于神经崩溃的过程，调节工作最后由人工完成。经过改进，在雷达子系统的最终组装和测试中，可以节省不到 25%的劳动力。

练习 研究几种劳动力密集型生产过程，分析其使用自动化或机器人的潜力。找出具有变化规则的重复操作，这些规则将影响自动化或机器人的使用，确定其在多大程度上可以不出差错地工作。

4.12.7 希望弹簧永恒

一家历史悠久的卧室家具生产厂家的床垫，开始不断遭遇来自零售商越来越多的退货。投诉的主要问题是床垫内的弹簧穿透出来了，问题可能是弹簧太硬了或者覆盖物太不结实了。

这两种可能都很令人困扰，因为弹簧是从特定供应商的公开库存中采购的，且该床垫生产线的设计也是基于供应商的弹簧规格，即洛氏硬度 C 标度为 50±10。另外，床垫的价格结构是基于公开库存螺旋弹簧的价格而不是专门的设计。

另外一种可能是设计问题或是弹簧没有达到技术规格要求。制造商希望是后者的原因导致的问题，这样需要修正的只是一个采购方面的问题。

但是，检查报告显示所有收回的床垫的弹簧都满足规范。对没有断裂的弹簧随机抽取了 50 个进行硬度测试。

硬度测试结果见表 4－49。大量数据显示制作弹簧的材料太硬，导致弹簧硬度增大。

表 4－49　硬度测试结果[87]

序号	硬度	序号	硬度	序号	硬度
1	53	18	42	35	59
2	50	19	50	36	53
3	58	20	51	37	53
4	57	21	41	38	54
5	44	22	47	39	50
6	45	23	55	40	56
7	60	24	51	41	60
8	55	25	54	42	59
9	51	26	60	43	49
10	52	27	54	44	54
11	53	28	47	45	53
12	56	29	59	46	51
13	48	30	52	47	49
14	51	31	55	48	58
15	46	32	60	49	60
16	52	33	58	50	47
17	49	34	50		

注:经马丁·玛丽埃塔公司许可转载。

练习　应用第 4.7.1 节中给出的过程状态确定表 4－49 中样品数据的过程控制状态。确定根据表 4－23 给出的标准，制造商应该接受的过程控制状态是哪个。

如果过程控制状态经验证可以接受，那么就要考虑床垫的设计问题了。如果过程控制状态经验证不能被接受，那么就要建议考虑对螺旋弹簧的采购做出调整。

参 考 文 献

[1] Martin Marietta Corporation, Design to Cost/Affordability Manual, 1986.

[2] RICHARD J. Schonberger, Japanese Manufacturing Techniques, The Free Press, New York, 1982.

[3-13] Martin Marietta Corporation, Design to Cost/Affordability Manual, 1986.

[14-32] Martin Marietta Corporation, Engineering Practices Manual, Mechanical. Volume 2, 1985.

[33-36] Martin Marietta Corporation, Design to Cost/Affordability Manual, 1986.

[37] G BOOTHROYD , P. DEWURST. Design for Assembly, Boothroyd & Dewburst, 56 Sheennan Lane, Amherst, MA 01002.

[38-41] Martin Marietta Corporation, Design to Cost/Affordability Manual, 1986.

[42] JACK V. Michaels, Parametric Approach to Testability, Proceedings of the 1988 International Conference. International Society of Parametric Analysts. Copyright 1988, Martin Marietta Corporation.

[43] Captain Dennis Gleason, USAF, Analysis of Buit - in Test Accuracy, 1982 Proceedings of the Annual Reliability and Maintainability Symposium.

[44-50] JACK V. Michaels, Parametric Approach to Testability, Proceedings of the 1988 International Conference. International Society of Parametric Analysts. Copyright 1988, Martin Marietta Corporation.

[51] L P SULLIVAN. Reducing Variability: A New Approach to Quality, Quality Progress, July 1984.

[52] JACK V. Michaels, Parametric Approach to Testability, Proceedings of the 1988 International Conference. International Society of Parametric Analysts. Copyright 1988, Martin Marietta Corporation.

[53-65] JACK V. Michaels, Tolerance Centering: The Quality Control Alternative, Proceedings of the 1988 International Conference, Society of American Value Engineers. Copyright 1988 Martin Marietta Corporation.

[66-68] NAVMAT P4855 - l Navy Power Supply Reliability, 1982.

[69-77] Department of Defense Directive >0. 34, Defense Production Management.

[78] Martin Marietta Corporation, Design to Cost/Affordability Manual, 1986.

[79] ROBERT H, HAYES , KIM B. Clark, "Why Some Factories More Productive than Others," Harvard Business Review, September - October 1986.

[80-82] THOMAS G. Gunn, Manufacturing for Competitive Advantage: Becoming a World Class Manufacturer, Ballinger Publishing Company, 1987.

[83-84] Theodore Taylor, Handbook of Electronics Industry Cost Estimating Data, John Wiley & Sons, 1985.

[85-86] Martin Marietta Corporation, Design to Cost/Affordability Manual, 1986.

[87] JACK V. Michaels, Tolerance Centering: The Quality Control Alternative, Proceedings of the 1988 International Conference, Society of American Value Engineers. Copyright 1988 Martin Marietta Corporation.

第 5 章　商务策略的选择

通过选择合适的商务策略可以大幅改善承包商的竞争地位和客户的议价地位。比如，在需要多个承包商协作的情况下，可以选择经典的主-分承包商关系之外的其他可选方案来提高竞争性。客户可以要求建立协作承包关系，由客户提供整合。承包商可以建立整合的合资企业，这个合资企业是由承包商专门为这个目的而设立的实体。两个方法任选其一都可以避免增加主承包商的负担和分承包商的成本，避免导致整个计划的成本增加。

本章陈述低成本生产的商务策略的要素，首先讨论和联邦政府进行商务往来的三个重要的问题，这三个问题本身就是商务策略的基本要素：采购过程中的最佳报价和最终报价，在国防部工业现代化的激励项目中的参与度，间接成本管理。在采取任何措施前，必须完全明白和前两条相关的举措可能带来什么后果。在协商合同的过程中，间接成本管理会是一个重要的问题，而且定成本设计的践行者必须理解这方面的政府成本管理规定。

随后本章讨论采购替代方案，并且以经典的总承包商和分承包商的关系为基线将这些替代方案进行对比。讨论既涉及客户和承包商的往来交易，也包括总承包商和分承包商的往来交易。

因此，下一节讨论需求的细化和对供应商的激励。由于承包商和分承包商在寻求商业机会的过程中时常转变角色，因此本章的观点应该对所有高科技组织都有价值。

后面关于“造或买”的讨论也普遍适用。讨论的是企业政策的含义和“造或买”决策的标准，并给出理性决策的建议。

本章给出几条确定进度的策略，这些策略有益于降低成本，更好利用资源，前提是能够理解并预测随之而来的风险。在给出策略之前，首先简要介绍了在这些策略中的进度管理技巧。

同理，能力规划也有益于降低成本、优化资源利用。因此，下一节介绍线性规划，线性规划在定成本设计和能力规划方面都有大量应用，是一个非常有力的工具。

库存对成本的影响巨大。如你所想，对待库存的策略不一，既有适用经济订单量的概念平衡库存和需求，也有日本人青睐的完全清除库存。关于库存策略提出了一些指导方针。

下一节的主题是对员工激励。“人才是最大的资产”，这句话特别适用于高科技企业，所以要尽可能早地建立对员工的“认可和奖励”体系，这对企业十分有利。

在对本章的内容进行总结之后，介绍了几个案例分析和实践经历，旨在强化本章的要点。通过介绍实践经历，读者可以将自身的经历、观点和案例分析中的事件联系起来。

5.1 最佳和最终报价

客户，特别是政府部门在购置过程中接近提案阶段尾声时常常会从竞争承包商获得最佳和最终报价。这种情况在研发询价中的普遍程度已经和在生产询价中的一样，甚至已经遍及固定价格领域。

这些客户的意向很明确：在某一项生产工作中，提高承包商在短期研发和加工成本中的份额。这个过程计划公开执行。报价方需要阐明他们是如何从最开始的报价变为最佳和最终报价，这样的目的是揭示报价方买入过程所做的努力。

对于一个特定的采购，最佳和最终报价的过程要重复两次或是更多次。再强调一遍，报价方需要详细说明他们是如何从之前的最佳和最终报价变为现在的最佳和最终报价的。

这样看来，这些客户希望确保在追求最低价格的过程中不牺牲关键的要求。

应该明白，最佳和最终报价的过程传达的只是预期，而不是后续工作的保证，除非涉及整个采购包。胜出的承包商的确在后续工作中享有竞争优势，但这个优势是用承包商的钱投资买来的，而且不含担保。

从承包商的角度和客户的角度来看，最佳和最终报价都有其他几个同样严重的后果。首先，在今天这样竞争市场环境下，毫无疑问，最初的技术和成本提案都是仔细考量过的，从工作内容角度切合实际地定价过的。提案中必须删除一些工作要素，根据最佳和最终报价把它们作为企业融资的主项。

通常，这样的删除发生在过程设计而不是产品设计中。前提是假定生产过程完成时，将会获得最佳的生产方式。遗憾的是，过程设计和产品设计在全尺寸工程研发中和在生产中一样不可或缺，过程控制的不足在两者中都同样具有危害性。第 5.12.1 节中的案例分析阐述了这个观点。

还需要留意最佳和最终报价过程中的心理因素。在一个数字，例如一个最佳和最终报价出现一段时间之后，人们开始相信它，而往往忘了这个数字的原始价值和改正后的数字演变的方式，随后问题开始显现。对于一个给定的采购，一系列的最佳和最终报价会加剧这些问题，这些问题在客户方和承包方同样普遍。

最佳和最终报价到达极端之后，必然会导致客户和承包商双输的局面。客户要确保承包商当前拥有保证最佳和最终报价的能力和资源。在最佳和最终报价过程中，承包商的措施应该和涉及的技术难关和需要的资金保障成比例。因此，不管是现在为了经济原因，还是未来为了信誉原因，在涉足新领域时都要坚定。

5.2 工业现代化激励计划

在过去 10 年，随着美国在国际竞争中明显败退，工业生产力问题深受各方关注，这也成为国防部在其工业承包基础方面关切的一个重要问题。

防务工业在很大程度上被看成是过时的、低效的、劳动力密集型的，而且排斥现代化的。原因主要被归结于国防部计划的高度不确定性和国防部基于成本的利润政策。

基于成本的利润政策意味着承包商的生产力提高可以在早期带来部分成本节约，但后续合同的利润空间会降低。该政策带来的结果是注重防务业的短期投入回报和资产管理趋于保守。

国防部发起了工业现代化激励计划，以帮助将承包商资源集中在产业现代化上，支持更多有成本效益的军事物资生产体系的发展。通过工业现代化激励计划的激励政策，促进承包商将自己的资金投资在各种可以降低采购成本的改善措施上。

工业现代化激励计划的主要激励是承包商的分成和投资的保护，这涉及政府的承诺，承诺在具体项目结束后从承包商购买资本资产的未折旧部分。在一些案例中，通过保证长期商务基础的投资成本回收来提供保护。然而，应当指出，超过 1 000 万美元的或有负债的计划应当得到包括美国国会的批准。

承包商可能希望把工业现代化激励计划看作对于某一具体计划领域的商务策略的一部分。政府在采购周期的早期就把工业现代化激励计划看作是采购策略的一部分，然而最终的决策取决于整个计划周期的资金情况。

通常，工业现代化激励计划是在三个阶段完成的，如图 5－1 所示。阶段Ⅰ是系统分析承包商的总体制造能力，确认功能系统的相互作用。一旦了解现有系统，就会得出这个计划最有成本效益工厂的概念性设计方案，同时能做到预期的成本节约。

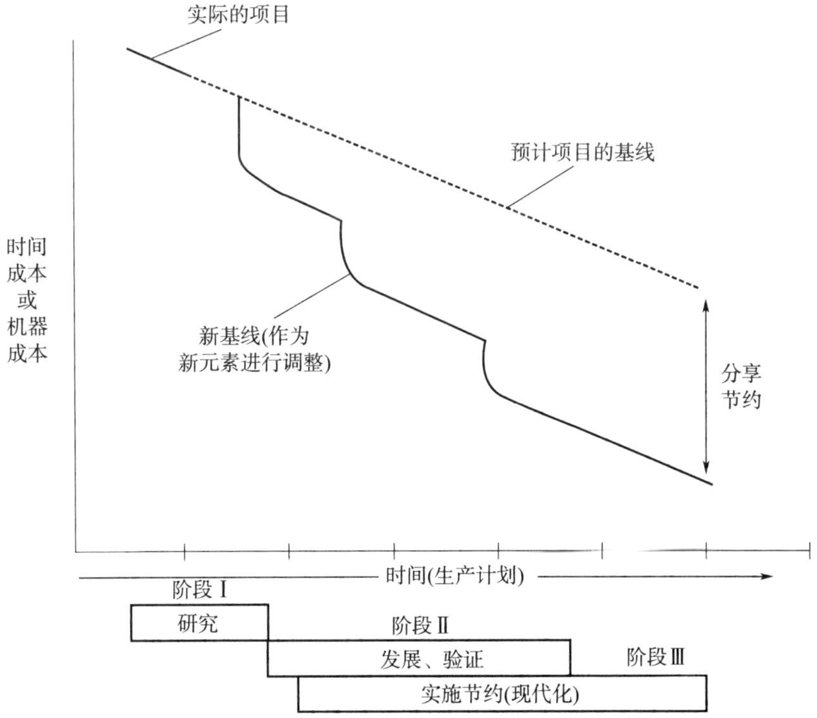

图 5－1　工业现代化激励计划[1]（来源：防务系统管理学院，《工业现代化激励计划》，1985）

阶段Ⅱ的目标是明确建造这个有成本效益的工厂所需的技术并落实到位。阶段Ⅱ的产出包括工厂的设计、购买计划、固定设备和支撑软件的安装。

阶段Ⅲ的目标是这个有成本效益的工厂的具体施工和上线。阶段Ⅲ包括此前提到的固定设备和支撑软件的购买安装，将单独的生产分系统整合到用于具体计划的优化系统。

图 5-1 所示的节约分成是工业现代化激励计划首要的合同激励。分成关系类似于实施的价值工程变更提案（见第 2.8.3 节），承包商获得的份额从 25%左右（前期政府提供资金或担保）到约 50%（政府不提供资金或担保）。

是否参与工业现代化激励计划不仅要考虑工厂的需求，还要考虑这个企业的长期规划。这涉及重要投资，应该用到第 6.7 节中所说的金钱关系的时间价值来进行时间成本-效益分析。

还要注意，工业现代化激励计划需要大量的金融分析和验证，政府在这些事务中既是调查方又是批准方。在参与工业现代化激励计划之前，要考虑这些工作的成本和它们在市场中可能带来的影响，在市场中几乎采用的是固定价格机制，而且通常没有这方面消息的披露。

5.3 间接成本管理

理解间接成本管理的概念至关重要，因为间接成本带来的服务是相关计划需要的或是整体业务需要的，这些服务本身对于所生产的产品的价值的直接贡献很少。

从客户的角度来看，这些服务的成本看似不必要，因此这个问题从根本上关乎间接成本中有多少应由客户承担。

在政府合同领域，间接成本通常被分为间接管理费用类、通用和行政类。间接管理费用支撑企业的特定部分或功能，而不是整个企业。举例来说，工厂维护属于“生产间接管理池”，另外，还包含质量控制支持。相反，计划支持、配置和数据管理通常被称为“其他技术服务”，属于“工程间接管理池”。

需要通用和行政类成本来支持整个企业，不能用逻辑分配给任何具体的成本目标分组。典型的通用和行政类成本包括行政工资、法律费用和会计费用。

“成本目标”是指一种具体的成本账目，例如针对产品的或是合同的。直接成本可以只有一个成本目标，而间接成本需要关联到两个或是更多成本目标。

通常把间接成本分配给成本目标的因素有：分配给生产的直接人力成本或工程间接管理费，分配给材料处理成本的直接材料成本，分配给通用和行政类成本的总成本。产生的间接管理费和通用和行政类比率用于：定价和议价，合同过程中的分期付款，承包商在财政年度末确定成本补偿合同的最终允许成本。

间接成本通常占国防部各部门合同成本的 1/3 到一半。从客户的角度来看，间接成本相对于期望的产品或系统的价值而言显得有些不必要，因此对其可分配性进行了大量的审查。定成本设计从业者应记住并用于确定政府接受能力的合理性和可分配性措施。

合理成本是指本质上和金额上不超过审慎行事的人在开展竞争性业务时可能发生的成本。一种成本可以分摊给一个合同，如果

1）可以根据所收到的相对收益分配给一个或多个成本目标。

2）这种成本是针对这个合同发生的。

3）这种成本有利于这个合同和其他工作，但应按照它们的收益比例合理分摊。

4）即使与任何具体成本目标的直接关系不清楚，但它对于企业的整体运作也是必要的。

应该认识到，许可性质问题是谈判远期定价（即未来财年）利率的基础，远期定价利率协议是固定价格合同场合中的最大成本驱动因素。在确定远期定价利率时评估的两个最困难的领域是提议的间接成本数量和相关分摊基础的合理性。这同样适用于与政府和分包商签订合同。

远期定价利率的谈判提供了影响承包商和分包商成本控制的最佳杠杆。在某些情况下，如果无法获得有利的远期定价利率协议，则应考虑合同延期、停工，甚至取消计划。

有趣的是，国防部已经开始审查国防部颁布的间接成本与以成本为基础的利润政策之间的关系（见第 3.2 节）。这是减少国防部承包商间接成本结构的持续举措的一部分。

表 5－1 列出了控制间接成本的原则，总结了国防部处理这些费用的方法。请注意，优先重点关注间接费用的预期定价（即协商未来定价）。作为其整体业务战略的一部分，防务工业有义务确保这些原则在各组织所要求的范围内得到体现。

表 5－1　间接成本控制原则[2]

预期定价	必须优先重视间接成本的定价；政府官员必须在承包商间接费用发生之前，采用公平合理的标准努力避免成本；通过合理的远期定价协议和政府与承包商之间协商的预先协议，实现最有效的成本控制
持续评估	有效的管理成本控制从远期定价开始，最终结算结束；必须不断评估远期定价预测的有效性，纠正此类预测的行动应由政府官员及时进行
商业基础	未来的业务预测对于开发准确的、具有成本效益的间接费用率非常重要，政府官员必须了解承包商用于测算间接费用分配基础的预算制度，远期定价协议的基础业务量应视为承包商认证的成本和定价数据
离散成本分析	间接费用必须逐个评估，重点放在管理决策的地方；必须避免过度强调历史成本的定价方法；评估工具，如成本、成本监测评估和运营审计应充分利用
人员成本	与承包商人员成本有关的因素包括员工人数、工资和薪金结构，以及附加福利计划，几乎占所有管理成本的 2/3；在不干涉行业集体谈判过程的同时，政府有责任确保防务合同的成本公平合理；承包商员工薪酬体系评估是评估这些成本的重要工具
会计系统	政府官员必须对承包商所使用的成本会计制度有透彻的了解；成本会计制度必须在可靠的收益基础上提供总额和单个项目的管理费用分配；政府官员也必须充分理解承包商管理会计系统，特别是当他们与管理费用规划和控制相关

续表

团队方式	最高管理层对团队方法的投入是绝对必要的。签约官员、成本和价格分析师、功能专家、计划经理、采购活动和合同审计员必须积极参与间接成本控制的各个方面，有效的沟通是至关重要的
政府的要求	政府官员应敏锐认识到政府的要求对承包商间接成本产生的影响。应通过招标审查程序来确保合同要求及其随行管理部门真正为计划目标做出贡献
承包商激励	政府官员在采用激励措施和技巧方面应当具有创造性，这点颇具挑战性，可以使承包商得以可靠地降低管理成本；这种激励措施可以包括合同激励费用结构、工业现代化激励计划、特殊生产力利润因素和来源选择因素
人员	有意义的间接成本控制只能靠个人的努力才能实现，最高管理者应确保有足够的人力资源应用于这个领域，不仅数量要充足，人才的能力也要满足要求。招聘、培训和留用合格人才是重中之重

来源：国防部副部长，《降低管理费用的倡议》，1984。

5.4 采购候选方法

增加竞争力并降低采购成本的备选方法有很多。用户经常用于降低成本的方案是主-从采购、辅助承包商采购、多源采购、跨级采购以及总包采购。而承包商经常用于增强竞争力的方法是协作和合资。

表 5-2 总结的是各种采购备选方案的优缺点，括号里的参考章节给出了更多的附加说明。表中包含了即时制概念，客户和承包商都能方便地使用这种方案。

评估这些替代方案，应该从项目概念开始贯穿到生产全过程，评估的基线是客户和承包商之间，总承包商和分承包商之间的业务连续性、业务相关性和传统业务安排模式。

5.4.1 基准

如上所述，出于比较目的的基准是一种经典的业务管理，需要选定总承包商，并由其从概念、研制到生产的各个阶段引领计划。本质上，在赢得概念和研制阶段的挑战竞争后，总承包商成为唯一供应商，这是由于顾客没有能力去维持总承包商和分承包商层面的平行采购能源的一次性成本。

表 5-2　各种采购备选方案的优缺点

备选方案	优点	缺点
基准(第 5.4.1 节)	最佳先例 成本最低 传统规则 行政管理简易	减少了竞争 成本较高

续表

备选方案	优点	缺点
主-从 （第 5.4.2 节）	增加了竞争 经常性成本较低	管理困难 配置管理困难 非经常性成本较高
辅助承包商 （第 5.4.3 节）	消除主要负担 成本较低	集成困难 工作份额分配 进度困难 软件困难
多源采购（第 5.4.4 节）	增加了竞争 供应增大 非经常性成本较低	管理困难 非经常性成本较高
跨级采购（第 5.4.5 节）	增加了竞争 非经常性成本较低	管理困难 进度安排困难
总包采购（第 5.4.6 节）	前期就确定成本	非经常性成本较高 风险较高
建立联盟（第 5.4.7 节）	较好的技术方案	分包商承诺 生产困难
合资企业（第 5.4.8 节）	较好的技术方案 成本较低	管理困难 集成困难
即时制采购（第 5.4.9 节）	成本较低	供应商承诺

主承包商利用各分包商的关键技术并完成所有功能集成。这种情况要求主承包商方要对任何所需的技术和设施进行大的投资，才能成为有资格的竞争者。进行这些投资的动机是出于对产品及其相关利润的预期。

客户方也需要大的投资。由于高科技研发中的不确定性，研发合同是典型的成本加激励费用或者成本加固定费用。然而，由于该方法具有广泛的历史和经验，这些合同对管理者来说相对容易管理并且常常表现出最小的技术风险。

下面章节将要描述的采购方案在政府承包领域被称为“创意采购”。这些替代方案的一些值得注意的应用是由政府同意的：

主-从采购：地狱火导弹

辅助承包商：“云雨”气象卫星

多源采购：主战坦克

跨级采购：潘兴导弹

总包采购：C－5A 飞机

建立联盟：联邦电信系统 TFS－2000

合资企业：多发射装置的火箭系统的末制导武器

5.4.2 主-从采购

“主-从”是一种采购技巧。在这种方法下，系统或复杂高科技产品（引领者公司，主方）的开发商和唯一生产者需要将必要的技术和数据库移交给客户选定的另一方（跟随者，从方），从而使该跟随者成为竞争的来源，甚至最终成为唯一的生产方。这种方法仅限于满足以下条件的情况：

1）引领者公司拥有必要的专门知识，能够为跟随者提供必要的帮助。

2）如果没有引领者公司的协助，除了引领者公司外，没有供应商可以满足客户的要求。

3）“主”公司需要提供的协助仅限于让“从”公司生产产品所必需的帮助。

4）客户保留批准主-从采购合同的权利。

主-从采购的方法值得作为竞争促进采购方式的考虑。进行这种安排时，应考虑表 5-3 所列的方案和经济问题。

主-从采购方法的优点是，它将部分或全部复杂系统或产品的生产转移到第二方。竞争决定了客户对采购最为经济的分拆。鼓励跟随者在引领者基础上有所提高，以提高成本效益和竞争态势。

表 5-3 主-从采购问题[3]

计划层面的问题
现实的年度购买数量和速率
制造的复杂性
制造的自动化程度
材料和劳动力的学习曲线
设计稳定性
专有数据和过程的重要性
主合同内容
设施要求
关键组件的多源采购
市场需求的多源采购
战争动员的多源采购
经济问题
技术转让的成本
生产资质的成本
减少数量基数的成本
失去学习曲线的成本
减少预期的利润
减少分配的负担
多源采购竞争
公司的财务稳定性

注：经马丁·玛丽埃塔公司许可改编。

从客户的角度来看，主-从采购观念的主要缺点是重复工装和其他生产项目的高昂的非经常性成本。从行业的角度来看，主要的缺点是缺乏专利数据的版税条款和许可协议中缺乏保护性条款。最后，当客户要求引领者给产品提供质保时，引领者和跟随者之间可能会出现问题。

5.4.3　辅助承包商

除了客户现在负责分承包商之间的进度和接口控制以及系统组件的整合之外，这种策略与承包商的合资企业类似。

在许多情况下，客户可以执行与其他公司的不包含硬件的合同来提供这些功能。

辅助承包商的主要优点是避免了主承包商的负担和利润。设计、记录和文件归档，以及辅助承包商之间的界面控制常常出问题，特别是在软件和硬软件的集成和测试中。然而，更为棘手的问题是如何加强遵守进度安排。

在辅助承包商关系中，还有其他形式的承包方面有更多的进度安排和超支事例。第 5.12.3 节的案例研究说明了这一点。

5.4.4　多源采购

本节从客户的角度讨论多源采购；然而，这些与承包商和供应商的交易也是相关的。

利润激励着企业家将其产品投入到市场竞争中。公司以廉价的方式制造和销售产品，以尽可能获得高的市场份额。为了实现这一目标，公司投资资金，而经营利润率不大。

客户希望有这样的市场力量为他们降低采购成本。

竞争通常会导致成本的降低，但偶尔也会导致整体成本的增加，这是由于需要引入其他供应商。仔细规划和对竞争风险敏感性的分析是必要的，以确保竞争确实能降低成本。每种情况都需要进行分析，以确定竞争投资是否真的会得到回报[4]。

表 5－4　列出了多源采购决策中需要考虑的因素。

第 5.5.3 节的案例研究说明了军方在这方面的经验。

表 5－4　多源采购决策中需要考虑的因素[5]

采购数量
生产时间
学习曲线的坡度
系统的复杂性
最先进的工艺
产品的其他潜在应用
需要私募资助研发的程度
转让独特的工具和设备的成本
供应商能力

续表

要采用的维护理念
生产提前期
可用供应商的数量类型
合同的复杂性

注：经马丁·玛丽埃塔公司许可改编。

表 5－4 中的几点需要进一步说明。学习曲线陡度越小，产品就越适应多源采购；学习曲线越陡，第二个来源与原始生产者相比就越不可能具有有效竞争力。系统越复杂，多重产品源之间的合作和联系越重要，系统对多源采购的适应性越差。

如果系统中采用的技术是最先进的，另一个公司就很难轻易地完成生产系统，除非原始供应商和其他供应商之间有非同一般的合作。

多源采购可能对系统的维护概念产生重大影响。只要同一类型的两个系统不相同时，保障维护系统的部件和人员就变得更困难，价格也更高。

原始生产合同越复杂，多源采购就越难实施。例如，在保修期间，可能需要保持所有产品来源方都具有在整个生命周期内执行保修工作的能力。

5.4.5 跨级采购

跨级采购是成功开发系统后，客户特别是联邦政府采用降低成本的方法。客户直接与分包商签合同，以获得之前主承包商分包出去的物品。

客户经常遇到的问题是技术数据包（TDP）不足以支持与原始分包商以外的供应商签订合同。与军方签订的管理规定是 DOD－D－10000B《图纸、工程及相关清单》。规范定义了以下三个级别的文件，但指定在具体合同中应用哪一级别是由采购活动决定的：

1 级：概念和开发设计

2 级：生产原型和有限的生产

3 级：生产

为了经济利益，通常在整个生产期间签订第 2 级文件合同。这种情况往往使主承包商和分包商之间可能存在的有限竞争环境永久化，并限制了跨级采购节约成本的潜力。

从主承包商的角度来看，应该注意的是，现在主承包商不承担责任，而客户承担了相应的风险。此外，主承包商应利用机会获得服务合同，以支持在技术数据包中缺乏额外的技术细节的突发情况。

5.4.6 总包采购

罗伯特·麦克纳马拉（Robert S. McNamara）在国防部制定了总包采购模式，将其作为主要系统采购、使用和支持的非常节约成本的策略。该方法是在计划开始之前，通过生产和支持（包括备件）在整个计划中以单一价格为基础，以总包的最低出价来签订整个项目合同。该方法曾运用在 C－5A 飞机上，价格十分昂贵。

公司固定价格与期权策略是总包采购的一种演变。总包采购用于开发和生产，而固定价格仅包括第一批生产和初始备件的固定价格合同，其中，包括部分后续购买的定价选项。一般来说，支持设备和使用备件不包括在内，而是由另一个指令根据单独的合同采购。

总包装采购和带期权的固定价格的主要问题是适应设计变更，其需求在鉴定测试期间才被发现，补偿外部环境带来的延迟，以及处理通货膨胀和升级。第 6.8.3 节讨论了后者的方法。

5.4.7　建立联盟

尽管北大西洋公约组织和欧洲共同市场内的国家之间已经签署了几项协作协议，但建立联盟主要是承包商的一种策略。建立联盟协议是法定承诺，决定各种工作的份额，决定团队获得合同时谁是主承包商谁是分包商。联盟协议通常是排他性的，这意味着联盟成员不会与其他竞争对手达成协议。

随着更多的公司获得深化的技术专长，而且联盟在技术上普遍都很优秀，这些协议越来越普遍。在计划的早期阶段，这种企业间的联姻服务于联盟成员的共同利益。

然而，这些关系在生产过程的竞争中很少能保持健康良性的状态。第 3.14.4 节的案例研究从国际层面上说明了这一点。

5.4.8　合资企业

尽管客户也尝试使用辅助承包商策略来节约成本，合资企业也是承包商的一种策略。

有时合资企业也被称为财团，是由两家或多家承包商发挥各自的优势联合完成的商业交易架构，不存在主-分承包商之间的惩罚成本。

在合资企业中，多个主级承包商以法律上规定的形式联合，为复杂系统的各个部分提供商定的投资和工作份额。由于能力基础广泛，合资企业具有较高的技术优势。

这一策略的一个变化是组建一家控股公司，负责集成和与客户对接。这往往会降低合资企业成员的一些法律风险。

美国和海外公司组建了这样的合资企业，通常是为了应对各自国家的合作协议。通常情况下，各国需要在合资企业成员之间进行技术交流，而这往往会造成问题。合资企业的关系随着生产的临近会变得很紧张。

5.4.9　即时制采购

即时制采购的概念是：即在工位需要时，零件和材料被直接且无时差地从供应商送到生产线上的工位。此外，零件和材料的质量应该足够高，使供应商运输后不需要进一步的检查。

从这个角度看来，即时制采购被称为“拉动系统”，而不是以经典采购方式为代表的“推动系统”，即接收、检验、库存和供给零件和材料。

即时制采购与下文和第 5.9.2 节讨论的称为“零库存”的制度有点同义。

即时制采购通过降低生产过程和库存等要素成本，成为降低成本和提高质量的有力工具。

日本率先采用，美国的一些制造商在美国汽车行业也采用，并获得优异的成果。

即时制采购的先决条件是拥有一群非常可靠的供应商，他们愿意对其交付的质量和及时性承担相当大的责任。即时制采购和即时制制造的实施需要主承包商对新的质量要求和第 4.5 节讨论的产品一致性概念的承诺。

第 5.9.2 节继续讨论零库存情况下的即时制采购。零库存的概念超出了即时制采购的范围，包括任何库存中的零件。当零件需要适应更高一级的产品组装时，可以被精确地加工。因为零部件和材料的支出比例很高，产生各种问题的大量在制品，当然还要准备大量的资金致力于采购库存和控制库存水平，因此，零库存的概念对于高科技企业尤其有吸引力。

5.5 传达给供应商

将要求和激励措施传达给分包商和主供应商，对于实现成本目标至关重要。政府政策要求在 10 万美元或以上的分包合同中进行价值工程的传达，如果获得授权，金额更少的合同也可以进行传达。对于定成本设计以及符合价值工程的主承包商和分包商之间的工作分额划分，政府通常要求提供需求流程并直接为此提供奖励费用和激励措施。

如果不承担外部任务，关键的一点是向分包商和供应商传递要求和激励措施，以确保最大限度地降低采购成本。要做到这一点，了解分包商和供应商之间的区别很重要。

分包商根据合同向买方提供符合规格的商品或服务。买方负责将这种货物和服务与其系统的设计和兼容性匹配；分包商负责质量和进度，但不对设计错误负责。

零售商根据买方简单的采购订单向买方提供货物或服务。买方仅负责这些物品适合于预定目的；供应商对来源于发明和专业知识的设计和性能负责，也对质量和进度负责。

5.5.1 需求的传达

招标书通常太笼统，缺乏传达所需的明确性。定成本设计的要求应当在分包商和其他主供应商的合同中有明确规定。

绩效的衡量和跟踪模式以及计算奖励和激励费用的方法应包括在要求中明确。

表 5-5 列出此类合同的定成本设计要求清单。在规定的要求和预期的结果中绝对不会有歧义。最重要的是，分包商或供应商应该不会对绩效如何评级有疑义。用数值分数评估绩效是适当的，以便计算奖励和激励费用。表 5-6 提供绩效评定准则和打分。

表 5-5 定成本设计要求清单[5]

定义合同要求
明确工作分解结构
明确非经常性和经常性成本要素
明确进度

续表

明确生产数量和速率
明确学习曲线和累计平均单元成本
定义测量模式
明确计划和生产数量和速率变化的调整
明确对通货膨胀和升级的处理
明确绩效评定和评分标准
明确关键测量里程碑
定义跟踪模式
明确报告频率
明确详细程度和格式
定义奖励和激励费模式
明确评估期
明确范式
明确成本和费用共享限制

表 5－6　绩效评定准则和打分[6]

等级	评定标准	得分
优秀	绩效超过了这一领域合格承包商预期的一般能力水平一大截,达到最高标准;展示出功勋卓著和值得注意的成就	96～100
中上等	绩效显著超过了这一领域的合格承包商总体能力水平;如果有,表现不佳的领域数量很少而且重要性很低	86～95
中等	绩效达到了这一领域合格承包商预期的大致一般能力水平。如果有,表现不佳的领域和重要性,与表现超过平均能力水平的领域大致相同	76～85
一般	绩效在整体上是足够的,但并没有达到合格承包商在这一领域的总体能力水平	66～75
不达标	在一些重要领域绩效欠缺	

5.5.2　激励的传达

供应商可以通过奖励金或激励措施被激励，这是两种不同的合同策略。两者可以同时在客户和总承包商之间的同一合同上使用，也可以在同一分包合同上使用。

激励金是基于承包商合同的各项要求，综合评估绩效、进度和成本后确定的。激励金不是承包商通过实现单一目标自动获得的费用。激励金评估既主观，又客观。

主观评价代表客户对承包商绩效的看法，并以表 5－6 中所定义的不达标（或差）到优秀的等级表示。鉴于成本目标的差异，评估的客观部分是成本效益的关键。在任何评估期结束时，把测算或实际成本与目标成本进行比较，客观评分是根据方差计算的。

激励措施安排高于合同中的任何激励金结构安排。典型的激励措施是按照成本分摊比例进行构建的，如图 5－2 所示。例如，70/30 表示客户高估或低估的成本份额为 70%，而承包商的成本份额为 30%。

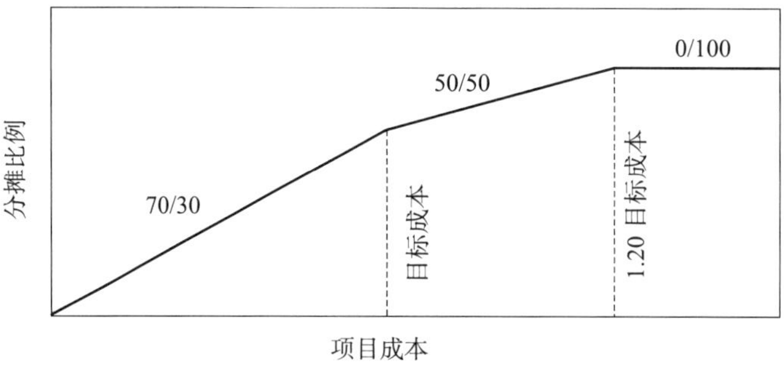

图 5－2　典型的成本分摊比例[7]（马丁·玛丽埃塔公司许可转载）

规定了成本高估上限，超过这个数值，承包商不能再嵌入成本。这个限额，被称为“总分摊点”，如图 5－2 所示，是协商目标成本的 1.2 倍。

向供应商传达激励措施，结果好坏参半，而采用激励金似乎更优。激励措施的相对较差的效果是由于自上而下安排的性质，一般以总承包商的节约份额的百分比表示。在节约份额层层传递到供应商之前，美元数额不足以激励大幅降低成本所需的努力。此外，主承包商对供应商销售价格的负担会使计算激励费用的成本基准上扬。

激励金安排相对较好的效果来自于明确工作份额比例，将其作为分配费用的依据。然而，这些安排本质上也是自上而下的，供应商可以获得的激励金会因成本加剧而被削弱。

采用自下而上安排的替代业务战略将大大有助于激励供应商加强降低成本的努力。关于价值工程，应该指出的是，联邦采购法规并不排除即时制合同中的自下而上的方法，只能在同时和未来的合同中应用。尽管受到限制，但供应商可以期待积极的回应，因为它们不一定涉及现在的合同和未来的合同。

5.6　造或买的决策

由于业务的性质，美国高科技行业造或买的决策通常是一个热门问题。高科技的大部分业务基础是对从国外获得的组件的组装、集成和测试。然而，该行业具有大量的模具投资，需要继续保持其技术优势。

投资的负担增加了开销，反过来又增加了竞争力。造或买的决策是将工件放在工厂车间或将低成本组件放在库房之间的权衡。一定数量的流程增值工作对于保持技术权威性和财务稳健性至关重要，但不应该达到成本不具竞争性的程度。但是，将所有工作全部放在外面，必然会增加间接劳动力的间接费用。

本节的重点是如何在功能、质量和负担能力方面解决“造或买”的最佳平衡问题。这个过程应该从公司政策的阐述开始，有利于正确的决策。然后，应该明确地制定“造或买”决策标准，作为计划以及公司内部职能部门和兄弟公司内的指导原则。

5.6.1 公司政策

“造或买”领域的公司政策尽管有利于公司的成长和盈利，有时却被认为对实现定成本设计的目标是有害的。以下建议可以作为将定成本设计视为与资本投资类似的创收资产的成本理性政策的基础：

在公司的能力范围内的制造、集成和测试操作，如果适合其设施，并具有成本竞争力，应该选择“造”。

在具体项目的时间框架内，制造活动不能在现有的设施上进行；有现在的标准、现货和品牌物品；有原料问题；其他公司专有的物品，应该选择“买”。

应该有一个常设的“造或买”委员会，以确保统一遵守政策和“造或买”的决策标准。此外，该委员会应与公司的其他部门保持联络，以确保在试图实现最具竞争力的优势时也考虑到它们的产品和服务。

5.6.2 决策标准

表 5-7 充分考虑了“造或买”决策标准，对于公司的所有职能部门来说都是强制性的，而不是只针对特定项目。此外，定成本设计经理和项目总监均应在“造或买”决策上签署姓名。

一旦做出“买”的决定后，重要的是采取积极和持续的努力，选择最具竞争力的合格供应商，并实施第 3.5.2 节讨论的供应商监督制度，以防止最后 1 min 不知所措。选定的供应商应该了解并表达在“新质量”的概念下执行的意愿。

表 5-7 “造或买”决策标准[8]

以前类似物品的制造经验
与规划的业务线、现有或计划的设施兼容、符合
造成劳动力负担，从而对负担率产生影响
了解现货性能的保留价值和内部现货的培训
与客户目标兼容
未来需求和市场预测
竞争考虑和特长
考虑比较成本和进度
生产阶段的变化特性
质量控制和产品可靠性方面
物品的易碎性、包装和运输问题以及成本
有能力的供应商的存在和可用性

注：经马丁·玛丽埃塔公司许可转载。

5.7 调度策略

时间就是金钱，这是一条公理，所以计划压缩理应降低产品或系统的总体成本。然而，真正的答案是什么，只有非常务实地安排项目计划、确保任何工作要素都没有被忽视，并且评估调整各项工作要素的时间对整体计划的影响后才能找到答案。

本节介绍作为这种调整和评估手段的进度计划和控制方法，然后探讨资源平衡、支付进度（与分包商）和最低成本调度的潜在经济性。

5.7.1 进度管理方法

进度管理需要规划和控制。尽管现在使用的方法有很多，最早的来源主要是两个不同的组织。

计划评估和审查方法（PERT）是由美国海军在 20 世纪 50 年代制定的，用于规划和控制“北极星导弹计划”。大约在同一时间，杜邦公司开发了用于化学工厂维护的规划和控制的关键路径方法（CPM）。计划评估和审查方法和关键路径方法都取得了成功，北极星开发周期减少了 2 年，杜邦路易斯维尔工程[9]的维护停机时间减少了 37%以上。

图 5-3 给出的是条形图、计划评估和审查方法、关键路径方法的比较，字母表示活动，数字是各项活动的持续时间。图中第一部分所示的条形图并没有显示活动和最终事件（圈内的数字）的优先级，与计划评估和审查方法、关键路径方法一样，这在图（b）和图（c）部分中显示。

虽然计划评估和审查方法、关键路径方法基于相同的概念，但在细节上有一些差异。计划评估和审查方法进行评估时使用的是对活动持续时间，以及构成一系列活动的不同路径（包括“悲观的”“与预期相符的”和“乐观的”）的概率预估，而关键路径方法被认为是确定性的，因为它使用一个常数的活动持续时间。关键路径方法虽然通常以图 5-3 中（c）部分所示的形式表述，但强调网络中的关键路径，计划评估和审查方法通常以图（b）部分的形式出现。在任何一种情况下，粗线表示关键路径，并且形式可以互换使用。

经典计划评估和审查方法的显著差异是每项活动出现三次估计时间，而不仅是一次。例如，在图 5-3 的（b）部分中，对于该活动的持续时间，符号 E 下的乐观、与预期相符的和悲观估计值，分别为 0.8、1.0 和 1.2。

开发计划评估和审查方法、关键路径方法的网络过程包括活动分析、箭头图和路径枚举。后一步揭示的是网络的关键路径。

（1）活动分析

活动分析的目的是阐明组成计划的各个活动的相互关系。通过回答以下问题来完成：

1）需要执行哪些活动？

2）每个活动的持续时间是多长？

3）哪些活动在其他活动之前呢？

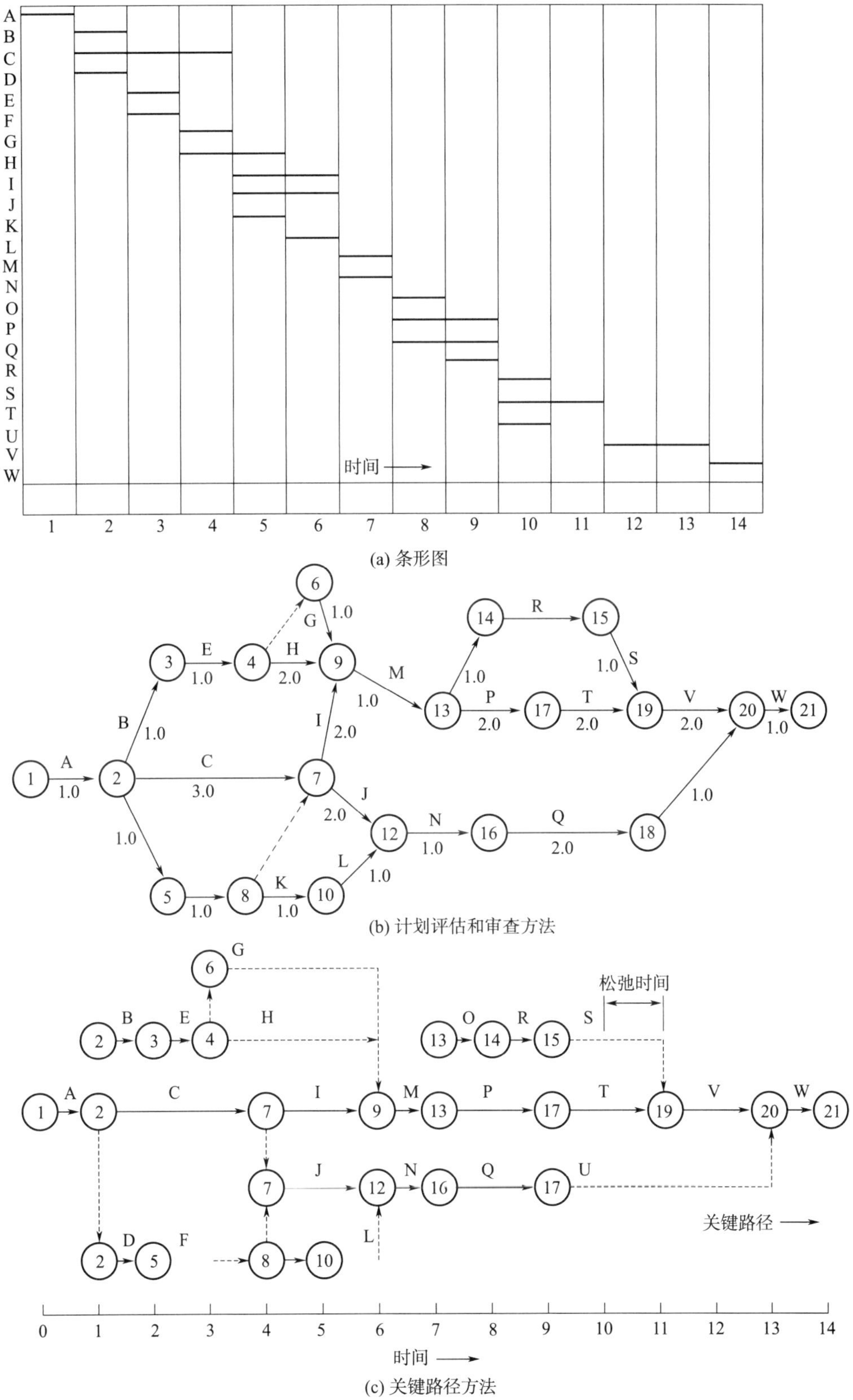

图 5-3　条形图、计划评估和审查方法、关键路径方法的比较[10]（约翰威利父子公司许可改编）

4）哪些活动在其他活动之后呢？

这些问题的答案以表 5－8 中给出的形式展示。第三个和第四个问题的答案可能会显得多余；然而，在它们的基础上绘制“箭头图”，并且对活动和优先顺序列出的事项进行检查。表 5－8“持续时间”栏中的时间单位应与具体计划中估计和收集成本的方式一致。

表 5－8　活动的优先顺序和持续时间

活动	持续时间	前一个活动	后续活动
a	0	无	b
b	4	a	c
c	3	b	d、f、r
d	4	c	e、i、j
e	6	d	p
f	1	c	g、h
g	2	f	j
h	3	f	k
i	2	d、g	k
j	4	i、j、h	k
k	10	k	l
l	3	l	m、n、o
m	1	l	r
n	2	l	r
o	3	e	s
p	2	p	q
q	1	b	v
r	1	c	v
s	2	o、t	x
t	3	m、n	s、v
u	1	t	x
v	2	q、r	w
w	5	v	x
x	0	s、u、w	无

（2）箭头图

箭头图描绘构成网络的各种活动之间的优先关系。通常的做法是从后往前列出各项活动，勾划每一个连续的、直接连接前一个的活动，直到达到没有前者的网络开始。反过来说，可以通过描述每个连续的直接后续活动来勾画网络，直到到达没有后者的网络的末端。

网络中的活动终止于称为“事件”的节点。如图 5－4 所示，有时需要引入虚拟活动和事件，以消除优先级的歧义。

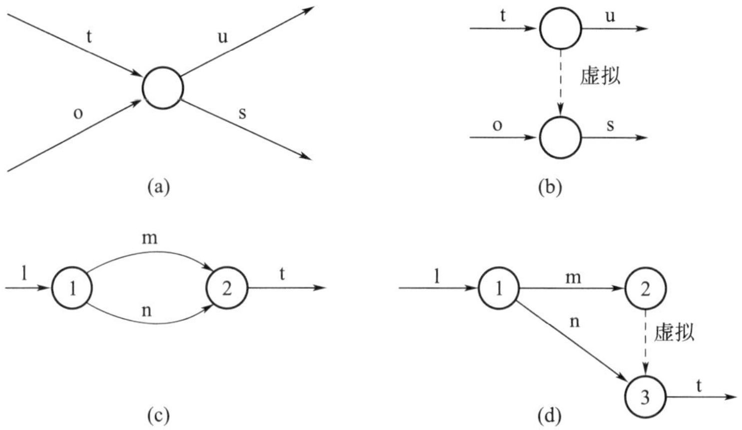

图 5－4　计划评估和审查技术中的虚拟活动和事件[11]（约翰威利父子公司许可改编）

将图 5－4 中部分（a）的安排转换为部分（b）的安排，揭示 u 和 s 活动正确的前者。与此类似，将部分（c）转换为部分（d），澄清活动 m 和 n 的结束事件。该步骤的最终结果如图 5－5 所示。这是表 5－8 中列出的活动和优先权的计划评估和审查技术图。

（3）路径枚举

图 5－5 表示出从开始事件 1 到结束事件 20 进程的许多备用路径。路径枚举的方法只是将每个路径所需的总时间相加。需要时间最长的路径是关键路径。关键路径由图 5－5 中的粗线表示，需要 34 个单位时间。相对于关键路径，网络的其他路径和节点存在松弛。松弛分析为资源调配、付款进度和最低成本调度提供基础，这将在下面讨论。

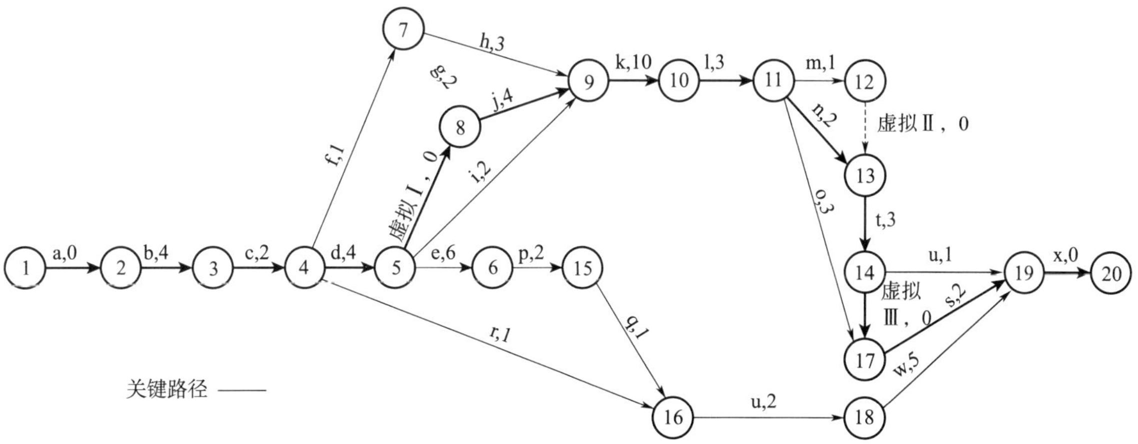

图 5－5　绩效评估和审查技术示意图[12]（约翰威利父子公司许可改编）

5.7.2 资源调配

网络中的关键路径用于确定为准时结项而必须按时完成的任务。这个说法的推论是，网络中的关键路径需要最长的时间才能完成。

不在关键路径上的活动有一些松动或浮动的时间，可以延迟而不会对计划产生不利影响。非关键路径活动中的一些资源可以被集中到关键路径上并加速那些活动的完成。

图 5-6 和表 5-9 表示出资源调配的应用。该图是以关键路径方法的形式呈现的假想网络的一个小片段。关键路线由粗线表示，由活动 B 和 E 组成。

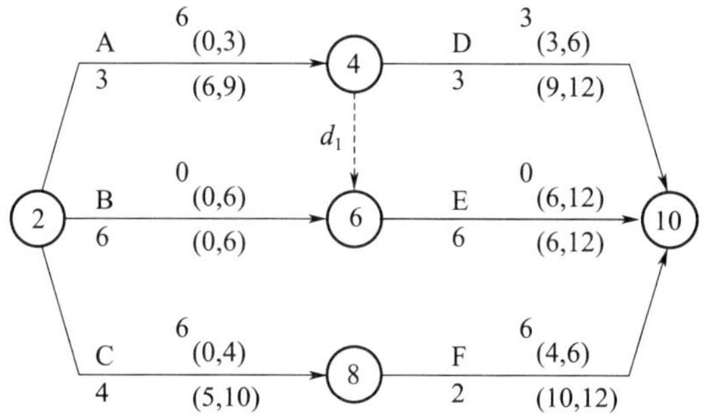

图 5-6　资源调配的关键路径方法网络[13]（约翰威利父子公司许可改编）

节点或事件的松弛仅仅是事件发生的最后时间，而不影响关键路径，使最早发生的时间减少。活动中的松弛等于活动可以完成的最迟时间（也不影响关键路径），而不是最早完成的时间。

图 5-6 中的事件以圈内的数字表示，各种活动以大写字母表示。活动字母和路径行下方的数字是相应活动的持续时间。

路径行上方圆括号中的数字是相应活动的开始时间和结束时间，括号中左上方的数字是相应活动中的松弛时间或浮动时间。请注意，后者在关键路径上为零。最后，路径行下方括号中的数字是资源调配产生的开始时间和结束时间。

表 5-9 上半部分描绘的是，从 13 个工作日的高峰到 4 个工作日的低点的原始劳动力负荷。表的底部表示的是资源调配的结果。除了第一天和最后几天，劳动力负荷在 9 个工作日不变，避免加班或增加工作人员的代价。还要注意，关键路径上各种活动的劳动力负荷并不减少。

5.7.3 付款进度

资源调配的理由和方法同样适用于供应商的工作安排及其完成工作或交付项目的支付进度。考虑到在采购上花费的高科技产品成本的比例很大，现金流和总计划成本大幅度下降是可以实现的。

在付款进行的过程中，有必要与各供应商达成一个先期协议，明确采购订单或分包合同中每个阶段的完成比，以及根据资源调配确定的交付周期。

表 5 - 9　资源调配工作表[14]

活动	正常时间(天)	人・日	正常人数	最少人数	最少人数实干天数													总数
					1	2	3	4	5	6	7	8	9	10	11	12		
A	3	15	5	3	5	5	5											
B	6	24	4	4	4	4	4	4	4	4								
C	4	16	4	1	4	4	4	4										
D	3	9	3	1				3	3	3								
E	6	24	4	4							4	4	4	4	4	4		
F	2	12	6	4					6	6								
总数	人・日	100			13	13	13	11	13	13	4	4	4	4	4	4	=	100
A	3	15	5	3		3	3	3	3	3								
B	6	24	4	4	4	4	4	4	4	4								
C	4	16	4	1	2	2	2	2	2	2	2	2						
D	3	9	3	1							3	3	1	1	1			
E	6	24	4	4							4	4	4	4	4	4		
F	2	12	6	4									4	4	4			
总数	人・日	100			6	9	9	9	9	9	9	9	9	9	9	4	=	100

图 5－7 说明了付款进度的概念。粗线代表当前的进度情况和目前向供应商付款的时间。在每个活动框中显示每个活动的价值，以采购订单或分包合同的百分比表示，框右上角的日期是日程表活动的完成日期。

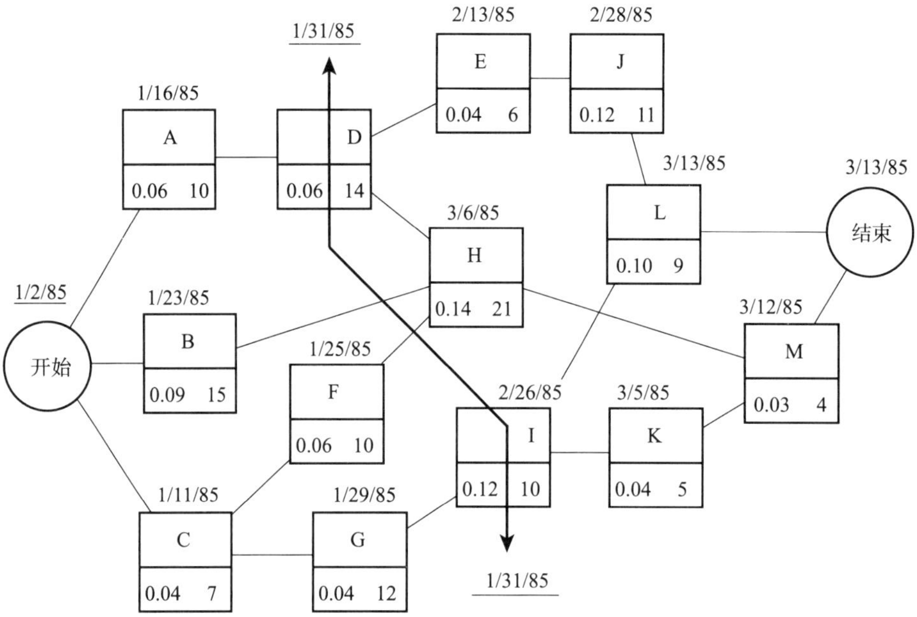

图 5－7 付款进度示例[15]（约翰威利父子公司许可改编）

进度线显示，从供应商获得的价值是活动框 A、B、C、D、F 和 G 所描述的百分比，以及部分 D 和 I 活动的百分比。通过这种安排，现金流可以最小化，采购节约最大化。

5.7.4 最低成本调度

最低成本调度的基本原理是，加速关键路径活动使直接成本增加一个相对较小的量，却能使整个项目的间接成本（间接费用）降低，降低幅度远远大于加速成本。该方法本质上是一种进度压缩。

关于进度压缩与直接成本增加之间的线性关系的假设是一个主要的风险成因。线性关系假设，即一个单位的进度压缩会导致一个单位的直接成本增加，也就是，x 个单位的压缩会导致 x 个单位的成本增加可能显著脱离实际。因此，建议只把经过验证的成本测算关系式用于最低成本计划。

图 5－8 和表 5－10 说明的是最低成本调度的应用。该过程通过以下步骤进行：

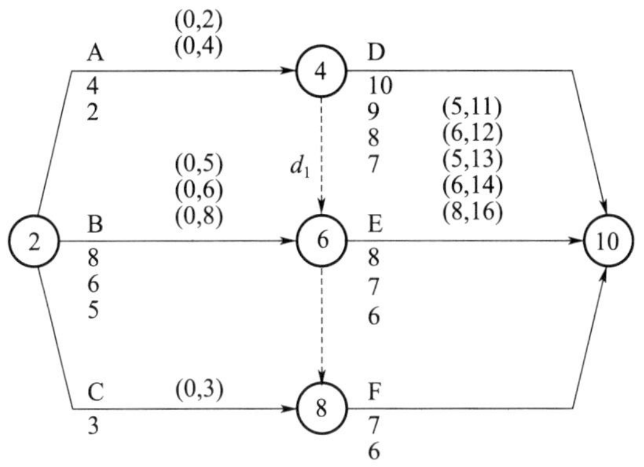

图 5－8　最低成本调度示例[16]（约翰威利父子公司许可改编）

表 5－10　最低成本调度工作表[17]

活动	成本(美元)		持续时间(天)		差值(美元)	持续时间差值(天)	美元/(天)	天数	削减		
	意外	正常	意外	正常							
A	500	400	4	2	100	2	50				
B	980	800	8	5	180	3	60	2	1		
C	700	600	3	2	100	1	100				
D	600	500	10	6	100	4	25		1	1	1
E	950	800	8	6	150	2	75			1	1
F	1000	700	7	4	300	3	100				1
					项目持续时间		16	14	13	12	11
					减少的天数			2	1	1	1
					美元/天			60	85	100	200
					成本增加			120	85	100	200
					直接成本		3 800	3 920	4 005	4 105	4 305
					间接成本		1 600	1 400	1 300	1 200	1 100
					总成本		5 400	5 320	5 305	5 305	5 405

注：经约翰威利父子公司许可改编。

1）图 5－8 显示一个由活动 B 和 E 组成的关键路径，持续时间为 16 天。根据表 5－10，每天花费 60 美元来缩短活动 B 和每天花 75 美元来缩短活动 E。

2）活动 B 缩短了 2 天，从而将计划时间从 16 天缩短至 14 天。将直接成本从 3 800 美元增加到 3 920 美元，将间接成本从 1 660 美元降至 1 400 美元，将计划成本从 5 400 美元降至 5 320 美元。

3）由于步骤 2)，现在有由活动 A 和 D 以及活动 B 和 E 构成的两条关键路径。这种方法是将活动 D 和 B 每个活动缩短 1 天，将计划持续时间缩短到 13 天，计划成本为 5 305 美元，见表 5－10。

4）还有两个关键路径，分别由活动 A 和 D 以及活动 B 和 E 构成。然而，活动 B 处于异常时期，所以活动 D 和 E 每个活动缩短 1 天。计划期限缩短为 12 天，计划成本仍为 5 305 美元。

5）见表 5－10，下一次缩短的尝试导致计划成本增加到 5 405 美元。该活动应在 3）步或 4）步终止。

5.8 能力规划

能力规划是从两个角度最大限度地提高负担能力和盈利能力的重要因素：从短期来看，它可以确保制造具体产品的材料、劳动力和其他资源以最具成本效益的方式加以利用；从长远来看，可以确保最佳的资本投资策略和最大的投资回报率与组织的长远规划一致。

本节概述作为能力规划推荐工具的线性规划。线性规划给出的是一种用于在竞争性替代应用中分配有限资源的分析方法，从而实现一些预定目标，例如，使成本最小或使利润最大。表 5－11 列出的是线性规划的一些广泛应用。

表 5－11　线性规划的应用[18]

在备用机器路线可用于最大限度地提高产量或利润，或最大限度地降低增量成本的情况下，分配生产设施
将有限资金分配到各种库存物品中，以尽量减少不到最佳库存水平的损失
混合问题的解决方案以最大限度地降低成本
在公司政策和能力限制内，实施“造或买”决策，使利润最大化
使用库存波动和加班工作来消化随机和季节性负荷变化，安排生产进度，以满足销售预测
通过确定切割组合来最大化材料利用率，这些切割将提供所需的不同尺寸的量，并具有最小的修剪损失

线性规划的主要限制是要求关系为线性。然而，通常直线关系在大多数情况下足够近似，并且可以假定线性精度损失较小。

5.8.1 线性规划

线性规划模型由决策变量、目标函数和约束三个部分组成。决策变量取决于寻求线性规划解决方案的问题类型。它们通常涉及在成本最小化问题中分配的资源或利润最大化问题中要生产的单元数量。

目标函数是通过线性规划解决方案优化的单个目标的数学表达式。可以用 $P=$ 60.0x 美元＋ 45.50y 美元＋72.00z 美元代表利润最大化的形式表示，或者为了成本最小化，用 $C=10.50x$ 美元+ $9.00y$ 美元+ $12.50z$ 美元表示。符号或字母 x、y 和 z 表示每种生产类型消耗的资源，或生产的每种类型的单元数，并且是决策变量。在目标函数和约束中都出现相同的决策变量。

约束是有待于优化的目标函数的基本规则的数学表达式。它们通常表示为不等式［即等于或小于（符号≤）或等于或大于（符号≥）］，等式如果适用，也可以采用等式。约束的典型形式可以以 $2x+5y+3z\leqslant 100$ 或 $2x+5y+3z\geqslant 100$ 表示，表示对于每两个单元 x、五个单元 y，和三个单元 z 必须生产，并且在第一种情况下，所生产的所有类型的总数必须≤100，或者在第二种情况下必须≥100。

有许多解决线性规划问题的方法，包括系统的试错法、图形解法和单纯型算法。系统的试错法应限于非常小规模的问题。图形解法根据过程的性质限于三个决策变量，但适用于广泛的应用场景。通过提供迭代算法来收敛于最优解，单纯型算法比其他方法更为通用和强大。

以下对图形解决方案的讨论演示了单纯型算法的基本用法。单纯型算法放大的详细内容可以在 N. Paul Loomba[19] 的线性规划的经典作品中找到。

5.8.2　图解法

以制造洗衣机和烘干机的工厂为案例说明图形解，该案例中希望优化产品的比例，以实现最大的利润。也就是说，在表 5-12 约束内，假设生产多少就能销售多少，每种产品应在每个月内生产多少个。

表 5-12　图形解法的约束[20]

部门	洗衣机	烘干机
冲压	10 000	或 10 000
电机或变速器	16 000	或 7 000
洗衣机集成	9 000	
烘干机集成		5 000
每单元利润贡献	90 美元	100 美元

注:经约翰威利父子公司许可改编。

有两个决策变量：要生产洗衣机的数量和烘干机的数量，分别由符号 x 和 y 表示。这构成二维线性规划问题。

恰当的做法是，首先以约束方程的形式设定对问题的限制。对于洗衣机组装部门和烘干机组装部门，分别为

$$x \leqslant 9\,000 \tag{5-1}$$

$$y \leqslant 5\,000 \tag{5-2}$$

这些约束被绘制为图 5-9 中的水平线和垂直线，图中两条线的交叉形成的左下方区域称为“可行区域”，问题的解决方案必须在于该区域满足集成能力的约束。

接下来，冲压、电机和变速器部门的限制以不等式得出。对于冲压部门，这是

$$x + y \leqslant 5\ 000 \tag{5-3}$$

式（5-3）描述，如果要生产 10 000 台洗衣机，则不能再生产烘干机，或者如果要生产 5 000 台洗衣机，则可以生产 5 000 台或更少的烘干机。

同样，电机和变速器部门能力限制的不等式为

$$1.437\ 5x + 3.285\ 7y \leqslant 23\ 000 \tag{5-4}$$

式中，约束 1.4375 和 3.2857 来自（16 000 + 7 000）÷16 和（16 000 + 7 000）÷7 000。

式（5-4）描述，如果生产 10 000 台洗衣机，那么

$$1.437\ 5 \times 10\ 000 + 3.2857y < 23\ 000 \tag{5-5}$$

$$y < (23\ 000 - 14\ 375) \div 3.2\ 857 < 2\ 625 \tag{5-6}$$

然后将式（5-3）和式（5-4）绘制为图 5-9 中的叠加。纵坐标和横坐标上的截距通过交替设置等式中的 x 和 y 等于零，以求解其他值，在式（5-3）中，当 $x=0$ 时，$y=10\ 000$，当 $y = 0$ 时，$x = 10\ 000$。在式（5-4）中，当 $x = 0$ 时，$y = 7\ 000$，当 $y = 0$ 时，$x = 16\ 000$。

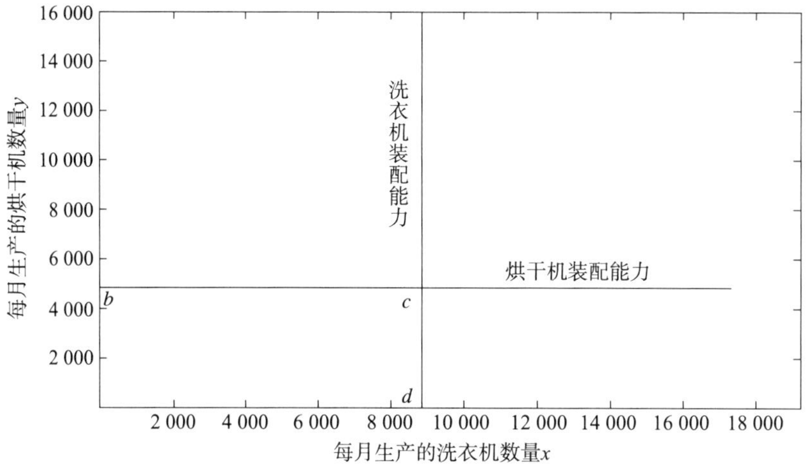

图 5-9 装配能力约束[21]（约翰威利父子公司许可改编）

结果如图 5-10 所示。可行区域现在由代表能力的四个约束的四个不等式描述。不等式符号（例如，⩽）是方便的助记符，用于记住可行性区域在左侧和图形下方的不等式。

下一个要考虑的是目标函数，将 $90x$ 美元$+100y$ 美元的值最大化。目的是覆盖图 5-10 中的目标函数，使目标函数与图中可行区域的最外点 f 相交。完成后，目标函数与纵坐标和横坐标的交点 y 和 x 的值使利润最大化。

这可以通过首先确定目标函数的斜率，然后构建具有该斜率的一系列图，直到其中一个图与点 f 相交为止。该过程是任意假设一些利润 P 的值，并且通过在下面交替地设置 x 和 y 等于零，来求解 x 和 y

$$P = 90x \text{ 美元} + 100y \text{ 美元} \tag{5-7}$$

假设 $P = 450\ 000$ 美元，当 $x = 0$ 时，$y = 4\ 500$ 美元，当 $y = 0$ 时，$x = 5\ 000$ 美元。

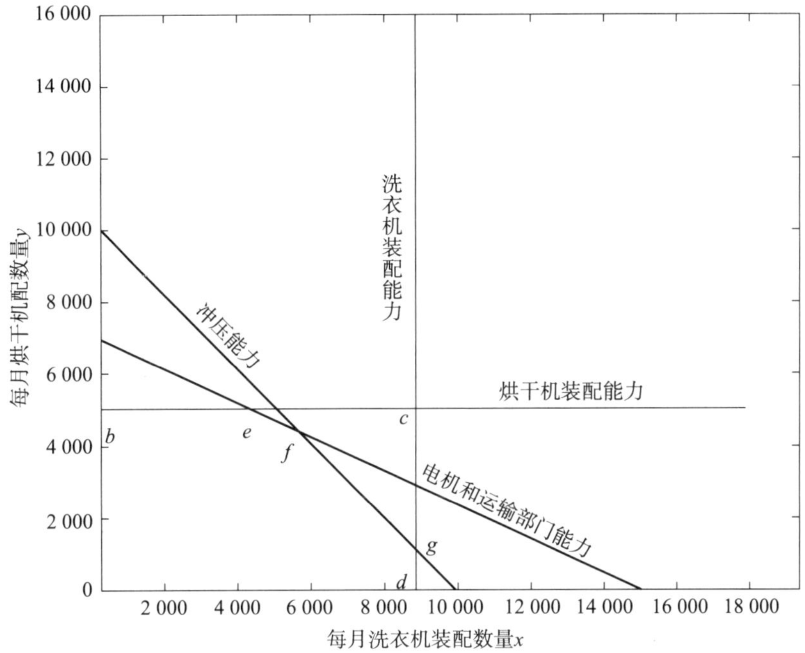

图 5-10　其他能力约束重叠（约翰威利父子公司许可改编）

假设 P =63 000 美元，当 $x=0$ 时，y =6 300 美元，当 $y=0$ 时，x =7 000 美元。假设 P =900 000 美元，当 $x=0$ 时，则 y =9 000 美元，当 $y=0$ 时，则 x=10 000 美元。

这些 x 和 y 的值用于绘制图 5-11 所示的三个目标函数。这些图被称为“非盈利线”，因为它们彼此平行。目标函数旨在最小化成本，这些图将被称为“成本等高线”。

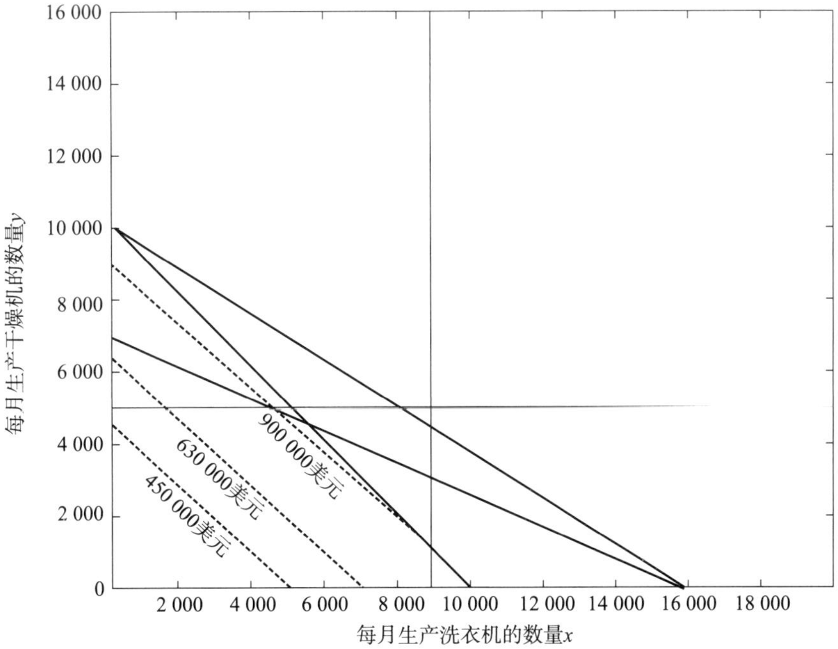

图 5-11　利润等高线图[23]（约翰威利父子公司许可转载）

继续执行该过程，直到获得 $P = 946\ 670$ 美元的假定值，当 $x=0$，$y= 4\ 667$，当 $y = 0$ 时，$x=5\ 333$，一条线在可行区域上恰好与点 f 相交。然而，优选的方法是，同时解决在点 f 相交的两个不等式［式（5－3）和式（5－4）］，因为在这一点上，并且仅在这一点上它们各自的 x 和 y 的值相等。

同时解式（5－3）和式（5－4），得到 $x= 5\ 333$ 和 $y = 4\ 667$，或以图形的方式获得这两个值。因此，当这些数量的洗衣机和烘干机出售时，实现利润为 90 美元（5 333 美元）＋ 100 美元（4 667 美元）或 946 670 美元。

将图形解扩展到三维线性规划问题，即具有三个决策变量的线性规划问题是非常可行的。除了图形的物理演绎之外，可以使用的约束数量没有限制。总是只有一个目标函数，无论是最大化利润还是最小化成本。

5.9　库存策略

正如时间是金钱，库存也是如此。渐进的定成本设计方法也将库存经济性看作是实现负担能力与盈利能力的附加手段。

过去几十年利率波动，资本成本高昂，导致了对库存及其相关成本的态度也发生了改变。库存包括等待转换成装配和成品的原材料、在工序中的组件和产品，以及包括等待交付的物品和用于服役、维修备件的最终完成的工件。

将库存减少到实时维持生产操作所需的绝对最小值的能力受到内在因素和外在因素的限制。前者的一个例子是制造微波集成电路，例如，IMPATT 二极管在整个生产过程中产量极低，需要大量的原材料和在制品。后者的一个例子是季节性需求的产品，例如，空调需要大量成品库存。

然而，在两个极端情况下，都需要优化库存成本、运营需求和市场需求之间的平衡。这类似于寻求以下问题的最佳答案：

1）什么时候应该订购具体的物品？

2）应该订购多少物品？

3）采购成本是多少？

4）持有成本是多少？

5）最低库存水平、平均库存水平和最高库存水平将是多少？

本节的初步目标是确保对经济订单数量概念的基本了解，作为解决库存相关压力的工具。在这个基础上，介绍即时制采购的理由和方法。日本人在即时制采购方面有非常成功的经验，即时制采购的典型例子就是零库存。

5.9.1　经济订单数量

提出经济订单数量的概念的目的是努力优化并平衡驱动库存成本增加的力量。经济订单数量的首要担忧是库存水平，因为这是各种对应力量的共同点。

图 5－12 说明的是一个给定的运营需求库存量和订货策略。该图的第一部分将 2 400 个单元的年度要求 R（或平均每月 200 个）与订购批量 Q（为 200）关联。平均库存水平是订购数量的一半，即$\frac{Q}{2}=100$ 个单元。

图 5－12 的（b）部分显示的是订购批量大小为 $Q=150$ 个单元时的影响。可以看出，平均库存水平与同时订购的单元数量成正比。

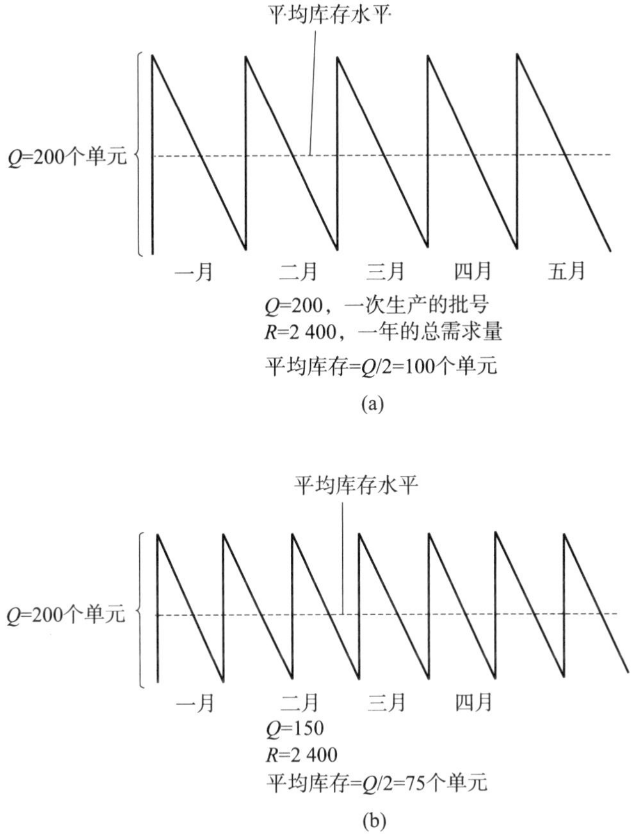

图 5－12　订购批量规模对库存商品的影响[24]（约翰威利父子公司许可转载）

由于库存水平影响持有库存的增量成本，库存成本与订货批量规模 Q 成正比。此外，对于每年订购单元数量恒定的情况，订单增量成本随着订单数量的减少而增加。

在图 5－12 中可以看出，如果 Q 减半，那么平均库存水平也将减半。如果单位库存持有成本 C_H 每年为 0.60 美元，则年增量持有成本为

$$\left(\frac{Q}{2}\right)C_H=\left(\frac{Q}{2}\right)0.60\text{ 美元}=0.30Q\text{ 美元} \qquad (5-8)$$

通过在此方程式中替换各种 Q 值获得的结果，提供构建下面讨论的经济订单数量模型所需的曲线之一。

准备采购订单 C_P 的增量成本可以以类似的方式编制。每年制订的订单数量由$\frac{R}{Q}$确定，

其中，R 是总年度要求。对于图 5－8 中的数据，$\frac{R}{Q}=2\ 400$。假设 $C_P=20.00$ 美元，将得到以下等式

$$\left(\frac{R}{Q}\right)C_P=\frac{2\ 400\times 20.00}{Q}\text{美元}=\frac{48\ 000}{Q}\text{美元} \tag{5-9}$$

通过在该方程中，以不同值代入 Q 而获得的结果是构建经济订单数量模型的下一步骤。图 5－13 表示的是该方程和上述方程的图，以及来自两个方程对应各种 Q 值的结果的总和。

可以看出，当订单批量规模 $Q=400$ 时，该示例的最低总成本占优势。现在可以将以下总体增量成本 C_T 的更一般关系视为

$$C_T=\left(\frac{Q}{2}\right)C_H+\left(\frac{R}{Q}\right)C_P \tag{5-10}$$

从该方程式可以得出以下最优数量的方程式

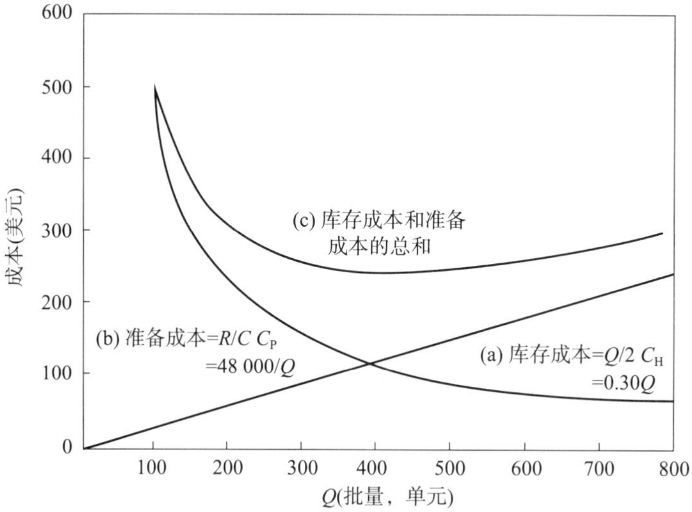

图 5－13 经济订单数量模型[25]（约翰威利父子公司许可改编）

$$Q_0=\frac{\sqrt{2RC_P}}{C_H} \tag{5-11}$$

将此方程应用于前面的示例，得到

$$Q_0=\frac{\sqrt{2\times 2\ 400\times 20.00\text{美元}}}{0.60\text{美元}}=400 \tag{5-12}$$

这是图 5－9 所示的最佳数量。

前面的例子只是部分解决影响库存相关成本问题的各种对立力量，但它可以作为其他因素的一个榜样。尤其要考虑数量折扣和通货膨胀等外在因素，生产线建立时间和学习曲线等固有因素。

5.9.2 零库存

零库存是将即时制作为采购战略的终极实现。如第 5.4.9 节所述，零库存的概念对高科技企业尤其有吸引力，因为零部件和材料的支出比例很高，由于产量问题而造成大量在制品，当然，需要大量资金用于库存采购和控制。

通过即时制采购和即时制制造相结合的零库存概念刚刚在美国得到认可并开始实施。但是在日本已经流行一段时间了，经典的例子是丰田的“看板”。

丰田采用“看板”管理的初衷是，认为库存不仅是不必要的，而且在实现低成本方面也是适得其反的。“看板”的驱动是通过降低基础设施的成本，来消除大批量的吸引力。丰田的转换时间是以分钟为单位，而不是美国工厂的以小时为单位。此外，消除用于掩盖生产问题的缓冲库存，从而使这些问题立即得到应有的关注[26]。

表 5－13 列出的是日本追求库存减少的指导方针。这些准则应从积极的而不是消极的角度考虑。换句话说，不是说营销人员和工程人员永远不会将零部件标准化，而是应当寻求鼓励这些人这样做的方法。

目标应该是把每条生产线都转变成一个采购物品或制造物品持续流动的系统；物品一个接一个地通过该系统，而不会被保存在仓库里。即时制采购和制造可以被描述为“牵引”系统，而不是在典型生产中的传统的“推动”系统。

表 5－13　零库存指南[28]

鼓励营销人员和工程人员对零部件进行标准化
增加供货商的供货次数，每天 1～4 次，而不是每月 1～4 次
为小体量模型开发混合模型装配线
通过设备和流程改进减少基础设施和切换时间
缩小批量规模并增加型号变更频率
在使用和报废整个时段，促进对政策的纪律和承诺

注：经约翰威利父子公司许可转载。

零库存或小库存的直接成本收益是显而易见的。不但如此，还有一些令人满意的附带好处。

在每条生产线，操作人员立即将完成的物品传递给下一个操作人员，而不是存进储仓，缺陷可以被立即捕获并消除。此外，随着废料立即显现，可以从源头将问题解决。此外，生产调度和控制更简单，成本更低，库存无须运输、储存和出库[27]。

5.10 人员激励

对定成本设计的全面激励是必要的，尤其是对于能够实现或打破目标的人员来说。前者的关键范例是将个人绩效考核挂钩成本绩效。这两种方法的组合是必要的，但重点应在于后者。

对人员的认可和奖励计划是负担能力的业务战略的重要组成部分。对人员的认可可以是对完成重要采购的人颁发月度采购之星的称号。该职工可以获得一些福利，例如，享有一个月的专属停车位，或是与副总裁或部门责任人共进晚餐。

此外，当个人对节约成本有贡献时，现金或礼品奖励计划也是有效的。例如，某航天公司关于价值工程提案实现成本节约的政策值得我们注意：当价值工程变更提案得到计划变更委员会批准并向客户提交时，发起人将收到诸如小刀的象征性礼物；当价值工程变更提案由客户认可并实施时，公司的净节约份额提高到 2/3 可授予发起人。公司股权如果是 100 万美元，奖金可为 10 000 美元。

计划应适应具体情况；然而，在所有情况下，都应提供明确的成本节约和奖励定义，最重要的是应该公布这些计划。为了达到可报告的成本节约的目的，这个想法必须减少生命周期成本的某些要素，同时，仍然允许指定的任务得到实现。可报告节约的示例见表 5 -14。此外，应该认可消除或减少浪费实践条件的错误因素。

表 5 - 14　可报告的成本节约[29]

设计变更
能降低成本的操作、规范或规范的设计变更
制造过程中的变化
材料替代
放宽公差
标准化
减少使用和支持工作
双采购研制
减少包装要求
消除或减少测试或检验要求
消除或减少服务

注：经马丁 · 玛丽埃塔公司许可改编。

5.11　总结

本章讨论了低成本生产的商业策略要素，首先讨论与联邦政府开展业务有关的三个非常重要的主题，这些主题本身就是商业策略的基本要素：采购过程中的最佳和最终报价，参与国防部工业现代化激励计划，间接成本管理。

第 5.1 节讨论了客户，特别是政府实体，在采购过程议价阶段接近结束时，要求竞争承包商提供最佳和最终报价（BAFO）的趋势。这一要求已经成为了研制、生产招标中的优先事项，甚至渗透到固定价格领域。

关键在于，极端情况下，最佳和最终报价总是导致客户和承包商的“双输”局面。客户应确保承包商有能力和资源在当前时间框架内支持他们完成最佳和最终报价，而不是承诺未来会兑现。承包商提供最佳和最终报价的谨慎行动应与所涉技术挑战和所需的财务承诺成正比。

第 5.2 节的主题是国防部的工业现代化激励计划。防务工业的特点可能是过时的、效率低下的、劳动力密集的，并且排斥现代化。后者主要归因于国防部项目的不确定性和国防部成本效益的政策。

国防部制定了工业现代化激励计划，以帮助集中承包商资源推动工业现代化，并支持开发更具成本效益的军事物资生产系统。在工业现代化激励计划下，提供奖励措施，以激励承包商以自有资金投资进行改进，从而降低采购成本。承包商可能希望将工业现代化激励计划视为其具体计划领域业务战略的一部分。

间接成本通常占国防部各部分合同成本的 33％～50％，第 5.3 节阐述了间接成本管理的重要概念。在政府承包领域，间接成本通常划分为间接费用、一般费用和行政费用等。间接费用支持公司的一些具体部门或功能，而不是整个公司，一般和行政成本支持整个业务，并且不能在逻辑上分配给任何具体的成本目标组。另外介绍了间接费用控制的一些原则。

远期定价协议被认为是固定价格合同领域最大的成本驱动因素。远期定价的谈判提供了影响承包商和分包商成本控制的最佳杠杆。在某些情况下，如果无法获得有利的远期定价协议，则应考虑合同延期、停工，甚至取消计划。

第 5.4 节讨论了可用于提高竞争力并降低采购成本的各种替代方案。客户最常用来降低成本的是主-从、辅助承包商、多源采购、跨级采购和总包采购。承包商提高竞争力最经常使用的是组建团队和成立合资企业。

从优势和劣势的角度，将这些采购备选方案与主承包商和分包商的经典业务安排进行了比较。还讨论了即时制采购的概念，这一概念对客户和承包商双方都是有利的。

第 5.5 节涉及对供应商的要求和激励措施的传递。然而，对于所有高科技组织来说，洞察力应该是有价值的，因为承包商和分包商在追求商机方面角色经常互换。

提供了建议的合同措词，以及在激励供应商方面使用奖励措施和激励措施。给出了评估和评价供应商成本绩效的指导原则。

第 5.6 节讨论造或买，探讨了美国高科技行业对造或买决策的成本敏感性。

讨论了公司政策影响和制定造或买决策的标准。概述了理性政策的一些建议，并对决策标准给出了一些指导。

第 5.7 节讨论了有助于降低成本和更好地利用资源的调度策略，了解和预期伴随的风险。这些在采用计划评估和审查技术、关键路径方法的进度管理技术之后简要介绍。

具体来说，该节涉及资源调配、付款进度和最低成本调度。后一种策略基本上是进度压缩之一，并提供了其有效性的一个例子。

有利于降低成本并更好地利用资源的能力规划也是第 5.8 节的主题。介绍了线性规划，这是一个强大的工具，在定成本设计计划以及能力规划中都有大量应用。

讨论了线性规划问题的三个要素——目标函数、决策变量和约束。使用图形解决方案的应用说明了该过程。

第 5.9 节的论点是，库存是不流动的货币，讨论了对产品和系统成本产生深远影响的库存做法。如预期的那样，库存策略不一，既有运用经济订单量的概念优化库存和需求的平衡，也有日本倾向的完全消除库存。

在经济订单数量和零库存方面提供了具体的指导。在这个基础上，介绍了即时制采购的理由和方法。

第 5.10 节阐述了激励人才的重要课题。“人才是我们的首要资产”这一表述对高科技企业特别有效。

人们既能成就成本目标，也能破坏成本目标，因此，为企业的利益而设立认可制度和奖励制度什么时候都不晚。此处讨论了被动和主动的两种方法。

5.12 案例研究与练习

随后的案例研究旨在阐明本章的重点。案例研究中的练习使读者将这些观点与个人观点和经验联系起来。本章的案例研究探讨各种商业战略的细微之处，重点是采购的备选方案。

5.12.1 最佳但不是最终

国防部的一个部门签约研发和有限生产具有迄今无与伦比能力的超声速低空导弹。然而，采购战略是基于研发和有限生产的固定价格合同。在竞争中，使用了最佳和最终报价的流程，收窄了两个供货商报价。

赢得订单者的最佳和最终报价从进入生产过程开始计算，而不包括设计、经济因素，只能从研发中获得非常适度的利润。期望的是，生产的数量上将充分补偿这两个因素。

该导弹研发工作耗时三年。从研发转向生产的要求是成功飞行测试三发原型导弹。在首次成功测试之前，经历了三次飞行测试失败。每次的故障都归因于制造原型导弹的过程控制，而绝非是设计中固有的。

练习 飞行测试失败导致总体计划延迟 12 个月，3 次失败和 1 次成功飞行测试的间隔时间为 3 个月。在 4 次测试中，每次在发射场耗时约 5 天。

在靶场的每一天，客户花费了约 10 万美元，并且每延迟一个月，客户和承包商的行政费用分别增加 5 万美元和 25 万美元。

使用第 6.7 节给出的货币关系的时间价值，计算客户和承包商的附加成本的现值（开始时）。使用每年复利 10%的贴现率。

5.12.2 工作中的主-从关系

美国陆军正在通过一个有趣的主-从关系的变化获得财务上的成功。20 世纪 70 年代中期，陆军向一家航空航天公司授予了一些空对地导弹、空对空导弹的研发合同，该航空公司后来成为与另一家公司建立关系的主承包商。作为第一家公司的分包商，第二家公司已经研发了导弹的导引头部分。第一家公司被授予第一批生产 5 000 发导弹的合同，并直接向第二家公司提供定向分包合同。

同时，陆军与两家公司谈判合同，由此，两家公司将会交换技术数据和生产技术，并竞争随后的5 000 发全能弹（即用型导弹）合同。其安排是，低价投标人将被授予超过50％的购买量的合同，其余的数量将被授予给另一家公司。

更大的合同量在主-从之间循环。陆军现在处于第 6 批订货，75％的数量以平均单价 26 000 美元授予跟随者，25％以平均单价 27 000 美元授予主承包商。

练习　假设 90％的学习曲线适用于两家公司，并估计在主承包商-分包商关系的基准采购策略下首次购买的平均单元成本。没有主-从关系的竞争压力，预测 6 次购买 3 万发导弹陆军可能花费的费用。

5.12.3　关系疏松的联合承包商

NIMBUS 项目是国家航空航天局气象卫星计划中 TIROS 的后续工作。在 NIMBUS I 于 1964 年成功发射之后，成为今天运行的气象卫星的先驱。

毫无疑问，NIMBUS 的设计是当时航天领域面临的最大的挑战，因此，国家航空航天局寻求航天领域最重要公司的专业知识。八家公司被纳入合同开发卫星子系统，而国家航空航天局负责系统设计抓总[30]。

初步设计于 1960 年完成，国家航空航天局准备开发一个成本更低的原型并制造飞行模型，选定了一家集成承包商，期望于 1962 年中期进行飞行。

为了经济利益，国家航空航天局保留与子系统开发商的原始合同关系，使他们和集成承包商成为联合承包商（后称为“共同承包商”），因此，国家航空航天局保留了进度的控制权。

后来在子系统中出现了一些原本没有设想到的问题，而只有集成承包商能够遵守计划进度。遗憾的是，由集成承包商设计的接口没有反映子系统中随后的设计变化。

最终发射日期推迟两年，造成项目人员成本超支。国家航空航天局委派到集成承包商的大量专业工程师增加了额外成本。

练习　考虑到 20 世纪 60 年代的最先进的工艺水平，为了实现成本节约和更早发射，首选的合同策略是什么？当时两个目标可以兼得吗？他们现在能兼得吗？

5.12.4　逆向工程

逆向工程是根据具体的产品或组件绘出产品图纸的设计过程，依据绘出的图纸复制产品或组件，不需要原始技术数据包的支持。逆向工程通过在设计中引入一些变化，被用来规避项目的专利问题，这种做法被称为“起皱”。

这两种情况的意图是避免向原始制造商和技术数据包的所有者支付特许权使用费。近年来，国防部已经转向逆向工程，作为一种节约成本的替代方案，而不是从开发和生产第一次生产采购的承包商购买技术数据包。特别是，国防部将逆向工程视为，在补充零件时跨级采购项目的促进竞争的手段[31]。

根据法律，国防部的逆向工程仅限于公有领域的物品。也正因为如此，在购买该物品时，国防部已经支付了以无限制方式使用这些物品的权利。

练习 列出使用逆向工程可能产生的法律问题和道德问题。专利披露是否为原始承包商提供足够的保护以进行专有投资？客户的角度和承包商的角度的合同措辞不同点在哪？双方关注逆向工程吗？

5.12.5 竞争平衡

竞争平衡的重要性对于客户来说，与竞争优势的重要性对承包商来说是等同的。表 5 -15 总结了国防部产品工程服务办公室在过去 10 年中通过军事竞争节约成本的研究结果。这些系统按照多源采购所产生的经营损失减少和节约增加的顺序列出。

练习 注意，16 个系统中有 5 个系统出现损失，并注意到节约百分比与节约的美元数量之间的相对不一致。

表 5 - 15 竞争的节约[32]

系统	节约(%)(损失)	节约(百万美元)(损失)
Mark 46 鱼雷	(13.2)	(52.9)
标准导弹	(3.9)	(11.8)
AIM - 9B 响尾蛇导弹	(4.0)	(6.7)
AIM - 9D 响尾蛇导弹	(2.7)	(1.9)
ARC - 131 无线电	(2.1)	(0.6)
UPM - 98 测试装置	3.0	0.08
前沿区域警戒雷达目标获取与指示系统	18.2	2.0
前沿区域警戒雷达	16.6	4.8
龙轮	2.7	8.0
龙跟踪器	12.0	12.2
橡树棍导弹	5.9	18.3
AGM - 12B 小公牛导弹	16.0	38.3
PRC - 77 无线电	34.8	52.6
陶式导弹	8.5	61.3
陶式运载器	30.2	83.5
佰劳鸟导弹	51	103.2

来源：美国陆军采购研究办公室，APPO 报告 709 - 3，1978。

计算节约百分比和节约美元金额的均值和标准差。如何修改系统列表以减少两组值之间的相对不一致？

5.12.6　方便的联姻

主承包商和一个或多个具有补充技能的分包商之间的合作协议是赢得竞争性合同的常见策略。只要符合条件的团队胜任，团队协议对所有各方，包括客户都有利。

在这个案例研究中，一个具有良好的技术资质和经济实力的稳定主承包商看到了扩大业务基础的机会，尽管进入一个新的技术和市场存在风险，并不像想象的那么容易。如果没有亲身经历过，就无法想象这一工作中的艰苦程度。

在上述情况下，赢得竞争的至关重要的具体技术不在主承包商的专业领域。此外，主承包商对客户和客户商店中的众多组织要素的了解，没有好到足以提交可靠的竞争方案的程度。筹集资金 5 000 万美元，并购买某些知识产权，这些都是获得技术方法的关键所在。

解决这些问题的办法似乎在于与拥有互补技术、经验的一家公司或多家公司联合，并与客户操作人员建立关系，更多的是达成共同承担所需的 5 000 万美元财务投资的意愿。这样一种安排受到了一种气氛的影响，即所有团队成员都有理由期望未来的巨量销售额。

蜜月般的气氛在项目的初始阶段持续存在，这在很大程度上依赖于在签订协议之前已经存在的专业业务接口，特别是被选为主要分包商的公司。然而，在所有的联姻中，只要合作伙伴在个人层面上以坦率和诚信的关系努力工作，蜜月期就会持续存在。

然而，随着时间的推移和项目的推进，主要分包商的生产能力已经不太坦率，在研发中相处良好的联盟正在成为生产中的障碍。尽管如此，包括客户在内的各方发现大量关键问题之前，时间已经过去了两年。

后来虽然进行了一场友好的离婚，并找到了可替代的公司。然而，经历挫折后重组和恢复业务，花掉了大量的时间、精力和金钱。

很简单，问题在于，在关键子系统供应商的生产能力不足的情况下，各方已经签署了该项目全生命周期的合作协议。简而言之，新郎并不是真的了解新娘。

练习　考虑主承包商可能采取的以下替代措施以渗透新市场，并判断其可能有效性的程度。还有其他替代方案可供主承包商选择吗？

1）最明显的替代方法是与具有开发和生产能力的另一家公司合作，并了解客户。然而，在这种方法中，确保公司包括产品使用时的支持服务能力。否则，这个问题只会又延迟一年左右。

2）另一种选择是期望将合作协议限制在该项目的开发阶段。然而，这几乎是不可能的，因为任何潜在的分包商都不会觉得在没有生产前景的情况下进入这种安排是有利的。由于看到后续生产中的利润潜力，开发本身虽然不是一个巨大的利润来源，但往往获得开发资助。

3）如果选择上述替代方案，主承包商可以保证分包商的生产报价将得到平等处理。这可能是有吸引力的，因为作为一个团队成员，分包商将具有合伙人的权利。

4）另一种替代方案可以是，在生产中替代开发者生产硬件的任何其他公司，向原始开发者提供版税。如果其他相关的开发工作随之而来，这种选择可能是有吸引力的。

5）一个更困难的选择可能是培训开发商以所需的速度生产。最近的一些政府合同要求中标者培训最终竞争对手的生产工作。第 5.4.2 节讨论了这种称为“主-从”的策略。

6）另一种替代方案可能是尝试收购一些具有所需技术和客户知识的公司。然而，目标公司总是有可能比并购方大，唯一实际的解决方案是获得该公司的一个具体部门。

7）一个更广泛的替代方案可能是一次增加一个模块的能力，包括技术和客户基层关系。

构建一个替代想法的列表。尝试综合和匹配这些想法，以获得最佳解决方案。一定要在解决方案中考虑客户关系和信誉问题。可能会发现两个或更多的公司有益于承担主承包商和分包商的角色，并在不同的情景下从替代观念的列表中重复这些工作。

参考文献

[1] Defense Systems Management College, Program Manager's Notebook Fact Sheet Number 6.14, Industrial Modernization Incentives Program, 1985.

[2] Deputy Secretary of Defense, Initiative to Reduce Overhead, 1984.

[3] Martin Marietta Corporation, Design to Cost/Affordability Manual, 1986.

[4] WILLIAM M. Brueggemann, "Will Competition Reduce Cost? The Need for Common Business Sense in Decisions on Competition," Program Manager, March - April 1984.

[5-8] Martin Marietta Corporation, Design to Cost/Affordability Manual, 1986.

[9-12] ELWOOD S. Buffa, Modern Production Management, 4th ed. , John Wiley & Sons, 1973.

[13-17] RODNEY D. Stewart and Richard M. Wyskida, Cost Estimator's Reference Manual, John Wiley & Sons, 1987.

[18] ELWOOD S. Buffa, Modern Production Management, 4th ed. , John Wiley & Sons, 1973.

[19] N. Paul Loomba, Linear Programming, McGraw - Hill Book Company, 1964.

[20-25] ELWOOD S. Buffa, Modern Production Management, 4th ed. , John • Wiley & Sons, 1973.

[26] ROBERT H. Hayes and Steven C. Wheelright, Restoring Our Competitive Edge, Competing through Manufacturing, John Wiley & Sons, 1984.

[27] RICHARD J. Schonberger, Japanese Manufacturing Techniques, Nine Hidden Lessons in Simplicity. The Free Press, 1982.

[28] ROBERT H. Hayes and Steven C. Wheelright, Restoring Our Competitive Edge, Competing through Manufacturing, John Wiley & Sons, 1984.

[29] Martin Marietta Corporation, Design to Cost/Affordability Manual, 1986.

[30] HARRY PRESS, JACK V. Michaels, "NIMBUS Spacecraft Development," Astronautics and Aerospace Engineering, April 1963.

[31] MARK G. Matonek, RE & VE Partners in Competition, Value World, July/August/September 1988.

[32] U S. Army Procurement Research Office, APRO Report 709 - 3, 1978.

第 6 章 成本测算和控制

成本测算和后续控制是定成本设计项目的关键要素。定成本设计的成功与两个因素直接相关，分别是基于可行性对成本的原始测算，以及成本控制在项目执行中的好坏。

成本测算可以分为推断或预测，但它本质上是基于一组特定条件的看法。形成这种观点的通常途径来自专家意见、类比、参数和工业工程测算，通常称为“自下而上测算”。

无论这种测算来自何处，都要记住这是基于项目定义没有边界条件偏差的预测成本。如果这些边界条件发生偏差，费用测算会发生变化，必须再次测算成本，并设置为修订项目基线。

第 2 章目标设置讨论首次阐明了成本测算在定成本设计中的作用。其次，第 3～5 章描绘了组织在成本领域内的角色和职责，它们解决了内在低成本和商业战略的设计因素，从而进一步提高负担能力和盈利能力。

本章主要介绍对充分实现设计方案和商业策略非常关键的成本测算方面的内容，或简而言之，如何成功实现定成本设计。本章节内容包含大量详细的测算练习参考文献[1,2]，并以定成本设计的理念开始阐述。本章内容从功能价值、可能成本、应当成本、将要成本几个方面展开。

然后，给出成本要素结构和工作分解结构的见解，这些结构为不同项目阶段成本测算提供框架。下一步，探讨确保定成本设计项目的可行性。

接着的是，讨论成本测算的方法，这些方法也会随着项目阶段的转变而变化。介绍四个基本方法的实用性及其相对优缺点。

第 6.5 节讨论学习曲线及其在成本测算方面的用途，涵盖了它们的应用及其构成风险的概率特性。

在竞争激烈的世界，在成本测算中有必要建立置信度，以确保在涉及多个选择时做出令人信服的决策。置信度是许多因素的函数，包括结论依据的数据量（即样本大小）和控制数据描述关系的概率分布。

置信度以界限值或区间值表示，置信度区间测算是统计推断和假设检验的一部分。重要的是，定成本设计从业者要精通这些技术的用法。关于回归法和相关性分析法以及制定决策中的贝叶斯理论，简要对该主题进行介绍。

诸如“那时美元”“现在美元”“不变美元”“偿债基金”“资本回收”和“内部回报率”这样的表达在定成本设计中不断出现，它们都与货币的时间价值概念有关。重要的是，定成本设计的从业人员要精通这些事项，因此，本节也专门讨论了这个主题。

由于很多高科技工业部门涉及军方合同，定成本设计从业者深刻理解军方所要求的成本控制也很重要，尤其是国防部在国防部指令 7000.2 颁布的绩效评估要求。

国防部指令 7000.2 强制执行的规定值得私营经济部门借鉴。探索成本/进度控制系统标准的应用方法，并描述防务承包商采用的典型绩效评估系统。提供用于成本和进度控制系统充分性的内部审计检查表。

接下来，列出一些有关通货膨胀、上涨和价格指数的观察结果，用于着手解决它们对成本的影响。讨论分类价格指数对综合价格指数的重要性。

在总结本章内容后，本章给出了案例研究和练习，旨在加强这一章的关键点。练习使读者能够将相关报道事件和个人观点和经验联系在一起。

6.1　定成本设计的理念

第 1 章将定成本设计描述为一种管理方法，要求产品或系统在其生命周期内取得成本成功和技术成功。这就要求组织作为一个整体，在制造和出售产品的功能和成本方面采用独特理念。

6.1.1　功能价值

项目的功能价值是以最低成本的方法实现该项目应满足的要求。如第 1.1 节中所述，悬挂图片的功能价值是一颗钉子的成本。在这种环境下，钉子的功能是悬挂一张图片。

产品、系统和服务的功能分为基本功能和辅助功能两类。除非客户明确需要辅助功能，定成本设计的理念只提供产品、系统和服务的基本（即主要）功能。

“基本功能”表示必须提供的性能特征，它是产品、系统或服务存在的理由。

基本功能不应与配置实现混淆。例如，一把螺丝刀提供的基本功能可能是“传递扭矩”到螺钉。然而，基本功能还可能是“打开容器的盖子”，这个功能也可以由撬杆和螺丝刀提供。

“辅助功能”表示可选的性能特征，它通常不是基本功能必备性能特征的先决条件。例如，如果涂料的基本功能是“保护表面”，那么辅助功能是“改善外观”。

有时辅助功能支持基本功能，但那只是因为执行基本功能的设计方法不同。例如，散热器的基本功能可能是“供热”。如果选择的热水供暖方法与散热器不同，那么散热器的辅助功能可能是“限制流动”。起初，在考虑如何实现这些功能方面应该没有限制，限制水流可以通过散热器的迷宫设计或外部阀门来实现。

在最广泛可能事项下针对功能识别的以下指南，确保在创造性开发备选方案上，给予尽可能广泛的自由度，以及尽可能最大地提高价值。这些指南倾向于抑制待实现功能方式的先入为主观念。

（1）确认功能，从而不限制它们的可执行方式。

考虑识别设备的一项简单操作。一般不说给设备“安装铭牌”这个功能，这会限制装配铭牌的方式。更可取的说法是“标识设备”，这使标识设备有了多种选择（如模压和雕刻）成为可能。

（2）评估物品如何起作用，而不是它们是什么

例如，一段金属丝应该用“导电”来评述，而不是用“铜质的”或“多股线结构”描述。

应用第 2.8.2 节功能分析系统技术把功能与项目匹配，不必要的功能及其相应的配置可以去除。

6.1.2 可能成本、应当成本和将要成本概念

既然了解了某一特定产品的功能价值，并且定义了产品的功能，排除了除基本功能外的所有因素，那么问题会变为生产所需数量产品的费用。这是可能成本、应当成本和将要成本的概念发挥作用之处。

多年来，根据研制和生产规范，“应当成本”这个表达意味着最有可能的研制和生产产品或系统的成本，这个产品或系统成本包括按照一定规范生产的，或者基于成熟的技术而不是由需求变化导致的小修改，或出现了正常范围内允许的返工和瑕疵。

而应当成本与在第 2.9 节风险管理讨论中引入的 50/50 成本概念基本相同。“50/50 成本”这一术语意味着有 50/50 的机会不会超过特定的成本。

最近，“可能成本”一词是指在军事市场上保留基本要求，取消所有其他要求，国防部副部长和大多数监视和控制操作人员所产生的成本。这一点体现了国防部在采购简化方面迈出了一大步（见附录 C）。

可能成本类似于前述风险管理讨论引入的 20/80 成本概念。这个成本就是，如果没有任何潜在风险项真实发生，并且也避免了其他非增值成本。“20/80 成本”这一术语意味着不超过特定成本的概率只有 20%。

成本谱系的另一端是术语“将要成本”，意指突然发生的风险和无法避免的其他非增值因素产生的成本。将要成本类似于风险管理讨论引入的 80/20 成本概念。“80/20 成本”这一术语意味着不超过特定成本的概率有 80%。

在此背景下，现在可以宣布以下定成本设计的基本理念：

1）应该在一个组织内实施可能成本概念。

2）应将产品、系统和服务的功能价值视为可能成本目标。

3）基线设计应排除基本功能外的所有功能。

6.2 成本要素结构

第 2.2 节和第 2.10 节指出，定成本设计的要求应在项目阶段的背景下设置，一般引用为定生产成本设计、定使用和支持成本设计，以及定生命周期成本设计的目标。

成本要素结构定义了构成这些目标的成本要素，并且由于这些目标在程序上有所重叠，因此，定义应该是准确和明确的。此外，从早期概念到最终交付或客户硬件报废的成本可追溯性是定成本设计的基本要素，采用在项目的整个生命周期内提供此功能的成本结

构同样重要。

随着项目的成熟，将逐渐使用自上而下和自下而上的测算方法。图 6－1 说明了这两种方法之间的显著差异，以及不断演变的成本要素结构的挑战，这种成本要素结构自上而下地结合在一起，并保持了两种方法的完整性。

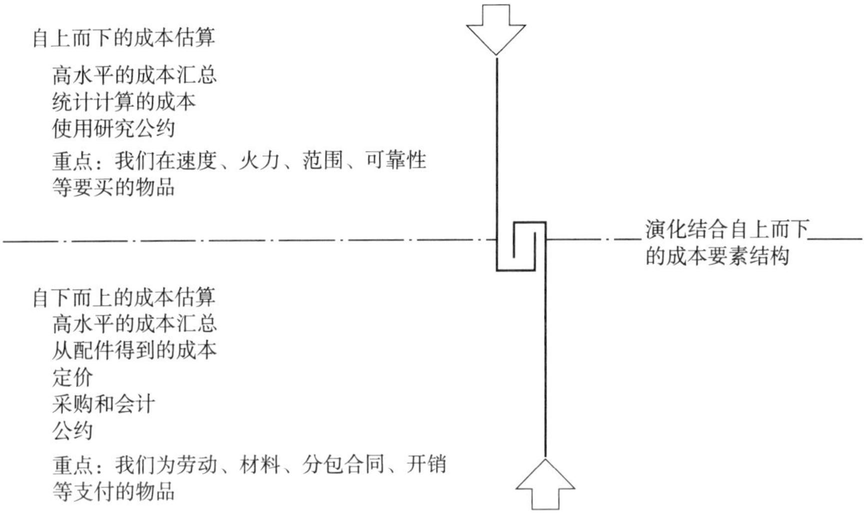

图 6－1　成本要素结构挑战[3]（马丁·玛丽埃塔公司许可转载）

成本要素结构应该使管理者避免细枝末节，但应使分析人员理解问题。流程应该从汇总到分解成本，并在项目成熟时保持其完整性。它应该允许对备选设计方案、生产理念和商业策略进行评估，并确信没有任何东西被忽视。

以下讨论是在国防建设背景下进行的，但基本适用于高新技术领域的私营部门，并以此为样板。

武器系统的生命周期成本分为研究和开发、投资、实施和支持三个主要阶段。这些阶段的时间分段如图 1－1 所示。

成本要素结构在不同的类别中有所不同，因为随着项目的成熟，所发生的支出种类也会不同。以下部分首先描述了成本要素结构的显著差异，然后使用工作分解结构为项目计划周期成本汇总提供媒介。

6.2.1　研究和开发阶段

研究和开发成本是指，与研究、开发、测试和评估系统相关的所有客户和承包商的成本，如图 6－2 所示。具体来说，研发覆盖项目的方案启动、验证和全尺寸研制阶段的所有成本。研究和开发包括可行性研究、工程设计、开发、制造、装配、工程原型模型测试、初始系统评估和相关文件记录的成本。

研究和开发成本通常在完成满意的测试和随后的客户验收后终止。然而，在具有嵌入式计算机的系统中，软件开发可能持续于整个硬件生产阶段，并可能得到研发资金的资助。

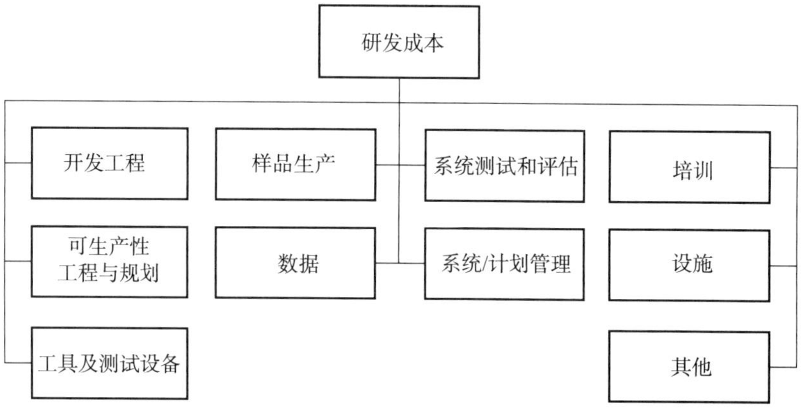

图 6-2 研究和开发成本要素结构[4]

（来源：陆军部宣传小册编号 11-2，陆军物资系统研究和开发指南，1976 年）

大多数的研发费用是一次性的，但项目管理和数据项除外。它与重要的非经常成本和经常成本形成对比，后者发生在投资阶段。

6.2.2 投资阶段

投资成本指除去开发阶段的所需支出，如：扩大产能，采购初装、额外设备或更换设备，或对现有产能进行重大调整。投资成本还分为非经常性成本和经常性成本，如图 6-3 所示。

非经常性投资成本仅在投资阶段发生一次。然而，在产品设计、制造流程或承包商发生变化时，可能再次产生这些成本。

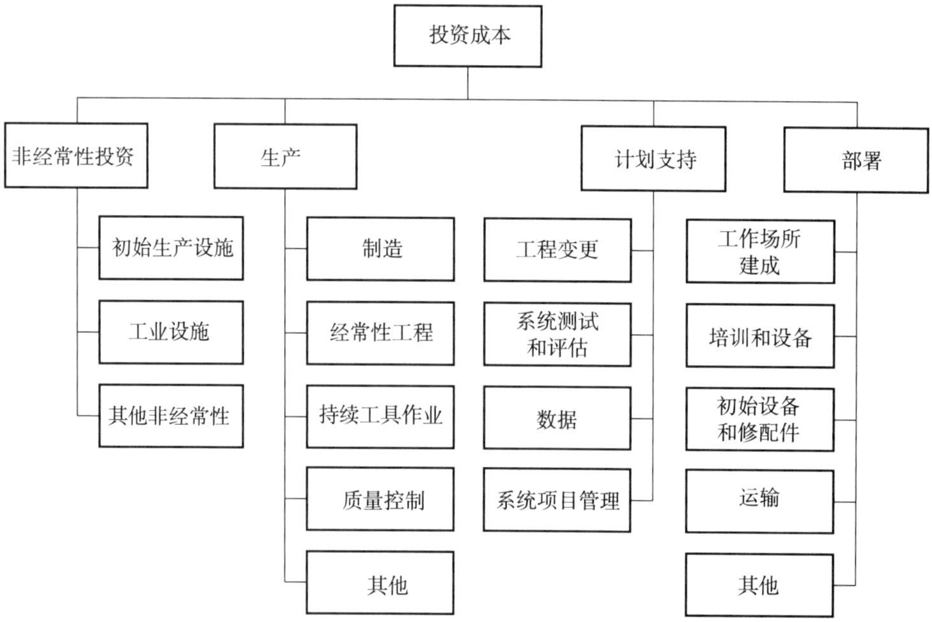

图 6-3 投资成本要素结构[5]。

（来源：陆军部宣传小册编号 11-3，1976 年军队装备系统投资成本指南）

经常性投资成本在投资阶段的期限内产生。它们包括固定成本和可变成本，可变成本一般会受到学习效果的影响，意味着单元成本随着数量的增加而减少。

只有当获得和部署了订购的总系统数量（包括备件和配套设备），且由训练有素的人员操作系统时，此类成本才会终止。

6.2.3　使用和支持阶段

如图 6－4 所示，使用和支持成本包括人员、材料、设施、培训和使用阶段内其他操作、维护和支持设备或系统所需的直接成本和间接成本。附录 B 定义了图中使用的缩写。

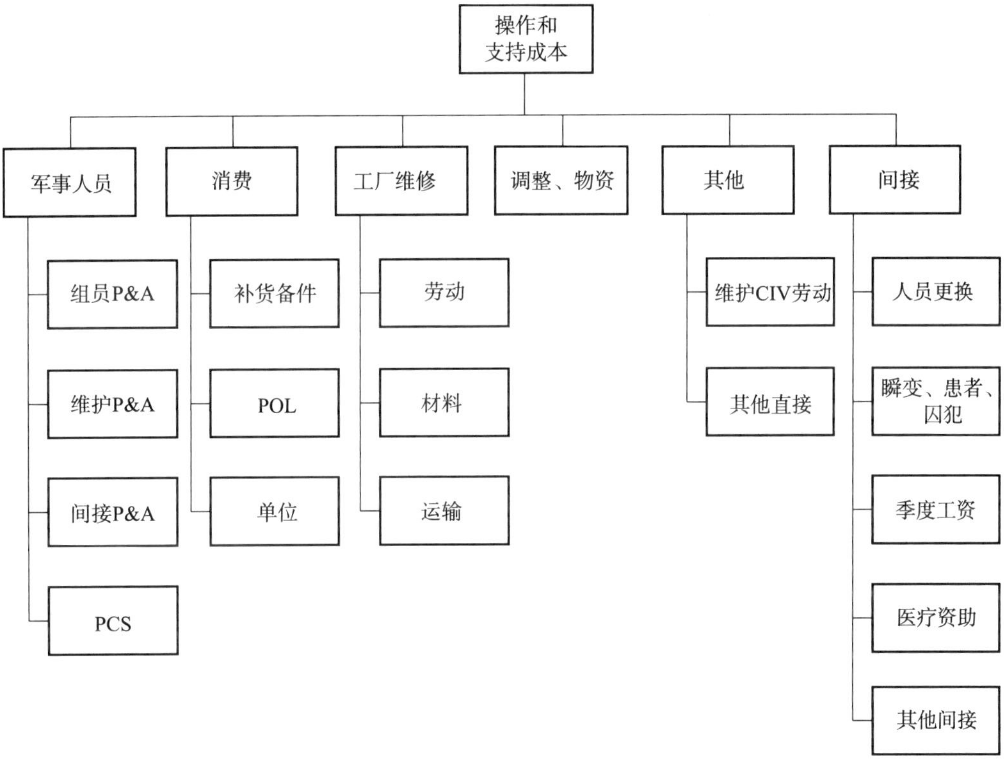

图 6－4　使用和支持成本要素结构[6]

（来源：陆军部宣传小册编号 11－4，1976 年陆军装备系统支持成本指南）

这一类别包括使用和维护设备消耗的所有部件成本，以及部件、构件、设备和信息供应系统的成本。经常性成本只有几个例外情况，如“调整、物资”等。

使用和支持成本通常构成生命周期成本的最大部分，因此，它们承担了通过优化系统设计使用方面的大块成本节约部分。然而，承包商单方面影响使用和支持成本的能力是有限的，如果没有用户积极参与设计过程，只会节约 15%或 15%以下。

6.2.4　工作分解结构

描绘成本要素结构的载体是工作分解结构。工作分解结构用于收集整个生命周期阶段给定产品或系统有关的所有成本。工作分解结构不应该与层级结构明细表混为一谈，后者描述了制成产品零部件的层级制度，以及产品制造的方式。

从合同和商务的观点来看，在编制工作分解结构时遵守适当的标准或准则是必要的。这一功能是美国军用标准 MIL－STD－881A 为国防部的一些部门提供的，而大部分其他联邦实体遵循其准则[7]。私营部门存在类似的准则，在那里工作分解结构通常被称为工作要素结构（WES)[8]。

在研发和投资阶段的联邦政府项目和合同中，工作分解结构是强制性的。在合同方面，它被称为合同工作分解结构。

为了测算和控制的目的，工作分解结构应扩展到可以花费成本的最低层级，此时尽管报告一般为第三级，表 6－1 是针对图 6－3 所示投资阶段的基于三级工作分解结构的 MIL－STD－881A 实例。

表 6－1　工作分解结构总结

1 级	2 级	3 级
电子系统	首要任务设备	整合和组装
		传感器
		通信
		自动数据处理设备
		计算机程序
		数据显示
		辅助系统
	培训	
		设备
		服务
		设施
	特殊支持装备	
		组织/中间体(包括常见的仓库设备)
		仓库(仅限)
	系统测试和评估	
		开发测试和评估
		运行测试和评估
		实物模型
		测试和评估支持
		测试设施
	系统/项目管理	

续表

1 级	2 级	3 级
		系统工程学
		项目管理
	技术出版物	
		工程数据
		管理数据
		支持数据
		数据仓库
	业务网站激活	
		承包商的技术支持
		现场施工
		网站、轮船或车辆转换
		系统组装、安装和现场检验
	通用支持装备	
		组织/中间体(包括常见的仓库设备)
		仓库(仅限)
	工业设施	
		建设、转换、扩张
收购或现代化建设		
	初始备件和初始维修配件	
		(由供应备品明细表、分组或硬件要素具体说明)

6.3 测算的真实性

定成本设计的成本真实性的根基是有效的基本规则和假设。测算的核心是可靠、可信的数据库，它由历史和分析数据组成，用于测算成本和进行核对。此外，测算的真实性是在测算过程中应用的严谨性的功能，并记录测算结果。

6.3.1 基本规则和假设

“基本规则”定义为客户指定的要求，而“假设”定义为在缺乏相关基本规则下承包商选择的边界条件。因此，基本规则和假设描述的是测算成本反映的场景。

表 6-2 列出了一些必须明确定义的领域。如果提案请求没有特定的基本规则，提案中必须说明描述各种假设。

表 6－2 基本规则和假设清单

项目计划
产品基线
成本要素结构和关系
客户提供的设备、设施和服务
允许成本
性能周期
生产数量和比率
学习和改进曲线
每日轮班、每周天数
工具、测试设备
造或买决策
战略物资和贵金属
采购提前期
通货膨胀、上涨和降级因素
合同关系

在真实环境中为每个基本规则和假设提供有效性关键分析是必要的。关于产品有效性或其成本的大部分问题源自不当选择和不充分记录假设和基本规则。

6.3.2 数据库置信度

成本测算置信度是数据库置信度的直接函数。尤其是，应认真详细记录基本规则和假设，因为它们对项目所有阶段均存在影响。

在定成本设计的环境中，术语“基线”意味着性能和成本在项目过程中实现的出发点。合理记录和控制基线至关重要。

为确保文件真实可信，表 6－3 汇总的是项目开始阶段的要求。文件记录要严格按照第 3.6 节所述的配置控制，以进一步确保其置信度，并提供后续成本绩效的审计材料。

表 6－3 成本测算文件记录要求

总则
描述产品基线
确定列入测算的成本要素
为每个测算提供风险分析
确定贸易研究对成本测算的影响
提供固定年美元的历史成本

续表

识别和调整学习和改进曲线
专家意见、类比和参数成本测算
确认和证明专家的合法性
确定和证明类似项目
确认和证明成本测算关系的合法性
为每项测算提供置信区间
工业工程测算
描述生产理念和工艺
为每个元素提供测算依据
引用劳动力标准及其推导过程
供应商报价
显示报价范围和分布
区分报价测算
证明供应商选择的合法性
量化报价增加的保障成本

如果没有可靠文件记录，备选方法则无法预测、预防，甚至无法将由于通货膨胀以外因素导致的成本增长合理化。表 6－4 列出了引起成本上涨的若干因素。

表 6－4　成本上涨的若干因素

不成熟、高估和低估要求
理解要求的差异
不充分的规格
不成熟的基线定义
不正确的前期分析
复杂性增长
基线的变化
失败导致的重新设计
预算不稳定
项目论证
缺乏连续性
供应商拖欠
管理变更
人员轮换

续表

设施搬迁
工会合同谈判
政府法规
客户参与
基于单一测算的客户成本观念

6.4 测算方法

四类测算方法以专家意见、类比分析、参数关系和工业工程为基础。测算方法随项目阶段而变，是产品或系统的成熟度函数，如图 6－5 所示。

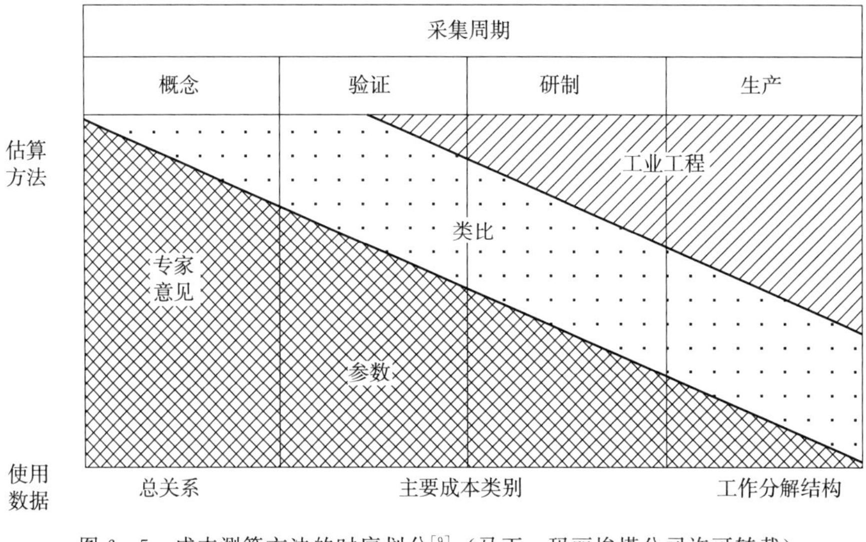

图 6－5 成本测算方法的时序划分[9]（马丁·玛丽埃塔公司许可转载）

成本测算关系的方法不同，但它们都试图将成本与产品和方案的变量关联。表 6－5 汇总的是测算方法的技术、应用和工具。

对于使用广泛细节编制的测算成本，应使用测算值衡量；更多细节未必确保更高的准确度。我们还应该意识到，大多数测算是使用不同方法组合编制的。

以下各节描述的是各种方法的关键特征和优缺点。接下来介绍帕累托分析，作为排序调查成本动因的首选方法。

6.4.1 专家意见

有时，成本测算的唯一依据是专家意见。虽然专家意见有争议，它往往是分析师唯一的可用方法，因为备份或历史数据有时缺少或不存在。在这种情况下，分析师应该确认包括支持这一立场的假设和理由。

基于专家意见的测算缺点是，它们会受到偏见的影响，这增加了项目的复杂性，使测算快速弱化，而测算无法具体化或量化。在专家提出判断时，可以通过采用 Delphi 技术和其他量化不确定性的技术得到弥补[11]。

表 6-5　成本测算方法的技术、应用和工具[10]

方法	技术	主要采集周期应用	测算工具
专家意见法	在支持数据、参数化的成本测算关系或项目定义不足时，使用专家判断	概念	Delphi 技术
	可能会受到偏见的影响，可能无法反映项目复杂性的增长		
	测算无法量化或具体化		
参数法	成本测算关系必须合理并有预测价值	演示验证	
	使用数学上将参数关联到成本的成本测算关系式	概念	成本模型，成本数据库
类比法	使用过去类似项目成本的数据推断新项目成本	演示验证	成本数据库
	受限于静态技术、可能受限于相同公司建立的系统	全尺寸工程研制	
	需要专家意见，确定相似点和不同点	生产	
工业工程法	推断开发和制造特定设备价格所需的所有全尺寸工程研制、工程和使用的自下而上测算	全尺寸工程研制	成本模型，工业工程标准
	使用供应商报价、工作站工人装货需求、学习曲线和从时间和动作研究建立的工程标准	生产	

注：经马丁·玛丽埃塔公司许可改编[10]。

6.4.2　类比

类比测算使用过去类似项目的成本数据推断新项目的成本。这种技术经常涉及测算与项目或装备差异有关的增量或边际成本。

编制类比测算是相对简单和廉价的，它对类似或相关系统的精度合理。类比测算的缺点是它需要类似的产品或系统。它仅限于静态技术，可能只限于相同公司制造的产品和系统。

使用此方法时，需要相当多的专家意见确定系统之间的相似性和差异。然后，根据差异进行成本调整。可以基于已知因素和比率，以及适用的测算关系进行成本调整。通常情况下，类比测算缺乏某些未知但重要的细节，当它们最终暴露时，使成本测算值大幅度提高。

6.4.3 参数测算

当仅仅定义了任务和性能范围时，在概念形成过程，参数测算通常是唯一可用于从有限可用数据进行详细测算的方法。参数测算提供了一种廉价的手段，以审查各种系统参数要求变化对成本的影响。

回归和相关性分析等统计技术用于推导参数模型内涵盖的成本测算关系式。统计推断和假设检验用于估算以参数推导方式得到的成本测算的置信度。第 6.6.1 节提供了后者的详细信息。

图 6-6 显示的是可以开发的典型关系，其中，正方形表示预测过程使用的已知成本。构建这类曲线的技术称为“回归”，如第 6.6.2 节所述。

成本测算关系可能采取许多形式，从经验法则到正式推导的数学关系，如图 6-6～图 6-9 所示。一般来说，成本和相关数据从现有系统中收集、分析，并转换为一些熟悉的关系形式，从而应用于构成、安装和功能等方面相似的新系统。

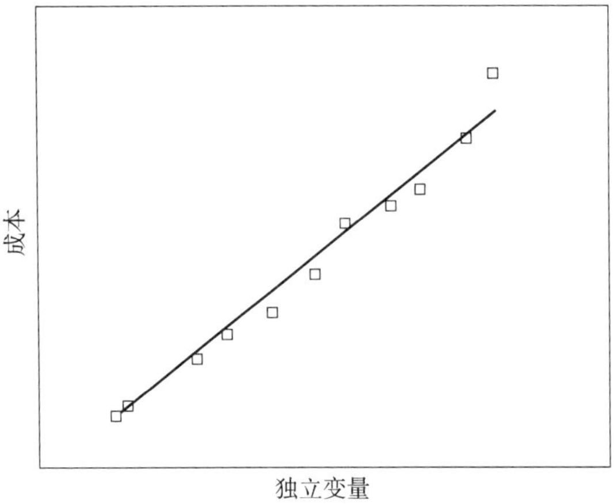

图 6-6 典型参数成本测算关系[12]（约翰威利父子有限公司许可转载）

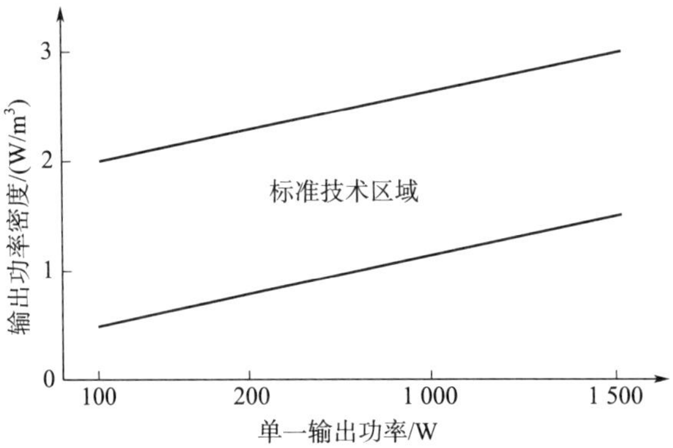

图 6-7 体积功率密度与输出功率的关系[15]（来源：NAVMAT P3855 1、海军电源可靠性，1982 年）

重量和体积关系，等同于设备的密度，它们在参数测算中的意义非凡[13]。对于第 4.8 节讨论的电源，将输出功率添加到上述内容，如图 6-7 和图 6-8 所示。因此，成本参数表达为每立方英寸瓦特数或每磅瓦特数。

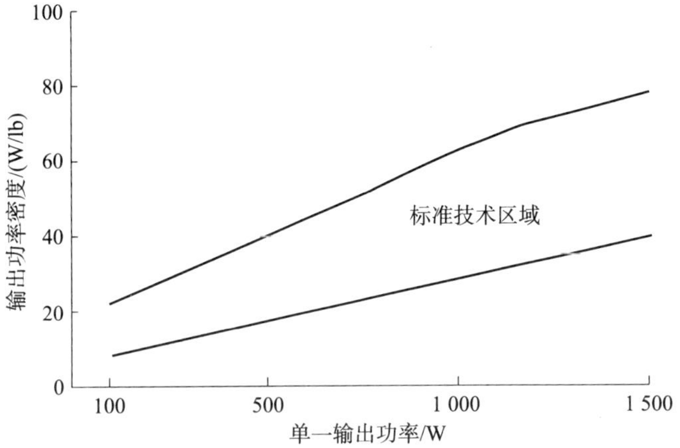

图 6-8　质量功率密度与输出功率的关系[16]（来源：NAVMAT P3855-1、海军电源可靠性，1982 年）

可以使用基于经验的准则衡量参数测算的合理性。通常，高科技电源的研制成本约为材料清单成本的2.5～5 倍，采购定制电源的成本约占电子系统总生产成本的 5%～10%[14]。

参数估计的缺点是，可用的数据可能不足以形成最终产品的成本的有效性的结论，这些产品可能与早期的构想有很大的出入。参数测算还对数据库中不一致和不规则的现象敏感。没有一种数学技术可以弥补数据丢失或不一致。

然而，参数测算的优点是基于反映高科技项目变化的连续性数据。使用参数模型要考虑这些经验的统计平均值。

如图 6-9 所示，将有意义的置信区间放置在有关成本测算关系中。图中的符号 $\overline{X}$ 表示自变量 x 的平均值。注意，对于小于和大于 $\overline{X}$ 的 x 值，置信区间散度增加，增加的区间宽度从±1 标准偏差（±1σ）到±2 标准偏差（±2σ）和±3 标准偏差（±3σ）。本主题在第 6.5.2 节再次进行讨论。

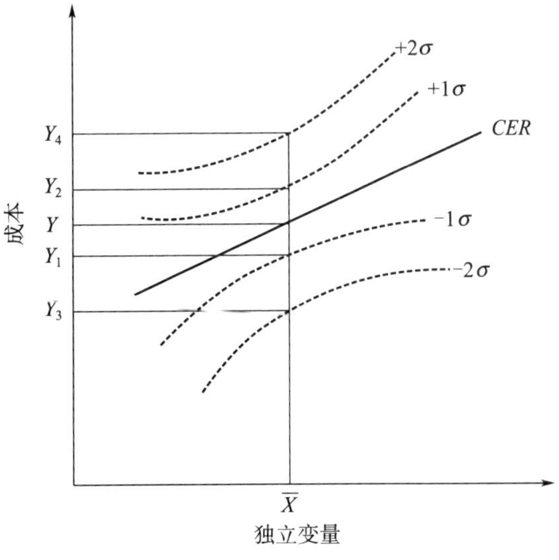

图 6-9　参数成本测算关系置信区间[17]

（约翰威利父子有限公司许可转载）

参数化建模的另一项挑战是复制产品设计和制造流程之间的相互作用。模型必须满足表 6－6 列出的属性，才能提供切合实际的测算。

表 6－6　参数模型属性

结构
复制硬件生成故障
初始特性不高于子组件级
积累
复制生产流程
根据造或买决策准则和工作分解结构编制成本

6.4.4　工业工程

工业工程的方法依赖于对研制和生产特别定义的产品或系统所需所有操作的详细测算。它利用了供应商报价、工作中心和工作站的工人负荷、学习曲线和从时间-动作研究导出的标准，也称为“自下而上测算”。

工业工程成本测算的优点是，当不能提供详细信息时，可以提供准确的成本预测。此外，它可以独立用于产品或系统的各种功能的成本要素。因此，随着特定要素可用的详细信息越来越多，可以使用图 6－10 给出的详细种类对早期测算进行细化或替换。

产品地区 ____________　WBS ____________　组件/子组件

系统/子系统 ____________　标题 ____________　数量

G/B日期

需求日期

项目			非经常性				总计(美元)	经常性				总计(美元)
GB层级	部件号	描述	劳动	MII(美元)	S/C(美元)	ODC(美元)		劳动	MII(美元)	S/C(美元)	ODC(美元)	

图 6－10　工业工程估值[18]（马丁·玛丽埃塔公司许可转载）

工业工程测算的缺点是在提供详细输入数据之前它是无法使用的，此时早先事件可能排除了更具吸引力的备选方案。另外，这种方法通常比其他方法更昂贵、更费时。

6.5　学习曲线

在定成本设计中，学习曲线是必要的元素，它用于制定目标、编制标书，以及后续计划和安排制造相关活动。学习曲线用于预测劳动力成本。对于劳动力和其他成本因素，例如零件和材料，改进曲线是对学习曲线有影响的许多因素的组合。

6.5.1　应用

基于相关历史数据，学习曲线可以有利于实现对未来生产成本准确的预测。它们将恒速改善原则应用到单元生产进展中。因此，如果采用 80%的曲线，每次产量翻倍时，成本减少 20%。

学习曲线有两种应用方法，即赖特累积平均系统和克劳福德单元系统。20 世纪 30 年代早期开发的赖特系统直到最近几年才大量使用。现在，大多数组织使用克劳福德系统[19]。

在高科技应用中，学习曲线通常范围是 70%～99%，装配操作通常范围是 70%～89%，制造通常范围是 80%～99%。采购学习曲线为 90%～99%。表 6－7 可以作为置信度列表，用于评估提出的学习曲线值；关键鉴别因素是产品和流程的成熟度。

表 6－7　学习曲线置信度清单

相对于标准的百分比，%	
	产品的基本概念
基本流程概念 90%～99%	
新流程概念 85%～95%	
	新产品概念
基本流程概念 80%～90%	
新流程概念 75%～85%	

6.5.2　概率的本质

学习程度和速率受很多因素的影响，这些因素应在使用学习曲线后以基本规则和假设的形式理解和注明。表 6－8 列出了大量主要因素。

表 6－8　学习曲线因素

工作机械零件的人工比例
产品和流程技术
产品和流程成熟度
人员培训和连续性

续表

设计和制造的工程技术支持
生产规划水平
生产数量和比率
绩效时期
质量准则
管理有效性

图 6-11 显示了高科技项目中捕获这些因素对学习曲线历史影响的尝试。简单来说，插图表示有 50/50 的机会在加工车间实现 89%学习曲线，在底板车间 87%，在总装车间 85%。

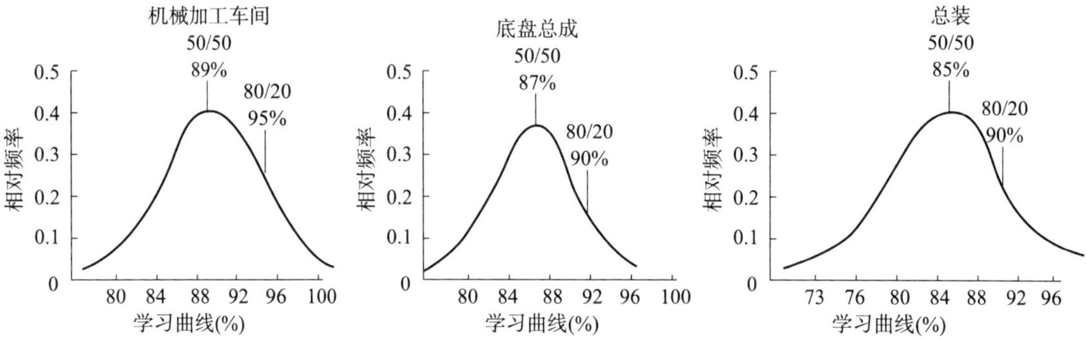

图 6-11 学习曲线的概率密度函数[20]（马丁·玛丽埃塔公司许可转载）

基于历史数据，更现实的是 80/20 机会（即 80%可能性）实现学习曲线的 95%、92%和 90%。从机械车间曲线到底盘装配和最终装配曲线的斜率增加，反映了手动与自动化过程的比例增加。

6.6 测算置信度

从前面的学习曲线概率本质讨论中可以得出结论：依据众所周知和证据充分的关系式，工业工程测算存在内在不确定性。因此，涉及更多概念关系的其他测算形式中，不确定性仍然更大，因此，提供置信区间是明智的做法，尤其对于专家法、类比法或参数方式的成本测算。

6.6.1 统计推断和假设检验

置信度表示为预期值和可以假设的预期值范围。值范围称为“置信区间”，会随着任何给定样本大小所需置信水平而变。一个对置信度描述的实例是：根据四个预期节约独立测算值，720 694 美元预期成本节约的 80% 置信区间是 693 217～748 171 美元。该置信度描述的基础是假设为正态分布。那就是说，四个测算是真正独立的，因此服从正态概率分布。这种假定是一个假设，稍后讨论假设检验。眼下的问题是如何计算置信区间。

表 6－9 是以往实例给出的置信区间工作表。用来计算置信区间 CI 的表达式为

$$CI = \overline{X} \pm z\left(\frac{s}{\sqrt{n}}\right) \tag{6-1}$$

式中，$\overline{X}$ 为样本均值；z 为用于确定正态概率分布的特定曲线下面积概率；s 为样本标准差；n 为样本大小。

例如，80％ 置信度表示关于平均值（即预期值）的曲线下面积是 0.80，该区域的横坐标界限是 $z=\pm 1.28$。表 6－10 给出了根据 z 值的其他面积值。z 值前的±记号解释了前述方程的±记号。大多数有关概率和统计的书中可以发现更详实的表格[21]。

表 6－9　置信区间工作表

估值 x_i（美元）	$(x_i-\overline{X})^2$（美元）
750 000	38 688
725 000	352 688
700 000	1 916 688
800 000	3 160 688
$\Sigma x_i = 2\ 975\ 000$	$\Sigma(x_i-\overline{X})^2 = 5\ 486\ 752$
平均数 $\overline{X} = 2\ 975\ 000 \div 4$	方差 $s^2 = 5\ 486\ 752 \div 3$
$= 743\ 750$	$= 1\ 822\ 917$
	标准偏差 $= \sqrt{s^2}$
	$= 42\ 695$

表 6－10　作为正常曲线下面积 *P* 的函数的 *z* 值

P	*z*
0.50	±0.0
0.55	±0.06
0.60	±0.84
0.65	±0.94
0.70	±1.04
0.75	±1.15
0.80	±1.28
0.85	±1.44
0.90	±1.64
0.95	±1.96
0.99	±2.58

用于式（6－1）中的 n 值是 4，并 $z=1.28$，$\overline{X}=743\ 740$ 美元和 $s=42\ 696$ 美元，

产生的置信水平为 80%。

$$CI = 743\ 740 \pm 1.28\left(\frac{42\ 696}{\sqrt{4}}\right)\text{美元} \tag{6-2}$$

$$= 716\ 415 \sim 771\ 065\ \text{美元}$$

这一点的重点是根据样本的属性对总体进行推断。重点在假设-测试的轮回上，首先对某些总体参数做出假定或假设，为假设分配显著性水平，然后通过分析总体的随机样本来检验该假设。显著性水平以希腊字母 α 表示，并以 $1-\alpha$ 关联到置信水平上。

被测试的假设称为“零假设”，该术语暗示不拒绝该假设不会产生有害影响。请注意用词“不拒绝假设”，而不是“接受假设”，因为该假设可能在更高的显著性水平被拒绝。符号 H_0 用来表示零假设。如果 H_0 在样本处拒绝，那么事实上会接受 H_1 表示的另一种假设。

判定规则在 A 级置信水平方面表述，α 是存在于成为“拒绝区域”的正常概率曲线下的面积。剩余的面积，$1-\alpha$，存在于成为“接受区域”的地方。如图 6－12 所示，根据采取的单尾或双尾测试，拒绝区域可能是单尾或多尾。如果是后者，每个尾的面积都是 $\alpha/2$。

除非处理来自非正态总体小样本（小于 30），否则 z 统计量或学生 t 统计量都用于测试假设。在这种情况下，需要非参数或无分布方法[23]。

尾部边界处的检验统计量或包含在拒绝区域内的尾部的值称为“临界值”，由概率表确定。流程是计算检验随机样本的统计量，当计算值小于（负值更大）左尾临界值范围或大于（正值更大）右尾临界值范围时，拒绝 H_0。否则，不能拒绝 H_0。

下面给出了测试假设的流程步骤。以正常方式遵循这些步骤是方便的；然而，重要的是熟知每步的本质：

1）阐述表示待测试总体参数值的零假设。对于上面给出的实例，它是 H_0：$\mu=743\ 740$ 美元。

2）阐述除零假设外表示总体参数值的其他假设。对于该实例，它是 H_1：$\mu=743\ 740$ 美元。符号 $\neq$ 表示“不等于”。

3）从其他假设确定是否需要单尾或双尾测试，例如：

H_1：$\mu<743\ 740$ 美元；单尾测试，左侧。

H_1：$\mu>743\ 740$ 美元；单尾测试，右侧。

H_1：$\mu\neq743\ 740$ 美元；双尾测试。

4）选择检验统计量，并确定显著性水平 α 的临界值。

5）计算随机样本检验统计量的值。

6）如果检验统计值超出临界值，拒绝 H_0。

在均值和比例上进行假设检验。定成本设计通常应用的是均值，用两个实例说明：一个是用大型样本，另一个是用小型样本，验证制造商声明的产品使用寿命。现在要做的是检验下面的假设，即根据随机样本叙述平均产品寿命。

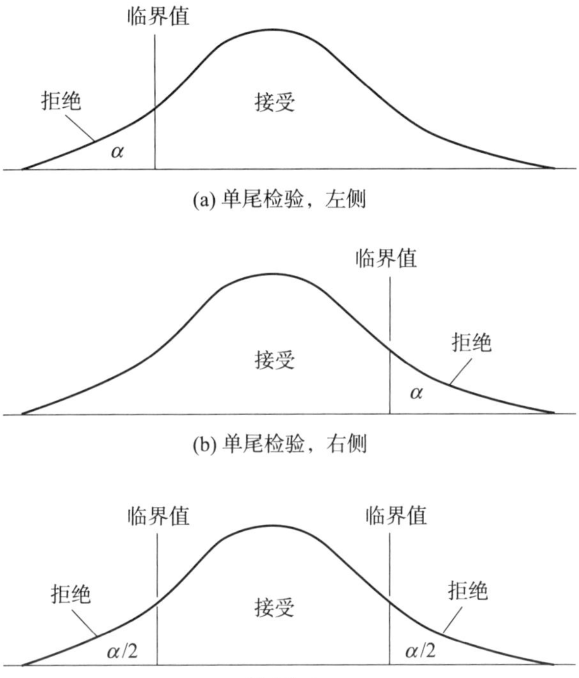

(c) 双尾检验

图 6－12　拒绝区域和接受区域[22]（马丁·玛丽埃塔公司许可转载）

考虑到高速公路照明组件的制造商声明，即某些光源的平均寿命为 10 000 h，标准差为 400 h。州公路局希望从大批交付的这些光源中测试 100 个样本，希望了解 100 个测试样本的最小平均寿命，以得出显著性水平 $\alpha=0.05$ 下装运单是否可以接受的结论。决策规则如下所述

$$H_0: \mu = 10\ 000\ \text{h}$$

$$H_1: \mu < 10\ 000\ \text{h}$$

第二个方程的不等式符号表示需要左侧的单尾测试。

大样本允许正态假设并使用测试统计的 z 统计。使用下式计算 z 统计

$$z=\frac{X-\mu}{\sigma_{\overline{X}}} \tag{6-3}$$

式中，$\sigma_{\overline{X}}$称为"平均数标准差"，由下式给出

$$\sigma_{\overline{X}}=\frac{\sigma}{\sqrt{n}} \tag{6-4}$$

式（6－4）的解为 $\sigma_{\overline{X}}=40$ h。

第一个方程的 z 值称为"临界值"，它是由大多数统计学课本给出的正态曲线下面积表得到的。当分布左尾曲线下面积是 0.05 时，z 值为 -1.645。将此值代入式（6－3），$\mu=10\ 000$ h，而制造商的声明 $\mu=10\ 000$ h，得到 $-1.645=(\overline{X}-10\ 000)/40$，或 $\overline{X}=9934.2$ h。

因此，可以得出结论，如果 100 个测试样本的平均寿命是 9 934.2 h 或更多时，不得拒绝装运。

现在很清楚，光源是非常昂贵的物品，在验收测试中消耗的光源不得超过 10 个。由于总数众多，仍然可以假设正态分布。然而，在小样本情况下，方法发生了改变，使用 t 统计值，而不是 z 统计值。

10 个光源的寿命测试完毕后，发现样本均值是 9 750 h，样本的标准偏差是 350 h。现在，有必要测试假设，即整个交付的平均值是 10 000 h。决策规则与前面的示例相比不变。

使用下式计算统计值 t

$$t = \frac{\overline{X} - \mu}{s_{\overline{X}}} \tag{6-5}$$

式中，$s_{\overline{X}}$ 称为"样本平均数标准误差"，由下式给出

$$s_{\overline{X}} = \frac{s}{\sqrt{n}} \tag{6-6}$$

式中，s 为样本的标准偏差。

将 $s=350$ h 和 $n=10$ 代入最后的方程得到 110.68。

将此值代入式（6-5），取 $\overline{X}=9\ 500$ h，$\mu=10\ 000$ h，和 $s_{\overline{X}}=110.68$ hr，得到 $t=-2.26$.

在大多数统计课本中，也给出了学生 t 分布临界值表，与显著水平和自由度同时输入。自由度等于 $n-1$，其中，n 是样本大小，例如，值为 $10-1$，或 9。该表表示 9 个自由度和 $\alpha=0.05$ 时，左尾临界值为 $t=-1.83$。

计算值 $t=-2.26$ 小于（负值更大）表中 $t=-1.83$ 的临界值。因此，对于 $\alpha=0.05$，应拒绝整个交付平均寿命为 10 000 h 的零假设，当然，不应接受交付单。

6.6.2 回归和相关性

大部分定成本设计工作致力于预测预算和成本，从业者在回归和相关分析中获得帮助是合适的。回归用来确定变量之间关系的可能形式。相关性为测量这些关系的强度提供了定量方法。

这项工作通常仅限于两个变量的线性回归：一个是自变量，另一个是因变量。大写字母 X 和 Y 分别表示自变量和因变量，而小写字母 x 和 y 用来表示变量的具体值。符号 x_i 和 y_i 表示变量的第 i 个值。

如果变量 X 和 Y 的关系如下式所述，那么它们是线性相关的

$$Y = \alpha + \beta X + e \tag{6-7}$$

式中，α 和 β 分别称为"回归常数"和"回归系数"。参数 e 称为"残余误差"，表示个别 Y 值相对于 Y 值平均数的个别值偏差。

线性回归使用最小二乘法，该方法基于以下假设：从 $y_i=\alpha+\beta x_i$ 导出的最小二乘线 y_i 的观测值平方差之和，小于从其他可以通过观测值 y_i 得到的任何直线 y_i 的平方差之和。

因此，线性回归模型由下式给出

$$y_i = \alpha + \beta x_i \tag{6-8}$$

对于任何给定的 X 和 Y 数据集，α 和 β 值可以通过以下正态方程联立求解得到

$$\sum y_i = n\alpha + \beta \sum x_i \tag{6-9}$$

$$\sum x_i y_i = \alpha \sum x_i + \beta \sum x_i^2 \tag{6-10}$$

式中，n 为集合中的数据点数目。

表 6－11 是示例工作表，用于计算 Y 在 X 上的回归，其中，X 仍是自变量，Y 是因变量。交换 X 和 Y 的作用将改变上述方程。

表中的 x_i 值是生产线特定流程的数以千计的操作，y_i 值是每个单元的操作时间，以 s 为单位，它是在方法-时间-动作（MTM）研究中观察到的。

表 6－11　最小二乘方法工作表

x_i	x_i^2	y_i	y_i^2	$x_i y_i$
1.5	2.25	14.5	210.25	21.75
2.01	4.01	15.01	225.0	30.0
2.5	6.25	11.5	132.25	28.75
3.0	9.0	13.0	169.0	39.0
3.5	12.25	9.5	90.25	33.25
4.0	16.0	11.0	121.0	44.0
4.5	20.25	8.5	72.25	38.25
5.0	25.0	10.0	100.0	50.0
5.5	30.25	9.0	81.0	49.5
6.0	36.0	7.0	49.0	42.0
小计 37.5	161.25	109.0	1 250.0	376.5

流程的第一步，是绘制图 6－13 所示的散点图。这一步使我们能够判断一阶（线性）比高阶曲线对自变量和因变量关系的拟合适应性。该图表明，线性（即直线）拟合可能是合适的。

将表 6－11 的值和 $n=10$ 代入式（6－9）和式（6－10），获得以下正态方程

$$109.0 = \alpha 10 + \beta 37.5 \tag{6-11}$$

$$376.5 = \alpha 37.5 + \beta 161.25 \tag{6-12}$$

同时，求解式（6－11）和式（6－12），得到 $\alpha = 16.763\,6$ 和 $\beta = -1.563\,6$，其中，在代入式（6－8）时，得到

$$y_i = 16.763\,6 - 1.563\,6 x_i \tag{6-13}$$

对于表 6－11 中的数据，式（6－13）称为“Y 对 X 的回归”。

现在求解式（6－13），先令 $x_i = 1$，然后对于 $x_i = 6$，分别得到 $y_i = 15.2$ 和 $y_i =$

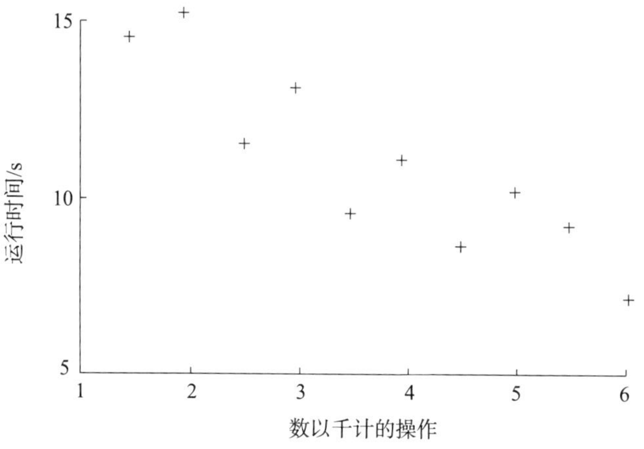

图 6－13　散点图

7.382。两组坐标［（1，15.2）和（6，7.382）］位于散点图上，最小二乘线的绘制如图 6 -14 所示。

图 6－14 中线的负斜率反映了式（6－13）右侧项的负号。描述的 X 和 Y 关系称为“逆线性”，因为增加 X 会导致 Y 以恒定速率降低。

接下来的问题是，什么是变量 X 和 Y 的关系强度，如图 6－14 中的最小二乘线表示。这个答案从称为以相关系数形式或测定系数的“相关分析”得到，后者只是前者的平方。

相关系数范围为－1～＋1。值越接近这两个极限，因变量和自变量之间的相关性越大。这些关系如图 6－15 所示。请注意，在图（d）的关系类似于指数曲线。

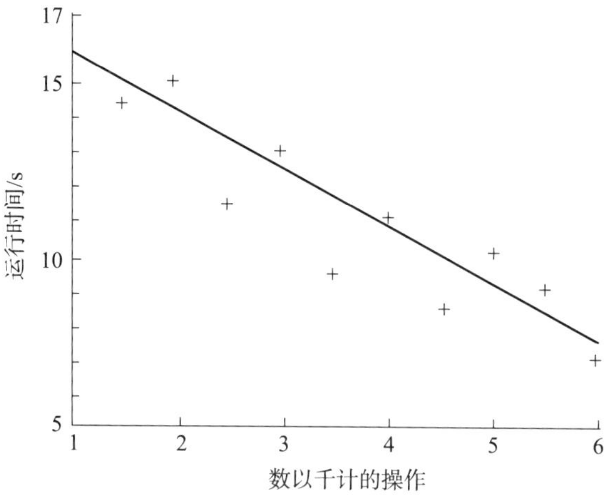

图 6－14　最小二乘线的绘制

测定系数的值范围为 0～1，它是相关系数的平方。计算测定系数的公式，由 r^2 表示

$$r^2 = \frac{b^2[\sum x_i^2 - (\sum x_i)^2/n]}{\sum y_i^2 - (\sum y_i)/n} \tag{6-14}$$

将表 6－12 中的值代入式（6－14），得

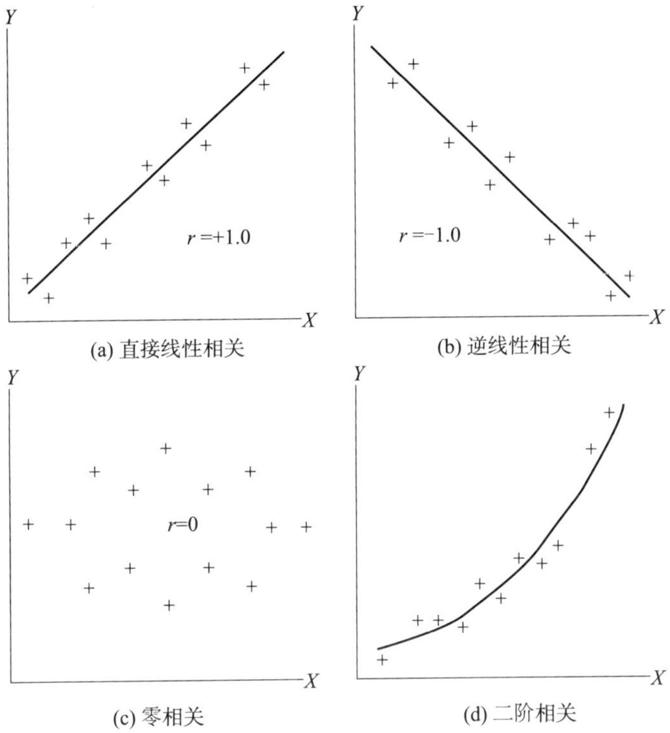

图 6 - 15　相关关系

$$r^2 = \frac{(-1.563\ 6)^2[161.25 - 37.5^2/10]}{1\ 250.0 - 109.0^2/10} \qquad (6-15)$$

$$= 0.814\ 6$$

$r^2=0.8146$，意味着 Y 对 X 的回归，Y 中总变化的 81.46%归因于 X。换句话说，Y 中 81.46%的变化量是 X 的函数，而 18.5%是由于其他原因。

相关系数值是 0.814 6 的平方根，或 0.902 6。由于 Y 与 X 之间的逆关系如图 6 - 15 所示，相关系数是负的，$r=-0.902\ 6$。

6.6.3　置信限

接下来的问题涉及根据所需置信水平的有关最小二乘线的置信限。关系的一般形式如图 6 - 16 所示。

参数 L_u 和 L_l 表示关于 Y 对 X 回归最小二乘线的置信区间上下限。注意区间在 X（$\overline{X}$）的平均值最短，置信区间会随着 x 远离平均值而变得更宽。图中的限制针对 95%的置信度。限制之间的间距会随着置信值的增加而增加。

此外，还应注意到描绘置信限曲线的非线性（二阶）性质。非线性是用于计算置信限（CL）的以下二阶关系

$$\mathrm{CL} = y_e \pm t_{1-\alpha/2} S_y X \sqrt{\frac{1}{n} + \frac{(x_e - \overline{X})^2}{\sum x_1^2 - (\sum x_1)^2/n}} \qquad (6-16)$$

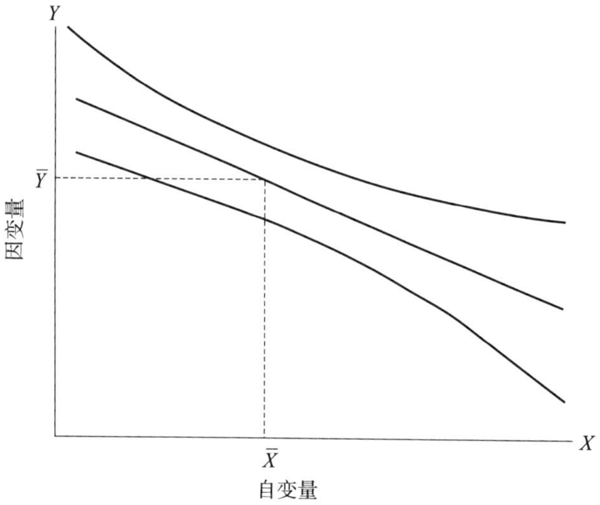

图 6-16 有关最小二乘线的置信限

式（6-16）的 y_e 和 x_e 表示对于特定值 X 的 Y 估值。式内 t 统计数据的出现因小样本而变得必要。

值 $t_{1-\alpha/2}$ 是从给定置信水平 α 和自由度 $n-1$ 的学生 t 分布表得到的。对于 95%或 0.95 的置信度，$\alpha=1-0.95$ 或 0.05，$\alpha/2=0.025$ 和 $1-\alpha=0.975$。在表中，将 0.975 输入列，将 $DF=10-1$ 或 9 输入行，得到 t 统计数据的 0.397 8 值。

式（6-16）的符号 $S_{Y/X}$ 称为"对于给定标准偏差 X 的 Y 总体标准偏差无偏估值"，可以使用下式计算

$$S_{Y/X}=\sqrt{\frac{\sum y_i^2-\alpha\sum y_i-\beta\sum x_iy_i}{n-1}} \tag{6-17}$$

符号 $\overline{X}$ 是变量 X 的样本均值，由下式给出

$$\overline{X}=\frac{\sum x_i}{n} \tag{6-18}$$

对于表 6-12 中的数据，$\overline{X}=37.5/10$ 或 3.75。

6.6.4 预测

回归和相关性是使用历史数据预测未来事件非常重要的工具。例如，可以根据表 6-11 中的数据，预测在进行 70 000 个操作时，每单元的操作时间。

首先，使用式（6-13），计算 y_e

$$y_e=16.763\ 6-1.563\ 6\times 7=5.818\ 4 \tag{6-19}$$

下一步，使用式（6-17）计算 $S_{Y/X}$

$$S_{Y/X}=\sqrt{\frac{1\ 250.0-16.763\ 6\times 109.0+1.563\ 6\times 376.5}{10-2}} \tag{6-20}$$

$$=1.197\ 0$$

最后，对于 $y_e = 5.8184$ s，利用式（6-16）以下变化量计算 95%置信限为

$$CL = y_e \pm t_{1-a/2} S_{Y/X} \sqrt{1 + \frac{1}{n} + \frac{(x_e + \overline{X})^2}{\sum x_1^2 - (\sum x_i)^2}} \tag{6-21}$$

$$= 5.8184 \pm 0.3978 \times 1.1970 \times \sqrt{1 \pm \frac{1}{10} \pm \frac{(7.0 - 3.75)^2}{161.25 - 37.5^2/10}}$$

$$= 5.8184 \pm 0.5875$$

因此，可以以 95% 置信度预测，当执行 70 000 次操作时，每个单元的操作时间在 5.230 9～6.405 9 s 范围内。

6.6.5　制定决策的贝叶斯定理

贝叶斯定理是统计决策理论的核心，理性决策是贝叶斯定理的体现。大多数管理者在没有意识到的情况下使用贝叶斯定理，该定理涉及先验概率和后验概率。

托马斯·贝叶斯（1702—1761 年），英国数学家，推导出了第一个归纳推理的精确定量数学表达式。他的逆概率定理在他去世后的 1763 年发表，该定理得出已经发生事件可能以特定方式发生的概率，并为确定问题的根本原因提供了强大的工具。

贝叶斯逆概率定理的应用范围从医学、科学、工程、制造到经济学和军事战略。明智使用贝叶斯定理，可大幅度提高决策的质量，尤其是推导离散作用的根本原因，或在评估其他方法的相关风险。

贝叶斯定理利用先验概率和后验概率两者评估因果假设。其结论在数学上是精确的，也可由实证数据调节。在将先验概率分配到尚未发生的事件时，由于分配的主观性，因此它存在争议。

贝叶斯定理的本质是一种特定假设发生的概率等于其条件概率除以所有假设条件概率的总和。如果一组事件互述和总体详尽，贝叶斯定理可表示为[24]

$$P(H_j/E) = \frac{P(H_j)P(E/H_j)}{\sum_{j=1}^{n} P(H_j)P(E/H_j)} \tag{6-22}$$

式中，$P(H_{j/E})$ 表示在考虑到事件已经发生时，在所有可能的假设原因中，假设 H_j 造成事件 E 的概率。

从图 6-17 所示的概率树形式中，观察贝叶斯定理很方便。考虑到通过 n 个分支之一达成事件，树的第 7 个分支达成事件 E 的概率是第 7 个分支与树的所有 n 个分支有关概率比。

举个例子，有家公司要采购新数据处理设备，希望测算最可能的总承包成本。表 6 12 给出的数据将成本假设及其各自概率联系到一起，这些概率来自组织员工的测算和潜在供应商的非正式报价总结。

问题是设施花费 500 万美元的可能性。可以使用贝叶斯定理解决工作人员保守主义和供应商乐观情绪问题。使用式（6-22），设备成本 500 万美元的概率为

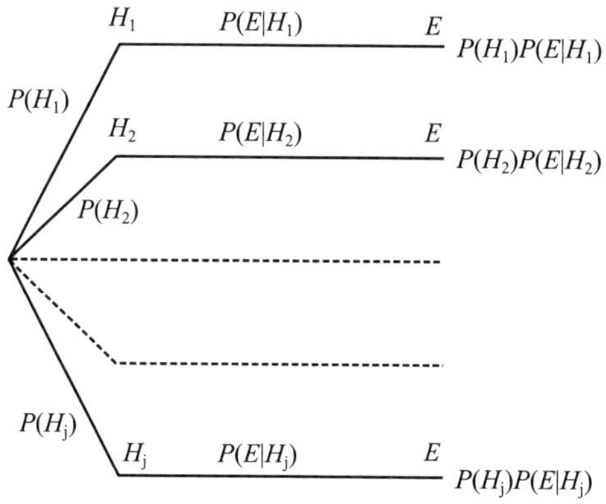

图 6－17 树形的贝叶斯定理[25]（马丁·玛丽埃塔公司许可转载）

表 6－12 成本测算数据[26]

成本假设(美元)	工作人员概率	供应商概率
5 000 000	0.60	0.40
4 500 000	0.25	0.30
4 000 000	0.10	0.20
3 500 000	0.05	0.10

注:经马丁·玛丽埃塔公司许可转载。

$$P(500\text{万美元} \mid Q_i)=\frac{(0.60)(0.40)}{(0.60)(0.40)+(0.25)(0.30)+(0.10)(0.20)+(0.50)(0.10)}=0.71 \tag{6-23}$$

式中，P（500 万美元｜Q_i）是考虑供应商报价后，该设施花费 500 万美元的概率。

6.7 货币的时间价值

技术可行性、经济可行性和财务可行性问题在评估候选方法和解决资本投资与长期投资回报率问题方面是最重要的。技术可行性的本质是，提出的产品和过程以有关性能和可靠性预期方式实现其预定功能。经济可行性要求追求这些产品和流程所产生的总收益超过有充足余地保证投资的随附成本。

财务可行性和经济可行性之间是否存在关系，取决于投资规模。公司之间不同项目领域的问题范围可以从无法获得长期融资资金到融资竞争。

使用“计划地平线”术语表示存续企业和初创企业需要考虑的这些可行性问题的时间周期。规划范围通常至少 5 年，有时 10 年或 10 年以上。

对于 5 年或 5 年以上的情况，结果讨论记录在通常称为“远程营业计划”的文件中，并从营销到生产的所有操作方面指导特定组织。在美国国防部，这份文件称为“五年防务项目”。

更长时间的规划本质上更具战略性，通常关注渗透新市场和随之而来的技术和设施资本投资。在执行这些规划时，整体经济状况与感兴趣的市场有关的任何事情一样，都是一个决策标准。

无论规划范围的程度如何，这些规划的支出和收入都发生在不同的时间，并且有必要从共同时间基线考虑金钱的时间价值，从而进行有意义的交易，做出令人信服的判断。本质上，时间就是金钱。

“等同”的概念在经济分析中很重要，而且意味着如果今天在付息和产生利润的机会中投资美元，今天的一美元就相当于未来超过一美元的东西。相反，未来的一美元相当于今天相同的情况下不到一美元的东西。

表 6-13 定义了许多术语，它们对于理解资金时间价值和进行经济分析方面十分重要。这些术语在附录 A 中再次定义。

大多数货币时间价值的计算都基于复杂的情况。根据涉及的时间段数目，可能需要许多迭代计算。通过使用专门适于货币时间价值的复利表或应用这一节中描述的公式，可减轻工作量。

表 6-13　经济分析术语

术语	意义
资本回收	根据金钱、时间、价值调整的贷款或投资点得到了回收；通常表示为还款数目、时间段，或出售的单元数
复利	本金利息收入
不变美元	相对于当前时间之前或之后的基线或参照年，用于成本和收入比较；有时使用实际和预计的通货膨胀指数将美元转换为基准年
成本效益比	效益的当前价值与成本当前价值的比率
贴现率	表示为百分比的参数，用于计算未来一笔钱的现值
等价	具有未来给定价值的一笔钱的等价现值
未来价值	给定的一笔钱在未来时间的价值，等效于当前给定利率的这笔钱价值
利率	在给定时间结束时赚取或支付的利息，与给定时间开始时投资或借入金钱的比率，表示为百分比
内部收益率	利益现值等于成本现值的回报率
现在美元	目前给定数目美元价值
机会成本	如果资金投资到其他机会，可能实现的回报
本金	投资或借入的金额
现值	以给定贴现率接收未来付款的目前价值
回报率	根据金钱时间价值调整的给定支出或投资利润率，表示为百分比
单利	本金赚取的利息

续表

术语	意义
偿债基金	退休债务或采购新设备所用的资金，它是通过固定时间间隔的一系列存款建立的
沉没成本	以前用完或承付的，未来经济分析没有考虑的资金
当时美元	根据给定现在美元价值，使用预计通胀指数调整的未来美元价值
均匀级数	固定数额、固定利率或折扣利率的一系列付款或收入

表 6－14 是基于利率 10％年复利的复利表案例。表中的数字是用来乘以本金得到时间调整值的因子。发布的表格覆盖大范围时间、利率或贴现率[27]。然而，敦促定成本设计从业人员熟悉制定过程，便于使用表格，因为偶尔某些感兴趣的费率和时间段组合并不涵盖在表内。

6.7.1 一次性支付

一次性支付允许将支付价值进行转换，从一个时间框架转换到另一个。关系是：当前一次性付款（或收据）的未来价值，以及一次性付款在未来时间的现值。

（1）当前一次性付款的未来价值（FVPSP）

最常遇到的问题是今天在某个利率下投资一定数额的钱是否在几年后升值。

表 6－14 10％ 复利表

n	FVPSP	PVFSP	USPFV	FVUSP	USPPV	PVUSP
1	1.100 00	0.909 09	1.000 00	1.000 00	1.100 00	0.909 09
2	1.210 00	0.826 45	0.476 19	2.100 00	0.576 19	1.735 50
3	1.331 00	0.751 31	0.302 11	3.310 00	0.402 11	2.486 90
4	1.464 10	0.683 01	0.215 47	4.641 00	0.315 47	3.169 90
5	1.610 51	0.620 92	0.163 80	6.105 00	0.263 80	3.790 80
6	1.771 60	0.564 47	0.129 61	7.716 00	0.229 61	4.355 30
7	1.948 70	0.513 16	0.105 41	9.487 00	0.205 41	4.868 40
8	2.143 60	0.466 51	0.087 44	11.436 00	0.187 44	5.334 90
9	2.357 90	0.424 10	0.073 64	13.579 00	0.173 64	5.759 00
10	2.593 70	0.385 54	0.062 75	15.937 00	0.162 75	6.144 60

n 期数

FVPSP：目前一次性付款的未来值

PVFSP：未来一次性付款的现值

USPFV：未来值付款的等额多次支付

FVUSP：等额多次支付的未来值

USPPV：对于当前价值的等额多次支付

PVUSP：等额多次支付的现值

例如，某航空航天承包商，考虑投资 5 000 000 美元用于工具，该工具可以在 5 年内产生利润 500 000 美元，承包商想要了解当每年复利 10%时，投资 5 000 000 美元在 5 年内的价值

$$FVPSP = PSP(1+i)^n \tag{6-24}$$

式中，PSP 表示目前单一付款；i 是以小数形式表示的利率；n 为时间段数。在示例中，PSP＝5 000 000 美元，i＝ 0.10，n＝ 5，使用式（6－24），得

$$\begin{aligned} FVPSP &= 5\ 000\ 000\times(1+0.10)^5 \text{ 美元} \\ &= 8\ 052\ 550 \text{ 美元} \end{aligned} \tag{6-25}$$

表 6－14FVPSP 列中还给出了式（6－24）右边括号内的因子。对于 f＝10%，n＝ 5，从表中得到的值是 1.610 51。该值乘以 5 000 000 得到 8 052 550 美元，它与式（6－24）的答案相同。根据每日复利也可以解决问题。在这种情况下，式（6－24）使用的值为 0.10/365，或 0.000 274 0，n 的值将是 5 倍，365 或 1 825（如果考虑闰年，则 1826），得到的答案是 8 244 207 美元。从金钱的时间价值方面来看，投资金钱比获取工具更有利。然而，本书中指出几次，应根据组织的总体增长战略，而不只是根据单一的产品线做出决策，在技术或设施方面投资大量资金。

（2）一次性付款在未来时间的现值（PVFSP）

另一个经常性问题是在未来某一贴现率支付与获得的现值。例如，房地产开发商获得购买一块商用土地的机会，从现在开始 3 年期限，价格 50 万美元。问题是开发商应该卖掉目前持有的多少资产，并且从现在持续投资，才能确保需要时可以使用 50 万美元。当前贴现率是每年 10%复利率

$$PVFSP = \frac{FSP}{(1+i)^n} \tag{6-26}$$

式中，FSP 表示未来一次性付款；i 表示贴现率；n 为时间段数量。将 FSP ＝500 000 美元、i ＝0.10 和 n＝ 3 代入式（6－26），得

$$PVFSP = \frac{500\ 000}{(1+0.10)^3} \text{ 美元} = 375\ 657 \text{ 美元} \tag{6-27}$$

式（6－26）记录的参数可以从表 6－14 的 PVFSP 列获得。

6.7.2　等额多次支付

等额多次是一个在周期性时间间隔，以固定利率或贴现率，连续发生等额的支付或收益。这一关系允许在未来值或当前值已知，或个别周期性付款的数额已知时，确定周期性付款的金额。

（1）未来值付款的等额多次支付（USPFV）

未来值付款的等额多次支付，这种关系适用于已知未来值，且单个定期支付的金额需要确定的情况，在要建立偿债基金时情况如此。例如，制造商希望自现在起 4 年后淘汰某个设备，成本是 750 000 美元，制造商需要认识到复利 10% 时每年的供款

$$A=\frac{\mathrm{FV}i}{(1+i)^n-1} \tag{6-28}$$

式中，A 表示特定付款系列的一次性付款；FV 是偿债基金的未来值；i 为利率。例如，代入式（6－28），得

$$A=\frac{750\ 000\times 0.1}{(1+0.10)^4-1}美元=161\ 603\ 美元 \tag{6-29}$$

因子［$i/(l+i)^n-1$］的值也可以从表 6－14 USPFV 栏中得到。

（2）等额多次支付的未来值（FVUSP）

等额多次支付的未来值这种关系适用于已知的单个定期付款金额和需要确定未来价值的情况。

当需要建立偿债基金时，这是另一个案例。例如，收费公路管理局用其纯收入偿还自现在起 10 年期 2.5 亿美元的债券，并建立偿债基金。净年收入为23 000 000 美元。如果以每年 10%的复利，10 年内偿债基金的价值是否足以赎回债券？

$$\mathrm{FV}=A\ \frac{(1+i)^n-1}{i} \tag{6-30}$$

例如，代入式（6－30），得

$$\mathrm{FV}=23\ 000\ 000\times\frac{(1+0.10)^{10-1}}{0.10}美元 \tag{6-31}$$

$$=366\ 560\ 072\ 美元$$

偿债基金将足以赎回债券。再次，该答案可以通过使用表 6－14 中 FVUSP 列的因子获得。

（3）对于当前价值的等额多次支付（USPPV）

对于当前价值的等额多次支付这种关系适用于已知现值，需要确定单个定期支付金额的情况，这是贷款利息的情况。例如，承包商希望借 1 000 000 美元，为期 10 年，了解每年复利 10%时个别周期性付款的金额。通过应用表 6－14 USPPV 列的因子或由下面的公式，可以获得答案

$$A=\mathrm{PV}\ \frac{i(1+i)^n}{(1+i)^n-1} \tag{6-32}$$

例如，代入式（6－32），得

$$A=\frac{1\ 000\ 000\times 0.01(1+0.10)^{10}}{(1+0.10)^{10}-1}美元 \tag{6-33}$$

$$=162\ 750\ 美元$$

（4）等额多次支付的现值（PVUSP）

等额多次支付的现值这种关系适用于已知的单次定期付款金额和需要确定现值的情况。例如，需要借 1 000 000 美元的上述承包商，10 年内每年只能偿还 125 000 美元。在此限制内，承包商每年复利 10%时，可以借入多少钱？

$$\mathrm{PV}=\mathrm{USP}\ \frac{(1+i)^n-1}{i(1+1)^n} \tag{6-34}$$

式中，PV 表示现值，或者通过使用表 6－14 中 PVUSP 列的因子。

例如，代入式（6－34），得

$$\mathrm{PV}=125\ 000\times\frac{(1+0.10)^{10}-1}{(0.10)\times(1+0.10)^{10}}\text{ 美元} \qquad (6-35)$$

$$=768\ 075\text{ 美元}$$

答案明显小于所预料的值。

6.7.3　经济分析

前面资金时间价值计算是其他经济分析方法使用的典型计算。在经济分析中的常用测量是现值、等年值、效益成本比率和内部收益率。

（1）现值

净现值是流行的标准，用于衡量其他方法的成本效益。首先确定了其他方法的未来值，然后对所有未来值使用相同贴现率，折算到相同的基线年。例如，考虑两种可以分别在 2 年和 3 年实现生产经济 500 000 和 550 000 美元的方法。哪一种方法更好？使用两年期间假设贴现率 10％的每年复利，使用式（6－26），得

$$PV=\frac{500\ 000}{(1+0.10)^{2}}\text{ 美元} \qquad (6-36)$$

$$=413\ 223\text{ 美元}$$

$$PV=\frac{550\ 000}{(1+0.10)^{3}}\text{ 美元} \qquad (6-37)$$

$$=413\ 223\text{ 美元}$$

从货币的角度来看，可以选择这两种方法之一。然而，从执行时间短的观点来看，最可能选择第一种方法。

（2）等年值

等年值的衡量将净现值延伸到所考虑的候选方法的生命周期，它被称为“年化的依据”。例如，如果前述实例的两个方法生命周期都是 5 年，那么第一个方法的现值可能延长 2＋5 年，或 7 年，而第二个方法的现值可能延长 3＋5 年，或 8 年。使用 7 年，每年复利率 10％，由式（6－32），得

$$A=\frac{413\ 223\times0.10\times(1+0.10)^{7}}{(1+0.10)^{7}-1}\text{ 美元} \qquad (6-38)$$

而对于 8 年

$$A=\frac{413\ 223\times0.10\times(1+0.10)^{8}}{(1+0.10)^{8}-1}\text{ 美元} \qquad (6-39)$$

$$=77\ 455\text{ 美元}$$

根据年化的基准，使用第一个方法资本回收更快。

（3）效益成本比率

效益成本比率这项措施有利于成本的货币价值比率，例如，如果前例两种方法的执行

费用分别为 125 000 美元和 100 000 美元，那么各自的效益成本比率为 413 223/125 000，或 3.306，以及 413 223/100 000，或 4.132。在此基础上第二种方法是可取的。

(4) 内部收益率

内部收益率定义为利益现值等于成本现值的回报率。计算内部收益率的方法，等同于年利率和等价年成本；后者由统一支付系列的现值表达式得到式（6-34）。例如，考虑一家购物中心估计成本 1 亿美元，估计 10 年的年度净收益为 20 000 000 美元。年度效益和等价年成本等同，如下所示

$$20\ 000\ 000\text{美元} = \frac{100\ 000\ 000 i(1+0.10)^{10}}{(1+i)^{10}-1}\text{美元} \tag{6-40}$$

可以使用试错法求解式（6-40），以 i 值等于 20 000 000 美元/100 000 000 或 0.20 开始。当 $i=0.20$ 时，方程右边项的值是 23 852 000 美元，该值表示内部回报率低于 20%。接下来，尝试 i 的较小值直到方程右项的值等于 20 000 000 美元或更少。右项使用 $i=0.16$ 时产生 20 690 000 美元的值，$i=0.15$ 时产生 19 171 000 美元的值。通常，可以说内部收益率是 15%～16%；然而，内部收益率更精确的值可以通过插值得到，如下所示

$$\begin{aligned} i &= 0.15 + 0.01 \times (20\ 690\ 000 - 20\ 000\ 000) \div (20\ 000\ 000 - 19\ 171\ 000) \\ &= 0.158\ 3 \end{aligned} \tag{6-41}$$

因此，本实例的内部收益率是 15.83%。

6.8 成本控制要素

如本章前面所述，很多高技术工业部门都涉及军方的合同，这有利于定成本设计从业人员了解军方所要求的成本控制，尤其是国防部颁布的成本-进度控制标准，由于其告知的成本控制很苛刻，因此值得私营经济部门考虑[28]。

应对这些准则，国防承包商使用的典型绩效评估系统是作为案例提供的，包含了一份内部审计清单。

下一步，提供的是一些选择价格指数的观测结果，因为这些结果对附带经济价格调整条款的固定价格合同有重要影响。后续，讨论成本成功的概念，作为任务成功概念后的一项组织活动的范例。

6.8.1 成本-进度控制系统准则

美国国防部在 1967 年首次颁布国防部指令 7000.2 号《选定采购性能标准》。根据成本补偿类型的合约，指令提供了成本-进度控制系统准则在主要系统采购的应用。它的动机是遏制开发新武器系统的螺旋式上涨的成本，尽管考虑了成本-进度控制系统准则对重大建设项目的应用。

成本-进度控制系统准则介绍了一些传达该指令意图所需的新术语，表 6-15 重新定义了这些术语。对该表的审视将有助于理解接下来的讨论。

美国国防部指令 7000.2 的总体目标，旨在为承包商管理和国防部的部门管理负责的决策制定提供充足的依据。具体目标旨在确保把包括政策、程序和方法的承包商管理控制系统，关联到组织、规划和预算、会计和已完成最大可能成本覆盖的分析。

朝着这一目标，具体标准已经演变为组织、规划和预算编制、会计、分析，以及修订和访问数据。这些标准的以下论述奠定了一系列广泛问题的基础，它们形成了自我审计清单。

（1）组织

承包商应使用合同工作分解结构（CWBS）定义所有授权工作和相关资源，以满足合同要求。承包商应查明内部组织要素，主要分包商负责完成授权的工作。承包商应整合承包商彼此之间的规划、进度安排、预算、工作授权和成本积累系统，以及合同工作分解结构和组织结构。承包商应确定负责控制开销（间接费用）的管理职位，整合合同工作分解结构与承包商功能组织结构，使可以衡量合同工作分解结构和组织要素的成本和调度绩效。

（2）规划和预算

承包商应以描述工作顺序和确定满足合同开发、生产和运输条件要求的明显相关性的方式安排授权工作。承包商应确定实体产品、里程碑、技术性能目标或其他用于衡量产出的指标。承包商应建立和维护一个可以在成本账户水平衡量合同业绩的时间分段预算基准。为此目的做出初始预算，基础是已达成的目标成本。用于绩效评估目的的任何其他款额必须由承包商和政府正式确认。承包商应使用各自的成本要素（如劳动力和材料）识别建立所有授权工作的预算。如果工作可以使用离散、短跨度工作包确定，承包商应为该工作建立以美元、小时和其他可测量单位的预算。在整个成本账户无法细分成详细的工作包，承包商应查明预算和调度目的方面较大规划包装的长期努力。承包商应提供所有工作包预算的总和，加上成本账户内的款项等于成本账户预算的规划包预算，并应确定优先于工作授权系统的预算或标准关系，从而预算工作包。承包商应使用为此目的建立的时间段预算确定和控制工作活动水平。只有那些不能被识别为离散的、短期的工作包或分摊的工作量才应该被归类为工作量水平。承包商应建立每个重大的组织部分的总成本间接费预算，这些费用会成为间接成本，应在合适水平的合同预算内反应作为间接成本分配给承包商的间接费用归集金额。承包商应确定管理储备和分配预算，并提供合同目标成本加测算的授权成本，但他们使用所有内部合同预算和管理储备总和调解未定价工作。

（3）会计

承包商应以正式系统记录应用或其他可接受依据的直接成本，该系统受到总账簿的控制，并应将成本账户的直接成本总结到合同工作分解结构，无须将单一成本账户分配到两个或两个以上的合同工作分解结构要素。承包商应使用成本账户的直接成本总结到承包商的功能组织要素，无须将单一成本账户分配到两个或两个以上的要素。承包商应记录分配给承包商的所有间接费用，确定将成本分配给分摊工作的依据，并确定单位成本、等效单位成本，或批成本（如适用）。承包商的材料核算系统应提供：准确的成本积累，以预算一致的方式，使用确定的、可接受的成本技术将成本分配到成本账户；通过比较计划对实际承诺确定价格偏差；在最适合涉及材料类型的时间点测量成本绩效；确定归因于材料过度使用的成本差异；在适用时，确定单元或批成本，并且对合同购买的所有材料的充分问责制，包括剩余库存。

表 6－15 成本明细表控制系统标准术语

术语	意义
已完成工作实际成本	在给定时间段内完成工作实际发生和记录的成本
实际的直接成本	特别是使用合同确定的成本，它的依据是已认知政府代表接受的承包商成本确定和积累系统（见“直接成本”）
使用的直接成本	时间段内确定的数额与劳动力、材料和其他直接资源消耗有关，它们与承诺日期或支付日期无关；这些金额需要对发生以下任何事件时计入在制品： 当劳动力、材料和其他直接的资源实际消耗时 当物质资源从库存取出使用时 当获得的材料资源得到承办商唯一确认，并排定 60 天内使用时 当主要部件和组件依据线流接收，并明确，和唯一标识为单一串行编号成品时
分摊性投入	工作本身并不容易分割成短期工作包，但它们与衡量的工作成正比
批准的工作	工作按合约方式得到细化，再加上细化合同成本的东西没有达成一致，但承包商得到了书面授权
执行工作的费用预算	已完成工作包和已完成打开工作包的总和，再加上工作和分摊工作水平的相应预算部分
计划项目的预算成本	预计要完成的所有工作包和规划包预算总和(包括过程中的工作包)，加上给定时间内工作水平量和预定完成的分摊工作
合同预算基数	订立的合同成本加上授权、定价工作的估计成本
成本账户	实际成本可以累积并比较已完成工作的预算成本的管理控制点；成本进度计划和控制的自然控制点，表示分配给合同工作分解结构要素的负责任组织要素工作
成本账户经理	已分配的成本账户工作范围完全责任的个人，包括技术、进度和预算
直接成本	可以使用特定最终成本目标具体确定的任何成本
测算完成的成本	实际直接成本，加上分配到合同的间接成本，加上剩余授权工作的(直接和间接)成本测算
间接成本	由于招致共同或联合目标，因而不能轻易被视为直接成本的成本
内部重新规划	承包商对公认总分配预算内的剩余工作采取的行动进行重新规划
工作水平	不产生明确最终产品或结果的一般或支持性质工作
管理储备	用于管理控制目的，而不是旨在完成特定任务或任务组而提取的总分配预算金额
商定的合同成本	在成本加固定费用合同内的测算成本，或在固定价格激励合同或成本加奖励费用合同的商定目标成本

续表

术语	意义
原始预算	在签订合同时或前后编制的预算
绩效评估基准	衡量合同绩效的分阶段预算计划；由分配给预定成本账户和适用间接预算的预算构成；对于未来工作，没有计划到成本账户水平，性能测定基线还包括分配到高水平的合同工作分解结构要素和未分配预算的预算；它等于总分配预算减去管理储备
预算包	成本账户内工作的逻辑综合，通常是早期基线规划可以确认和预算，但尚未在工作包内定义的长期工作
项目总结工作分解结构	通过从一个或多个总结性的工作分解结构选择合适要素，或增加项目唯一的要素而适应具体防御物资项目的总结性的工作分解结构
重大差异	需要进一步审查、分析或采取行动的计划和实际性能差异；对于需要差异分析的差异大小，应建立合适阈值
总分配预算	分配给合同的所有预算；由绩效衡量基线和所有管理储备组成；将直接协调合同预算基础，有关数量和原因的任何差异都将记录
未分配的预算	预算适用于尚未在给政府的最低报告水平或以下确定为合同工作分解结构要素的合同工作
工作包的预算	正式由承包商分配来完成一个工作包的，用美元、小时、标准或其他明确的单位表示的资源
工作包	承包商为完成合同规定的工作所确定的详细的短期工作或材料项目，它具有以下特点： 表示执行工作的各级工作单位 与所有其他工作包清晰可辨 可分配给单个组织要素 有项目的开始日期和完成日期，并且如适用，还有代表实际成就的中期里程碑 有表示为美元、小时或其他可测量单位的预算或分配价值 持续时间仅限于相对较短的时间，或者细分为离散值里程碑，以便对已完成工作进行客观衡量 与详细工程、制造或其他日程安排整合

（4）分析

承包商应每月使用会计系统的数据或与会计系统不矛盾的数据在成本会计层级确定以下信息：计划和执行工作的预算成本；执行的工作预算成本和相同工作使用（如适用，实际的）的直接成本；以及在劳动力、材料或其他合适要素方面，由这些比较划分造成的差异，以及重大差异的原因。承包商应每月确定有效控制预算间接成本管理和分配成本差异所需的详情。承包商应通过承包商组织和合同工作分解结构，在合同规定的报告水平总结在前述项目列出的数据要素和相关差异。承包商应每月查明计划和实际进度完成存在的差异及其原因，并确定以上项目采取的管理行动。根据迄今为止的性能和未来条件的测算，承包商应开发合同中确定的工作分解结构要素在完成时的修订成本测算，并将它与合同预算基础和对政府的最近经费要求报告进行比较。

(5) 数据的修订和获取

承包商应及时纳入合同变更，在预算和时间表中记录此类变更的影响。在商定变更之前的定向工作中，这些修订应依据功能性组织测算和预算的数量。承包商应将合同中已定价的合同工作分解要素的原始预算，以及国防部项目总结的工作分解结构中最低级别的要素的预算，与当前的绩效预算进行协调，这些预算涉及对授权工作的更改，以及管理层为有效控制所需的重新规划细节。承包商应禁止适合已完成工作记录的追溯更改，这些工作会改变之前报告的直接成本、间接成本或预算金额，除了更正错误和例行的会计调整。承包商应防止合同预算基础的修订，除非政府指示对合同工作进行更改。承包商应内部记录绩效评估基线的变更，并及时通过规定程序通知采购活动。承包商应提供给签约官员和正式授权代表签约人员所有的上述资料和支持文件。

6.8.2 绩效评估系统

图 6-18 说明了典型绩效评估系统与承包商控制系统的整合。虽然美国国防部不需要固定价格的绩效评估系统（PMS），但其严谨是值得高科技企业在各种合同和所有项目阶段效仿的。

基本原理是将承包商工作授权、规划、调度、预算和成本积累系统、合同工作分解结构和承包商组织结构整合。因此，四个前述系统的绩效评估系统都由子系统组成。

如图 6-18 所示，合同工作分解结构扩展到低水平要素，责任由组织部门确定，他们将执行合同工作分解结构要素包含的工作。合同工作分解结构和组织结构的交集为成本-进度控制系统准则提供了自然控制点。

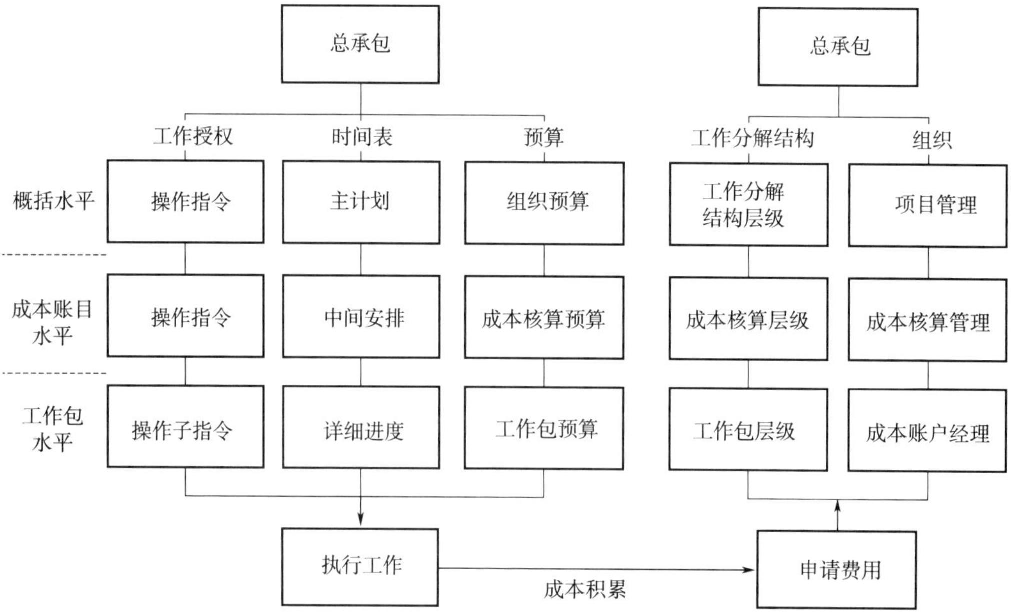

图 6-18 典型绩效评估系统[29]与承包商控制系统的整合（马丁·玛丽埃塔公司授权转载）

这些控制点提供了将工作分配给成本账户经理，以及调度和预算相关任务的依据。在合同工作分解结构中，确定职能职责的层级，也建立了成本账户层级。项目基线的配置控制用于合同工作分解结构的成本账户层级。

在工作完成和成本累积时，对进展进行评估。评估取得的进展有两种形式：已完成工作的进度状态与工作计划的比较，以及已完成工作的价值。

如有进度和成本的差异，由涵盖成本账户的任务水平确定。纠正措施来自于任务差异根本原因分析。在成本账户水平的任务差异总结，以及采取纠正措施的描述，都要向管理部门和政府报告（见第 3.12.2 节）。

表 6－16 提供的是一份承包商满足成本–进度控制系统准则方法的充分性自我审计清单。此表可以实现对成本–进度控制系统准则意图的深入了解和对有效成本控制要点的完全掌握。尽管它的长度很长，但定成本设计从业者需要仔细检查表格，并使用该表格作为经常性参考。

表 6－16 由一系列行动说明组成，随后的是反应性问题，结构与前述讨论的形式相同：组织、规划和预算、会计、分析、修订和获取数据。

表 6－16 内部审计清单[30]

组织标准

1. 使用合同工作分解结构定义所有的授权工作和相关的资源，以满足合同的规定

只有一个用于合同的合同工作分解结构吗？

所有的合同工作都列入合同工作分解结构吗？

在合同工作分解结构中包含以下项目吗？

符合 MIL－STD－881A 的合同项目和最终项目

指定用于外部报告的所有合同工作分解结构要素

使用分包商认同分包合同工作分解结构要素

成本账目层级

2. 明确内部组织要素和负责完成授权工作的主要分包商

是否在最低成本账户层级上，将所有授权任务分配给组织要素？

分包合同工程是否承包给具有合同工作分解结构要素的分包？

3. 提供整合承包商的规划、调度、预算，工作授权和成本积累系统、合同工作分解结构和组织结构

上述列出的承包商管理控制系统要素之间、与合同工作分解结构以及组织结构是否在以下水平整合？

总合同

成本账目

4. 确定负责控制开销的管理职位(间接费用)

是否明确确定了以下要素和管理者？

续表

那些负责建立预算和分配资源用于日常开支绩效的人

负责开支绩效控制相关成本的人

上述每个组织要素或管理者的职责和权利是否明确界定？

5. 合同工作分解结构与承包商功能组织结构以这种方式的整合实现了合同工作分解结构和组织要素的成本和进度绩效的衡量。

每个成本账户是否分配到直接负责工作的单个组织要素和可识别单个合同工作分解结构要素？

以下要素是否衡量可用于分析和控制的水平绩效？

进度工作的预算成本

执行工作的费用预算

已完成工作实际成本

规划和预算准则

1. 以描述工作顺序和确定满足开发、生产和运输条件等合同要求等重大任务的方式安排工作

调度系统是否包含

主项目进度表？

确保成本账目和工作包开始和完成日期的过渡进度表？

重大决策点、约束和接口是否确定为关键的里程碑？

调度系统是否用于技术和其他里程碑的工作进度确认，以及计划工作完成日期的预测？

正式计划的工作包是否由日历日实际实现？

2. 确定实体产品、里程碑、技术性能目标或其他用于衡量产出的指标

是否确定了用于测定成本状态和进度绩效的有意义指标？

承包商系统是否确定了进度计划的工作业绩？

当前工作性能指标和目标是否认同合同更改、重新设计和重新编程行动建模的最初目标？

3. 建立和维护一个可以在成本账户水平衡量合同业绩时间分段预算基准。为此目的设立初始预算将基于谈判的目标成本。用于绩效评估目的的其他量是否必须由承包商和客户正式确认

绩效评估基准是否包括以下内容？

时间分段成本账户预算

在尚未分解成成本账户预算时，更高级的合同工作分解结构元素预算

未分配的预算（如有）

以上未包含的间接预算

在时间阶段成本账户中计划的整个协议是否在可行的范围内？

如未来承包工作无法进行足够详尽计划，实现成本账户的建立，那么剩余预算是否

要分配到最低可行的合同工作分解结构要素，用于后续分配到成本账户？

承包商是否需要足够详细规划成本账户，从而将最初分配给未来工作的预算使用限

续表

制在现有工作？

成本账户的打开和关闭是否基于此处涵盖工作的开始和结束？

4. 使用单独确认成本要素建立所有授权工作的预算

预算编制系统是否包含：

总系统预算，包括授权但未定价的工作测算？

分配给主要的功能性组织的预算？

分配给成本账户的预算？

预算是否分配到计划和分配确定有关以下成本要素的成本账户？

直接人工美元和/或小时

材料和/或分包合同美元

其他直接美元

工作许可是否包含

进行所有授权工作的授权？

细分的合同工作和职责的合适工作授权文档是否在功能组织内？

5. 如果授权工作可以使用离散、短期工作包确定，为该工作建立以美元、小时和其他可测量单位的预算。在整个成本账户无法细分成详细的工作包，为了预算和调度目的，在更大的计划中确定长期工作

工作包是否反映工作完成的实际方式，它们是否是对高层级工作要素的有意义产品或面向管理的细分？

尽量提前计划的详细工作包是否切实可行？

工作是按照界定的要求逐步细分为详细的工作包？

为了预算和计划的目的，是否将无法详细计划的未来工作细分为切实可行的工作？

工作包是否处于合理短时间内，或者它们是否有用于过程中工作评估的足够客观指标或里程碑？

工作包是否由充分定义的离散任务组成？

承包商是否充实工作包和计划工作预算？

预算或价值是否分配到有关美元、小时或其他可衡量单位到工作包和计划包？

工作包是否分配给执行组织？

6. 规定成本账户内所有工作包的预算加上规划包预算的总和等于成本账户预算

成本账户内所有工作包预算加上计划包预算的总和是否等于分配给这些成本账户的预算？

7. 确定底层工作授权系统的预算或标准与工作包预算的关系

如使用工程标准或其他内部工作衡量系统，这些值和工作包预算之间是否存在正式关系？

8. 使用为此目的建立的时间段预算确定和控制工作活动层级。只有这种不能认定为离散、短期工作包或作为分摊工作的工作才应归入工作层级

是否为计划和控制资源类别（例如，劳动力和/或材料）活动水平而建立时间阶段预算？

续表

工作是否合适分类为测定工作、工作层级或者分摊工作，并且适当分离？

9. 为每个重要组织部分的总成本建立开销预算，这些部分的花销将成为间接成本。在适当水平的合同预算中反映开销费用归集的金额，这些金额将作为间接成本分配给合同

在合同有效期内，是否至少每年在设施范围内制定间接成本预算或预测？

是否为每个有权产生开销成本的组织建立开销成本预算？

将所有费用要素确定为开销成本预算还是预测？

在适用时，是根据披露声明处理开销预算和成本，还是进行合理分类？

对于预期业务的基础牢靠性和潜力，是否以合理一致的方式预测？

间接费用预算是否按照与预期直接业务基础一致的依据建立？

所有开销项目的要求是否按照理性和可追踪过程建立？

是否正式和充分确定了间接成本归集？

是否将组织和项目成本分配到每个确定的归集？

在每个归集的预计开销成本和相关直接成本是否用作将开销分配到合同的临时费率的基础？

适用于超出本年度合同的预计间接费用是否依据承包商财务周期(如年度)？

预计的业务基础是否是年度的？

每个周期的预期开销支出是否基于当前可用的最佳信息？

开销预测是否以及时的方式调整，从而反映当前直接和预测基础的变化？

变更是否具有开销要求的性质？

间接费用归集和/或组织结构是否有变更？

合同工作分解结构和组织层级是否用于确定预计开销成本？

10. 确定管理储备和未分配的预算

是否所有预算都可用作绩效评估基线中确定并排除的管理预备金？

记录是否保留，显示如何使用管理储备？

未分配的预算是否限于合同工作，而这些工作无法规划到指定汇报给客户的水平或以下的合同工作分解结构要素？

维持的记录是否显示了未分配预算的控制方式？

11. 提供合同目标成本加测算的授权成本，但他们使用所有内部合同预算和管理储备总和调解未定价工作

承包商的系统描述或程序是否需要加绩效评估基准等于合同预算基数的管理储备？

对于更高级的合同工作分解结构要素、未分配的预算、管理储备的高水平合同工作分解结构的成本账户预算总和是否与合同目标成本加授权、未定价工作的测算成本一致？

会计准则

1. 以所有适用的或其他可接受的基础记录直接成本，这是由总账簿控制的方式制度。会计制度是否为合同应支付直接成本审计记录提供依据？

续表

在成本账户内直接成本要素是否使用确定的、可接受成本技术一致的方式积累，并且使用一般的账簿控制？

2. 将成本账户的直接成本汇总到承包商的功能组织要素，无须将单一成本账户分配到两个或两个以上的要素

是否可以通过总合同水平的合同工作分解结构从成本账户水平总结直接成本，而无须将低水平合同工作分解结构要素分配到两个或多个高水平合同工作分解结构要素？这并不排除将涵盖一般要素的成本账户中的成本分配到合适使用的成本账户

3. 将成本账户的直接成本汇总到承包商的功能组织要素，无须将单一成本账户分配到两个或以上的要素

是否可以从成本账户水平到最高功能组织水平总结直接成本，而无须将低水平组织成本分配到两个或多个高水平组织？

4. 记录分配给本合同的所有间接费用

从分配到合同总额的观点，成本积累系统是否提供了间接费用的总结？

间接成本是否使用相应预算积累，用于比较？

产生间接成本的权利结构是否对应于管理相同成本部分的责任结构？

间接成本是否计入相应资金池和发生组织？

从每个间接资金池中分配成本的基础和比率是否一致适用？

从每个间接交易分配到商业工作的成本依据和利率是否与将成本分配到政府合同的一致？

将每个间接成本交易的成本分配到合同的利率是否进行必要更新，从而确保实际每月分

配的间接成本，而没有重要的年终调整？

确定产生组织、间接成本交易的间接成本步骤，以及将交易成本分配到合同的步骤是否有正式记录？

5. 确定分配分摊工作成本的依据

在计划和控制工作是否与确定为分摊工作的成本账户或工作包存在直接关系？

将分摊的工作量成本应用到成本核算的方法是否一致，并在建立的程序中加以记录？

6. 酌情确定单位成本、等效的单位成本或批成本

承包商的系统是否提供成本、材料和其他直接成本和间接成本方面的单位成本、等效单元，或批成本？

承包商是否在必要时允许确定经常性和非经常性费用的步骤？

7. 承包商的材料核算系统应提供准确的成本积累，以预算一致的方式，使用确定的、可接受的成本技术将成本分配到成本账户；通过比较计划对实际承诺确定价格偏差；在最适合涉及材料类型的时间点测量成本性能；确定归因于材料过度使用的成本差异；在适用时，确定单元或批次成本，并且对合同购买的所有材料的充分问责制，包括剩余库存

承包商的系统是否使用公认的、可接受的成本技术以与预算一致的方式为成本账户提供准确成本积累和分配？

续表

承包商的系统是否通过比较计划对实际承诺的差异，提供价格差异的决定因素？

在某个时间点衡量的成本绩效是否适用于涉及的材料类别，但不早于实际收到的材料？

对于因使用比计划更多的材料导致的成本差异，承包商的系统是否提供了决定因素？如适用，承包商的系统是否为单位或批量成本提供决定因素？

承包商的系统是否为所有材料(包括剩余库存)提供了问责制？

该材料是否赚取了在已进行工作预算成本的相同时间段报告的材料成本？

分析准则

1. 每月使用会计系统的数据或与会计系统不矛盾的数据在成本会计水平确定以下信息：计划和执行工作的预算成本；执行的工作预算成本和相同工作使用(如适用，实际的)的直接成本；以及在劳动力、材料或其他合适要素方面，由这些比较划分造成的差异，以及重大差异的原因

承包商的系统是否包括衡量负责成本账户组织最低水平绩效的规程？

承包商的系统是否包括衡量关键分包商绩效的规程？

成本和进度绩效是否以一致的、系统的方式衡量？

用于方差分析的实际成本是否与会计系统的数据一致？

已完成工作的预算成本是否与工作计划一致的方式计算？例如，如果以衡量的依据规划工作，那么应以实测的基础计算已进行工作的预算成本

在成本会计和其他合适水平，承包商是否有方差分析程序和证明识别能力，成本和进度差异如下所示：

确定和隔离问题，造成不利的成本差异？

评估计划变更和变通的影响？

评估运营组织绩效？

确定潜在或实际的溢出和不足？

2. 每月通过管理详细确定有效控制、预算间接成本、实际间接成本、变更，以及它们的原因

为了控制，是否在职责水平确定和分析预算和实际间接成本之间的差异？

承包商的成本控制体系是否提供了确定成本差异的存在和原因的能力？

费用要素是否发生超过预算的实际间接成本？

间接费用分配的直接依据是否存在变化？

当有重大不利差异时，是否采取管理行动，减少间接费用？

3. 按照合同规定报告水平，通过承包商的组织和合同工作分解结构总结，总结前述项目列出的数据要素和相关差异

是否通过合同工作分解结构从详细水平到合同水平逐步总结了进行中工作和已完成工作的预算成本等数据要素，以及实际工作成本？

为了逐步更高的管理水平，是否通过功能组织结构总结了数据要素？

内部汇总报告和发给政府的报告之间是否存在一致的数据要素？

续表

在成本账户水平是否使用了记录和持续使用的方差分析程序，选定的合同工作分解结构和组织水平是否至少是每月例行任务？

4. 每月确定计划和实际进度成就之间的显著差异及其原因

调度系统是否及时确认工作状态？

承包商是否使用客观的结果、设计审查和测试来跟踪进度绩效？

5. 确定因前面的准则项目导致的管理行动

分发给承包商管理人员的数据是否以及时、准确和有用的方式进行？

管理人员是否以有效方式使用数据确定程序或功能状态，确定显著差异的原因，并采取适当的纠正行动？

监测行动项目和纠正行动是否达到解决的程度，是否遵循了这些程序？

6. 根据迄今为止的性能和未来条件的测算，开发合同中确定的工作分解结构要素在完成时的修订成本测算，并将它与合同预算基础和对政府的最近经费要求报告进行比较

完工时的成本测算是否根据迄今为止的绩效进行？

到目前为止的实际成本？

是否对未来绩效进行有见识的预测？

考虑经济上涨，是否有待完成的承包工作成本测算？

用于开发待完成合同成本测算的间接费分摊率是否基于历史经验？

考虑管理方面的改进？

预计经济上涨？

预计的业务量？

是否以足够的频率在完工时进行成本测算，及时确认未来的成本问题，用于承包商和政府项目经理的可能纠正和预防措施？

在完工时由项目负责人进行的成本测算是否与负责整体工厂管理的人员协调，确定是否根据修订计划提供所需资源？

完工时，是否由知识渊博的负责人进行以下水平的成本测算？

成本账户

合同工作的主要功能区域

主要分包合同

为了向政府汇报状态而规定的合同工作分解结构要素

总合同(所有授权工作)

完工时，最新订正的费用测算是否与合适水平的已建立预算进行比较，并确认了差异原因？

完工时的成本测算是否以合理和持续的方式进行？

完工时，是否为合适的成本测算建立程序？

续表

完工时,承包商的成本测算是否与政府报告的成本数据一致?
修订和获取数据准则
1. 及时纳入合同变更,在预算和时间表中记录此类变更的影响。在商定变更之前的定向工作中,应依据功能性组织测算和预算的数量
是否及时合并授权变更?
是否修订所有受影响的工作授权、预算和调度文件,以正确反映授权变更的效果?
授权但未定价的内部预算是否基于完成工作的承包商资源计划而变更?
如果授权变更的当前预算不等于变更的商定成本,那么承包商是否通过修订未分配预算、管理储备、为尚未开始工作建立的预算,或这些的组合来补偿差异?
2. 使合同中确定为价格线的合同工作分解结构要素的初始预算,与最低水平的要素一致,就是要根据不同材料的相关需求储存材料。为了有效控制,管理人员需要有关授权工作和内部详细计划变更的 DoD 项目总结合同工作分解结构,以及当前绩效测定预算
授权工作和/或内部重新计划的变更导致的当前预算是否与规定报告项目的原始预算一致?
3. 禁止适合已完成工作记录的追溯更改,这些工作会改变之前报告的直接成本、间接成本或预算金额,除了更正错误和例行的会计调整
为了修复错误和定期会计调整,是否禁止了直接成本和间接成本的追溯性变更?
是否根据可接受的会计程序完成直接或间接费用调整?
是否阻止了正在进行工作的预定和预算成本的追溯性变化,除了纠正错误和常规会计调整?
4. 防止合同预算基础的修订,除非政府指示对合同工作进行更改
建立的步骤是否防止除了合同行动授权外的合同预算基础变更?
超过合同预算基础的预算授权是否经过正式控制,并通话充分了解和确认采购活动完成?
程序足够吗?
5. 内部记录绩效评估基线的变更,并及时通过规定程序通知采购活动
性能测量基准的变化是由合同重定向、正式重新编程、内部重新规划、未分配预算应用或使用管理储备金引起的,并正确记录和反映在成本业绩报告吗?
限制了开放工作包预算变更的程序是否存在,并且是否遵守这些程序?
对已完成的工作,追溯性预算变更是否在已建立程序中明确禁止,并且是否观察到了这个步骤?
控制未打开工作包重新规划的程序是否存在,是否遵守这些程序?
6. 向签约官员和正式授权代表提供所有的上述信息和支持文件。承包商是否为 C/SCSC 审查团队和监视人员提供相关记录的访问权限?

来源:DARCOM P71S-4,AFSCP/AFLCP173-5,NAVMAT P5234《成本/进度控制系统标准联合实施指南》

6.8.3 通胀、上涨和价格指数

在成本测算中最困难的问题之一是应对通货膨胀和上涨。虽然他们常常被视为一体,

但通货膨胀和上涨是明显不同的，而当试图以现实性测算时，需要理解这个差异。

低估或高估未来的劳动力或材料成本会出现问题。成本加固定费用合同，可能收回低估的额外费用，但是，费用会被侵占。高估会导致合同的目标成本减少，从而减少了业务基础，增加公司的开销。

除了由于承包商没有收回的低估导致的额外费用外，固定价格合同经过了类似的影响，除非合同包括经济价格调整条款。经济价格指数选择不当的影响是明显的。

一般情况下，低估会在未来某个时间内影响承包商。但是，通过错误限制订单金额小于所需值，高估对承包商和客户都有影响。

（1）通货膨胀

通货膨胀是指由于赤字或国际贸易不平衡这些因素带来的国家货币购买力的降低。通货膨胀可以看作外在成本驱动因素，它受计划外的因素影响。处理通胀的模式大多是被动的，但可以采取某些措施减轻其影响。例如，缓解通货膨胀对原材料压力的最佳对策是根据相应需求大量囤积材料。预期劳动力成本的增加可通过引入机器人和自动化，或调整造或买的方案得到解决。

（2）上涨

上涨是是一种内在的成本驱动因素，主要由项目的内在因素引起，例如表 6－4 和表 6－17 给出的因素。处理上涨的模式应该是积极的[31]，方法应该是对表 6－17 列出的每一种意外情况进行“假设”推演，并制定意外情况发生时的替代策略。基本的问题是目前是否要实施这些策略或等待事故发生。例如，如果某一供应商在提供重要的物品有过失，替代的策略是要么寻求其他供应商，要么重新设计产品，消除产品对特殊项目的依赖性。在任意情况下，实施策略的决策和时间取决于未来成本的构想。这些构想在很大程度上取决于使用已发布的价格指数所做的预测。

表 6－17　成本上涨的因素

不成熟、高估和低估要求
对要求理解的差异
不充分的规格
不成熟的基线定义
前期分析不足
复杂性的增长
基线变化
故障导致的重新设计
预算不稳定
项目扩展
缺乏连续性
供应商拖欠

续表

管理变更
人员轮换
设施搬迁
工会合同谈判
政府法规
客户参与
基于单一测算的客户成本理解

（3）价格指数

最常用的指数是居民消费价格指数（CPI）和生产者价格指数。这些指数的主要来源是每月美国商务部劳动力统计局发布的数据。居民消费价格指数及其衍生品周薪和月薪是工会合同谈判和熟练工人在全国竞争中不可或缺的一部分。定成本设计从业者应熟悉居民消费价格指数。建议把《美国统计文摘》作为现成的汇编资料[32]。从 1980 年开始编制的生产者价格指数，是可追溯的最老的劳动力统计局连续发布的指数，现在基于约 3 400 个商品价格系列编制。它也包含在《美国统计文摘》中。生产者价格指数及其衍生物都整合到交货合同，用于将来交货。指数为 100 的 1960 年是生产者价格指数的基准年，表 6 - 18 中给出了实例。

图 6 - 19 显示从 1970—1986 年生产者加工阶段的生产者价格指数。应该指出，从 1960—1970 年该指数只增加了约 30%，而从 1970—1980 年该指数增加了约 200%。此外，它从 1985—1986 年下降。在选择价格指数作为远期交货合同依据值得深思熟虑，不论计划的合同类型如何。例如，考虑预测 2000 年的铝价格指数需求。将第 6.6.2 节的线性回归技术用于表 6 - 18 的原材料数据，得到以下最小二乘法方程

$$y_i = -25\,094.55 + 12.809\,06 x_i \tag{6-42}$$

将 2000 年的铝价格指数代入式（6 - 42）中的 x_i，得到 y_i = 523.57。这意味着，根据原料指标的预测，铝将花费 1960 年成本，是生产者价格指数基准年的 5.235 7 倍。生产者价格指数被称为“综合指数”，意味着它是许多子指数的综合（约 3 400），这些被称为分解指标。预测的目标应该使用尽可能最多的分解指标。这种指标的现成汇编是《美国工业瞭望》，它每年由美国商务部发布[34]，表 6 - 19 可以用作分解指标的第一步，给出有色金属的价格指数，这些指标仍然从《美国统计文摘》中得到。将线性回归用于表 6 - 19 中数据，得到以下最小二乘法方程

$$y_i = -18\,671.53 + 9.546\,776 x_i \tag{6-43}$$

将 2000 年的铝价格指数代入式（6 - 43）中的 x_i，得到 y_i = 422.022，与前面式（6 - 42）提供的 523.57 相比。在表 6 - 19 中，注意 1980 年后有色金属价格指数急剧下降，这些并不是表 6 - 18 中的生产者价格指数透露的现象。

解集的下一步是表 6 - 20 中给出的原铝（即原金属）价格指数。这些数据来自 1987

年的《美国工业前景》中。将线性回归用于表 6-20 中数据，得到以下最小二乘法方程

$$y_i = -11\,651.39 + 5.928\,971 x_i \tag{6-44}$$

表 6-18　生产者价格指数[33]

年份	原料	中间材料	成品
1970	112.3	109.9	110.3
1975	196.8	180.0	163.4
1977	209.2	201.5	181.7
1978	234.4	215.6	195.9
1979	274.3	243.2	217.7
1980	304.8	250.3	247.0
1981	329.0	306.0	269.8
1982	319.5	310.4	280.7
1983	323.6	312.3	285.2
1984	320.8	320.0	291.1
1985	306.1	316.7	293.7
1986	280.0	307.6	289.6

来源：美国统计局，《美国统计文摘》：1988 年。

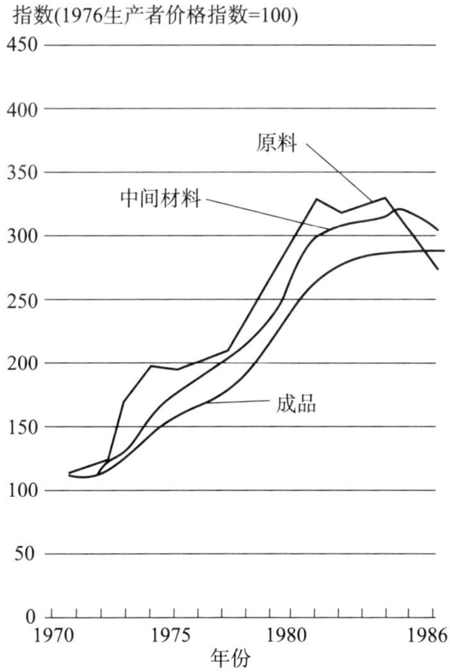

图 6-19　加工阶段的生产者价格指数[35]（来源：统计局，《美国统计文摘》，1988 年）

表 6-19 有色金属的生产者价格指数[36]

年份	指数	年份	指数
1970	124.7	1982	263.6
1975	171.6	1983	276.1
1978	207.8	1984	277.1
1979	216.7	1985	262.5
1980	305.0	1986	259.7
1981	285.8		

来源：美国统计局，《美国统计文摘》，1988 年。

将 2000 年的铝格指数的数字 2 000 代入式（6-44）并替换 x_i，得到 $y_i=206.55$。请注意，表 6-20 的指数基准年是 1982 年，指数为 100。因此，现在预测的结果是，铝在 2000 年的价格将是 1982 年价格的 2.065 6 倍。它仍然少于从原料生产者价格指数和有色金属生产者价格指数的预测值。同样有趣的是，注意到表 6-20 对铝长期前景的参照注释："原铝需求增长已明显下降，因为二次采油的增加、某些终端使用市场的饱和、产品的改进，以及进口轧制成品市场份额的增加。这些发展，结合不稳定的低价，将迫使一些美国冶炼厂暂时关闭或永久关闭。1991 年全年总铝发货量预计将增加约 3%[38]"。图 6-20 比较了式（6-42）～式（6-44）最小二乘法曲线的斜率。正如预料，原铝生产者价格指数的最小二乘法曲线的斜率是最平缓的。

表 6-20 原铝的生产者价格指数为原铝[37]

年份	指数	年份	指数
1972	33.5	1980	104.9
1973	36.2	1981	110.6
1974	56.1	1982	100.0
1975	56.3	1983	106.5
1976	61.7	1984	109.8
1977	71.3	1985	111.3
1978	75.3	1986	116.5
1979	88.3	1987	120.0

来源：美国商务部，《美国工业瞭望》，1987 年。

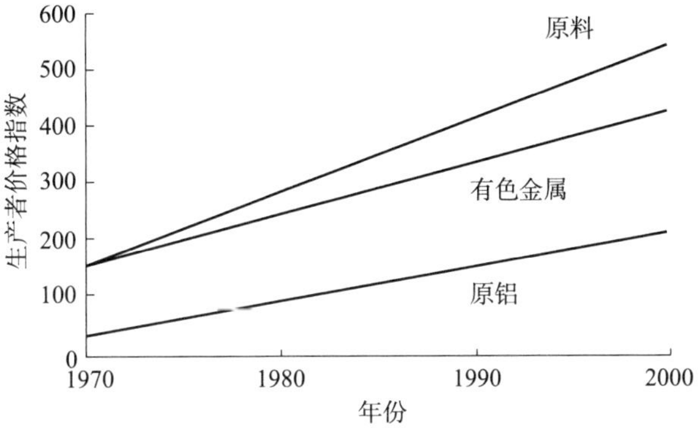

图 6-20　生产者价格指数的最小二乘线

6.9　总结

这一章重点介绍了成本测算和成本控制，它们对全方位实现定成本设计十分关键，从定成本设计的理念开始，遍及工作中涉及的组织和人员。阐明了功能价值、可能成本、应当成本和将要成本的概念，以及它们与定成本设计的关系。

第 6.2 节给出了成本要素结构和工作分解结构的见解，它们为不同项目阶段成本测算提供了框架。这些是研发阶段、投资阶段和操作与支持阶段，它们总体构成了产品或程序的生命周期。

本节还探讨了工作分解结构在成本测算和成本控制的作用。提供了用于采购武器系统的工作分解结构实例，作为其他高科技项目的模板。

第 6.3 节讨论了测算真实性，这在确保定成本设计项目的服务期限是必须的，以及如何传递这种真实性。本节还讨论了基本法则和假设的使用，以及有必要做的东西，用于确保基于成本测算的数据置信度。

指出了对可靠数据的替代会导致成本过高。给出了具体的文件要求，以及导致成本上涨因素的见解。

第 6.4 节讨论了测算成本的方法，这些方法也随着项目阶段而变化。这些方法是专家意见法、类比法、参数法和工业工程法。

本节还介绍了四个基本方法的实用性，及其相对优缺点。为成本测算的关系式提供了广泛的详细信息，这些关系用于参数测算。

因为成本测算试图利用学习曲线，因此本章第 6.5 节专门讨论这个问题。从造成风险的角度，讨论了学习曲线的概率性质。

风险问题导致成本估计的置信度主题，在第 6.6 节讨论。置信度是许多因素的函数，包括结论依据的数据量（即样本大小）和控制数据描述关系的概率分布。

这些主题涵盖了统计推断和假设检验，回归分析和相关分析，置信区间与决策制定的贝叶斯定理。给出了一步一步的步骤，并有大量的实例支持。

第 6.7 节转向货币时间价值的主题。“那时美元”“现在美元”“不变美元”“偿债基金”“资本回收”和“内部回报率”等术语，在定成本设计过程中猛增，因此定成本设计从业者精通这些事项很重要。

货币的时间价值是更广泛的经济分析主题，它是在这个背景下提出的。定义了术语，提出了构想，并附有大量的实例。

在此关头，引进成本控制主题是合适的，这是在绩效评估要求和成本-进度控制系统准则下完成的，这一准则是国防部在国防部指令 7000.2 发布的。国防部指令 7000.2 的严苛实施值得某些私营经济部门效仿。

提供了用于成本-进度控制系统充分性的内部审计检查表。尽管它很长，但定成本设计参与者应仔细审视这一检查表，它对于有效成本控制很重要。

其后是一些通胀、成本上涨和生产者价格指数的观察结果，用于理解指数对成本的影响。讨论了分项价格指数对综合价格指数的重要性。通过对原材料、有色金属和粗铝分别使用生产者价格指数的分析，可以证明分项价格指数的重要性。对 2000 年预测值的差异十分发人深省。

6.10 案例研究和练习

这一章的案例研究旨在强化成本测算和成本控制讨论中的关键点。练习能使读者能够将个人观点和经历与案例研究中展开的事件进行关联。

本章的案例研究强调了成本测算真实性和及时控制外部因素影响成本的迫切性。本章介绍的几个测算技术可以用以练习。

6.10.1 对资源的侵蚀

在成本测算中最困难的问题之一是应对通货膨胀和成本上涨。虽然它们常常被看作一个问题，但通货膨胀和成本上涨是明显不同的，而当试图使用真实性测算时，需要理解差异。

如第 6.8.3 节所述，通货膨胀是指由于赤字或国际贸易不平衡因素带来的国家货币购买力的降低。通货膨胀可以看作外在成本驱动因素，它受项目外部的因素影响。处理通货膨胀的模式基本上都是被动的，但可以采取某些步骤减轻其影响。

与此相反的是，成本上涨是一个内在的成本驱动因系，由项目的内部因素引起，如表 6-17 所示。处理逐步上涨的方式应积极主动。

考虑 1976 年由武装部队服务和高科技产品制造商执行的合同，用于开发一种战术通信系统，并且，从 1981 年开始，3 年时间将交付 120 套系统。资助的依据是双掩体布局，以 1976 年的美元价格计算，平均单元成本为 2.45 百万美元，总生产成本为 2.94 亿美元。

由于需求变更为单掩体布局，导致重新设计，生产推迟到 1983 年。在那个时候，重新估计了平均单元成本，虽然要生产的设备数量约是初始的一半，但以 1983 年的美元价格计算，确定的单元成本为 484 万美元。

5.94 亿美元的总生产成本超出了预算的资金，客户被迫大大降低交付系统的数量，即使这会导致能力的降低。

练习　通过 1976—1983 年的《美国统计文摘》，获得了生产者价格指数。估计有多少生产成本增加是由于通货膨胀的原因，多少生产成本增加是因为成本上涨的原因。

将客户 1976 年 2.94 亿美元的生产预算转换到 1983 年的美元价格。假设 90%的学习曲线，并从 120 个系统中以每个 4.85 百万美元的基价，确定在预算限制内订购的数量。

6.10.2　反学习现象

评估生产中断导致学习损失的习惯方法是，假设学习曲线的斜率和垂直位置不会变化，但中断停止后生产的第一个单元会退回到学习曲线的早先位置，并且重复过去建立的模式。生产中断通常伴随着表 6－9 给出的因素变化，假设学习曲线也发生变化更现实。

学习的成本改善的最常见表达式为

$$y = ax^{b} \tag{6-45}$$

式中，y 是生产第 x 单元的成本；a 是生产第一个单元的成本；b 是学习曲线的斜率。

学习曲线的斜率由下式给出

$$b = \frac{\log(\text{learningcurve})}{\log 2} \tag{6-46}$$

例如，95%学习曲线的斜率为

$$b = \frac{\log 0.95}{\log 2} = -0.074 \tag{6-47}$$

给定第一个单元的成本 250 美元，从式（6－45），第 1 000 单元的成本为

$$y = 250 \times (1\ 000 - 0.074)\ \text{美元} = 149.50\ \text{美元} \tag{6-48}$$

数量 x 的平均单元成本的通常表达式为

$$y = \frac{a/(1+b)x^{(1+b)-1}}{x} \tag{6-49}$$

因此，实例的平均单元成本为

$$y = \frac{250/(1-0.074) \times 1\ 000^{(1-0.074)}}{1\ 000} \tag{6-50}$$

$$= 161\ \text{美元}$$

练习　分析经历了长时间员工罢工的高科技产品制造商的案例。在这次罢工之前，我们认为，当在 90%的学习曲线上持续制造 1 000 个单元时，特定模型的平均单元成本是 2 200 美元。这些在罢工后生产，确定第 100 个单元的实际成本是 4 250 美元。

使用上述表达式计算引起成本增加的学习损失。表 6－9 给出的何种因素是学习损失的关键因素？

6.10.3　环境保护

有文章提出，某个州环境保护机构的污染检测设备敏感度不足以检测违法者。该机构

称，其设备能检测工厂排放过量污染物的 90%，而未超过限制的工厂中，有 20%概率测试失败。

问题是，是否购买检测概率 0.99 的设备，从而逮捕更多违反国家法规的人，即使敏感性增加会将误报警的概率增加到 22%。一个客户团体声称 30%州的工厂排放过量污染物。

练习 使用树形贝叶斯定理和图 6-21 给出的数据，计算未能检测的工厂在初始条件和提出条件下实际排放过量污染物的概率。建议该机构是否应投资于更敏感的设备。

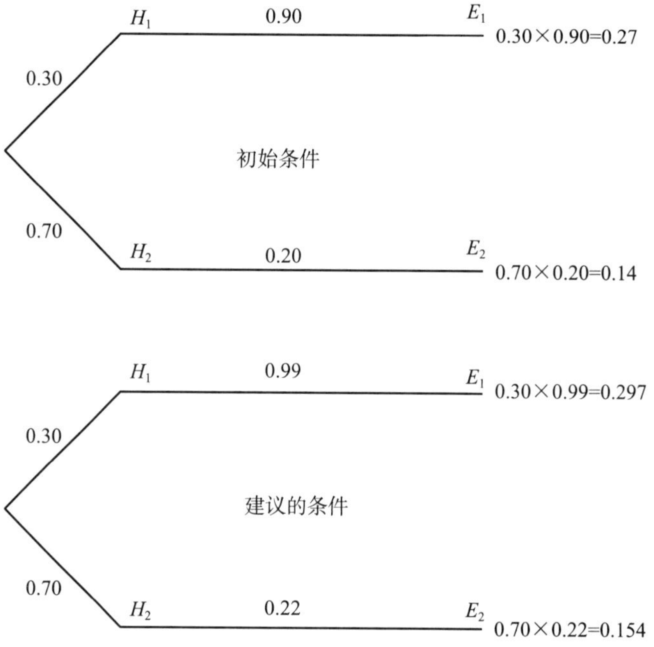

图 6-21 环境保护数据[39]（马丁·玛丽埃塔公司许可转载）

6.10.4 深入太空，深陷债务

本案例的研究体现了投入新前沿技术所涉及的费用。虽然它关乎国家航空航天局，但当进军新技术和新市场时，其他行业也存在相似之处。

会计总署是美国国会的一个部门。最近向美国参议院科学和技术分委会报告称美国国家航空航天局的几个深空计划即将增加国家债务，这个经费要超过原始出资义务 70%以上。

其中，引用的计划是：伽利略，一个前往木星的任务；麦哲伦，一个前往金星的任务；以及火星观察者。表 6-21 列出了会计总署向参议院提供的统计数字。

国家航空航天局的论点是，1986 年 1 月挑战者的悲剧的罪魁祸首是，硬件重定向导致额外资金需求。例如，航天飞机半人马座上面级发动机被放弃，导致深空项目寻找替代的助推发动机。然而，会计总署争辩说，在挑战者号惨剧发生之前，由于前期分析不足和资金不稳定，预算超支是注定的。

练习 本案例研究提供了一个机会让历史为自己辩解。使用第 6.6.2 节描述的方法，推导从计划开始到预期启动日期增加时间，增加成本的回归最小二乘法方程。

计算从项目开始日期到预期发射日期之间的平均时间周期。针对平均增加时间期限有关预计增加成本，使用学生的 t 分布来计算成本置信限，其中置信水平为 95%。

表 6－21　深太空项目

事件	伽利略	麦哲伦	火星观察者
初期	1978	1984	1985
原始发布数据	1989	1989	1992
预计发布日期	1996	1996	1994
原始成本估计	4.1 亿美元	2.95 亿美元	2.93 亿美元
当前成本测算	13.63 亿美元	5.14 亿美元	5.14 亿美元

6.10.5　货币就是权力

某电力公共事业公司受到该州公共服务委员会针对实体投资政策的质疑。委员会称该公共事业公司投资 7.25 亿美元债偿基金，每年发生 7.5%的综合利率，而不是将基金用于采购新发电设备，因而违反了其宪章。

该公共事业公司反驳说，它决定投资于债券，而不是在新设备的考虑是，由于设备投资的预期内部回报率偏低，而且长远来看它的客户将从降息中受益。公共事业公司得出结论的依据是，在 25 年设备寿命期间，新设备的运营成本每年平均减少 5 000 万美元。

练习　利用第 6.7 节描述的资金的时间价值关系，计算获取新发电设备的内部收益率。假设债券的持有时间与新设备寿命的时间相同。

公共事业公司在不断变化的投资决策中还应考虑哪些标准？公共安全和市民方便是很好的标准实例。然而，最重要的，是公众对公用事业基本完整性和它们对公共服务贡献的看法。列出它们的技术、经济和社会意义的准则。

参考文献

[1] RODNEY D. Stewart and Richard M. Wyska, Cost Estrmutor's Reference Manual, John Wiley&Sons, 1987.

[2] Theodore Taylor, Handbook of Electronics Industry Cost Estimating Data, John Wiley&Sons, 1985.

[3] Martin Marietta Corporation, Design to Cost/Affordability Manual, 1986.

[4] Department of Army Pamphlet No. 11 - 2, Research and Development Cost wide for Army material Systems, 1976.

[5] Department of Army Pamphlet No. 11 - 3, Investment Cost Guide , for Army Materiel Systems, 1976.

[6] Department of Army Pamphlet No . I 1 - 4, Operating and Support Guide for Army Material Systems, 1976.

[7] MIL - STD - 881 A, Military Standard, Work Breakdown Structures for Defense Military Items, 1975.

[8] RODNEY D . STEWART , RICHARD M. Wyska, Cost Estimator's Reference Manual, John Wiley&Sons, 1987.

[9-10] Martin Marietta Corparation Ibid

[11-12] RODNEY D. Stewart and Richard M, W yska, Cost Estimator's Reference Manual, John Weily&Sons, 1987.

[13] RCA Corporation, Morristown, NJ, PRICE H Reference Manual, 1985.

[14-16] NAVMAT P3855 - 1, Navy Power Supply Reliability 1982.

[17] RODNEY D, STEWART , RICHARD M. Wyska, Cost Estimator's Reference Manual, John Wiley&Sons, 1987.

[18] Martin Marietta Corporation, Design to Cost Affordability Manual, 1986.

[19] RODNCY D. STEWART, RICHARD M. Wyska, Cost Estimator ' Manual, John Wiley&Sons, 1987.

[20] Martin Marietta Corporation, Design to Cost Affordability Manual, 1986.

[21] HAROLD J. Larson, Introduction to Probility and Statistics Theory and Infererence, John Whey&Sons, 1982.

[22] JACK V. Michaels," Probability and Statistics for Value Engineers, Tests of Hypotheses," Value World, April/May/June 1988 . Copyright 1988, Martin Marietta Corporation.

[23] HAROLD J . Larson, Introduction to Probility and Statistics Theory and Infererence, John Whey&Sons, 1982.

[24-26] JACK V. Michaels, Bayes' Theorem in Decision Making, Reasoning from effect to Cause, 1987 International Conference of the Society of American Value Engineers . Copyright 1987, Martin Marietta Corporation.

[27]　Consolidated Capital Communications Group, Inc. , The Financial Desk Book, 1985.

[28]　DoD Instruction No. 7040. 2, Performance Measurement, for Selected Acquisitions.

[29]　Martin Marietta Corporation, Performance Measurement System, 1979.

[30]　DARCOM P 715 - 4, AFSCPIAFLCP 173 - 5, NAVMAT P 524, Cost/Schedule Control systems Criteria Joint Implementation Guide.

[31]　RODNEY D. Stewart and Richard M. Wyska, Cost Estimator's Reference Manual, John Wiley&Sons, 1987.

[32-33]　U S. Bureau of the Census, Statistics Abstract of the United States, 1988.

[34]　U S. Department of Commerce, 1987 U. S. Industrial Outlook.

[35-36]　U S. Bureau of the Census, Statistical Abstract of the United States, 1988.

[37-38]　U S. Department of Commerce, 1987 U. S. Industrial Outlook.

[39]　JACK V. Michaels, Bayes' Theorm in Decision Making, Reasoning from effect to Cause, 1987 International Conference of the Society of American Value Engineers. Copyright 1987, Martin Marietta Corporation.

第 7 章 铭记历史

到 2000 年，理解负担能力和实行定成本设计的组织将成为高科技企业的龙头[1]。本章将高科技领域风投组织的诸多经验，包括成功的经验和失败的教训，融合到某些原则中，这些原则对于在市场中实现和保持竞争力的态势至关重要。这些原则应被视为成功开展定成本设计的要点。

这些要点将在本章逐一阐述，然后在定成本设计从业者的操作指南列表中进行总结。两个案例研究也阐明了这些要点：一个揭示了在计划开始时成本权衡研究不充分的后果；另一个则揭示了即使在经营状态较佳的情况下，有效应对市场压力的重要性。

然而，所有要点中，最迫切需要的仍是健全的工程管理。其普遍性推动了项目研制和生产的各个方面，也是从研制到生产成功过渡的关键。考察美国国防科学委员会关于减少从研制到生产过渡的风险的建议，可以强化上述观点。该委员会的指导意见也用作本书的客观总结。

本章包含开展定成本设计必须绝对服从的 4 个要点。这些要点具有强制性！

7.1 要点

大部分问题的出现都是由自身引发的，追溯原因，通常都可以归咎于缺乏行为准则。成功的定成本设计项目，其最重要的特征就是具有行为准则：制定、发布符合实际的定成本设计目标；放弃具有吸引力但本质上不重要的项目；尽量减少工程变更；做彻底的故障分析；遵守测试协议；面对问题时必须一以贯之，有些问题即使在管理最好的项目上也可能发生。

奥古斯丁在其经典著作《修订和扩展的奥古斯丁定律》中雄辩地阐述了这一点。

在这本书中他预测，到 2054 年，整个国防预算只够购买一架战术飞机。普通年份，这架飞机必须由空军和海军分享，每周各三天半。闰年时，海军陆战队才能获得额外的一天。

奥古斯丁定律可能植根于国防机构，但是下面总结的这些要点，可以应用于所有的经济领域[2]。

1）对于启动新项目的提议应该仔细研究，包括论证需求是否合理、研制成本与收益是否匹配等。无法证明会有明显的收益，项目就不应该启动。目的是查看有多少好的项目能够完成，而不是可以启动多少个项目。

2）项目的审批和承包商的选择，应该从现实角度出发，而不是采取乐观主义态度。

3）一旦开始，就不要出现大量根本性的变更，应该最大限度地为项目提供稳定的保障。资金和项目指导上的波动会增加成本、浪费时间、分散管理者的注意力、妨碍资本投资、增加风险，并降低参与者的积极性。

4）当达到收益递减点时，应终止有关拟议方案功能、结构等设计要求的辩论。若这一过程超出了合理范围，通常只会得到稍微好一些的决策意见，但往往会以牺牲技术领导地位为代价。通过压缩研制周期以弥补在决策中损失的时间是适得其反的。

5）每一项要求和强制性规范都应该增加与其成本相称的实际价值。最后几个百分点的能力往往耗费大量的成本。

6）在所涉及的技术未被验证、证明前，工程化研制不应该过早启动。

7）改进现有的系统往往更有益于开展新的研制工作。在满足新要求方面，现有系统已经投入的成本和成熟度往往有利于降低成本、缩短周期、减少风险。

8）在少量硬件中采用的极端功能通常不足以替代大量功能较弱的硬件。

9）项目资助经费应充足。只有在整个研制周期中都能优先保证得到充足资金支持的项目才应该启动。把有限的资金分散到大量项目上，从长远来看，投资得到的回报少。

10）应该分析项目风险并制定应对措施。如果需要，可基于概率论准备适当的资源，以备不时之需。

11）项目从研制到投产过程中的一系列进展，不应该由日历确定，而是应该由特别的里程碑事件，比如圆满完成的测试确定。

12）是否可以采用并行模式使多个研制进程同时推进，这应该基于对先前进程中出现的问题的仔细剖析。一个适度的并行模式通常是有益的。

13）规则、法规和报告不能替代合理的判断。管理者应有权管理，并对其行为负责。

14）管理层级过多的代价是昂贵的，会降低工作积极性，不利于生产。较高的管理层级，应该把注意力集中到更宽范围的问题上，这些问题具有更大的潜在后果。较低的管理层级，就允许其关注更具细节的问题。

15）项目成功实施不可缺少的是才能卓越、积极性高涨的员工。精心挑选、由数量有限的个人组成的小团队能够贡献出远超过他们人数的能量，这样的表现也应得到相应的奖励。

16）在所有努力中，公正和公平是最重要的。问题如果被掩盖，那么就不会得到解决。

表 7-1 列出了航空航天承包商编写的一些具体指南，涉及定成本设计计划的操作方面。放在前述的（定成本设计）要点框架下看，它们构成了一幅通向成功之路的地图。

表 7-1　操作指南[3]

选择一位有资质的、敬业的定成本设计经理、领导，安排定成本设计团队成员工作，并直接向项目负责人报告
将成本优化分析作为项目评审程序的必要组成部分，并且规定所有成本相关的工作都必须经过定成本设计经理同意
确定定成本设计项目的决策者，并赋予其向项目负责人自由汇报的权利，不要将决策权交给委员会

续表

将目标分派到个人,而不是组织;将目标完成情况作为工作绩效判断的标准
制定奖励和激励政策,将绩效作为工作评估标准,并在各个层面公布成本绩效
使用量化评分技术评估替代方法
向供应商提出要求和激励措施
保持定成本设计相关问题的组织框架控制

注:经马丁·玛丽埃塔公司许可改编。

7.2 惨痛教训

主战坦克项目的目标是研制一款比当时已有产品更高效的坦克。为了满足 20 世纪 80 年代一线装甲力量对坦克数量的需求，新坦克要求价格足够低廉。作为美国和西德的合作项目，设计工作始于 20 世纪 60 年代中期。

初步设计方案经证明对于这两个国家来说都太昂贵了。随后，研制团队提出了一个更简单的设计版本。然而，后者经评估，其生产成本仍然超过国会愿意批准的额度。最终，该项目在启动七年后被终止了。

从中可以得到几个教训，这些教训后来被证明对于确立既简单又便宜的坦克要求是非常宝贵的，特别是在项目开始之初，平衡好成本和性能两者之间的关系极为重要。该项目前期的坦克设计已经将工作推进得太远，很难再允许缩减成本了。

一个典型的问题就是，无法通过增加第四名车组成员置换复杂而昂贵的自动填弹机。设计方案将组员安排在炮塔中，而炮塔无法改造成可容纳四个人的空间。因此，自动填弹机无法剔除。

另一个教训是，在进行工程研制之前，所有技术应该已尽在掌握之中。很明显，早期的项目最终葬送于火控、夜视、悬挂、推进和弹药等这些无法满足的需求上[4]。

7.3 显著成就

截至 20 世纪 70 年代，由于未能应对公众对汽车性能、款式和质量的要求，福特汽车公司已经损失了数十亿美元，但前景依然黯淡。然而今天，在美国制造的汽车中，福特汽车销量荣膺第一[5]。

这一戏剧性的转变始于 1980 年。当时，福特汽车公司认识到其应对市场压力的措施是失败的。尽管之前已经亏损，公司仍然在先进技术方面投入了数十亿美元，专注于购车者的需求。

公司听取了自己员工以及汽车专家顾问的意见，将创新设计与实惠品质相结合。

这给福特汽车公司树立了设计领导者的形象。同时，由于强调质量，福特汽车公司成为汽车市场的主导品牌。今天的成绩已经远远抵消了当初的损失。

7.4　从研制到生产的过渡

说到底，研制的最终目的就是“生产”。生产满足了公共部门和私营部门的需求。生产是承包商获得利润的地方，前提是承包商须将功能、质量和负担能力完美地结合在一起。

过去，受资金和研制周期约束，经常发生这样的事情，即项目进行技术集成时，通过删减或者延迟至关重要的计划元素（对系统性能、可制造性和可持续性具有重要影响）来进行折中处理。由于推进的计划没有及时产生可生产的设计和可支持的框架，这无意中增加了产品生命周期成本，推迟了形成作战能力的日期。

国防部的这一经验促成了国防部训令 4245.7《从研制到生产的过渡》的颁布。这一指令授权制定了国防部训令 4245.7M《从研制到生产的过渡指南》并批准使用。将该指南作为构建技术健全的项目的基础，评估它们的风险，并确定需要采取纠正措施的领域。

本质上，指南的主要作用是确定和建立关键的工程流程及其控制方法，使这些活动的完成更具组织性，更有意义和责任感。

在设计、测试和生产这些工业过程要素中，最重要的事情是过渡到被称为“模板”的状态。图 7－1 阐明了指南对过渡问题的看法以及必须达到的行动级别，以便为重复性过渡风险定义可理解且可实现的解决方案。图 7－2 列出了每个主要领域——设计、测试、生产、加工设备、物流和管理的关键路径模板。这六个领域构成了资金的关键路径层次结构，其另一个关键路径模板是货币阶段[6]。

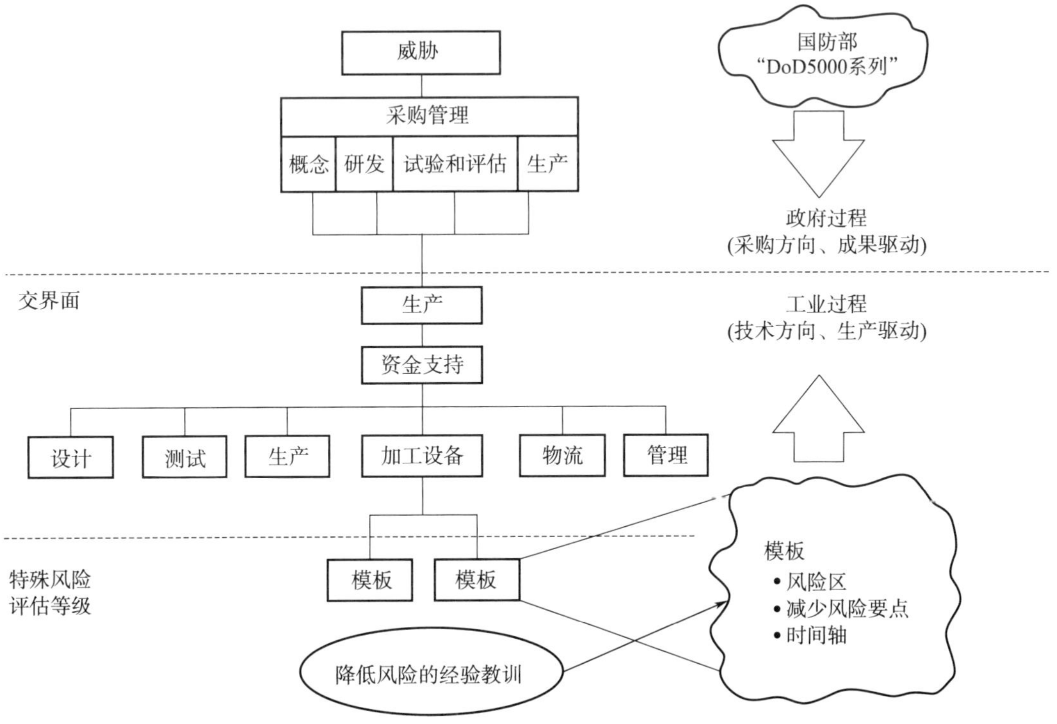

图 7－1　过渡过程问题透视[7]（来源：国防部 4245.7M，《从研制到生产的过渡》，1985 年）

（1）资金

除了投入项目的资金额度问题，主要的风险来自于资金投入的进度安排。授权研发产品却不关心生产会加剧风险。决定完成研发产品，就必须具备充足的、可及时投入的研发资金。此外，研发决策是对生产的一个承诺，生产过程也必须具有合适的阶段性资金支持。

（2）设计

为了支持采购过程，需要精确和完整地制作设计参考剖面说明书。指定任务剖面对应于产品最终服务使用的程度，直接决定了风险程度。设计要求从操作要求转变而来，并且经常在设计过程中改进或者协商确定，它们可能包括只能通过后期测试验证的设计要求，因此是常见的风险源。权衡研究是采购计划的基本要素和预期要素。但是，降低生产风险并不是一个通常意义上的权衡研究课题，它本身就是一个风险源。是否拥有明文颁布的公司政策（基于受控的工程实践手册制定），对生产中的风险有直接影响。设计过程应反映良好的设计策略、适当的工程方法与实践。专业工程的设计分析对于产品低风险设计至关重要。低风险设计，应该满足零件和材料在最大允许应力条件下正常工作的要求。在硬件开发开始时必须制定应力降额策略。未能在硬件和软件之间清楚地分配系统要求，会大幅增加剥离和纠正设计问题的难度。经验表明，超过60%的软件错误可追溯到功能或逻辑设计。许多现代设计工具，如计算机辅助设计，因为耗时且昂贵，没有被适当地使用。这种短视导致总的研制周期的延长和费用的增加。特别是，测试设计是经常被忽视的诸多领域之一，并且内置测试（BIT）的成本优势经常被忽略。从研制到生产过渡的一个常见风险源是缺乏适当的配置控制。设计评审中缺乏具体的指导和管控是风险的另一个重要因素。但是，设计中最关键的地方是工程转化这一问题。对于充分核查的工程图样要求不能妥协，以便及时发放到工厂而不会产生成本后果。

（3）测试

缺少细致、完善的测试计划会助长高风险。在没有重新认证的情况下进行生产变更，会加剧这种情况。故障报告和纠正措施的目的是防止故障复发，不向供应商提出这样的要求、同时不加区分地使用不一致的测试报告，是主要的风险因素。在项目设计阶段，用于纠正软件设计错误的费用是用于纠正硬件设计错误的数倍。在确定设计极限和寿命测试要求时，应注意这一相对关系。在研发过程中应尽早采用并践行测试、分析和修复方法，并在整个项目生命周期内最大限度地使用现场反馈机制。

（4）生产

在设计完成之后才考虑生产和制造工程，这是一个根本性错误，也是从研制向生产过渡的一个主要风险。类似的观点也适用于质量，附加的评论认为，无法证实制造过程和生产设计是风险状况的常见作用因素。零件控制、分包商控制、缺陷控制是其他有助于降低风险的方面。工装和特殊测试设备应该在研发中及早加以考虑。类似地，早点使用与计算机辅助设计关联的计算机辅助制造工具，将有益于开发和调试用于生产的技术数据包。生产审查，特别是环境压力审查，可以减少多达90%的现场故障率和75%的工厂故障率。

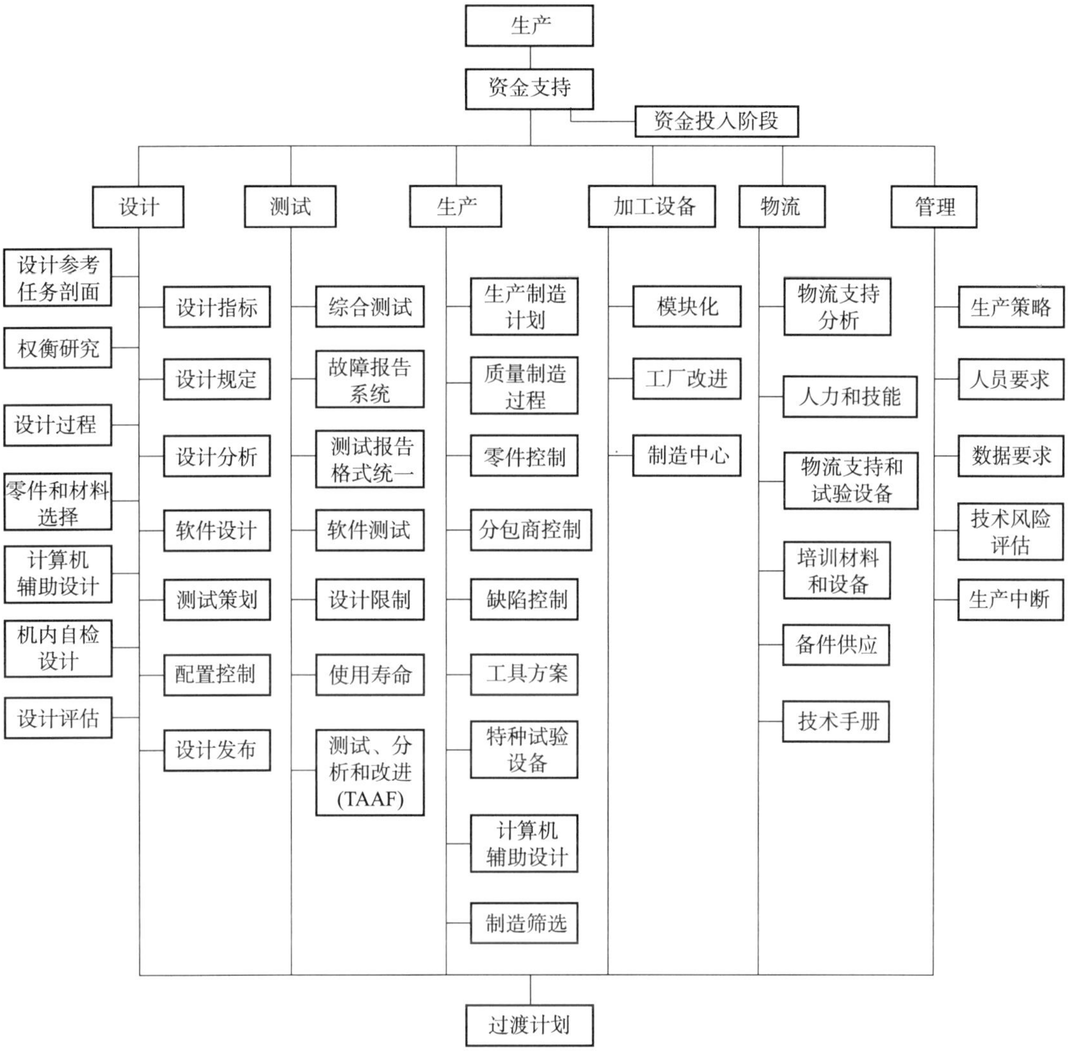

图 7－2　关键路径模板[8]（来源：国防部 4245.7M，《从研制到生产的过渡》，1985 年）

在研发早期应建立电子应力审查要求。

（5）加工设备

目前的政府合同政策抑制了对工业现代化的投资（见第 5.2 节）。然而，一些设备在使用中失效，原因可以归咎于落后的制造工艺。应该鼓励采用以生产力为中心的方法，使科学技术与技能工人相互融合。

（6）物流

物流支持分析（LSA）应该是设计过程中不可或缺的一部分，以最大限度地减少现场系统的使用和支持成本。系统设计时，应尽可能做到完全了解劳动力和人员技能水平。支持和测试设备应与主任务设备一起研发，以提高设计效率和加快进度。就像用于操作和维修的备件和技术手册一样，如前所述，培训材料和设备也归为同一类。

(7) 管理

制造策略的选择应该支持客户和承包商的目标，应该及时满足合理的人员配备要求。大量的资金花费在数据上，原则应该是将数据限制在必要的范围内，但要始终确保数据的准确性和完整性。在技术风险评估上花费的精力再多也不为过，然而从进度和成本两方面来看，最具破坏性的事件往往是最后 1 min 出现的意外事件，这在供应商领域尤为重要。生产中断通过通货膨胀影响和学习方面的损失两种方式影响成本。在很大程度上，降低生产速率会产生同样的不良影响。

7.5 历史重演

没有干预，历史总是会重演；即使有干预，许多事件也可能基本保持不变。但有一点是肯定的，即忘记过去就会重蹈覆辙。

定成本设计是建立在过去的记忆之上的，它是企业在高科技市场中生存和发展的手段。本书论述了许多成功的定成本设计所必需的至关重要的原则和实践。最重要的是，以下四条绝对真理是强制性的，将其作为本书的结束语：

1) 将成本放在与性能、进度至少同等关注的地位。

2) 在项目开始之前到项目完成之后，要自始至终强调定成本设计。产品支持与产品销售同等重要且利润丰厚。

3) 为风险管理预留储备金。

4) 成本增加时，削减一些不会增加产品实际价值的东西。

参考文献

[1] PETER G. Peterson, "The Morning After," The Atlantic Monthly, October 1987.

[2] NORMAN R. Augustine, Revised and Enlarged Augustine's Laws, American Institute of Aeronautics and Astronautics, 1983.

[3] Martin Marietta Corporation, Design to Cost/Affordability Manual, 1986.

[4] GERALD T, CROSKERY, CYRIL F. Horton, "XM-1 Main Battle Tank," Defense Management Journal, September, 1974.

[5] Motor Vehicle Manufacturers Association of the United States, Inc., MMVA Motor Vehicle Facts and Figures, 1987.

[6-8] Department of Defense DoD 4245.7-M, Transition from Development to Pro-duction, 1985.

附录A　术语定义

下面的定成本设计术语的定义与国防部训令5000.33，《预算、成本术语和定义统一说明》以及国防部和武装部队训令、指令、指南和其他现行的资料是一致的。对于综合性评估术语的定义，读者可以参考国家评估协会词典。国家评估协会地址是：华盛顿特区，西北区，康涅狄格大道1001号，邮编20036。

采购成本：获取新产品或系统的成本，包括生命周期全部成本要素，但不包括使用、维护和销毁的费用。

实际执行成本：在给定时间周期内已经完成工作的实际发生的和记录的成本。

实际直接成本：合同中定义的，基于被政府代表认可的承包商定义的和累积制度认可的成本（见“直接成本”）。

负担能力：具有接近其功能价值并且在客户支付能力范围内的销售价格的产品特征。

实际的直接成本：在一段时间内，与劳动力、物资和其他直接资源消费相关的确认的金额，不考虑承诺日期或付款日期。在发生下列任何一种情况的时间段内，这些款项将被支付给在制品：

当劳动力、材料和其他直接资源实际消耗时；

当物料资源从库存中提取使用时；

当收到合同中唯一标识并预定在60天内使用的物质资源时；

在生产线收到主要组件或组件时。这些主要组件或部件被专门唯一地编上终端序列号。

分摊的工作量：工作量本身不容易划分为短期工作包，但与测量的工作量成正比。

授权工作：已经确定并已签订合同的工作量，以及尚未同意但承包商已收到书面授权的未确定合同费用的工作量。

已执行工作的预算成本：是已完成的工作包和已完成的一揽子开放工作包的预算总和，加上工作量水平和分摊工作量预算的适当部分。

已安排工作的预算成本：计划完成的所有工作包和计划包的预算总和（包括正在进行的工作包），加上计划在给定时间段内完成的工作量水平和分摊工作量的数额。

资本回收：调整了货币时间价值的贷款或投资的收回点。通常以还款次数、时间段或出售单元数来表示。

复利：本金赚取的利息赚得的利息。

不变年的美元：基准年或参考年，相对于当前时间在前或在后，用于成本和收入比较。使用实际和预计的通货膨胀指数将现在美元和当时美元转换为基准年的价值。

合同预算基数：协商的合同成本加上授权的、未定价的工作的预估成本。

合同的定成本设计目标：合同的定成本设计是承包商控制的计划目标的一部分。生产阶段合同的定成本设计目标只涉及承包商提供的系统要素。使用和支持成本的定成本设计目标的结构仅适合合同涵盖的系统要素，例如备件和质量保证，特别是可靠性改进保证。

成本账户：管理控制点，在这一点上可以累计实际成本，并与已被执行工作的预算成本进行比较。成本账户是成本进度计划和控制的自然控制点，因为它代表着将合同工作分解结构要素上的工作分配给一个责任组织要素。

成本账户经理：被授以全权负责成本账户工作范围内，包括技术、进度和预算的个人。

费效比：当前效益值与当前成本值之比。

DD 表格 1423：用于记录合同数据需求清单的国防部表格。

定成本设计：一种采购管理技术，用于实现符合规定成本参数的系统设计。作为系统研制和生产过程的一部分，持续处理作为设计参数的成本。该技术体现早期建立实际但困难的成本目标、总体目标和门槛，以及实现它们的管理良好的工作。

定成本设计的目标：定成本设计的目标是一个具体的成本数量，根据指定的生产数量和速率，在系统开发早期制定，作为采购周期后续阶段的管理目标和设计参数。定成本设计的目标包含在主要系统的定成本设计参数中的生命周期成本所选定的成本要素的测算。定成本设计目标通常以价格的形式表达给客户。

定生命周期成本设计：定生命周期成本设计是定成本设计的宗旨，目标是以总体采购、使用和支持成本来表示。定生命周期成本设计与在最广泛的范围内定成本设计是同义名词。

定使用和支持成本设计：定使用和支持成本设计是设计成本的一个要素，并以使用和支持成本来表示。

定单元生产成本设计：定单元生产成本设计是设计成本的一个要素，目标是用生产指定硬件批次的平均单元生产成本来表示的，通常包括经常性的物料和劳动力成本、工程变更成本、计划管理成本和生产支持成本。

直接成本：任何成本都可以通过特定的最终成本目标来具体确定。

贴现率：该因子用百分比表示，用于计算未来一笔货币的现值。

等价：未来一笔具有给定价值的金额的当前现值。

预计完成成本：实际直接成本，加上可分摊给合同的间接成本，以及剩余授权工作的成本测算（直接和间接）。

失控成本："失控"是一个通用术语（类似于走开、远航和开走），应用于硬件或软件的最终产品。失控成本包括：

1）工作分解结构元素中的

主要系统设备（MSE）。确定为最终产品的元素，包括基本单元，如机身、船体结构、推进、发动机、电子、军械和安装好的由政府提供的设备。

系统项目管理。包括所有系统项目管理工作，除了能具体与主要系统设备硬件元素关联的工作。

系统测试和评估。所有包含在内的系统测试——开发、组件和验收，除了可以具体与主要系统设备硬件元素相关的测试。

2）采购融资成本（即订单项目采购计划）。

3）生产成本。包括所有对生产的工程支持，要素如下：初始维持率工具、制造、采购设备、质量控制、变更的误差、担保、首次目的地运输、一般和行政（G&A），以及与采购阶段生命周期相关发生费用的利润。

功能价值：执行给定功能的最廉价方式。

未来价值：在给定的利率下，未来某时间的给定金额折现到当前时点的相等金额的价值。

层次结构明细：从基本组件到最终装配的产品或系统的层次结构。

间接成本：由于用于共同目标或联合目标的，不容易将其作为直接成本处理的成本。

初始生产设施：包括完成对合同直接收费的计划目标所需的所有设施、设备、工具以及相关的计划和程序。

利率：在特定时间段结束时赚取或支付的利息与在给定时间段开始时投入或借入的资金之间的比率，以百分比表示。

内部收益率：收益的现值等于成本的现值的回报率。

内部重新规划：针对已确认的总分配预算范围内的剩余工作量由承包商执行的重新规划行动。

投资成本：由生产过程中和进入运营库存中所发生的所有成本之和。“投资成本”术语包括：

1）政府定义的承包商成本加上内部成本，将研发成果转化为完全可操作的系统所必需的产品和服务费用，该系统由启动项目所需的硬件、培训和支持活动组成。

2）非经常性成本（即建立生产能力的成本）和经常性成本（即生产和交付过程中反复出现的成本）。

3）所有生产产品和相关服务的成本，不管这些费用是否得到资助。

4）不管成本如何分摊到单位设备、维护和培训用途分类中，生产和进入运营库存所产生的所有成本。

即时制：根据工作需要安排供应而无须缓冲库存或库存过剩的物料控制策略。

努力程度：不产生明确的最终产品或结果的普通或支持性质的努力。

生命周期成本：系统的生命周期成本是客户在整个生命周期中获取和拥有该系统的总成本。它包括研制、获取、使用、支持和报废的成本。

管理储备：为了管理控制目的而不是为完成某一具体任务或一组任务指定而分配的预算总额。

任务成功：具有非常广泛的范围和权限的技术监督功能。

协商合同成本：在成本加固定费用合同中谈判的预估成本，或者在固定价格激励合同或成本激励费合同中商定的目标成本。

现在美元：当前时间给定金额的值。

使用和支持成本：武器系统接收到作战库存后的使用、维修和支持（包括人员支持）的所有成本之和。当第一台装备开始服役并在整个使用寿命期间持续使用时，使用和支持成本开始发生，包括与使用、改进、维护、供应、报废和支持库存支持系统相关的成本。

机会成本：如果将资金投入另一个机会本来可以实现的回报。

原始预算：在合同签署时或接近合同签署时确定的预算。

绩效衡量基准：分阶段衡量合同绩效的预算计划。它由分配到计划成本账户的预算和适用的间接预算组成。为了未来的努力，未计划到成本账户级别，绩效衡量基准还包括分配给更高级合同工作分解结构元素和未分配预算的预算。它等于分配的预算减去管理储备总额。

计划包：成本账户内工作的合理汇总，通常能在早期基准计划中识别和预算的，但尚未定义进工作包的远期工作。

现值：在给定贴现率下的未来付款或收款目前的价值。

本金：投入或借入的金额。

价格指数：表示不同时期价格之间关系的比率。

可生产性：当应用于装备设计和生产计划时，在制造、组装、检验、测试、安装、出厂总检和验收等方面使效率最高和经济性最好的特征总和。

生产效力：在最新生产工艺状态下，以及针对特定研制工作确定的成本参数范围内生产系统或装备的能力。

项目汇总工作分解结构：通过从一个或多个汇总工作分解结构中选择适用要素或添加该计划特有的要素，为特定防务材料项目定制的总结性工作分解结构。

收益率：以货币时间价值调整的给定费用或投资的利润率，以百分比表示。

研究与开发成本：是应用研究、工程设计、分析、开发、测试、评估和管理开发工作所产生的所有成本的总和。术语“研发成本”包括：

1）将特定材料系统代入从概念到系列生产过程所需的产品和服务的客户总成本（承包商成本加内部成本）。

2）为满足客户要求而开发产品特定性能的总成本，不考虑这个成本资金是如何获得的。

重大差异：需要进一步审查、分析或采取行动的计划绩效和实际绩效之间的那些差异。对于需要进行方差分析的方差大小，应该建立适当的阈值。

偿债基金：用于退还债务或获取新装备的基金，该资金由固定时间间隔的一系列存款所建立。

偿债成本：在未来经济分析中之前未考虑的花费或承诺款项。

那时美元：未来美元的价值是通过使用预计的通货膨胀指数从现值美元的价值中调整出来的。

总分配预算：分配给合同的所有预算的总和。分配的预算总额包括绩效评估基线和所有管理储备。分配的预算总额将直接与合同预算基数一致。任何差异都会记录数量和原因。

未分配预算：处于或低于向政府报告的最低水平下，合同工作分解结构要素尚未确定合同预算工作量的预算。

等额收付：以固定的时间间隔、以固定利率或贴现率进行一系列固定金额的付款或收款。

价值分析：价值分析与价值工程是同义词。

价值工程：价值工程是一种正式技术，在不影响基本功能或特性的前提下，消除任何不必要增加采购、使用或支持成本的因素。

价值工程变更洽商函：价值工程变更洽商函是正在执行的合同中实施价值工程变更的正式手段。

价值工程激励：合同中的价值工程激励条款允许承包商自愿提出更经济的执行方法，并分享任何节约成果。

价值工程项目要求：合同中的价值工程计划要求条款，需要承包商建立一项价值工程计划，该计划为政府提供识别和提交更经济的执行方法。承包商会获得报酬，但其享有的节约份额要小于价值工程激励条款所享有的节约份额。

差异：请参阅“重大差异”。

木弹：客户接收后需要零维护的导弹或智能武器。

工作分解结构：整体计划中包含硬件、软件、服务和其他任务的分层组织。

工作包：详细的短期工作或承包商为完成合同而完成工作所确定的物料项目。工作包具有以下特征：

1）代表在执行工作的层级上的工作单元。

2）与所有其他工作包明显不同。

3）可分配给单个组织元素。

4）有计划开始和完成日期，以及适用的代表物理成就的临时里程碑。

5）具有以美元、小时或其他可测量单位表示的预算或指定值。

6）持续时间限制在相对较短的时间内，或者通过离散值里程碑细分，以便对所执行的工作进行客观测量。

7）与详细的工程、制造或其他进度结合在一起。

工作包预算：由承包商正式分配的资源，以完成一个工作包，并以美元、小时、标准或其他确定单位表示。

注：经马丁·玛丽埃塔公司许可改编。

附录 B　缩写词汇表

ACI	分配的配置识别
AD	预先研究
AFLC	（美国）空军后勤司令部
AFSC	（美国）空军系统司令部
AIAA	美国航空航天学会
AMC	陆军器材司令部
AQL	可接受的质量水平
ARO	收到订单后
ATE	自主测试设备
BAFO	最佳最终报价
BITE	机内自检设备
BOM	物料清单
CAB	变更授权委员会
CAD	计算机辅助设计
CAE	计算机辅助工程
CAIG	成本分析改进小组
CAM	计算机辅助制造
CCA	电路板组件
CCB	变更控制委员会
CCOFM	设施资金的金融成本
CDM	配置与数据管理
CDR	关键设计评估
CDRL	合同数据需求清单
CER	成本测算关系式

CES	成本要素结构
CFE	承包商供应的设备
CFSR	合同资金状况报告
CI	配置项（也是识别）
CIM	计算机集成制造
CM	配置管理
COEA	成本-使用-效益分析
CPC	计算机程序组件
CPCI	计算机程序结构项
CPI	客户物价指数
CPM	成本绩效管理；关键路径法
CPR	成本绩效报告
CSC	计算机软件组件
CSCI	计算机软件配置项
C/SCSC	合同-进度控制系统标准
CTE	卓越的承诺
CWBS	合同工作分解结构
DAR	防务采购条例
DARCOM	陆军预备司令部
DARPA	美国国防部高级研究计划局
DCAA	国防合同审计局
DCAS	国防合同管理服务
DCP	决策协调书
DFA	面向装配的设计
DID	数据项描述
DoD	美国国防部
DoE	能源部
DoT	交通部

DSARC	防务系统采购审查委员会
DT&E	研发测试和评估
DTLCC	针对全生命周期成本的设计
DTOSC	针对使用和维护成本的设计
DTUPC	针对单元生产定成本的设计
ECN	工程变更通知书
ECO	工程变更订单
ECP	工程变更建议
ED	工程研制
EOQ	经济订货批量
EPA	经济价格调整
FAA	联邦航空局
FAR	联邦采购条例；错误警报要求
FAST	功能分析系统技术
FCA	功能配置审计
FCI	功能配置标识
FDR	故障检测要求
FNR	故障非检测要求
FOM	质量（品质）因素；灵敏值
FOT&E	后续测试和评估
FPI	固定价格激励
FQR	正式鉴定评审
FSED	全尺寸工程研制
FVPSP	目前一次付款产生的未来价值
FVUSP	一整套的系列性付款产生的未来价值
FY	财政年度
FYDP	五年防务计划
G&A	一般性及行政（支出）

GAO	美国会计总署
GB	层级结构明细表
GBI	层级结构明细表索引
GFE	由政府提供的设备
GFM	由政府提供的物料
GFP	由政府提供的资产
GNP	国民生产总值
GSE	地面支持设备
HEW	健康、教育和福利
ICAM	集成计算机辅助制造
ICD	接口控制图
ICWG	接口控制工作组
IE	工业管理工程师
IG	监察长
ILS	统一后勤支援
IMIP	产业现代化改进（激励）计划
IOC	初步使用能力
IOT&E	初次使用测试及评估
IPF	初始生产设施
IPS	综合计划总结
IRR	内部收益率
JMNSS	主要新系统起动的依据
JIT	即时制
LCC	生命周期成本
LET	有限的环境测试
LRE	最新修订测算
LRIP	小批量试生产
LRU	外场可替换单元

LSA	后勤支持分析
MAD	地磁反常探测器
MICOM	（美陆军）导弹司令部
MIL SPEC	军用规格
MIL STD	美国军用标准
MIMIC	微波/毫米波单片集成电路
MIS	管理信息系统
MOE	有效性度量
MPP	制造过程规划
MPS	主生产计划
MRB	物料审查委员会
MRP	制造资源规划
MSE	主要系统设备
MTBF	平均故障间隔时间
MTM	时间测量方法或时间运动方法
MTTR	平均修复时间
NASA	美国国家航空航天局
NAVMAT	海军器材司令部
NBS	＜美＞（商务部）国家标准局
NIB	镍硼
NOR	修改通知
NPA	正常采购补贴
O&M	使用与维护
OMB	管理和预算办公室
O&S	使用和支持
OSD	国防部部长办公室
PAT&E	生产验收测试与评价
PCA	物理配置审计

PCI	产品配置识别
PDM	计划决策备忘录
PDR	初步设计评审
PEP	生产工程和规划
PERT	性能（或计划）评估和评审技术
PESO	产品工程支持办公室
PIDS	主要项目开发规范
P^3I	预先规划的产品改进计划
PIP	产品改进计划
PME	主要任务设备
PMO	计划管理办公室
PMS	绩效评估系统
PoDR	回报递减点
POL	石油、油料和润滑油
POM	计划目标备忘录
PPI	生产者价格指数
PPL	初步的零件清单
PRICE	项目成本和评估信息审核
PRR	生产成熟度评审
PWB	印刷电路板
PVFSP	未来一次付款目前的价值
PVUSP	一整套的系列性付款折现到目前的价值
QA	质量保证
QC	质量控制
R&D	研究和开发
RDT&E	研究、开发、测试和评估
RFD	偏差要求
RFP	招标书（或采购）要求

RFQ	引证要求
RFW	期权声明书要求
RIW	可靠性改进保证
R&M	研究和维护
ROI	投资回报率
ROTI	工具投资回报
RQ	可拒绝的质量水准
RSS	平方和的平方根
SAR	系统采购审查
SARC	系统采购审查委员会
SCN	规范变更通知
SDR	系统设计评审
SECDEV	国防部长
SECNAV	海军部长
SEMP	系统工程管理计划
SFC	车间现场控制（模块）
SIC	标准产业分类代码
SMM	标准工业方法
SOW	工作说明书
SPI	标准的程序说明书
SRR	系统要求评审
ST	特殊工具
STE	特殊测试设备
TAAF	测试、分析和改进
TDP	技术数据包
TM	技术手册
TMU	时间衡量单位
TPM	技术性能评估

TQC	总的质量控制
TTO	联合作战通信办公室
USPFV	用于获得未来价值的整套的系列性付款
USPPV	用于获得目前价值的整套系列性付款
UUT	被测的单元
VECP	价值工程变更建议
VEI	价值工程激励
VEP	价值工程建议
VEPR	价值工程项目要求
VHSIC	超高速集成电路
VLSI	超大规模集成电路
VSWR	电压驻波比
WBS	工作分解结构
WES	工作单元结构
WIP	半制品，在制品

注：经马丁·玛丽埃塔公司许可改编。

附录C　政府要求

本附录讨论并确定了由国防部、武装部队和其他政府机构制定的定成本设计和负担能力的要求。文件副本可从华盛顿特区 20402 号文件管理局获取，也可以从国防部各机构的公共信息办公室获取。

本附录还包含管理和预算办公室关于价值工程方面的 A－131 号通告。这些通告主要通过《联邦文摘》发布。

C.1　国防部

美国国防部在操作传统上假设，防务系统和装备必须由技术提供最佳性能，成本充其量是次要考虑的因素。这种做法经常导致原计划采购的生产数量减少，而先进技术实际达到战场可靠性往往低于预期。广泛而昂贵的改进和升级战力而造成的延迟并不罕见。

由于强调高性能，在防务系统和装备的设计和开发中没有强调后续的生产、使用和支持成本。因此，设计阶段获得的成本信息很少反馈给开发经理和设计工程师。

因此，设计师很少考虑未来的生产、使用和支持成本。然而，最初的要求和后续的工程设计是推动这些成本的最重要因素。

国防部训令 4245.3、5000.1 和 5000.2 及相关政策文件对所有主要防务系统项目以及较小的项目和子系统应用了定成本设计的原则和概念。表 C－1 列出了适用的国防部文件。

国防部在第 4245.3 号指令中给出的说明与图 C－1 所示的活动密切相关，并制定了以下政策：

1）定成本设计将成为一个重要性等同于技术协议和进度的参数。

2）为每次采购确定生命周期成本目标，并将其划分为广泛的开发、生产、使用和支持类别中的成本要素。

3）成本要求和成本目标的实现将在设计和开发过程中进行评估，将不断检查系统能力、成本和进度之间的实际权衡。

表 C－1　国防部训令、指导书和指南清单

防务系统管理学院,《系统工程管理指南》,1982 年
国防部训令 4005.1,《国防部工业准备生产计划》
国防部训令 4120.3,《防务标准化和规范计划》
美国国防部训令 4120.3－M,《防务标准化手册》
国防部训令 4120.21,《规范、标准和相关文件在采购过程中的应用》

续表

国防部训令 4245.3,《定成本设计》
国防部训令 4245.7,《从开发过渡到生产》
美国国防部训令 4245.8,《国防部价值工程计划》
国防部训令 5000.1,《主要系统采购》
国防部训令 5000.2,《主要系统采购流程》
国防部训令 5000.3,《测试和评估》
国防部训令 5000.4,《使用和支持设计成本分析改进小组》
国防部训令 5000.34,《国防生产管理》
国防部训令 5000.39,《综合后勤支持的获取和管理》
国防部训令 5000.43,《采购简化》
国防部训令 5010.19,《配置管理》
国防部手册 4245.8 - H,《价值工程》
国防部训令 4200.15,《制造技术计划》
国防部训令 4400.1,《优先和分配》
国防部训令 5000.33,《统一预算/成本术语和定义》
国防部训令 7000> 0.2,《选择采购的绩效评估》
国防部指南 LC - 1,《周期成本核算》
国防部指南 LCC - 2,《周期成本计算案例手册》
国防部指南 LCC - 3,《系统的周期成本》
国防部手册 4120.3 - M,《防务标准化手册》
国防部手册 4245.7 - M,《从开发过渡到生产手册》

4）开发阶段确定的成本目标将延伸到系统生命周期的后续阶段。生产成本将严格控制在生产目标成本内。

5）随着系统的投入使用，使用和支持成本目标将用于控制初始不协调的成本、人员、备件、返工和其他类似事项。在使用反馈过程中，由服役使用和反馈到设计工程所产生的变更请求将反映使用定成本设计原则以及必要的权衡，以确保在最低成本下获得可接受的性能。

国防部训令 4245.3 要求在开始全尺寸研制之前建立定成本设计目标。对于任何开发计划，必须在确定的设计方案之前应用定成本设计的概念。劳动力引进效率不高，因为无法改变设计以适应成本，或者由于成本或进度计划的影响，变更将不经济。

政府对影响生命周期成本决策的看法见第 2 章的图 2 - 2。表 C - 2 从这个角度出发，总结了决策里程碑，再次从政府的角度来看，这在以下段落中得到强化，并且在竞争激烈的环境中必须清楚地理解。

C.1.1　计划启动

在这个阶段成本考虑可以产生最大的影响。现阶段围绕成本测算的不确定性很大，因此，需要考虑竞争概念之间的成本差异。

在概念阶段，没有对项目定成本设计目标的正式要求。然而，在某些情况下，会为承包商提供预期可接受的成本水平指南和其他设计指导。

作为概念阶段产生的大量信息结果之一，国防部要求建立起具有合理置信度的系统定成本设计目标。测算需要尽可能详尽，并且有大量的数据与设计定义的程度一致。

对于先进技术项目，其最高水平是不固定的，或者满足性能要求比满足成本要求更重要，就应该根据每个主要概念或设计事项来优化成本。固定的目标并不建立在这些点上，但它代表了在后续阶段有待验证的目标。

表 C-2　决定的里程碑

项目启动	演示和验证	全面的工程开发	生产和开发
里程碑0 • 替代方案 • 开发生命周期成本备选方案的评估 • 比较承受能力范围	里程碑Ⅰ • 硬件的替代范围 • 细化 LCC 方案评估 • 根据 LCC 影响确定具体要求	里程碑Ⅱ • 原型开发 • 系统的权衡过程 • LCC 评估的持续改进	里程碑Ⅲ • 产品 • 发展系统
⇧	⇧	⇧	⇧
• 确定任务要素的优先级 • 确定支付能力上限	主要系统的选择基于 • 生命周期成本 • 操作的有效性 • 生命周期成本	• 生产和部署的临时决定 • 主要系统的替代选择 • LCC 估计叛逆性 • 支持决定 • DTC 建立	• 生产和部署的稳固决定 • 与之前相比修正 LCC 预估

注：经马丁·玛丽埃塔公司许可转载。

C.1.2　演示验证阶段

生命周期成本测算是进入这个阶段所需要的，可能涉及原型设计、制造和测试。在资金允许的情况下，承包商往往存在竞争。这通常是合同规定的定成本设计目标的第一阶段。在这个阶段，招标书规定了定成本设计目标或可承受性上限以及最低可接受的性能和进度限制。

在演示验证阶段，成本目标是可以衡量替代设计特征的成本后果的有效目标。系统性能和成本的最佳可承受的组合应在验证阶段完成。在验证阶段设计成本的最终目的是在决定进入全尺寸工程研制之前为替代方案确定坚实的成本目标。

由于此阶段专注于替代系统的解决方案，因此存在大量的生命周期成本活动。关键任务是制定系统替代方案的生命周期成本测算，将系统方案与可承受性限制进行比较，并挑战可支付性界限和上限。进行权衡研究活动，包括强调系统级的成本动因分析和成本敏感性。对支持即将进行的定成本设计活动所需的成本数据库进行初步评估。

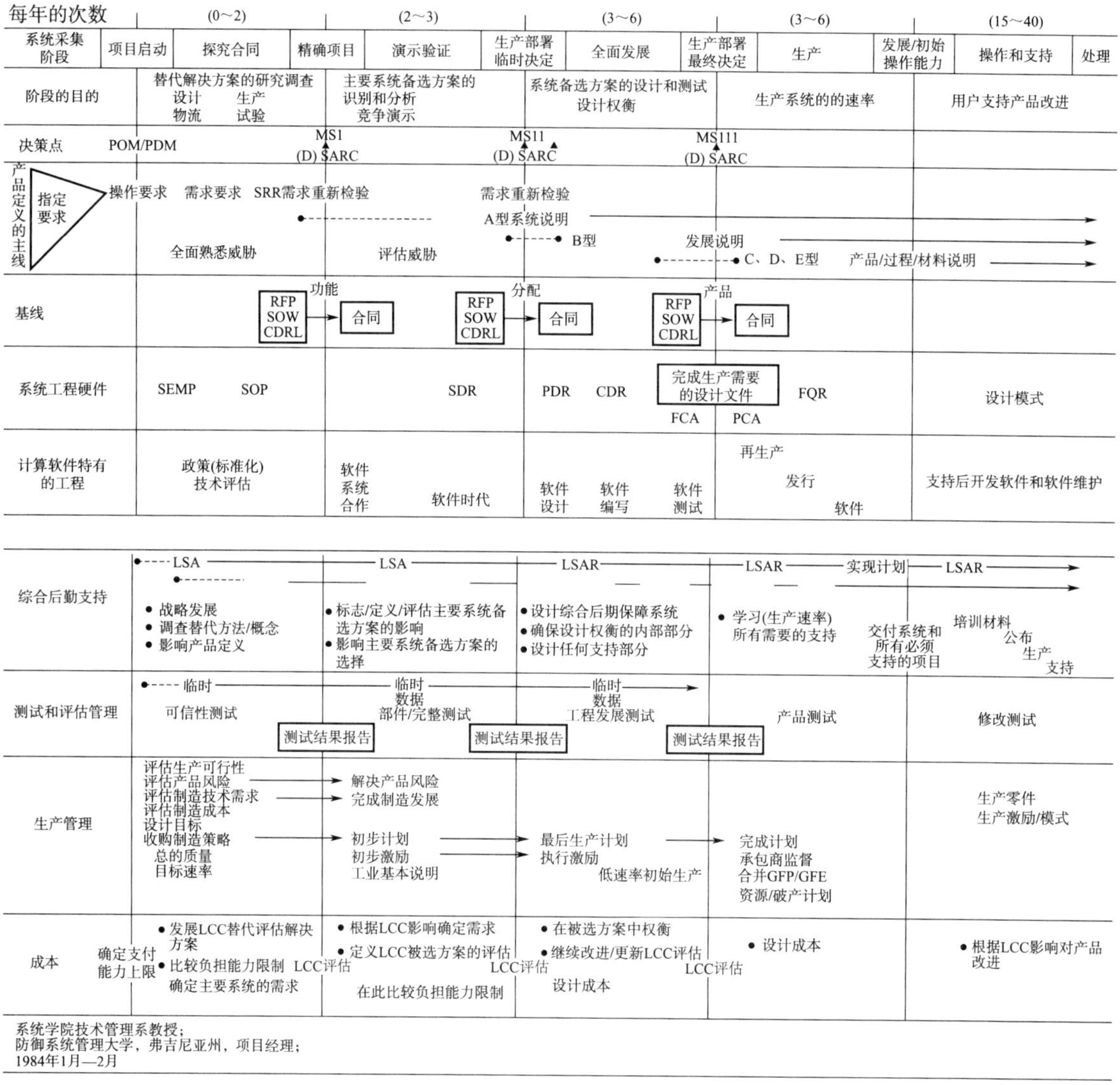

图 C-1 采购生命周期技术活动

目前，有必要确定可能较弱的潜在数据库领域，并开始收集数据和进行所需的回归分析。对系统和单个的最终事项要进行权衡研究，并对这些事项的成本绩效进行记录和跟踪。

在这个阶段经常会出现替代品的硬件和软件演示。先前的生命周期成本测算得到完善和重新验证，更多的重点放在具体的要求成本影响上。成本目标在此阶段早期确定。早期目标有助于确定成本动因，并开始制订有效降低成本的计划。

评估定成本设计技术和价值工程方法，并确定适当的任务。一旦确定了早期目标，关键的计划要求将分配给每个最终事项或主要子系统。

然后对每项需求进行“假设分析”，以确定其对最终产品的单元生产成本和生命周期成本的影响。随着这一阶段即将完成，定成本设计目标及其文档已经完成，为全尺寸工程研制做准备。为每个最终事项编制定成本设计的概要文件，显示其定成本设计的历史，并概述和证明具有成本效益的设计的权衡和分析已经到手。此项活动对于在全尺寸工程研制的早期阶段提交定成本设计目标时使项目更紧密地关注业务策略非常必要。

C.1.3　全尺寸工程研制阶段

正式的定成本设计目标通常需要与此阶段的提案一起提交。这些目标随后在合同授予后进行谈判、更新或重新分配，正式的定成本设计计划正在进行中。目标分配给子系统和学科，跟踪和报告系统开始启动。

C.1.4　生产和部署阶段

有必要确保定成本设计目标正确地反映生产配置。必须确定全尺寸工程研制原型的任何变更，并相应调整目标。现在是“定成本生产”的时候了。任何对项目功能的变更都应该在全尺寸工程研制中进行，因此现在的重点是如何按成本、按进度完成系统的各项工作。定成本设计和价值工程技术是为此目的而应用的。

设计方案在生产阶段被冻结。原型制造所产生的成本提供了一个有用的但并非确定性的生产单元成本指标。采购和生命周期成本之间的权衡仍然是必要的，但是，任何影响系统方案、配置、性能和生命周期成本的折中决策都可能涉及重大方向的重新定位，并且必须由国防部计划经理或更高级别的人员做出决策。

在生产阶段，政府奖励成本绩效优于单元生产设计成本目标的承包商。准备计入合同中的是，用于衡量实际成本并防止将生产相关成本分配到定成本设计目标未涵盖的成本。国防部训令 4245.3 要求严格控制生产成本，以符合定成本设计的生产单元成本目标。工程修复、任务更改和性能提升等因素可能会增加生产成本。政府提出了一些技术建议来应对这种增长。这些建议包括价值工程和降低成本的合同产品改进计划。

C.1.5　采购简化

最近，美国国防部训令 5000.43《采购简化》反映的是美国国防部决心降低采购成本，加快采购交付时间以及改进质量和技术的现场硬件。该指令成为 1987 年财政年度开始的新计划的强制性要求。

在系统采购的所有提案评估和资源选择中都将解决简化的考虑事项。这将是防务系统采购审查委员会审查的所有议题，并纳入所有系统的采购计划。将这一举措作为预先征集阶段、原型设计、全尺寸工程研制和生产中的管理目标是计划管理者将面临的挑战。

只要涉及规格、标准、数据和管理报告，所有招标都将“基于零”。只有第一层规格才是强制性的；二级规格，除非另有规定，仅供参考。在最初的开发中，所有规格都严格控制到定成本设计的单元生产成本目标。工程修复、任务变更和性能提升等因素可能会增加生产成本，政府提出了一些建议来应对这种增长。这些建议包括价值工程和降低成本的合同产品改进计划。

与此同时，国防部颁布了国防部训令 4245.7《从研制到生产的过渡》，以确保在整个采购周期中识别和纠正计划风险因素。可再生产性（即成本）是绩效水平的主要论据。

新的成本优先理念试图认识到这些经济和动机的现实性，“最佳”系统设计不一定是通过最大化单个单元性能来实现的，而是需要性能、生命周期成本和解决威胁所需的数量的函数。它认识到，工程预算中的行动显著影响其他领域的预算，并且所有这些折中必须在现实的资源总量限制内进行。

C.1.6 可能成本

1987 年，首次设立负责采购的国防部副部长的职位，领导并推动简化采购工作，并成为国防部及其组成部分采购的所有主要武器系统的主宰者。新任副国防部长就“可能成本”问题做出以下声明：

对于国防部及其承包商而言，可能成本是一种新方法，旨在显著降低研制和生产武器系统和其他军品的成本。它的实施只有通过国防部和工业部门在装备军事力量方面的基本文化变革才能发挥作用。这些变革涵盖采购过程的各个方面，从军事要求的发展到武器系统的生产和部署。这些新方向大多不需要新的政策指令，也没有新的立法；事实上，现有的指令、法规和立法不仅许可这些举措，而且推荐它们作为开展业务的方式。可能成本的基础是政府和行业作为一个团队共同协商消除非增值工作量，以换取节约。这个谈判过程是一条双向的路径，政府和工业部门都放弃了旧的、舒适的做生意的方式，以挑战新的想法和新的方法。

可能成本意味着在系统概念制定和开发的最初阶段对需求和规范进行全面的梳理。这意味着拒绝增加功能，拒绝不需要的增加复杂性来满足基本的任务要求。之前已经完成了对这些要求的清理，其中，最重要的是 D－5 导弹计划，但必须扩展并且必须包括更多的合作采办努力。规范需要利用现成的和标准的部件，并尽可能使用非开发性的采购。

可能成本意味着简化合同流程。这意味着基于性能要求的简短的项目建议书，无须详细的规范，无须不堪重负的一些数据交付物和“样板”语言。之前已成功完成；20 世纪 70 年代早期的轻量级战斗机以及最近由美国国防部高级研究计划局发起的运输原型计划就是这种创新采购的例子。

可能成本意味着大幅削减政府和工业部门的冗员。这意味着精简员工，即使有人参与公共事务、广告、游说、投标准备和营销等非增值活动，人员也很少。也意味着一旦进入生产阶段，参与计划的工程师将大幅度减少，同时，也意味着减少审计的次数、频率和范围以及所需的测试数量。

可能成本意味着严格的配置控制，意味着收紧之前描述的除了安全性和可靠性驱动的变更之外的昂贵升级，也意味着最大限度地减少工程变更计划，因为工程变更计划，将不得不保留大规模的工程人员，还意味着减少对装配线以外的放弃和返工的需要，并伴随着进行检验和复验的需要。

可能成本意味着制造方法和设施的革命性变化，也意味着引入统计过程控制来提高质量。

这意味着使用计算机辅助设计/计算机辅助制造技术，也意味着通过减少废品和返工并提高生产力来提高生产率，还意味着更高效的办公和工厂空间布局和利用。同时，也这意味着要尝试新的制造技术、材料和设备。

可能成本意味着稳定的开发和生产计划和实施，也意味着系统的开发和采购阶段的稳定资金和进度安排，还意味着采用创新的稳定承包方式，如多年采购。同时，也意味着针对实际可行和经济的生产效率和时间安排采办工具和雇用劳动力；不是在主要防务项目开始时做出“天上掉馅饼”的预测，也不是低于最低维持率，以便顺利过关。

可能成本意味着所有这些事情，但可能成本主要是意味着政府和工业部门紧密结合，而不是相互对立，为军队的利益以最低的成本提供最好的产品。

——来源：负责采购的国防部副部长，美国国防部，1987 年。

C.2 武装部队

联合武装部队的政策是，预测国防预算水平，以及购置、使用和支持防务系统和装备的成本上升已经使成本成为必要的设计参数。表 C－3 列出了武装部队的有关文件。

表 C－3 武装部队指南、规范、标准、政策和法规清单

AF 法规 800－11《生命周期成本管理》
AFCLM / AFSCM《修理水平分析》
AFLC 法规 173－10,《AFLC 成本和计划因素》
AF 法规 173－13,《空军成本和规划要素》
AFSCFM 84－3,《生产管理》
AFLC / AFSCP 800－19,《生命周期成本作为设计参数》
AFLCP / AFSCP 800－34,《采购物流管理》
AFLCR 400－1,《物流管理政策》
AFSC,《生命周期成本实施技术》
AFSC 小册子 800－3,《采购管理:项目经理指南》
AFSC 小册子 800－7,《配置管理》
AFSCR 84.2,《生产准备评审》
ARA 70－64,《定成本设计》
AR 700－127,《综合物流系统》,AR 1000－1,《系统采购基本政策》
DA 750－21,《后勤支持建模》
DA,《制造技术手册》
DAP 11－3,《陆军装备系统投资成本指南》
DAP 11－4,《陆军装备系统作战和支持成本指南》

续表

DAP 11 - 5,《生命周期成本的呈现和记录标准》
DARCOM P715 - 4,AFSCP / AFLCP 173 - 5,NAVMAT P5243,《成本/进度系统标准联合实施指南》
DARCOM P700 - 6,NAVMAT P5242,AFLCP / AFSCP 800 - 19,《定成本设计联合指南》
DARCOM - P 750 - 16,《DARCO. M 陆军装备系统后勤支援分析研究和开发成本指南》
DARCOM REG 700 - 15,《ILS 实施》
DOD - D - 1000B,《军事规格、图纸、工程和辅助事项清单》
MICOM P715 - 4H,《定成本设计手册》
MIL - HDBK - 248,《海军武器系统采购中的规范和标准应用指南》
MIL - HDBK - 727,《可生产性设计指南》
MIL - Q - 9858,《质量计划要求》
MIL - S - 52779,《软件质量保证计划要求》
MIL - S - 83490,《规格、类型和形式》
MIL - STD - 480A,《配置控制 - 工程变更,偏差和豁免》
MIL - STD - 481A,《配置控制 - 工程变更,偏差和豁免(简版)》
MIL - STD - 482,《配置状态记账数据元素和相关特性》
MIL - STD - 483,《系统、设备、弹药和计算机程序的配置管理实践》
MIL - STD - 490,《规范实践》
MIL - STD - 499A,《工程管理》
MIL - STD - 881A,《防务装备项目的工作分解结构》
MIL - STD - 1388 - 1,- 2,《物流支持分析》
MIL - STD - 1456,《承包商配置管理计划》
MIL - STD - 1521A,《系统、设备和计算机程序的技术审核和审计》
MIL - STD - 1528,《生产管理》
MIL - STD - 1567A,《工作考评》
MIL - STD - 1662,《设备和计算机程序》
MIL - STD - 1679,《武器系统软件开发》
MIL - STD - 2165,《电子系统和设备的可测试性计划》
NA VGAC P - 422,《经济分析手册》
NAVMAT,《主要武器系统的生命周期成本指南》
NAVMAT,《设备分析的生命周期成本指南》
SECNA V 4200. 32,《定成本设计》
TTO - ORT - 037 - 76B - V3,《生命周期成本核算》,联合战术通信办公室

C.2.1　陆军

陆军的基本政策是，在预计产值超过1 000万美元的所有开发合同和产品改进项目中纳入定成本设计的规定。在较小的项目中是否选用，视情况而定。最低基本性能特征不会受到影响。将对技术上可行的候选方案进行分析，成本-性能权衡将用于最低生命周期成本解决方案。成本目标必须在后继阶段开始之前进行验证。

成本目标和性能要求的重要性是等同的。与成本有关的合同条款的豁免必须得到美国陆军总部陆军物资开发和准备司令部的采购和生产主任的批准。

C.2.2　空军

空军要求技术性能评估（TPM）关联到成本和进度绩效衡量。成本、进度和技术性能衡量是针对合同工作分解结构的常见要素进行的。空军还要求进行持续的系统成本效益分析，以确保只有在考虑了对系统有效性和购置成本以及所有权成本的影响后，才能对替代方案进行审查。

C.2.3　海军

海军已经向所有海军司令部颁布了NAVMATP5242下的联合定成本设计指南。海军器材司令部的P5242为定成本设计的工作提供指导，并描述应该建立什么样的定成本设计目标，并入合同、管理和跟踪。

C.2.4　其他政府机构

联邦采购法规在1984年取代国防采购法规，将重点从军队的成本意识扩展到联邦政府的其他机构。例如，联邦采购法规第7.103（F）（1）、48和52.248部分为所有机构制定了定成本设计和价值工程政策和程序。表格列出了一些相关的文件。

随着时间的推移，非军事机构可能会制定更具体的政策和程序。可以预料，这些文件最初将在军方之后形成格式，最终将针对具体的机构章程进行量身定制。表C-4所示为非军事成本相关文件清单。

表C-4　非军事成本相关文件清单

联邦供应服务,《生命周期成本核算工作手册》
健康、教育和福利出版物HRP-0015880,《生命周期预算和成本核算》
国家统计局出版物544,《能源设计经济学》
管理和预算办公室通函A-76,增刊1,《成本比较手册》
管理和预算办公室通函A-109,《主要系统采购》

注:经马丁·玛丽埃塔公司许可转载。

C.2.5 管理和预算办公室

以下是管理和预算办公室通告 A-131 的文本，生效日期为 1988 年 2 月 3 日。

致行政部门和基础设施负责人

主题：价值工程

1. 目的

本通知函旨在要求联邦部门和机构酌情强调价值工程，以识别和减少不必要的采购和计划成本。该通知函要求机构负责人建立和完善价值工程计划。

2. 背景

联邦政府的价值工程是一些联邦承包商和政府实体改变联邦计划和项目的计划、设计和规格的手段。这些变更旨在降低政府采购的货物和服务成本，并保持必要的质量水平。

a. 以前的报告

在过去几年中，会计总署（GAO）和检察长（IG）发布的许多报告一致认为，更广泛地使用价值工程会为政府节约大量资金。虽然一些机构有一些价值工程计划，但其他机构并未充分利用价值工程。即使对于具有既定计划的机构，会计总署和检察长报告也得出结论认为，应该做更多的事情来实现价值工程的好处。

b. 已经确定的障碍

这些报告中经常提到的阻碍价值工程发挥更大作用的障碍包括：

1）高级管理层没有分配必要的精力和资金资源来建立和实施价值工程计划。

2）缺乏良好的标准去选择价值工程研究项目和计划。

3）未能正确执行价值工程研究。

4）机构管理层对于评估和实施价值工程研究中所提建议的重视程度不够。

c. 其他问题

会计总署和检察长在报告中提到的许多问题都是态度上的。许多报告普遍认为，使用价值工程或其他成本削减技术为完全资助的联邦计划和项目节约资金的动机很少。

显然应该制定方案，进行严格审查，并以最具成本效益的方式进行管理。价值工程和其他管理技术必须确保实际的项目预算，并确定和消除不重要的资本和运营成本。

3. 定义

a. 机构

本通函所称机构是指联邦政府的行政部门、军事部门、政府机构、政府控制的公司或其他机构。

b. 价值工程

受过价值工程技术训练的人直接有分析系统、装备、设施、服务和耗材的资格，以期在最低生命周期成本的前提下，实现所需的性能和可靠性、质量和安全性等基本功能。

c. 价值工程变更提案

承包商根据联邦合同中包含的价值工程激励或计划要求条款提交的变更提议。

d. 价值工程建议

由联邦政府雇员或承包商聘用的价值工程人员为合同或计划提供价值工程服务而制定的变更建议。

4. 政策

机构应制定价值工程计划并酌情使用价值工程来减少不必要的成本，并提高生产力。机构的价值工程计划最低限度应提供以下管理和采购实践。

a. 管理实践

价值工程计划必须针对每个机构的使命和组织结构进行调整。例如，成本和计划/项目规模通常表明价值工程的潜力。在大多数机构中，相对较少的计划或项目构成了大部分的成本，价值工程的工作应该集中在这些计划和项目上。因此，机构应：

1）通过培训、评估和其他计划强调价值工程的潜力，以减少不必要的成本。

2）在机构内部设立一个单位来管理和监督价值工程的工作，鼓励使用价值工程并保持有关计划的数据。该功能应达到本通函的目的。价值工程培训应提供给负责价值工程职能的人员和负责开发、审查和分析价值工程行动的其他人员。

3）向联邦采购政策办公室管理和预算办公室报告并更新负责每个机构价值工程计划的人员姓名、地址和电话号码。

4）确保运营机构的价值工程计划所需的资金包含在年度预算申请中，并根据要求向管理和预算办公室提供年度汇总价值工程计划信息。

5）制定标准和准则，以确定那些最适合进行价值工程研究的计划和项目。这些标准和指导方针应该识别出，在项目或者计划研制的早期阶段，规划、设计和其他事项潜在的节约通常是最大的。

6）针对符合机构标准的任何计划/项目，要求记录为什么价值工程研究未被执行或者不做要求的原因。

7）制定评估和处理价值工程建议的指导原则。

b. 采购实践

联邦采购法规第48部分和第52部分阐述使用价值工程的现行采购政策和实践。第48部分提供了使用价值工程的两种基本激励方法。第一种方法使用价值工程激励（VEI）条款。采用这种方法，承包商的参与是自愿的，承包商利用其资源来编写和提交价值工程变更提案。合同条款规定，当价值工程变更提案被接受时，任何由此产生的节约将按照预先确定的，通常以合同中规定的百分比分享给承包商。

第二种方法使用价值工程计划要求条款，并要求承包商在合同内执行具体的价值工程工作，即努力确定并向政府提交更经济的执行方法。在第二种方法中，承包商也分享价值工程提案产生的任何节余，但百分比率低于自愿方式。这项工作通常针对系统或项目的主要成本项。

联邦采购法规目前允许机构负责人豁免其机构在合同中使用价值工程条款。完全豁免机构使用价值工程条款的权力将被取消，联邦采购法规将被修改为要求合同活动包括合同中的价值工程条款，除非在个案基础上授予豁免或特定类别的合同，一次性全机构范围的豁免将不再允许。另外，机构签合同活动将会：

1）积极鼓励承包商提交价值工程提案。

2）通过承包商会议推广价值工程，传播有关合同价值工程规定的宣传稿和信息文献。

3）制定处理价值工程变更建议的指导方针，并要求合同文件列出所有需要超过 45 天才能接受或拒绝的变更建议。

4）记录所有合同文件，以解释接受或拒绝价值工程变更建议的理由。

5）使用联邦采购法规中提供的价值工程条款来获取适当的供应、服务、建筑师和施工合同。

6）在主要系统计划和研发合同的初始生产合同中使用价值工程计划要求条款（联邦采购法规 52.248 - 1 候选方案Ⅰ或Ⅱ），除非控制合同人员确定和记录文件以反映此类文件使用是不恰当的［关于主要系统的定义，参见公法 93 - 400 第 4 条，如修订版（41 U. S. C403）。

5. 日落审查

本通函所载政策将由发布之日起三年内由管理和预算办公室审查。

6. 查询

有关本通函的更多信息可通过联系联邦采购政策办公室获取，华盛顿特区，杰克 726 号，电话（202）395 - 6803。

詹姆斯 C·米勒三世主任

——来源：OMB 管理和预算办公室詹姆斯 C·米勒三世

A - 131 号通告，1988 年 2 月 3 日

附录D　数值运算的解

D.1　防务的价值工程

本案例研究的练习要求联邦政府在未来5年内花费或支出的预测，不论是否有价值工程的利益。《美国统计文摘》1988年版中的数据用于此解决方案。1978—1987年联邦政府的支出列于表D-1中，用于计算1989—1993年的联邦支出。

在第6.6.2节中描述的线性回归，用于推导出拟合这些数据的最小二乘线的方程。通过使用式（6-9）和式（6-10），从表D-1中的数据获得的式为

$$y = -128\ 723.601\ 2 \text{ 美元} + 65.312\ 7x \text{ 美元} \qquad (D-1)$$

式中，y表示年度支出，以10亿美元计算，x表示相应的年份。

将1989—1993年代入式（D-1），得到表D-2中标题为“不采用价值工程”的栏中给出的值。标题为“采用价值工程”的栏中的值假定每年节约20%，在联邦政府中全面应用价值工程，可能会在5年期间节约1 314亿美元。

表D-1　联邦政府支出，10亿美元

年份	联邦政府支出	年份	联邦政府支出
1978	458.7	1983	808.3
1979	503.5	1984	851.8
1980	590.9	1985	946.3
1981	678.2	1986	989.8
1982	745.7	1987	1015.6

D.2　阳光普照

本案例研究的练习要求为太阳能集热器制造商的数量和进口原油的数量建立趋势线（即最小二乘线），并预测2000年太阳能集热器行业的状况。首先，对表2-22中的数据应用式（6-9）和式（6-10），得出数据的最小二乘线的以下等式

$$y = 603.801\ 6 - 0.197\ 8x \qquad (D-2)$$

式中，y表示企业的制造商数量；x表示相应的年份。绘制式（D-2）得出练习中要求的趋势线之一。

在式（D-2）中，以2 000代入x，得到2000年的生产商数量约为208。

这个数字可以通过企业数量与每年进口原油数量之间的相关性来检验。首先，对表 2 -23 中的数据应用式（6 - 9）和式（6 - 10），得到拟合这些数据的最小二乘方程为

$$y = 217\ 616.628\ 6 - 107.613\ 2x \tag{D-3}$$

式中，y 表示原油进口量（千桶/每年）；x 表示相应的年份。将式（D - 3）图形化，得到练习中要求的另一趋势线。

表 D - 2　联邦政府的预计支出（10 亿美元）

年份	不采用价值工程	采用价值工程
1989	1 183.4	946.7
1990	1 248.7	999.0
1991	1 314.0	1 051.2
1992	1 379.3	1103.4
1993	1 444.6	1 155.7
累计	6 570.0	5 256.0

将值 2 000 代入式（D - 3）中的 x，可得出每年约 2 390 千桶的原油数量，即 2000 年进口的原油数量。

接下来，式（6 - 9）和式（6 - 10）应用于表 2 - 22 和表 2 - 23 中的数据，这次让 x 等于每年进口原油的数量，y 是商业生产商的数量。拟合数据的最小二乘线的结果方程为

$$y = -28.794\ 4 + 0.053\ 4x \tag{D-4}$$

在式（D - 4）中，将值 2 390 的代入 x，得出 $y = 98.831\ 6$；也就是说，在 2000 年约有 99 家制造商投入营业，而从式（D - 1）推导出 208。通过查看相关系数或其平方，确定 r^2 系数，每年进口的原油数量和商业生产商的数量，尝试调整差异。这通过对表 2 - 22 和表 2 - 33 中的数据应用式（6 - 14）计算得出，$r^2 = 0.464\ 1$。对这个值的解释是，每年生产商数量的变化率大约有 46%是原油进口量的函数。因此，可以预期，在 2000 年，数量可能是 99 /0.464 1，或接近于 213，与式（D - 1）相比更接近式（D - 4）。

D. 3　比例的概念

本案例研究的练习要求客户准备 1979—1986 年期间的费用概况，然后确定两种采购方法中的哪一种对客户的长期成本较低。这两种方法的支出情况在表 D - 3 和表 D - 4 中列出。以 1978 年美元值计算两种情况下的平均单元成本计算值为 17.68 亿美元。

表 D - 3　原始进度下的费用概况

年份	数量	不采用经济价格调整的成本(美元)	采用经济价格调整的成本(美元)
1979	24	42 432 000	46 283 551
1980	24	42 432 000	51 887 777

续表

年份	数量	不采用经济价格调整的成本(美元)	采用经济价格调整的成本(美元)
1981	24	42 432 000	56 972 693
1982	24	42 432 000	60 326 573
1983	42	42 432 000	61 971 057
			277 441 651

表 D-4　经修订的进度支出情况

年份	数量	不采用经济价格调整的成本(美元)	采用经济价格调整的成本(美元)
1979	12	21 216 000	23 141 774
1980	12	21 216 000	25 943 887
1981	12	21 216 000	28 486 345
1982	21	37 128 035	52 785 803
1983	21	37 128 035	54 224 727
1984	21	37 128 035	55 493 253
1985	21	37 128 035	56 591 379
			296 667 168

经济价格调整的成本是通过将没有经济价格调整的成本乘以表 2-25 中给出的相应年份的机械和装备的生产者价格指数，与练习的基准年 1978 年的生产者价格指数的比值。1979—1985 年，这些比率分别为 213.9 / 196.1、239.8 / 196.1、263.3/196.1，278.8/196.1、286.4 /196.1、293.1/196.1 和 298.9 / 196.1。

接下来，应用式（6-26）计算表 D-3 和表 D-4 中年度支出的基准年 1978 年的现值。假设每年复合贴现率为 10%（表 6-15），计算结果在表 D-5 中给出。

从表 D-3 和表 D-4 可以看出，修订后进度计划的成本是 296 667 168 美元减去 277 441 651 美元，或者 19 225 517 美元，比原来进度计划的成本更高。但是，从表 D-5 给出的货币时间价值来看，原定的进度成本是 207 445 439 美元减去 193 971 511 美元，或者 13 473 928 美元，比修订过进度付出更高的成本，而后一种方法在财务的立场上可能是合理的。

表 D-5　基数年的现值计算

年份	原定进度(美元)	修订进度(美元)
1979	42 075 913	21 037 955
1980	42 882 653	21 444 325
1981	42 804 153	21 402 075
1982	41 203 652	36 053 231

续表

年份	原定进度(美元)	修订进度(美元)
1983	38 479 068	33 669 217
1984	—	31 324 276
1985	—	29 040 432
	207 445 439	193 971 511

D.4 制造业的竞争

本案例研究的练习要求对表 3－24 中给出的五家公司每名员工的平均年营业收入增长（百分比）与 1981—1986 年年度生产者价格指数的平均变化（百分比）进行比较。后面的数据是从 1988 年版的《美国统计文摘》中获得的，并在表 D－6 中给出。

表 D－6 年度生产者变化百分比

年份	生产者价格指数百分比	年份	生产者价格指数百分比
1981	9.2%	1984	2.1%
1982	4.0%	1985	0.9%
1983	1.6%	1986	−1.4%

表 3－24 给出每名员工的营业收入平均增长率为 26.62%。表 D－6 给出的生产者价格指数平均百分比变化为 2.73%。

实质上，五家被引资企业的经营效率比 1981—1986 年的生产者价格指数增幅高出近一个数量级。预计效率增长的趋势比生产者价格指数将在未来 10 年内增长更大是合理的。

D.5 重组获利

本案例研究的练习要求测算由于采购和材料处理劳动力减少而导致的销售成本的降低。使用图 3－16 和图 3－17 描述该公司之前和之后的重组周期的方框数量作为衡量减少劳动力的指标。

图 3－16 中有 12 个盒子，图 3－17 中有 8 个盒子。因此，劳动力减少系数为 12 除以 8，或 1.5。销售商品的原始成本为 4.5 亿美元，其中 60%用于采购物料处理的劳动力，或 2.7 亿美元。新的劳动力支出为 2.7 亿美元除以 1.5，即 1.8 亿美元，为公司节约了 9 000 万美元。

D.6 配置错误

本案例研究的练习要求应用货币关系的时间价值来确定由于适当强调配置管理而导致

的杠杆损失。据测算，1976年编制的原始生产成本测算值为2.94亿美元（当年美元），7年后测算值增至5.94亿美元（1983年美元）。表D-7中的数据是从1988年《美国统计文摘》中获得的，用于将后面的测算数据转换为1976年美元。

表D-7 年度生产者变化百分比

年份	生产者价格指数百分比	年份	生产者价格指数百分比
1977	6.5%	1981	9.2%
1978	7.8%	1982	4.0%
1979	11.1%	1983	1.6%
1980	13.5%		

首先，生产者价格指数年度百分比变化为

$$1.065\times1.078\times1.111\times1.135\times1.092\times1.04\times1.016=1.6704 \quad (D-5)$$

后来，以1976年美元表示的生产成本测算值为594 000 000美元/1.6704或355 603 448美元。后期和原始估计数之间的差额为355 603 448美元减去294 000 000美元，即61 603 448美元。这种差异的25%归因于配置控制不足，并且以1976年美元计算为15 400 862美元。

另外，还指出，在7年期间额外支出5 000 000美元将提供足够的配置管理，以防止上述支出15 400 862美元。5 000 000美元除以7后得到每年714 286美元的统一系列年度支付。

接下来，按每年10%的贴现率计算，以714 286美元的统一系列7年付款的现值（即1976年）应用式（6-34），得出现值为3 477 430美元。由于不重视配置控制而导致的杠杆损失，因此为15 400 862美元/3 477 430美元或4.428 8∶1。

D.7 一切为了一，一为了一切

本案例研究的练习需要各种铸造工艺之间的权衡，以取代锻造作为制造500个导航吊舱部件的手段，并计算伴随而来的节约。

单元结构基线平均成本为64 000美元。500个导航吊舱的结构总成本为500乘以64 000美元，即3 200万美元。

每个吊舱将使用8个铸件，替换4个锻件，该锻件经常性平均单元成本为2 000美元。因此，在数量500件情况下，每件铸件的平均单元成本应低于2 000美元的4倍，或8 000美元。同样，在数量500件情况下，每个导航吊舱的平均单元结构成本应为8 000美元的8倍，或64 000美元。

需要两个假设来完成这个练习。首先，假设铸件将由有色金属合金制成。在此基础上，金属模具铸造将成为所涉及数量的首选方法（表4-7）。

接下来，假设图4-19中的相对成本关系适用于这些锻件及其替代铸件。该图表明，永久铸模铸件的相对成本与 500 锻件的相对成本之比约为 1.2∶3.4，即约为 6∶17。

该比率适用于基准平均单元结构成本并乘以 500，如下所示

$$0.35\times 64\ 000\times 500\text{ 美元}=11\ 200\ 000\text{ 美元} \quad (D-6)$$

这种使用铸件的成本相当于从使用锻件的 3 200 万基准成本中节约了 2 080 万美元。

D.8 希望弹簧永久

本案例研究的练习需要计算表 4-49 中给出的数据的样本平均值和标准偏差，钢卷公差中心分布的结构类似于图 4-28 所示的结构，并指定了适用的过程控制。按照表 4-23 中给出的标准进行处理。

中间步骤是为编制表 D-8 中的频率表装备的。接下来，数据 $\overline{X}$ 和标准偏差的样本均值为

$$\overline{X}=52.62 \quad (D-7)$$

$$s=4.84 \quad (D-8)$$

接下来，钢卷的公差居中分布如图 D-1 所示。可以看出，批次分布均值落在标称值和规格的正 1 公差增量值之内；但是，分布的±3-σ 值会超出±3 公差增量值。由于通过检查没有发现不合格的物品，因此指定了过程控制状态Ⅲ。

表 D-8 频率表

频率	基本间隔	频率	基本间隔
41—42	2	51—52	8
42—43	1	52—53	9
43—44	2	53—54	5
44—45	4	54—55	4
45—46	7	55—56	8

D.9 最佳但不是最终

本案例研究的练习要求，重复应用货币关系的时间价值来确定某一导弹成功发射延迟 12 个月所带来的额外成本的现值。以 3 个月的间隔经历了三次连续的失败。额外费用是由于每次故障所消耗的天数以及客户和承包商的额外管理所致。

在每一次失败中，每天花费 100 000 美元，耗时 5 天，其额外费用是，100 000 美元乘以 5 或 500 000 美元。应用式（6-34）确定三次支付 500 000 美元的统一系列的现值，贴现率为每年复合 10%，产生现值 1 243 450 美元。

客户和承包商增加的额外行政费用分别为 50 000 美元和 250 000 美元，即每月 300 000 美元。

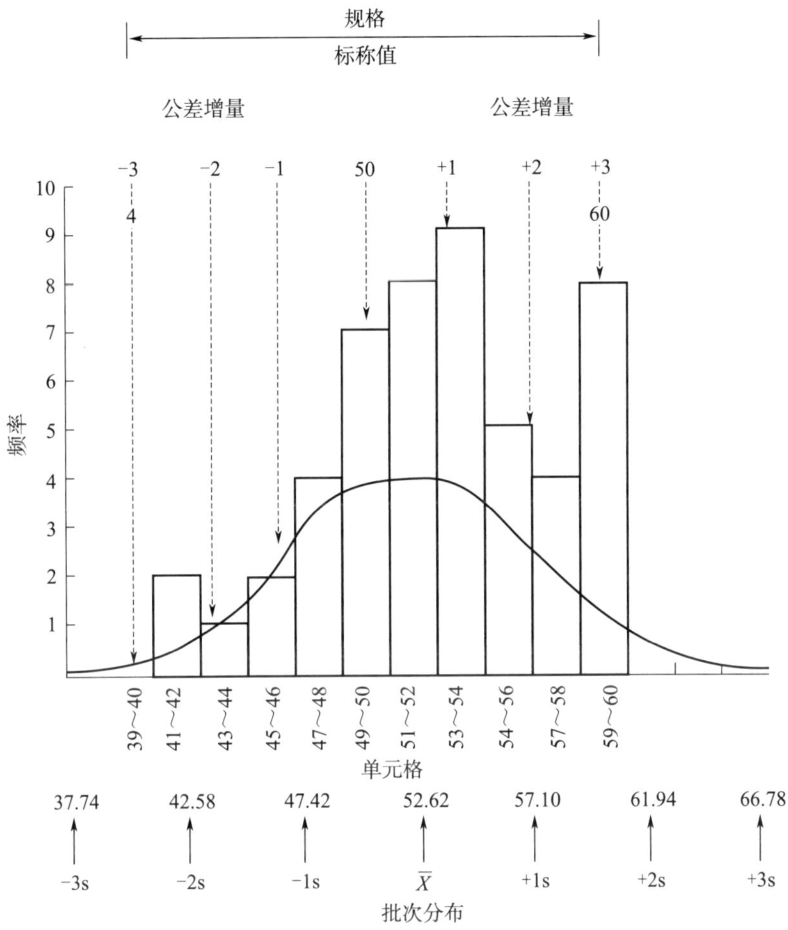

图 D－1 钢卷公差居中分布（马丁·玛丽埃塔公司许可转载。来自杰克 V 迈克尔，公差居中：质量控制选项，美国价值工程师学会，1988 年学术会议论文集）

同样，式（6－43）用于确定 120 000 美元的统一系列付款的现值，以每年 10％的复合贴现率计算，得出现值为 2 044 108 美元。因此，12 个月延迟的总额外费用现值为 1 243 450 美元＋ 2 044 108 美元，即 3 287 558 美元。

D.10 工作中的主-从关系

本案例研究的练习需要测算 5 000 发的首次购买（1/6）的平均单元成本，以及，如果 90％的学习曲线适用，在主承包商-分包商关系下，而不是在引领者-追随者的关系下，估计六轮购买 30 000 发客户可能的成本。

对于第 6 次采购，引领者以平均单元成本 26 000 美元，生产 3 750 发，而追随者以单元成本 27 000 美元生产 1 250 发。因此，第 6 次采购总成本为 26 000 美元乘以 3 750 加上 27 000 美元乘以 1 250，即 131 250 000 美元。

第一步，在给定两个特定累计单元数量之间的购买总成本下，确定编号 1 的单元成本；在这个练习中，假定采购数量分别为 25 000 发（原文中 25 001 发，有误）和 30 000 发。单元产品成本通过第 6 次采购总成本 131 250 000 美元以及不同的累积平均因子（分别按 25 000 发和 30 000 发）计算。

累积平均因子是衡量成本与数量的函数关系，可以从多个来源获得，如美国陆军导弹司令部、经验曲线表、国防部文献中心 AD－612803 和 AD－612804，1962。表 D－9 给出了本次练习所需的累计总因子值。

表 D－9　90％的累计平均因子

数量	累计平均因子
5 000	1 615.022
10 000	2 907.449
15 000	4 100.717
20 000	5 233.831
25 000	6 324.831
30 000	7 381.721

计算过程如下：

30 000 发累计平均因子:7 381.721

减:25 000 发的累计平均因子:6 324.218

累计平均因子差:1 057.503

除以第 6 次采购的成本的累计平均因子差值：

所以,第一发成本＝ 124 113 美元

下一步是，在给定第一发成本的情况下，确定在 6 次买入的每轮累计平均成本。累计平均单元成本，或简单地说，平均单元成本是通过将第 1 发的成本乘以 30 000 的平均累积因子得出的，其中，总数 30 000 发的学习曲线为 90％，平均单元成本为总费用除以 30 000，具体为

$$124\ 113\times 7\ 381.721/30\ 000 \text{ 美元}=30\ 539 \text{ 美元} \quad (D-9)$$

可以看出，没有主-从关系的压力，平均单元成本增加 10％以上。

D.11　竞争平衡

本案例研究的练习需要计算表 4－14 中两组数据的样本均值和标准差，然后对这些数据进行修改，以减少两者之间在它们相应的平均值和标准偏差比率方面的相对不一致性。

首先，节约百分比数据的样本平均值 $\overline{X}$ 和标准偏差 s 的计算分别为 $\overline{X}=10.812\ 5$ 和 $s=19.398\ 8$。$\overline{X}$ 与 s 的比率为 10.812 5 / 16.734 8，或 0.646 1。

接下来，节约数据（百万美元）的样本平均值 $\overline{X}$ 和标准差 s 的计算分别为 $\overline{X}=$

19.398 8 和 s = 39.288 8。$\overline{X}$ 与 s 的比率为 19.398 8 / 39.288 8 或 0.493 75，表明比另一组数据中的散布更明显。

为了减少不一致性，表 5－14 中排除了负值。由此产生的节约百分比数据变化为 $\overline{X}$ = 18.081 8 和 s=15.025 8，比率为 1.203 4。节约（百万美元）数据产生的变化是 $\overline{X}$ = 37.131 7 和 s= 34.904 0，比率为 1.063 8。

可以看出，两套数据的离散度和相对差异已经显著减小。

D.12　对资源的侵蚀

本案例研究的练习需要应用生产者价格指数和学习曲线现象。生产者价格指数用于评估某个生产预算中的成本增长多少是由于通货膨胀引起的，以及多少是由于上涨引起的。学习曲线用于探索可能生产的替代数量。

数量为 120 个系统，以 1976 年的美元计算，生产预算估计为 2.94 亿美元，按照 1983 年的美元计算，增加到了 5.94 亿美元。从 1976—1983 年，生产者价格指数年复合增长率变化是衡量因通货膨胀导致的成本增长的指标。表 D－10 中的生产者价格指数值来自 1988 年版的《美国统计文摘》，其复合为

$$1.044 \times 1\ 065 \times 1.078 \times 1.111 \times 1.135 \times 1.092 \times 1.04 \times 1.016 = 1.713\ 9 \quad (D-10)$$

从 1976 年美元转换为 1983 年美元，原始生产预算为 2.94 亿美元乘以 1.7439，即 5.127 亿美元，可以归因于通货膨胀。其余的 5.94 亿美元减去 5.127 亿美元，即 813 万美元，是上涨引起的。

总成本为 5.127 亿美元的 120 个系统的平均单元成本为 5.127 亿美元/ 120，即 427.25 万美元。学习效果很少，即 99%的学习曲线，是平均单元成本为 427.25 万美元的基础。现在的问题是，假设学习曲线为 90%，总成本为 5.127 亿美元可以采购多少个系统？

该解决方案要求以 90%的学习曲线使用累积平均因子，这与第 5.12.2 节中练习的解决方案有点类似。问题在于，用于查找累积平均因子值的数量是未知的，尽管已知其数量小于 120。

因此，在第一个系统的成本由 90%的学习曲线确定之后，采用试错法。这是通过将总成本除以数量为 120 的累积平均因子和 90%的学习曲线来完成的，如下所示

表 D－10　年度生产者变化百分比

年份	生产者价格指数百分比	年份	生产者价格指数白分比
1976	4.4%	1980	13.5%
1977	6.5%	1981	9.2%
1978	7.8%	1982	4.0%
1979	11.1%	1983	1.6%

$$59\ 400\ 万美元/67.925=874.49\ 万美元 \quad (D-11)$$

现在面临的挑战是确定下一个较小的数量，其相应的累计平均系数乘以 874.49 万美元最接近 5.127 亿美元的总成本。这发生在数量为 101 时，其对应的累积平均因子是 58.637。

$$874.49\ 万美元\times 58.637=51\ 277.47\ 万美元 \quad (D-12)$$

D.13 反学习现象

本案例研究的练习要求应用式（6-45）、式（6-46）和式（6-49）来确定由于长时间的劳动力罢工而导致的学习损失。在罢工之前，如果以 85%的学习曲线连续执行 1 000 个单元生产，具体模型的平均单元成本被认为是 2 200 美元。罢工后生产恢复，但生产的第 100 个单元的实际成本被认为是 4 250 美元。

首先，有必要在 1 000 的数量和 85%的学习曲线的基线条件下得出第一单元成本，平均单元成本为 2 200 美元。应用式（6-49），得出第一单元成本为 8 510 美元。

接下来，应用式（6-45）推导出学习曲线的斜率 b，其中，第一单元成本为 8 510 美元，第 100 单元的成本改善为 4 250 美元。得到的值 $b=-0.152\ 0$。

然后，将 $b=-0.152\ 0$ 代入式（6-46），得出 0.90 或 90%的学习曲线值。因此，罢工导致的学习损失是 90%减去 85%，即 5%。应该指出，这个似乎很小的百分比变化显著增加了成本。

D.14 环境保护

本案例研究的练习要求对图 6-21 所示数据重复应用式（6-22），以得出是否投资于更敏感的污染检测设备。

然后将该式应用于所提出的条件下的数据，得到 $P=0.66$，作为工厂实际上排放了过量的污染物而未通过测试的概率。

式（6-22）的两个应用都有相同的答案。结论是应该不投资于更敏感的设备。

D.15 深入太空，深陷债务

本案例研究的练习需要用式（6-8）～式（6-10）测算预期成本在计划期间的平均增幅，然后应用式（6-1）推导 95%的置信限，或者置信区间，以预测成本。由于样本量较小，学生 t 统计量用于式（6-1）而不是正常的 z 统计量。

首先，将表 6-21 中给出的数据转换为表（D-11）中给出的格式，以说明计划持续时间和成本增加的幅度。然后，对这些数据应用式（6-8）～式（6-10），根据对数据进行拟合得出最小二乘法方程

$$y = 75 \text{ 美元} + 73x \text{ 美元} \tag{D-13}$$

式中，y 表示增加的成本（百万美元）；x 表示相关的增加的时间。

表 D-11 中给出的增加时间的平均值是（7 ＋ 7 ＋ 2）/ 3 或 5.333 3。将 5.333 3 代入式（D-13）中，x 得出

$$y = (7\ 500 + 7\ 300 \times 5.333\ 3) \text{ 万美元} = 46\ 433.09 \text{ 万美元} \tag{D-14}$$

接下来，使用 t 统计量来应用式（6-1），以获得关于预计增加的成本 46 433.09 万美元的置信区间 CI

$$\begin{aligned} CI &= \frac{46\ 433.09 \text{ 万美元} \pm 4.303\ 0 \times 42\ 319.89}{\sqrt{3}} \\ &= -58\ 703.82 \text{ 万美元到} + 151\ 570 \text{ 万美元} \end{aligned} \tag{D-15}$$

表 D-11　随着时间增加而增加的成本

增加的时间(年)	增加的成本(万美元)
7	95 300
7	21 900
2	22 100

式（D-15）中的值 4.303 0 是 $n-1$ 或 2 自由度的 t 统计量，以及 0.95 的曲线下面积。值 42 319.89 是成本的样本标准差，值 3 是成本的样本大小 n。

式（D-15）的答案范围从 58 703.82 万美元的负值到 151 570 万美元的正值，是基于有限数据得出的任何结论的可靠性的度量。可以说，上述三个计划的平均延误时间为 5.333 3 年，也以 95%的置信度说明，在可比计划中延迟 5.3333 年可能会多花费 151 570 万美元。

D.16　货币就是权力

本案例研究的练习需要计算购买设备的内部收益率，并将内部收益率与债券投资进行比较。遵循第 6.7.3 节中的方法。

据称，投资 7.25 亿美元用于新设备，将在设备的 25 年使用年限内将年运营成本降低 5 000 万美元，而将这笔资金投资于债券将得到 7.5%的年利率或 5 437.5 万美元。然而，这一表述并没有考虑货币的时间价值，这是计算内部收益率时的考虑因素。

采用试凑法计算内部收益率，这种方法是将年度收益（即节约 5 000 万美元）和相等的年度成本（即 7.25 亿美元的摊销）等同起来，后者是通过式（6-32）得到的。

然而，这项任务是简化的，因为其利润在于只知道内部收益率是大于还是小于 7.5%。未来一系列支付的金额计算为

$$\frac{82\ 500 \times 0.075 \times 1.075^{25}}{1.075^{25} - 1} \text{ 万美元} = 6\ 504 \text{ 万美元} \tag{D-16}$$

投资新设备的内部收益率需要小于7.5%，为回应式（D-16）的5 000万美元。这表明公用事业公司在判断中没有犯错。